# OLDENBOURG GRUNDRISS DER GESCHICHTE

OLDENBOURG
GRUNDRISS DER
GESCHICHTE


HERAUSGEGEBEN
VON
JOCHEN BLEICKEN
LOTHAR GALL
KARL-JOACHIM HÖLKESKAMP
HERMANN JAKOBS

BAND 18

# EUROPA IM OST-WEST-KONFLIKT 1945–1991

VON

JOST DÜLFFER

R. OLDENBOURG VERLAG
MÜNCHEN 2004

Bibliogaphische Information der Deutschen Bibliothek

Die Deutsche Bibliothek verzeichnet diese Publikation in der Deutschen Nationalbibliographie; detaillierte bibliographische Daten sind im Internet über <http://dnb.ddb.de> abrufbar.

© 2004 Oldenbourg Wissenschaftsverlag GmbH, München
Rosenheimer Straße 145, D-81671 München
Internet: http://www.oldenbourg-verlag.de

Das Werk einschließlich aller Abbildungen ist urheberrechtlich geschützt. Jede Verwertung außerhalb der Grenzen des Urheberrechtsgesetzes ist ohne Zustimmung des Verlages unzulässig und strafbar. Das gilt insbesondere für Vervielfältigungen, Übersetzungen, Mikroverfilmungen und die Einspeicherung und Bearbeitung in elektronischen Systemen.

Gesamtherstellung: R. Oldenbourg Graphische Betriebe Druckerei GmbH, München
Umschlaggestaltung: Dieter Vollendorf, München
Gedruckt auf säurefreiem, alterungsbeständigem Papier (chlorfrei gebleicht)

ISBN 3-486-49105-9

## VORWORT DER HERAUSGEBER

Die Reihe verfolgt mehrere Ziele, unter ihnen auch solche, die von vergleichbaren Unternehmungen in Deutschland bislang nicht angestrebt wurden. Einmal will sie – und dies teilt sie mit anderen Reihen – eine gut lesbare Darstellung des historische Geschehens liefern, die, von qualifizierten Fachgelehrten geschrieben, gleichzeitig eine Summe des heutigen Forschungsstandes bietet. Die Reihe umfasst die alte, mittlere und neuere Geschichte und behandelt durchgängig nicht nur die deutsche Geschichte, obwohl sie sinngemäß in manchem Band im Vordergrund steht, schließt vielmehr den europäischen und, in den späteren Bänden, den weltpolitischen Vergleich immer ein. In einer Reihe von Zusatzbänden wird die Geschichte einiger außereuropäischer Länder behandelt. Weitere Zusatzbände erweitern die Geschichte Europas und des Nahen Ostens um Byzanz und die Islamische Welt und die ältere Geschichte, die in der Grundreihe nur die griechisch-römische Zeit umfasst, um den Alten Orient und die Europäische Bronzezeit. Unsere Reihe hebt sich von anderen jedoch vor allem dadurch ab, dass sie in gesonderten Abschnitten, die in der Regel ein Drittel des Gesamtumfangs ausmachen, den Forschungsstand ausführlich bespricht. Die Herausgeber gingen davon aus, dass dem nachbearbeitenden Historiker, insbesondere dem Studenten und Lehrer, ein Hilfsmittel fehlt, das ihn unmittelbar an die Forschungsprobleme heranführt. Diesem Mangel kann in einem zusammenfassenden Werk, das sich an einen breiten Leserkreis wendet, weder durch erläuternde Anmerkungen noch durch eine kommentierende Bibliographie abgeholfen werden, sondern nur durch eine Darstellung und Erörterung der Forschungslage. Es versteht sich, dass dabei – schon um der wünschenswerten Vertiefung willen – jeweils nur die wichtigsten Probleme vorgestellt werden können, weniger bedeutsame Fragen hintangestellt werden müssen. Schließlich erschien es den Herausgebern sinnvoll und erforderlich, dem Leser ein nicht zu knapp bemessenes Literaturverzeichnis an die Hand zu geben, durch das er, von dem Forschungsstand geleitet, tiefer in die Materie eindringen kann.

Mit ihrem Ziel, sowohl Wissen zu vermitteln als auch zu selbständigen Studien und zu eigenen Arbeiten anzuleiten, wendet sich die Reihe in erster Linie an Studenten und Lehrer der Geschichte. Die Autoren der Bände haben sich darüber hinaus bemüht, ihre Darstellung so zu gestalten, dass auch der Nichtfachmann, etwa der Germanist, Jurist oder Wirtschaftswissenschaftler, sie mit Gewinn benutzen kann.

Die Herausgeber beabsichtigen, die Reihe stets auf dem laufenden Forschungsstand zu halten und so die Brauchbarkeit als Arbeitsinstrument über eine längere Zeit zu sichern. Deshalb sollen die einzelnen Bände von ihrem Autor oder einem anderen Fachgelehrten in gewissen Abständen überarbeitet werden. Der Zeitpunkt der Überarbeitung hängt davon ab, in welchem Ausmaß sich die allgemeine Situation der Forschung gewandelt hat.

Jochen Bleicken   Lothar Gall   Karl-Joachim Hölkeskamp   Hermann Jakobs

## INHALT

Vorwort . . . . . . . . . . . . . . . . . . . . . . . . . . . . . . .   XI

I. Darstellung . . . . . . . . . . . . . . . . . . . . . . . . . .   1
   A. Der Charakter der Epoche. . . . . . . . . . . . . . . .   1
   B. Der Zweite Weltkrieg und seine Folgen . . . . . . . .   7
   C. Konfrontation und Entspannung: Von Berlin-Krise zu Berlin-Krise 1948–1962 . . . . . . . . . . . . . .   18
   D. Das Zusammenwachsen (West-)Europas 1945–1990 . . . . .   38
   E. Die Bildung des „Ostblocks" 1945–1968. . . . . . . . .   53
   F. Europa und die außereuropäische Welt. . . . . . . . .   65
      1. Dekolonisierung . . . . . . . . . . . . . . . . . .   65
      2. Entwicklungshilfe und Europäisierung . . . . . . .   70
      3. Migration in und nach Europa. . . . . . . . . . . .   72
      4. Nordamerika und die europäische Einigung . . . . .   75
   G. Möglichkeiten und Grenzen neuer Sicherheitsstrukturen in Europa 1962–1979. . . . . . . . . . . . . . . . . .   78
   H. Der letzte Kalte Krieg und die Auflösung des „Ostblocks" 1979–1990. . . . . . . . . . . . . . . . . . . . . . .   91
   I. Resümee. . . . . . . . . . . . . . . . . . . . . . . .   110

II. Grundprobleme und Tendenzen der Forschung . . . . . . . .   113
   A. Quellenlage. . . . . . . . . . . . . . . . . . . . . .   113
   B. Europa im Ost-West-Konflikt: Grundzüge der Forschung. . .   123
   C. Vom Zweiten Weltkrieg zur Integration und Konfrontation 1945–1948. . . . . . . . . . . . . . . . . . . . . . .   136
   D. Probleme der (west-)europäischen Integration . . . . .   149
      1. Deutungsmuster. . . . . . . . . . . . . . . . . . .   149
      2. Europäische Integrationsgeschichte. . . . . . . . .   153
      3. Sektoral vergleichende Geschichte. . . . . . . . .   156

E. Integration und Blockbildung im Osten ............... 161
F. Europa und die Dekolonisierung nach dem Zweiten Weltkrieg.. 167
G. Westintegration, Ostkrisen und die Konfrontation in der zweiten Berlinkrise 1949–1962.................... 174
H. Von den Anfängen der Entspannungspolitik bis zur KSZE 1962–1975.............................. 184
I. Von der Nachrüstungskrise zum Ende des Ostblocks und zur europäischen Vereinigung 1976–1991 ........... 190

III. Quellen und Literatur ........................... 199
   A. Allgemeine Quellen........................ 199
   B. Hilfsmittel, Handbücher, Literaturberichte............. 206
   C. Allgemeine Literatur zur Epoche ................. 210
      1. Europa, Kalter Krieg, Weltwirtschaft ............ 210
      2. Westeuropa und transatlantische Beziehungen ......... 214
      3. Osteuropa und Ostintegration ............... 218
      4. Einzelstaaten...................... 219
      5. Methodische Fragen und Grundsatzdiskussion......... 226
   D. Kultur, Wirtschaft und soziale Fragen............... 228
   E. Innerstaatliche Politik und Verfassung .............. 233
   F. Dekolonisierung ......................... 235
   G. Die Eskalation des Ost-West-Konfliktes 1943–1962........ 238
      1. Zu den vierziger und fünfziger Jahren ............ 238
         a) Zum Ost-West-Konflikt allgemein ............ 238
         b) Beide deutsche Staaten.................. 240
         c) Bundesrepublik Deutschland ............... 240
         d) Sowjetunion, DDR und übriges Ostmitteleuropa....... 241
         e) Einzelne Staaten Westeuropas............... 241
         f) Bilaterale und multilaterale Beziehungen in Westeuropa und transatlantische Beziehungen.............. 242
      2. Zweiter Weltkrieg und erste Nachkriegszeit bis 1948/49.... 243
         a) Zweiter Weltkrieg und Kriegsende ............ 243
         b) Deutsche Frage..................... 246
         c) Ost-West-Kooperation und -Konflikt ........... 248
         d) Sowjetunion und Ostmitteleuropa ............ 249
         e) Westeuropa, USA und neutrale Staaten........... 249
      3. Der Ost-West-Konflikt zwischen zwei Krisen 1948/49–1962 . 251
         a) Zum Ost-West-Konflikt allgemein ............ 251
         b) Krisen 1953–1956.................... 252

|     | c) Berlin- und Kubakrisen 1958-1962 | 253 |
|-----|-------------------------------------|-----|
|     | d) Zur Sowjetunion und Integration im Ostblock | 254 |
|     | e) Westeuropäische und transatlantische Beziehungen | 254 |
| H.  | Entspannung und Sicherheit 1962–1975 | 259 |
|     | 1. Ost-West-Beziehungen | 259 |
|     | 2. Beziehungen innerhalb des „Ostblocks" | 260 |
|     | 3. Westliche Integration | 260 |
|     | a) Wirtschaft und Politik | 260 |
|     | b) Sicherheit und Politik | 261 |
| I.  | Neue Krise und Ende des Ostblocks 1976–1990 | 262 |
|     | 1. Ost-West-Beziehungen zwischen Konfrontation und Entspannung | 262 |
|     | 2. Integration in Westeuropa und in den transatlantischen Beziehungen | 264 |
|     | 3. Umbruch in Europa 1989/90 | 265 |

Anhang
Abkürzungsverzeichnis . . . . . . . . . . . . . . . . . . . . . . . 267
Zeittafel . . . . . . . . . . . . . . . . . . . . . . . . . . . . . . . . 268
Tabellen
    Außenhandel ausgewählter Staaten . . . . . . . . . . . . . . 280
    Bruttoinlandsprodukt ausgewählter Staaten . . . . . . . . . 281
Karten . . . . . . . . . . . . . . . . . . . . . . . . . . . . . . . . . 282
Personenregister . . . . . . . . . . . . . . . . . . . . . . . . . . . 285
Sach- und geografisches Register . . . . . . . . . . . . . . . . . 292

# VORWORT

Europa hat sich nach dem Zweiten Weltkrieg in noch nie dagewesenem Tempo verändert. Die historische, politik-, sozial- und kulturwissenschaftliche Forschung wandelt sich gleichermaßen rasant durch den neuen Zugang zu Quellen, aber doch auch vornehmlich durch eine Erweiterung von Methoden und Reflexionsebenen. Dies alles auf knappem Raum erfassen zu wollen, bedeutete die Quadratur des Kreises. So wurden Schwerpunkte gesetzt, die sich auf Europa als Kontinent unterschiedlicher Integrationsmuster und unterschiedlich intensiver Konflikte beziehen, ohne dass vergleichende Aspekte der Staaten, Gesellschaften und Kulturen ausgeklammert würden.

Als Andreas Hillgruber 1979 erstmals in der neuen Reihe „Grundriss der Geschichte" einen Band mit dem Titel vorlegte: „Europa in der Weltpolitik der Nachkriegszeit 1945–1963", stand die wissenschaftliche Forschung zu der Zeit noch in den Anfängen. In der ersten Zeit nach der KSZE schien es Hillgruber nicht möglich, über die Nachwirkungen von Berlin- und Kubakrise hinaus zu schreiben, die er für den entscheidenden Einschnitt der Nachkriegszeit hielt. Das hat sich mit nachwachsender Geschichte und entsprechender wissenschaftlicher Beschäftigung gründlich geändert, aber es bleiben spezifische Forschungsprobleme der jüngsten Zeitgeschichte. Als ich vier Jahre nach dem frühen Tod meines akademischen Lehrers Andreas Hillgruber im Jahr 1989, also im Jahr 1993, eine Überarbeitung und Ergänzung als vierte Auflage vorlegte, hoffte ich, eine Neubearbeitung schneller erstellen zu können, als es nun der Fall ist. Ansatz, Methode und behandelter Zeitraum erforderten eine völlige Neukonzeption. Sie setzt ihren Schwerpunkt auf den Ost-West-Konflikt sowie auf die von den USA und der Sowjetunion geführten so unterschiedlich zusammen gehaltenen Integrationszonen. Darin wähle ich zugleich Fragen aus, denen ich besondere Bedeutung zumesse. Somit konnten viele andere, mir auch wichtige Aspekte nur am Rande berührt werden.

Seither haben sich an der Datenerfassung und -bearbeitung sehr viele hilfsbereite Mitarbeiter beteiligt, bis ich mich endlich selbst an die Chancen einer Arbeit am PC gewöhnt hatte. Das waren neben manchen anderen vor allem: seit langen Jahren Waltraud König, sodann Guido Thiemeyer, Henning Hoff, Simone Derix, Sarah Finke, Jutta Cohausz, Alexander Rindfleisch, Thorsten Schulz, Lorenz Richter, der auch das Register anfertigte. Durch die kritische und hilfreiche Lektüre konnte durch viele Anregungen und Hilfen aus einer Rohform ein Buch entstehen. Durch eine sehr intensive Lektüre des Manuskripts halfen besonders Annegrete und Bernd Martin (Freiburg i.Br.), Gottfried Niedhart (Mannheim) und Marc Frey, der darüber hinaus an dem Forschungsbericht zur Dekolonisierung aktiv mitarbeitete. Lothar Gall begleitete das Manuskript in der Endphase ebenso, wie es im Oldenbourg Verlag Cordula Hubert mit einem kompetenten Lektorat, aber auch Christian Kreuzer und Julia Schreiner taten.

Allen genannten und manchen anderen Personen schulde ich großen Dank – und dies tue ich von Herzen. Ohne diese Unterstützung von Freunden, Kollegen und Mitarbeitern wäre aus dem Projekt wohl in dieser Form nichts geworden, auch wenn Mängel in Form und Inhalt natürlich von mir verantwortet werden.

Das Manuskript und die Bibliografie wurden Ende 2003 abgeschlossen. Eine im Laufe der Arbeiten an diesem Buch entstandene umfänglichere Forschungsbibliografie wurde ins Netz gestellt und kann ebenso wie für diesen Band von Guido Thiemeyer erarbeitete ausführlichere Tabellen mit Statistiken zur vergleichenden wirtschaftlichen Entwicklung Europas als Ergänzung und Vertiefung genutzt werden:
www.internationale-geschichte.historicum.net/daten_texte_quellen.html/.

Köln, im März 2004                                                    Jost Dülffer

# I. Darstellung

## A. DER CHARAKTER DER EPOCHE

Die Geschichte Europas in der zweiten Hälfte des 20. Jahrhunderts lässt sich nicht aus sich selbst heraus verstehen. Mehr als in jeder anderen Epoche zuvor wurde sie von außen bestimmt, in erster Linie durch die USA, in zweiter durch die Sowjetunion. Zwar war das russische Zarenreich seit dem 18. Jahrhundert für Europa bedeutend; aber nach 1945 bestimmte die Sowjetunion in stärkerem Maße als zuvor die Geschichte des Kontinents, zumal sie bis in die Mitte Europas (und damit Deutschlands) indirekte und dann auch direkte Herrschaft ausübte.

Eine Geschichte Europas nach dem Zweiten Weltkrieg muss daher auch die Rolle der beiden „Supermächte" USA und Sowjetunion einbeziehen. Diese beiden Staaten brachten politisch und militärisch, im Fall der USA auch wirtschaftlich, eine neue Qualität in die Staatengemeinschaft der bisherigen europäischen Großmächte ein. Wenn man Ende des 19. Jahrhunderts von Weltreichen sprach, hatten diese ihr Zentrum alle in Europa und schickten sich an, ihre Herrschaft außerhalb Europas zu erweitern, gestärkt durch die Überzeugung an eine Mission zur weltweiten Ausbreitung dieses „Zivilisationsstandards" [G. Gong]. Durch den Ersten Weltkrieg begann jedoch eine Tendenz, die nach dem Zweiten bestimmend wurde: Die USA und die Sowjetunion beeinflussten beträchtlich die Geschicke auch der vormaligen imperialen Mächte Europas. Das europäische „Staatensystem als Vormacht der Welt" [113: Th. Schieder] war nunmehr – verstärkt durch den „Zivilisationsbruch" [D. Diner] nationalsozialistischer Herrschaft – in entscheidender Weise zum Objekt der beiden neuen Weltmächte geworden.

<sub>Rolle der „Supermächte": USA und Sowjetunion</sub>

Westeuropa und Nordamerika fanden in dieser Zeit eine enge Verbindung, die jedoch keine Einbahnstraße zur „Amerikanisierung" bedeutete, sondern wechselseitigen Austausch. Dennoch ging europäische Geschichte dadurch nicht in einer gleichsam (nord)atlantischen auf. Vielmehr entwickelte sich über den Atlantischen Ozean hinweg eine Wertegemeinschaft, die Folgen in vielen gesellschaftlichen Bereichen hatte. Häufig genannt wird hier eine sich durch relative Wirtschaftsfreiheit auszeichnende – aber auch noch weiter reichende – Zone der OECD-Staaten, die ihren Kern in Nordamerika und Westeuropa hatte. Sie

<sub>Wechselwirkungen Nordamerika – Europa</sub>

stand sowohl für einen relativen Wohlstand als auch für innere Befriedung, da innerhalb dieses Raums internationale Konflikte nicht mehr militärisch ausgetragen wurden.

Die Nordatlantische Gemeinschaft wurde zu mehr als dem militärisches Bündnis, zur NATO, die – nach der Gründung der wirtschaftlich bedeutsamen OEEC 1948 – ab 1949 den wichtigsten völkerrechtlichen Vertrag darstellte. Zunächst einmal als Ideologie, dann aber zunehmend von Realität erfüllt, entwickelten sich die transatlantischen Beziehungen zu einer Zone mit politisch freiheitlich organisierten Demokratien und sozial relativ befriedeten Gesellschaften. Materieller Wohlstand bildete ein wichtiges Bindemittel für eine neuartige Gemeinschaft stabilen Friedens. Diese Ansprüche setzten sich erst langsam um, verliefen nicht linear und gleichmäßig. Sie gewannen ihre Anziehungskraft nicht nur durch die Überwindung der vorausgegangenen Kriegs- und Schreckenszeiten, sondern auch in der direkten Auseinandersetzung mit „dem Osten".

<small>Wertegemeinschaft, Wohlstand, Frieden</small>

Es gibt zu Beginn der 2000er Jahre eine Tendenz, Osteuropa überwiegend im Lichte der Erfolge Westeuropas zu sehen und folglich die Ausdehnung der transatlantischen Werte- und Leistungsgemeinschaft in den Vordergrund zu stellen. Dann lassen sich die Jahre seit 1945 leicht als Zeit von kommunistischen Diktaturen deuten, deren Gesellschaften mit ihren rückständigen Ökonomien an der freien Entfaltung ihrer Möglichkeiten gehindert wurden. Wohlstand und Demokratie des Westens hätten seit dem Umbruch von 1989/91 die Chance, in ganz Europa verwirklicht zu werden. Eine solche Sicht bedeutet für die historische Methode eine problematische Wunschvorstellung, selbst wenn man beobachten kann, dass sich die Vorstellung von einer nachholenden Modernisierung des ehemaligen Ostblocks politisch in der Tat vielfach am westeuropäisch-atlantischen Vorbild festmachte („Heimkehr nach Europa"). Allerdings bildete auch der „Osten" Europas seit 1945 eine neue Konstruktion. „Unter Osteuropa verstand man nun die Länder und Völker im kommunistisch beherrschten Teil Europas, denen der Westen, die demokratische ‚Freie Welt, gegenüberstand" [KAPPELER in: 409: STOURZH, S. 45] – und das umfasste weit mehr Gebiete, als sie herkömmlich zu Osteuropa gezählt wurden. Die (vormaligen) Begriffe Mitteleuropa, Ostmitteleuropa oder (der neue) Mittelosteuropa (MOE) wurden zwar gelegentlich unter den Bedingungen des Ost-West-Konfliktes weiter verwendet, jedoch war deren Prägekraft als relativ einheitliche Gebiete verdeckt. Besonders in Polen, der Tschechoslowakei und Ungarn gelangte bereits in den achtziger Jahren das Bewusstsein zum Durchbruch, man wolle künftig nicht länger „Osten", sondern „Mitte" sein.

<small>Osteuropa als Gebiet der Rückständigkeit?</small>

In Westeuropa setzte nach dem Krieg ein historisch neuartiger Integrationsprozess ein, der auch nach dem Ende der Spaltung Europas weiterlief. Mit ihm übertrugen zumeist gefestigte Nationalstaaten Kompetenzen auf gemeinsame europäische Institutionen, ohne dabei ihre Identität aufzugeben. Nach dem Ende des bisherigen „Ostblocks" lässt sich dort ein Trend ausmachen, die je eigenen nationalen Identitäten neu zu definieren, die nach den Erfahrungen kommunistischer Diktatur nicht selbstverständlich zu wesentlichen Teilen auf andersartige supranationale Gebilde übertragen werden. Daneben findet auch „ein Prozess der Devolution der sozialen und politischen Ordnung..., der Partikularisierung von Staatsbürgerrechten nach ethnischen, religiösen, sprachlichen Kriterien" statt [R. M. LEPSIUS]. Das betraf im letzten Jahrzehnt des 20. Jahrhunderts vor allem die beiden supranationalen Staaten Sowjetunion und Jugoslawien, war aber auch bei der Teilung der Tschechoslowakei in zwei unabhängige Staaten zu verzeichnen. Auch unter den seither neuen Bedingungen setzten sich die bisherigen Wechselwirkungen zwischen dem Osten und Westen Europas fort. Daher ist es möglich, dass diese stärker auf lange zurück liegenden kulturellen Prägungen beruhen und sich nicht nur auf die Ereignisebene von Politik und Wirtschaft allein erstrecken.

Wechselwirkungen Ost- und Westeuropa

Die unterschiedliche Entwicklung Europas im Westen und im Osten nahm gerade im militärischen Sektor über lange Zeit den Charakter eines antagonistischen Gegensatzes an, beruhte in anderen aber auf geringeren Differenzen, die sich als Gefälle bezeichnen lassen. In diesem Buch geht es darum, die unterschiedlichen Entwicklungen im Westen wie im Osten Europas zu registrieren und ihre wechselseitigen Abhängigkeiten zu erkennen: Der „Westen" als politische Gesamtheit war auch immer auf den „Osten" bezogen, aber der „Osten" richtete sich stärker auf den Westen aus als umgekehrt. Das gilt für die offene wie verdeckte Nachahmung ebenso wie für Formen der Abgrenzung.

Im Übrigen stellte die Sowjetunion ebenso eine asiatische wie eine europäische Macht dar. Da sie bis Wladiwostok an den Pazifischen Ozean reichte und eine lange gemeinsame Grenze mit China aufwies, galt ein beträchtlicher Teil ihrer politischen Aufmerksamkeit und der Verwendung ihrer Ressourcen dieser Orientierung auf Asien und den Pazifischen Raum. Gleichermaßen ist zu beachten, dass sich auch die USA zwischen dem Pazifischen und dem Atlantischen Ozean erstreckten und sich damit ihrerseits ebenso nach Asien wie nach Europa ausrichteten. Nur liegt der Fall bei der „amerikanischen" Weltmacht einfacher als bei der Sowjetunion bzw. Russland. Wenn man einen neuen kulturell bestimmten „Westen" von Vancouver ostwärts über Europa bis nach Wladiwostok denkt, sind darin nicht nur Nordamerika, Europa und große Teile Asiens eingeschlossen; man kann auch von der amerikanischen Westküste nach Westen gehen und ihm so eine Perspektive über den Pazifischen Ozean nach Asien hin verleihen – der „Westen" dann geographisch wie inhaltlich leer.

Alle diese Beobachtungen gelten für die nördliche Erdhälfte, die sich ihrerseits von der südlichen Hemisphäre unterscheidet. Tatsächlich hat in der hier interessierenden Zeit zunehmend auch ein Nord-Süd-Konflikt die Geschichte auch Europas bestimmt. Im Zeichen der Globalisierung wurde aber auch dieser Gegensatz fragwürdig oder zumindest in neuer Form wirksam.

Ob Russland zu Europa gehört oder nicht, stellt einen alten Streit dar, in dem zumeist mit Wertegemeinschaften argumentiert wird. Darauf soll hier nicht eingegangen werden; vielmehr wird hier davon ausgegangen, dass die Sowjetunion schon aus geographischen Gründen (Grenzen und räumliche Entfernung) als Teil Europas angesehen werden muss. Hinzu kommt als Maßstab für historische Zuordnung auch das zeitgenössische Bewusstsein. Eine Ausgrenzung Russlands oder der Sowjetunion aus dem Thema „Europa" ließe sich allein aus (subjektiven) Entscheidungen über Defizite dieses Staates gegenüber der jeweils gemeinten (west)europäischen Werte- oder Geschichtsgemeinschaft treffen. Für unsere Zwecke wird jedoch angenommen, dass der russische Großstaat immer einen territorialen Bestandteil Europas bildete, auch wenn sein europäischer Charakter nach Osten hin graduell in einen asiatischen überging.

*Russland als Teil Europas*

Die Geschichte Europas nach dem Zweiten Weltkrieg muss insgesamt zwar welthistorisch eingebettet werden, aber zentral die Wechselwirkungen zwischen „Westen" und „Osten" berücksichtigen. Dabei geht man von einer klaren Trennung in zwei Einheiten aus, die ihrerseits im Lauf der Zeit einem Wandel unterlagen. Gemeinhin wird dieses Beziehungsgeflecht als „Kalter Krieg" bezeichnet. In einer gängigen Lesart dieses Kalten Krieges kam es noch im, dann aber vor allem nach dem Zweiten Weltkrieg, zu einer „Teilung der Welt" [603: LOTH] – und damit auch Europas –, die bis 1989/90 andauerte. Dieser Begriff „Kalter Krieg" wird seither häufig gebraucht, ist jedoch problematisch. Kalter Krieg bezeichnet einen Zustand des Staatensystems, der kriegsähnlich ist, bei dem sich aber die beiden Seiten unter amerikanischer bzw. sowjetischer Führung nicht direkt militärisch bekämpften. Der wohl von dem US-amerikanischen Publizisten Walter Lippman geprägte Begriff knüpft an den des „trockenen Krieges" an, den Hans Delbrück für die Zeit vor dem Ersten Weltkrieg formuliert hatte. Tatsächlich wurde aber auch im Kalten Krieg zwischen den Blöcken geschossen: Das galt etwa in Korea 1950–53, in Vietnam in den sechziger und siebziger Jahren, sodann in einer Reihe von weiteren, „Stellvertreterkriege" genannten Konflikten in der Dritten Welt während des gesamten Zeitraums. Der Kalte Krieg schloss also herkömmliche, „heiße" Kriege ein. Ferner fanden mehrere Aufstände im sowjetischen Machtbereich statt, die auch mit Kriegen und dem Ost-West-Problem zu tun hatten. Diese Aufstände weiteten sich nur deswegen nicht zu Bürgerkriegen aus, weil die sowjetische Macht die von ihr gestützten Regierungen mit militärischen Mitteln schützte – so vor allem in der DDR 1953, in Ungarn und Polen 1956, in der ČSSR 1968. Der Begriff Kalter Krieg ist schließlich deswegen problematisch, weil er ein hohes Maß an Geschlossenheit und Permanenz für die Zeit zwischen 1945 und 1990 signalisiert und den ständigen Wandel der Beziehungen zwischen den „Blöcken" vernachlässigt. „Kalter Krieg" wird zwar weiter als Epochenbezeichnung gebraucht, ist aber ein vereinfachender Begriff für wesentlich komplexere Vorgänge. Besser sollte man von einem Ost-West-Gegensatz sprechen, der allerdings zwischen 1945 und 1990 in Europa dreimal akut bedrohlichen Charakter annahm. Nur diese Phasen können tatsächlich als „Kalte Kriege" bezeichnet werden – in ihnen drohte zeitweilig die Eskalation zu einem heißen Krieg. Zunächst war dies die Krise um die Berlin-Blockade 1948/49, die mit dem Koreakrieg in seiner Anfangsphase 1950 im ersten Kalten

*Der Kalte Krieg*

*Ost-West-Konflikt*

Krieg kulminierte. Berlin stand auch beim zweiten Kalten Krieg 1958 bis 1962 im Mittelpunkt, gefolgt von der Kuba-Krise 1962. Es gab sodann als dritten Kalten Krieg einen Streit um die Mittelstreckenraketen von etwa 1979 bis 1982/83. Zwischen diesen Phasen gab es aber Perioden geringerer Intensität des Konfliktes oder eben auch der „Entspannung". Der häufig gebrauchte Begriff „Kalter Krieg" akzentuiert demgemäß eher die fortlaufenden strukturellen Bedingungen der Jahrzehnte nach dem Zweiten Weltkrieg, während die Bezeichnung Ost-West-Konflikt den Blick stärker für situative Aspekte und Wandel in dieser Zeit öffnet.

Ein Ost-West-Gegensatz oder -Gefälle ist in der europäischen Geschichte nicht neu; er geht auf die griechisch-römische Antike zurück, auf Ostrom und Westrom, auf abendländisch-christliche versus morgenländisch-byzantinische Prägung, setzte sich in der Neuzeit während der Aufklärung in Westeuropa fort. Er schlug sich in einem wirtschaftlich-sozialen Modernisierungsgefälle nieder. Schließlich wurde dieses Ost-West-Verhältnis auch durch die ideologischen Gegensätze unterschiedlicher Ausprägungen von Sowjetkommunismus und liberal-kapitalistischer Demokratie in dem hier behandelten Zeitraum geprägt. Der „Osten" reichte aber je nach Deutung mehr oder weniger weit in die „Mitte" Europas hinein und bestimmte daher unterschiedlich das Sein und das Bewusstsein der Menschen. Neben diesem Gegensatz ist auch innerhalb Europas ein Nord-Süd-Gefälle zu verzeichnen, das neuzeitlich einen eher protestantisch geprägten Norden und einen katholischen bzw. orthodoxen Süden einander gegenüberstellt. Schließlich sollten auch christliche versus muslimische Traditionen innerhalb Europas berücksichtigt werden, die sich Ende des 20. Jahrhunderts u.a. in Bürgerkriegen oder durch Migration innerhalb von Staaten, zwischen Staaten und nach Europa hinein als wirksam zeigen.

Am Anfang dieser Entwicklung stand jedoch der Zweite Weltkrieg, der auf der Expansionspolitik von NS-Deutschland und dem faschistischen Italien (mit ihren jeweiligen Verbündeten) in Europa und von Japan in Ostasien beruhte. Besonders während der deutschen Expansion wurde zeitweilig der größte Teil West- und Osteuropas militärisch besetzt, politisch abhängig gemacht, wirtschaftlich ausgebeutet und oft nach rassischen Kriterien mordend umgestaltet. Die militärische Zurückdrängung dieser Herausforderung führte zur bedingungslosen Kapitulation des Deutschen Reiches und ließ die Siegermächte USA, Großbritannien (und Frankreich) sowie die Sowjetunion durch ihren militärischen Sieg bis in die Mitte Europas und damit Deutschlands gelangen.

Die Interaktion der Siegermächte, die zunächst und nach außen hin noch für einige Zeit als Zeichen der gemeinsamen Waffenbrüderschaft der Anti-Hitler-Koalition erschien, barg in sich bereits die Elemente des – dann weiter gesteigerten – Antagonismus und der Konfrontation. Pointiert: Die Politik des Deutschen Reiches unter Adolf Hitler war bis in die Niederlage hinein dafür verantwortlich, dass die unterschiedlichen Gesellschaftsordnungen westlicher und östlicher Prägung auch in Deutschland aufeinander prallten und damit wesentlich

*Ältere Prägungen*

*Nord-Süd-Gefälle*

*Zweiter Weltkrieg*

*Rolle des Deutschen Reiches*

die Konfrontation bis hin zum Kalten Krieg verursachten. In ihm spielte nicht nur die deutsche Frage – nunmehr als Frage der Einheit oder Teilung, Eingliederung in Ost- oder Westblock oder Neutralisierung – eine Rolle. Sie wurde aber wegen der vorangegangenen Geschichte und ihrer fortdauernden Bedeutung zu einem entscheidenden Moment des Konfliktes. Mit der Lösung der „deutschen Frage" 1989/90 wurden auch wichtige Voraussetzungen zum Zusammenbruch des bisherigen Ostblocks und letztlich auch zur Auflösung der Sowjetunion geschaffen. Die Nachkriegszeit war mit der Vereinigung der beiden deutschen Staaten an ein Ende gelangt, das auch die Voraussetzung für die Überwindung des bisherigen Ost-West-Konflikts schuf.

# B. DER ZWEITE WELTKRIEG UND SEINE FOLGEN

Der Zweite Weltkrieg prägte die folgende Zeit entscheidend. Das gilt zum einen für die Verluste, zum anderen für die sich im Krieg ausbildenden politischen Konstellationen zwischen den Kriegführenden und der Koalition der späteren Sieger. Der Zweite Weltkrieg hatte mit einem Sieg der „Vereinten Nationen" – wie sich die Kriegskoalition nannte – über das Deutsche Reich und seine Verbündeten geendet. Dieser Sieg war eindeutig, und die bedingungslose Kapitulation des Deutschen Reiches bedeutete nicht nur das Ende nationalsozialistischer Zwangsherrschaft in weiten Teilen Europas, sondern vorerst auch das Ende der deutschen Selbstständigkeit. Das Land wurde von den Siegermächten besetzt; sie übernahmen die oberste Gewalt.

In diesem Krieg waren nur wenige Staaten völkerrechtlich neutral geblieben. Die Diktaturen Spanien und Portugal sowie Irland, Schweden und die Schweiz waren die wichtigsten Neutralen. Die Türkei erklärte dem Deutschen Reich erst im März 1945 den Krieg, um dadurch Gründungsmitglied der neuen Weltorganisation, der Vereinten Nationen, zu werden. Auch die meisten neutralen Staaten hatten sich politisch, wirtschaftlich oder sogar verdeckt militärisch mit den Kriegsparteien eingelassen.

Die Nachkriegsordnung war zunächst stark vom materiellen Wiederaufbau geprägt; die mentalen Auswirkungen betrafen die gesamte Epoche. Die ungeheuren Zerstörungen waren jedoch nicht gleichmäßig über Europa verteilt. Anders als im Ersten Weltkrieg, in dem vor allem Belgien und Nordfrankreich die meisten menschlichen Opfer und die stärksten materiellen Zerstörungen zu verzeichnen hatten, betrafen Tod, Vernichtung und Ausbeutung im Zweiten Weltkrieg am stärksten Ost(mittel)europa, hier vor allem Polen, die Sowjetunion und Jugoslawien. Doch nicht dieser Vergleich zählte anfangs, denn in jedem Staat, und so auch im ehemaligen Deutschen Reich, traten zunächst die eigenen Verluste an Menschen und materiellen Werten in den Vordergrund des Erlebens und dann auch der Erinnerung. *Kriegszerstörungen*

Die im Vergleich zur Bevölkerungszahl stärksten Verluste erlitt Polen primär durch deutsche, aber auch sowjetische Kriegs- und Besatzungspolitik. In absoluten Zahlen hatte die Sowjetunion die meisten Toten des Krieges zu verzeichnen (ca. 27 Millionen Menschen). In Jugoslawien mischte sich der Kampf gegen die deutsche und italienische Besatzung ab 1941 mit innerjugoslawischen Kämpfen. Seit 1941 bis zum Kriegsende wurde in Osteuropa dauerhaft vor allem auf sowjetischem Territorium gekämpft, aber der gesamte Raum diente als Durchmarschgebiet sowie als Feld nationalsozialistischer Rassenpolitik. So kam es, dass die meisten Toten Zivilisten waren. Ab 1943/44 erreichten die Fronten mit dem Rückzug der Deutschen und ihrer Verbündeten erneut die Staaten Ost- und Südosteuropas. In Westeuropa waren die deutschen Eroberungen und damit die Kampfhandlungen in Norwegen, Dänemark den Niederlanden, Belgien, Lu- *Osteuropa*

*Westeuropa*

xemburg und Frankreich – hier zusammen mit Italien – 1940 im Wesentlichen abgeschlossen. Der ab 1939 gegen Großbritannien und ab Dezember 1941 gegen die USA geführte Krieg fand zur See und aus der Luft statt. Erst mit der alliierten Landung in Sizilien (10. Juli 1943) und in der Normandie (6. Juni 1944) kehrte der Landkrieg im Westen und Süden auf den europäischen Kontinent zurück. Auch dadurch gab es hier wesentlich weniger Tote. Die Verluste des Deutschen Reiches lagen in Zahlen zwischen den Werten Ost- und Westeuropas und betrafen bei insgesamt 5,8 Millionen Menschen zum weit überwiegenden Teil Soldaten. Die britischen und US-amerikanischen Kriegsverluste an Menschen in Europa und Ostasien lagen vergleichsweise niedriger.

Erinnerungskulturen

Materielle Zerstörungen sind wesentlich schwerer zu beziffern, doch geben die genannten Zahlen der Toten einen Anhaltspunkt für die Probleme des Neuaufbaus. Das gilt auch für die sich herausbildenden „Erinnerungsgemeinschaften". Diese waren primär national ausgerichtet, wiesen also Opfer wie etwa Juden oder Sinti und Roma nicht gesondert aus. Außer in Deutschland benannten sie überall unter den Ursachen für die Zerstörungen im Zweiten Weltkrieg an erster Stelle die deutsche Rolle und zwar – häufiger in Osteuropa und dann auch politisch bestimmt – in der systemischen Variante eines deutschen „Faschismus".

Im sowjetischen Machtbereich war es bis 1956 unmöglich, die sowjetischen, „stalinistischen" Verbrechen öffentlich zu benennen; dies blieb bis zum Ende des Sowjetblocks eine prekäre Angelegenheit. Die Erinnerung an den Zweiten Weltkrieg, dominiert von militärischem Kampf, deutscher Besatzung und Herrschaft, war als „deutsche Gefahr" zunächst weiter manifest und blieb für die ganze Epoche latent erhalten. Sie wurde im Westen frühzeitig ergänzt und überwölbt von ideologischen Vorstellungen einer Bedrohung durch „den Osten" und „den Kommunismus", die gelegentlich stärker militärisch, immer aber ideologisch und politisch-subversiv gedeutet wurde. Umgekehrt war im entstehenden „sozialistischen Lager" das Feindbild des westlichen Kapitalismus und aggressiven Imperialismus wesentlich stärker von offizieller Propaganda geprägt. Dabei spielte neben dem Verweis auf die US-amerikanische Rolle auch das an die realen Erfahrungen des Weltkrieges anknüpfende Feindbild einer neuen deutschen Gefahr für Jahrzehnte die wichtigste Rolle.

NS-Koalitionen

Das Deutsche Reich entwickelte bis 1945 im eigenen Machtbereich kein tragfähiges Konzept für eine europäische Nachkriegsordnung. Unterschiedlich ausgeprägte direkte Herrschaft und Ausbeutung im Dienste deutscher Kriegführung, sodann eine rassenideologisch bestimmte Politik bis zum Völkermord waren die hervorstechenden Kennzeichen der deutschen Besatzungspolitik. Politische Bündnisse mit Italien und Japan sowie weiteren „Satellitenstaaten" dienten nur zur Stabilisierung deutscher Herrschaft und Unterstützung in der Kriegführung. Erst in der Zeit des sowjetischen Vormarsches nach Westen wurde stärker ein antibolschewistisches Europa propagiert, jedoch konnte diese Idee keine stärkere Bindekraft entwickeln und fiel ab 1943 in sich zusammen.

Auch in der Gegnerkoalition gab es kein umfassendes Kriegsbündnis. Am 1. Januar 1942 unterzeichneten die damals gegen die „Achsenmächte" Krieg führenden Staaten eine „Erklärung über die Vereinten Nationen". Sie benannte als gemeinsame Wertvorstellungen liberal-demokratische Prinzipien und freien Welthandel. Auch die Sowjetunion beteiligte sich. Während die US-amerikanischen und britischen Militärs enge Absprachen trafen und Roosevelt und Churchill einen ausgiebigen persönlichen Austausch führten, blieben die Absprachen zwischen den USA und der Sowjetunion vergleichsweise vage. Immerhin schlossen Großbritannien und die Sowjetunion 1942 einen militärischen Beistandspakt für 20 Jahre. Nach dem sowjetischen Sieg bei Stalingrad und dem italienischen Kriegsaustritt 1943 war die Zeit für verbindlichere Absprachen der drei wichtigsten Mächte reif, um das weitere Vorgehen im Krieg und die Nachkriegsordnung gemeinsam zu beraten. Alliierte Koalition

Nach einer Moskauer Außenministerkonferenz (19.–30. Oktober 1943) trafen sich die Großen Drei Roosevelt, Churchill und Stalin zum ersten Mal vom 28. November bis 1. Dezember 1943 in Teheran. Die Westmächte akzeptierten grundsätzlich die sowjetische Forderung nach den Grenzen von 1941. Diese entsprach den im Zuge des Hitler-Stalin-Paktes 1939 vom Deutschen Reich zugestandenen und dann vollzogenen Gebietserweiterungen. Allerdings forderten die Westmächte, die 1940 in Litauen, Lettland und Estland unter sowjetischem Zwang abgehaltenen Volksabstimmungen über deren Beitritt zur Sowjetunion zu wiederholen, und setzten die Erhaltung Finnlands als unabhängigen Staat durch. Sie stimmten ferner den Wünschen der Sowjetunion nach einem eisfreien Hafen im nördlichen Ostpreußen zu. Grundsätzlich vereinbart wurde eine Zerstückelung Deutschlands als Grundlage des künftigen Friedens. Teheran – Erste Konferenz der Großen Drei

Bereits in Moskau hatten die Außenminister der Großen Drei die Bildung einer European Advisory Commission beschlossen. Die EAC tagte seit Januar 1944 in London und man einigte sich dort schnell über die vorläufige Aufteilung Deutschlands in drei Zonen zur unmittelbaren Besetzung; ein entsprechendes Abkommen wurde am 12. September 1944 in London unterzeichnet. Eine Zone östlich der Linie von Lübeck über Eisenach bis Hof sollte an die Sowjetunion fallen; die beiden Westmächte einigten sich später darauf, die Nordwestzone Großbritannien, die Südwestzone den USA zu unterstellen. Am 14. November 1944 wurde eine gemeinsame Verwaltung Deutschlands durch einen Alliierten Kontrollrat in Berlin vereinbart. Er sollte für alle Deutschland als Ganzes betreffenden Fragen, so auch für die Frage nach Zerstückelung oder Erhalt des Staates, zuständig sein. Groß-Berlin sollte als gemeinsames Gebiet mit getrennten Sektoren verwaltet werden. European Advisory Commission

In der Zwischenzeit fielen durch die militärische Besetzung der von Deutschland eroberten Gebiete durch die Sowjetunion bzw. die Westmächte Vorentscheidungen über deren künftige politische Gestaltung, zumal durch gesellschaftliche Umgestaltung nach der Befreiung. Kurz vor der Kapitulation Rumäniens (23. August 1944) und Bulgariens (9. September 1944) vereinbarten britische und sowjetische Militärs im Mai/Juni 1944 Operationszonen: Rumänien und Bulgarien fielen in die sowjetische, Jugoslawien und Griechenland in die britische Zone. Churchill und Stalin trafen sich in Moskau (9.–18. Oktober 1944) und erzielten formlos eine Übereinkunft über die künftigen Einflusszonen in dieser Region: für Rumänien waren 90 Prozent, für Bulgarien und Ungarn 80 Prozent sowjetischen Einflusses vorgesehen; der Rest stand westlichem Einfluss offen, der in Griechenland mit 90 Prozent überwiegen sollte. Für Jugoslawien lauteten die Ziffern 50:50. Praktikabel konnte dies kaum sein, es widersprach auch Roosevelts Denken. Dennoch hielten beide Seiten künftig an diesem Abkommen fest. Dass militärische Eroberungen politische Zukunftsentscheidungen vorwegnahmen, wurde in der polnischen Frage am deutlichsten (vgl. Kap. E). Die Sowjetunion verhinderte eine stärkere Beteiligung des antikommunistischen polnischen Widerstandes und der Londoner Exilregierung an der Befreiung und setzte stattdessen eine ihr gegenüber loyale Regierung vornehmlich aus Kommunisten durch („Lubliner Komitee"). Diese erkannte sogleich eine Westverschiebung Polens an.

Eine neue Gipfelkonferenz war dringend erforderlich. Ein zweites Mal trafen sich Roosevelt, Churchill und Stalin auf der Halbinsel Krim am Schwarzen Meer vom 4. bis 11. Februar 1945. Auf dieser Konferenz von Jalta war vor allem die polnische Frage strittig. Territoriale und gesellschaftliche Fragen bedingten sich gegenseitig. Grundsätzlich wurde die Westverschiebung Polens von Roosevelt und Churchill akzeptiert: Die Ostgrenze sollte sich an die bereits 1919 diskutierte Curzon-Linie anlehnen. Die kommunistisch geführte „Regierung der nationalen Einheit" sollte durch „demokratische Führer aus dem Exil" erweitert und durch freie Wahlen legitimiert werden. Das ähnelte Churchills und Stalins vorangegangenen Prozentabsprachen.

Über die künftige Gestaltung Deutschlands wurde wenig gesprochen. Aber Stalin zielte mit einem detaillierten Reparationsplan primär auf sowjetische Entschädigungen für erlittene Zerstörungen, die zugleich eine wirtschaftliche Schwächung Deutschlands bedeuteten. Briten und Amerikaner versuchten dagegen eingedenk der problematischen Auswirkungen von Reparationen nach dem Ersten Weltkrieg ein starres Schema zu vermeiden, gestanden lediglich als Basis künftiger Gespräche 20 Milliarden US-Dollar zu, von denen die Sowjetunion die Hälfte erhalten sollte. Eine Reparationskommission, die Einzelregelungen vereinbaren sollte, erlangte jedoch im Sommer 1945 keine Bedeutung. Ursprünglich hatte man in Washington erwogen, eine Kommission zur praktischen Koordination der „Demokratisierung" in ganz Europa zu bilden, entschied sich aber schon vor Jalta nur für eine „Erklärung über das befreite Europa". Sie wurde von den Großen Dreien vereinbart und gestand den Völkern zu, künftig nach eigener Wahl demokratische Einrichtungen zu bilden.

Insbesondere für die US-Politik zentral war die Einrichtung einer neuen Weltorganisation. Nachdem auf einer allgemeinen Konferenz in Dumbarton Oaks vom 22. August bis 28. September 1944 die Satzung hierfür diskutiert worden war, erreichten die Großen Drei in Jalta Einvernehmen über weitere Fragen: In einem für die großen Weltfragen zuständigen Sicherheitsrat erhielten die Großmächte das von Stalin geforderte Vetorecht. Er akzeptierte auf Wunsch der Westmächte neben China auch Frankreich als fünfte Großmacht in diesem Rat. Die Gründungskonferenz von San Francisco (25. April–26. Juni 1945) vereinte 44 Staaten zur Unterzeichnung einer Charta für die neue Weltorganisation, die Vereinten Nationen (UNO). Ihre Handlungsfähigkeit beruhte auf der Einigkeit der Großmächte und grenzte die Kompetenzen ihrer Organe untereinander ab. Die Charta trat am 24. Oktober 1945 in Kraft. Schon die ersten Konfliktfälle, die in der beginnenden Ost-West-Auseinandersetzung auftraten, zeigten die begrenzten Möglichkeiten der UNO zur Streitschlichtung und Friedenssicherung. Das lag formal vor allem am Vetorecht der Großmächte, mit dessen Androhung oder Anwendung die Sowjetunion den Sicherheitsrat bis Mitte der fünfziger Jahre häufig blockierte; die Generalversammlung aller Mitglieder konnte bei Blockade des Sicherheitsrats nur bedingt dessen eigentliche Funktion übernehmen. Die UNO wurde im ersten Jahrzehnt vom Westen dominiert und als Instrument der üblichen Staatenpolitik benutzt. Auch anschließend konnte die Weltorganisation nach der Zunahme ihrer Mitgliederzahlen durch die Unabhängigkeit vormals kolonialer Gebiete und damit einhergehend oft antikolonialer und antiwestlicher Einstellung ihrer Mehrheit nur gelegentlich eigene Autorität in der Friedenssicherung entwickeln.

<small>Neue Weltorganisation: UNO</small>

Nach der fast völligen militärischen Eroberung durch die Alliierten vollzog das Deutsche Reich am 7. Mai 1945 in Reims vor Vertretern der vier Hauptalliierten die militärische Kapitulation und wiederholte diesen Akt auf sowjetischen Wunsch am folgenden Tag in Berlin-Karlshorst. Die vier Siegermächte übernahmen am 4. Juni mit einer Erklärung „In Anbetracht der Niederlage Deutschlands" formal die oberste Gewalt in Deutschland.

<small>Deutsche Kapitulation in Reims und Karlshorst</small>

Der dritten Konferenz der Großen Drei in Potsdam (17. Juli–2. August 1945) waren Spannungen über das Einrücken in die vereinbarten Besatzungszonen in Deutschland und Berlin vorausgegangen. Zwischen Stalin, Churchill (ab 28. 7. Nachfolger: Clement Attlee) und dem neuen US-Präsidenten Harry S. Truman entstanden heftige Konflikte. Die Sowjetunion bestand auf Reparationen aus ganz Deutschland. Schließlich unterbreitete US-Außenminister James F. Byrnes den rettenden Kompromiss: Jede Macht durfte in Deutschland Reparationen zunächst aus der eigenen Zone entnehmen. Darüber hinaus sollte die Sowjetunion 25 Prozent der für Reparationen beschlagnahmten Industrieausrüstungen aus den Westzonen erhalten. Die (auf Dauer angelegten) Zerstückelungspläne der Mächte für Deutschland waren mit Kriegsende in Europa fallengelassen worden, aber in der Potsdamer Reparationsregelung steckte der Ansatz für ein Auseinanderdriften der Zonen, obwohl die Mächte zunächst unter dem in Berlin eingerichteten Alliierten Kontrollrat Deutschland als Ganzes zu erhalten trachteten. Hierfür vereinbarten sie Prinzipien, deren Ausgestaltung jedoch in Ost und West von Beginn an verschieden ausgelegt wurde. Das galt für die Demokratisierung,

<small>Potsdamer Konferenz</small>

aber auch für Entmilitarisierung, die wirtschaftliche Entflechtung und die Dezentralisierung des Staates. Die durch polnische Inbesitznahme des betreffenden Gebiets bereits faktisch bestehende Westgrenze Polens an Oder und (westlicher) Neiße wurde akzeptiert, allerdings setzen die Amerikaner und Briten durch, diese Regelung solle nur provisorisch bis zu einem formellen Friedensvertrag gelten. Zu der in vollem Gang befindlichen Flucht und Vertreibung der Deutschen vereinbarten die Mächte eine – nach Lage der Dinge illusorische – „ordnungsgemäße Umsiedlung".

*Ostasiatischer Krieg und Atombombe*

In Potsdam richteten die drei Mächte für die Vorbereitung von Friedensverträgen einen Rat der Außenminister ein, dem auch ein französischer und ein chinesischer Vertreter angehören sollten. Die Konferenz selbst stand im Schatten des andauernden Krieges in Ostasien und des ersten Atombombeneinsatzes. Der Termin der Konferenz war so gelegt worden, dass die USA zuvor Gewissheit über die Funktionsfähigkeit der neuartigen Atombombe besaß. Sie sollte für Truman ein neues diplomatisches Druckmittel gegenüber der Sowjetunion bilden. Stalin zeigte sich gegenüber den amerikanischen Enthüllungen äußerlich unbeeindruckt, ließ aber intern ein eigenes Atomprogramm in Gang setzen. Die politische Bedeutung dieser „letzten Waffe" blieb vorerst offen. Jedenfalls wurden die beiden ersten (und damals einzigen) Atombomben am 6. bzw. 9. August 1945 über den japanischen Städten Hiroshima und Nagasaki zur Detonation gebracht. Die Sowjetunion trat – wie in Jalta zugesagt – am 8. August 1945 in den ostasiatischen Krieg gegen Japan ein, das unter dem Eindruck beider Ereignisse am 15. August die Waffen streckte und am 2. September förmlich kapitulierte.

*Kriegszerstörungen und Wiederaufbau*

Mit dem Ende des Zweiten Weltkrieges standen Sieger und Besiegte vor einer Fülle schwerer Aufgaben im Wiederaufbau unterschiedlich zerstörter Länder, von Städten, Wirtschaftsbetrieben und Verkehrsverbindungen. Die bis an die Grenzen der Leistungsfähigkeit beanspruchte Wirtschaft musste von Kriegs- auf Friedensproduktion umgestellt werden; die überlebenden Soldaten kehrten zurück und wurden zumeist demobilisiert. Menschen, die im Krieg zwangsweise oder zum Schutz vor Verfolgung und Zerstörung umgesiedelt worden waren, kehrten in vielen Fällen zurück, aber neue Flucht- und Vertreibungsbewegungen setzten seit dem letzten Kriegsjahr ein.

*Politische Zielkonflikte*

Diese Probleme hätten sich am besten von den Siegermächten gemeinsam lösen lassen, aber die Gegensätze zwischen der Sowjetunion und den Westmächten bestimmten bereits nachhaltig die Politik. Zwar war Stalin vital an westlicher Aufbauhilfe interessiert, jedoch stoppten die USA mit Kriegsende in Europa die seit 1943 bedeutsam gewordenen Leih-Pacht-Lieferungen über den Atlantik hinweg. Für die USA bildete ein einheitlicher Weltmarkt in einer demokratischen Welt das Leitbild. Dem konnten die von der Sowjetunion in ihrem Bereich eingesetzten Regierungen der befreiten Länder in keiner Weise entsprechen. Ebenso ließen sich die sogleich einsetzende wirtschaftliche Ausbeutung sowie erste sozialistische Strukturreformen kaum mit freien Märkten vereinbaren.

Während Stalin ein Mitspracherecht für ganz Deutschland und im Westen vornehmlich für das Ruhrgebiet forderte, sahen die Westmächte hierin bereits Anfang 1946 die Gefahr politischer Subversion und wiesen alle Ansprüche zurück. In den USA waren noch im Krieg wichtige politische Kräfte zu der Erkenntnis gelangt, dass eine nur nach westlichen Prinzipien gestaltete Ordnung kaum durchsetzbar sein werde. Durch den zentralen Beitrag bei der Befreiung Europas hielten sie es für verständlich und unvermeidlich, wenn die Sowjetunion ihren Machtbereich dauerhaft zu sichern trachtete. Jedoch ging der neue US-Präsident Truman seit Herbst 1945 zu einem neuen konfrontativen Stil über, da er glaubte, weitere sowjetische Expansion nur so eindämmen oder abschrecken zu können. Die anfangs noch vorhandene Hoffnung auf weitere Kooperation nahm unter diesen Bedingungen ab, die Politik verlagerte sich in den Vorstellungen amerikanischer, aber auch britischer und nicht zuletzt sowjetrussischer Politiker zunehmend auf Konfrontation.

Die einzelnen, oft lokal oder regional entstehenden Gegensätze zwischen den Siegern entwickelten sich gleichzeitig an vielen Punkten, überlappten sich bald und verstärkten zunehmend den Eindruck im Osten und Westen, dass die andere Seite einseitige und illegitime Machterweiterung anstrebe. Trotz aller anfangs noch vorhandenen Einsicht in die Berechtigung einzelner sowjetischer bzw. westlicher Maßnahmen setzte sich auf beiden Seiten zunehmend ein allgemeines und weltanschaulich aufgeladenes Feindbild durch. Zuvor als verständlich angesehene Aktionen der anderen Seite erschienen nun in einem anderen Licht. Während des Krieges waren die sowjetischen Erwartungen von der Einrichtung einer zweiten Front in Westeuropa lange Zeit enttäuscht worden. Diese war von den Anglo-Amerikanern erstmals für 1942 versprochen worden, ließ aber bis zur alliierten Landung in der Normandie am 6. Juni 1944 auf sich warten. Das lag in westlicher Sicht vornehmlich am Krieg im Pazifik und der Erfordernis gründlicher Vorbereitung des bis dahin umfangreichsten Landungsunternehmens. Hilfe zum Wiederaufbau der Sowjetunion wurde von den USA seit Kriegsende zunehmend an politische Bedingungen gekoppelt und kam bei wachsendem Misstrauen nicht mehr zustande.

Die sowjetische Kriegsbeteiligung in Ostasien, seit 1942 von den USA und Großbritannien immer wieder angemahnt und in Jalta verbindlich zugesagt, wurde für Washington durch die Entwicklung der Atombombe im Frühsommer 1945 entbehrlich. Die USA befürchteten eine enge Zusammenarbeit der Sowjetunion und der chinesischen Kommunisten um Mao Zedong – tatsächlich war sie gar nicht so eng – und verlegten daher beträchtliche Truppen nach Nordchina. Sie sollten dort die chinesische Nationalregierung bei und nach der Kapitulation der Japaner unterstützen und somit den eigenen Einfluss sichern. Der sowjetische Kriegseintritt am 8. August 1945 mit einer großen Offensive in Korea wurde nun nicht mehr als willkommene Entlastung im ostasiatischen Krieg begrüßt, sondern als Teil kommunistischer Expansion gedeutet. Von den Waffenstillstandsverhandlungen mit Japan wurde die Sowjetunion ebenso ausgeschlos-

*Konflikt um Ende des asiatischen Krieges*

sen wie ihr die geforderte Besetzung einer der Hauptinseln Japans verwehrt blieb. Die erneute Befestigung europäischer Kolonialherrschaft in Südostasien durch Franzosen, Briten und Niederländer wurde bald auch als Auseinandersetzung mit den Kommunisten gedeutet (vgl. Kap. F.1.), unterstützte die Sowjetunion doch programmatisch und zum Teil auch materiell nationale Befreiungsbewegungen. Die ursprünglich von den Westmächten nach einer Übergangsperiode in Aussicht gestellte Unabhängigkeit nahm so häufig den Charakter einer neuen Kolonisierung an.

*Konflikt im Nahen und Mittleren Osten: Iran*

Konflikte entstanden auch im Nahen und Mittleren Osten: Der Iran war von Briten und Russen zur Sicherung des Nachschubweges in die Sowjetunion 1942 besetzt worden; die Truppen beider Seiten sollten sechs Monate nach Kriegsende (also bis März 1946) zurückgezogen werden. Nachdem in der Zwischenzeit amerikanische Berater starken Einfluss auf das Regime von Schah Reza Pahlevi gewonnen hatten, versuchte auch die Sowjetunion durch Unterstützung separatistischer kommunistischer Bestrebungen ihre Interessen in dem erdölreichen Staat zu sichern. Die iranische Regierung brachte den Fall vor Ablauf der vereinbarten Rückzugsfrist vor die UNO. Angesichts dieses Drucks zog die Sowjetunion ihre Truppen bis Mai 1946 zurück. In westlicher Wahrnehmung hatte man einer sowjetischen Aggression den Riegel vorgeschoben; aus der Sicht Moskaus wirkte das wirtschaftliche (Ölkonzessionen) und politische Vordringen der USA in dieser Gegend provozierend.

*Rat der Außenminister*

Der in Potsdam vereinbarte Rat der Außenminister hatte somit zunächst auf die Entwicklungen in Ostasien zu reagieren, sah sich aber zunehmend mit neuen europäischen Konflikten konfrontiert. Er traf sich bis 1949 achtmal. Seine ursprüngliche Funktion als Abwicklungsstelle für die Nachkriegsordnung ging schnell verloren. In dem Gremium wurden unvereinbare Pläne ausgetauscht und der anderen Seite jeweils die Verantwortung für das Misslingen zugeschoben. Nur einmal, in London (10. September–2. Oktober 1945), waren unter Hinzuziehung Chinas und Frankreichs alle fünf Großmächte vertreten; doch die Sowjetunion protestierte sogleich gegen die Beteiligung der beiden Neulinge an der Friedensregelung für Osteuropa. Sie akzeptierte den Vorrang westlicher Interessen an der künftigen Gestaltung Italiens, forderte aber eine Mitverwaltung in der ehemals italienischen Kolonie Libyen als Treuhänder der Vereinten Nationen. Die USA hingegen machten die von der Sowjetunion vorgelegten Entwürfe für Friedensverträge mit den osteuropäischen Staaten von der Zustimmung frei gewählter Regierungen in diesen Staaten abhängig. In der deutschen Frage verlangte die Sowjetunion eine Viermächtekontrolle des Ruhrgebietes. Außenminister Byrnes suchte daraufhin sowjetischen Sicherheitsbedürfnissen mit dem Angebot eines 25-jährigen Entwaffnungspaktes für Deutschland entgegenzukommen. Die in Potsdam für Deutschland erneut bekräftigten Zentralbehörden unter dem Alliierten Kontrollrat waren von Frankreich abgelehnt worden und kamen auch künftig nicht zustande. Das nächste Außenministertreffen in Moskau (16.–26. Dezember 1945) vereinte die Großen Vier ohne China (wie es fortan üblich wurde). Der direkte Kontakt mit Stalin erbrachte Absprachen im Hinblick auf Ostasien. Man einigte sich grundsätzlich über den Weg zu Friedensverträgen mit den osteuropäischen Staaten, so dass die Konferenz optimistisch endete.

Doch der Schein trog. Die konkrete sowjetische Politik in Ostasien, im Nahen Osten wie in Osteuropa ließ in der US-Administration die Bereitschaft zur Konfrontation steigen. Dazu trug auch Stalins Rede im Moskauer Bolschoi-Theater am 9. Februar 1946 bei, mit der er die Kampagne für die Wahlen zum Obersten Sowjet einleitete. Der Stolz auf die Behauptung des sowjetischen Systems im Zweiten Weltkrieg und Ausführungen über eine zumindest latente Krise des kapitalistischen Gesellschaft verbanden sich hier mit Zukunftsvisionen von neuen Rüstungsplänen und mit der Möglichkeit neuer Konfrontation. Dies ließ sich im Westen als Bekräftigung künftiger sowjetischer Aggression, ja als Ankündigung eines dritten Weltkrieges verstehen. Der britische Oppositionsführer Churchill reagierte darauf mit einer Rede im amerikanischen Fulton, Missouri am 5. März 1946 in Absprache mit Truman und in dessen Anwesenheit. Er sprach öffentlich von einem unversöhnlichen Konflikt und von einem „Eisernen Vorhang" in Europa, hinter dem die Hauptstädte Ost- und Mitteleuropas verschwunden seien. George F. Kennan, damals US-Botschafter in Moskau, lieferte zu dieser Kampfansage in einem „langen Telegramm" die maßgebliche Analyse des Sowjetsystems: Ein dauerhafter Ausgleich mit dem Westen sei nicht möglich, da es sich hier um eine „politische Kraft" handele, „die sich fanatisch zu dem Glauben bekennt, dass es mit Amerika keinen dauerhaften modus vivendi geben kann". Man verstehe dort nur die Sprache der Macht, werde sich aber dennoch kaum in abenteuerliche Angriffe stürzen.

*Rhetorische Konfrontation*

Unter diesen Umständen konnte der Pariser Außenministerkonferenz (25. April–15. Mai, 15. Juni–12. Juli 1946) kein Erfolg beschieden sein. Der Westen zeigte seine neue Festigkeit in der Abwehr aller sowjetischen Ansprüche: von Reparationen über Treuhandgebiete bis hin zur Ruhrkontrolle. Die von Byrnes angebotene Verlängerung der Entwaffnung Deutschlands auf 40 Jahre konnte daran nichts ändern. Bei der Vorbereitung der Friedensverträge mit den osteuropäischen Staaten erreichten die Westmächte kleinere Zugeständnisse. Die von allen Kriegsgegnern des Deutschen Reiches und Italiens beschickte allgemeine Friedenskonferenz von 21 Staaten in Paris (29. Juli–15. Oktober 1946) vermochte die von den Großmächten vorbereiteten Verträge kaum mehr zu beeinflussen. Sie geriet zur Demonstration westlicher Forderungen nach Selbstbestimmung gegenüber sowjetischem Expansionsdrang. Die Ratstagung der Außenminister vom 4. November–12. Dezember 1946 in New York bestätigte die Resultate der allgemeinen Konferenz. Daraufhin konnten immerhin die Friedensverträge mit Italien, Ungarn, Bulgarien, Rumänien und Finnland am 10. Februar 1947 in Paris unterzeichnet werden. An der Verfestigung der gesellschaftspolitischen Entwicklungen in Ost und West und an den territorialen Besitzständen zur Zeit des Kriegsendes änderte sich nun nichts mehr.

*Friedensverträge*

Stattdessen verschärfte sich die Konfrontation zwischen Ost und West weiter. Die Konsolidierung des eigenen Lagers erlangte Vorrang vor Möglichkeiten zur Kooperation. Dies zeigte sich in der am 12. März 1947 vor beiden Häusern des US-Kongresses von Präsident Truman verkündeten Doktrin zur Militärhilfe. In Griechenland war nach der Befreiung von deutscher Besatzung ein Bürgerkrieg ausgebrochen, der zwischen linkssozialistisch-kommunistischen Kräften des Widerstandes und konservativen Gruppierungen um den unter britischem Schutz aus dem Exil zurückgekehrten König ausgetragen wurde. Die Befreiungskräfte wurden von den nördlichen Nachbarn Griechenlands unterstützt, die auch ihr Territorium als Rückzugsgebiet für die Linken zur Verfügung stellten, während die monarchische Regierung von Großbritannien militärischen Beistand erhielt. Das überstieg auf die Dauer die finanziellen Mittel des Inselreiches, so dass die USA in die Bresche sprangen. Truman sprach in seiner Rede von einer Auseinandersetzung zwischen Freiheit und Sklaverei, die alle Völker zur Entscheidung zwinge. Griechenland und der Türkei wurde erstmals beträchtliche militärische Hilfe zugesagt. Zuvor hatte die Sowjetunion einseitig gegenüber der Türkei Ansprüche auf eine – zuvor mit dem Westen vereinbarte – gemeinsame alliierten Regelung der Meerengenfrage geltend gemacht. Die Fälle Griechenland und Türkei dienten Truman nun zur Formulierung einer strategischen Eindämmungspolitik (*Containment*) gegenüber einem befürchteten sowjetischen Durchbruch zum Mittelmeer. Die Grundgedanken von George Kennans „Long Telegram" wurden publiziert und vertieften programmatisch den Gegensatz. Wie zuvor schon in Asien, so hatte der Ost-West-Konflikt nun auch in Südosteuropa eine militärische Aufladung erfahren.

In Washington herrschte Einvernehmen, dass die Stabilisierung des eigenen Lagers grundsätzlich an der Basis der jeweiligen Gesellschaft erfolgen müsse. Die allgemeine Verelendung als Kriegsfolge, aber auch konkrete wirtschaftliche Probleme beim Wiederaufbau und vor allem ernste Finanzkrisen in mehreren westeuropäischen Staaten führten in Frankreich und Italien, Staaten mit starken kommunistischen Parteien, zu Unruhen und Streiks. Dem suchte der neue US-Außenminister George C. Marshall in einer Rede am 5. Juni 1947 an der Harvard Universität zu begegnen. Hier betonte Marshall nicht die militärisch abgrenzenden Aspekte (die in Europa vielfach auf Skepsis gestoßen waren), sondern formulierte eine Vision der Wirtschaftshilfe für ganz Europa, wie ausdrücklich gesagt wurde. Das schloss potenziell Osteuropa und die Sowjetunion ein.

In der Sowjetunion erkannte man darin zwar die schwache Chance, dass die USA doch noch Wiederaufbaukredite bewilligen würden, fürchtete aber die damit möglicherweise verbundene kapitalistische Durchdringung des eigenen Machtbereichs in Osteuropa. Zu einer Sondierungskonferenz mit seinem französischen und britischen Kollegen Georges Bidault und Ernest Bevin reiste der sowjetische Außenminister Vjačeslav Molotov zwar nach Paris (27. Juni–2. Juli 1947). Danach aber lehnte die Sowjetführung den sogenannten Marshall-Plan öffentlich ab, da er eine Einmischung in die inneren Angelegenheiten der Staaten darstelle. Den Staaten Osteuropas wurde von Moskau die Teilnahme an der gesamteuropäischen Pariser Konferenz für wirtschaftliche Zusammenarbeit (12. Juli–22. September 1947) untersagt. Dort wurde daher das umfassende *European Recovery Program* allein für die Staaten Westeuropas (inklusive der drei westlichen Besatzungszonen Deutschlands) ausgearbeitet. „European Recovery Program"

Die Sowjetunion nahm die Konfrontation auf ideologischer Ebene an: Auf Drängen des jugoslawischen Staatspräsidenten Josip Broz „Tito" fand vom 22.–27. September 1947 im polnischen Slaska Poręba (Schreiberhau) eine Konferenz der kommunistischen Parteien Osteuropas sowie Frankreichs und Italiens (aber nicht Deutschlands) statt. Hier wurde der Zusammenschluss zu einem Kommunistischen Informationsbüro (Kominform) verkündet. Dies trat an die Stelle der 1943 im Zuge der Kriegskoalition aufgelösten Komintern (deren Apparat aber inoffiziell weitergeführt worden war) und nahm seinen Sitz zunächst in Belgrad. Andrej Ždanov verkündete in enger Absprache mit Stalin die Existenz zweier Lager: des eigenen, „demokratischen", und des westlichen, antidemokratischen. Mit der Schaffung eines offiziellen Propaganda-Apparates hatte die Sowjetunion die Ost-West-Auseinandersetzung ihrerseits öffentlich zu einem „Kalten Krieg" eskaliert, wie es der Westen mit der Erklärung von Truman-Doktrin und Marshall-Plan fast gleichzeitig getan hatte. Gründung des Kominform

Auf der zweiten Moskauer Außenministerkonferenz (10. März–24. April 1947) stand erstmals die deutsche Frage ganz im Vordergrund, in der jedoch keine Fortschritte erzielt wurden. In London (25. November–12. Dezember 1947) führte diese Diskussion nur noch zum Austausch der bekannten Positionen. Während die Sowjetunion einen deutschen Einheitsstaat auf der Basis ihrer Auslegung der Potsdamer Beschlüsse anmahnte, der ihr wirtschaftliche Mitsprache im Westen und zumal über das Ruhrgebiet bringen sollte, forderten die Westmächte im Zuge von neuen Industrie- und Aufbauplänen die Einbeziehung der Gebiete östlich von Oder und Neiße in das deutsche Potenzial. Priorität für den Westen hatte die Konsolidierung der drei westlichen Besatzungszonen, wie dies im Marshall-Plan vorgesehen wurde. Zu diesem Zweck lag eine administrative, dann auch eine politische Zusammenfassung der drei Westzonen nahe, während die Sowjetunion ihrerseits vergeblich versuchte, durch eine „Volkskongress"-Bewegung in ihrem Sinne den Einigungsprozess von unten in Gang zu setzen. Die deutsche Frage war jetzt auch öffentlich zum Kern der Ost-West-Konfrontation geworden. Die Grenzen zwischen den westlichen und der sowjetischen Zone Deutschlands vertieften sich. Der Ost-West-Konflikt hatte eine neue unversöhnliche Qualität in ganz Europa und in weiten Teilen Asiens gewonnen. Deutsche Frage

## C. KONFRONTATION UND ENTSPANNUNG:
## VON BERLIN-KRISE ZU BERLIN-KRISE 1948–1962

Seit 1947/48 galt im Westen wie im Osten ein Vorrang der Konsolidierung des eigenen Einflussbereichs gegenüber Ansätzen zur Kooperation der ehemaligen Siegermächte. Aber das geschah mit unterschiedlichen Mitteln und in wechselnder Intensität. Während der Westen, zumal die USA, mit politischer Partizipation und Aussicht auf Prosperität aufwarten konnte, blieben dem Osten – und das hieß: der Sowjetunion – vor allem direkte und indirekte Herrschaft, ideologisch zusammengehalten von Antifaschismus und dem Eintreten für eine angeblich überlegene sozialistische Gesellschaftsordnung (siehe Kap. E).

In der Tschechoslowakei hatten die Kommunisten seit 1945 in Wahlen Einfluss erlangt, so dass sich die Regierung aus freien Stücken der Sowjetunion stark angepasst hatte. Im Februar 1948 fand dort unter bürgerkriegsähnlichen Umständen ein Staatsstreich statt. Präsident Edward Beneš akzeptierte danach eine kommunistisch geführte Regierung, welche die politische Umgestaltung zur „Volksdemokratie", einem Einparteienstaat, unter dem kommunistischen Ministerpräsidenten Klement Gottwald in wenigen Monaten durchführte.

*Umsturz in Prag*

Dies diente im Westen als weiterer Beweis für eine globale kommunistische Subversionsstrategie zur Machteroberung. Der Prager Umsturz wurde in den USA gezielt benutzt, um das Programm der Marshall-Plan-Hilfe durch den Kongress zu bringen. Danach wurde im April 1948 die *Organization of European Economic Development* (OEEC) als Auffangorganisation für die US-Hilfe gegründet. Auch die Errichtung eines westdeutschen Staates ließ sich unter dieser konkreten kommunistischen Bedrohung beschleunigen. Bedenken dagegen waren bis dahin in Westeuropa, besonders in Frankreich, weit verbreitet gewesen. Bei den westdeutschen Ministerpräsidenten dominierte die Sorge vor einer zeitweiligen nationalen Spaltung. Sie wurde jedoch nunmehr auch wegen der erwarteten Mittel aus dem *European Recovery Program* zurückgestellt.

*Schritte zur Gründung eines westdeutschen Staates*

In einer Sechs-Mächte-Konferenz (23. Februar–2. Juni 1948) der USA, Frankreichs und Großbritanniens sowie der westlichen Nachbarstaaten (Belgien, Niederlande, Luxemburg) wurden in London Bedingungen für einen westdeutschen Staat formuliert. Diese „Frankfurter Dokumente" wurden den Ministerpräsidenten der Westzonen von den Militärgouverneuren am 1. Juli 1948 übergeben und zielten auf die Gründung eines voll legitimierten deutschen Staates ab. Eine längst überfällige Währungsreform, welche die alte Reichsmark durch eine neue „Deutsche Mark" ersetzte, wurde wegen der Beteiligung Westdeutschlands am ERP-Programm von den Westmächten bereits zuvor, am 20. Juni 1948, durchgeführt. Am Tag danach führte die Sowjetische Militäradministration ihrerseits in der Sowjetischen Besatzungszone (SBZ) und – dem Anspruch nach – für ganz Berlin eine eigene Währungsreform durch. Die Spaltung der Währungen veranlasste die Sowjetunion, die Land- und Wasserverbindungen zwischen Westdeutschland und Berlin zu unterbrechen (24. Juni 1948). Ein solches Druckmittel war bereits im März 1948 für kurze Zeit angewandt worden und sollte nun die Westmächte in der Deutschlandfrage an den Verhandlungstisch zwingen und einen Weststaat verhindern. Stalin ging es nach wie vor um Mitsprache in ganz Deutschland, sei es wirtschaftlich bei Reparationen und Ruhrgebiet, sei es politisch hinsichtlich der künftigen Gesellschaftsordnung. Dies war für die Westmächte unannehmbar.

*Berlin-Blockade*

Die Blockade ebenso wie die von den Westmächten aufgenommene Luftversorgung der Westsektoren Berlins waren zunächst von beiden Seiten als kurzfristige Aushilfsmittel gedacht. Beide entwickelten sich zum Test für den Durchhaltewillen der Berliner Bevölkerung gegenüber sowjetischem Druck und politischen Angeboten. Sie stabilisierte dennoch letztlich die beiden Lager, nachdem unmittelbare militärische Mittel durch den Westen gegen die Blockade zu Lande und zu Wasser bzw. seitens des Ostens gegen die Luftbrücke vermieden worden waren. Die Versorgung Berlins aus der Luft entwickelte sich über den Winter 1948/49 zum logistischen Erfolg und demonstrierte eine neue Qualität der Kooperation zwischen den ehemaligen westlichen Siegermächten und den Deutschen, besonders den Berlinern. Der bereits angelegte antikommunistische Grundkonsens im Westen verfestigte sich durch die solidarische Hilfe für Berlin.

Darüber hinaus wurde im Schatten dieser Konfrontation ein transatlantisches Verteidigungsbündnis, die NATO, abgeschlossen (4. April 1949 in Washington). Der US-Kongress war hiermit erstmals bereit, ein unbefristetes militärisches Engagement in Europa zu akzeptieren. Die Sowjetunion brach am 12. Mai 1949 ihre Blockade ab; die von westlicher Seite zuvor zugestandene neue Tagung des Rats der Außenminister in New York (23. Mai–20. Juni 1949) erzielte jedoch kein Ergebnis in der deutsche Frage. West-Berlin wurde in das westliche Währungsgebiet einbezogen; die Gründung eines Weststaates wurde unter dem Eindruck der Berliner Blockade vollzogen.

*Gründung der NATO*

Die Ministerpräsidenten der westdeutschen Bundesländer hatten bereits 1948 nach dem Appell des Berliner Regierenden Bürgermeisters Ernst Reuter einem separaten Weststaat zugestimmt, den sie möglichst provisorisch halten wollten. Am 23. Mai 1949 wurde ein Grundgesetz verkündet, das nach Maßgabe der Westmächte nicht für Berlin galt. Der Wahl des ersten deutschen Bundestages (14. August 1949) folgte einen Monat später die Bildung der Verfassungsorgane, insbesondere die Wahl von Konrad Adenauer (CDU) zum Bundeskanzler und von Theodor Heuß zum Bundespräsidenten. Die Bundesrepublik verstand sich im Einvernehmen mit den Westmächten als deutscher Kernstaat, der für Gesamtdeutschland Verantwortung trug, auch wenn er vorerst nur für dessen Westen handeln konnte.

*Gründung der Bundesrepublik Deutschland*

Unter Einbeziehung zuvor kommunistisch beherrschter gesellschaftlicher Organisationen wie dem Volkskongress zog die Sowjetunion nach und ließ in der SBZ einen „Volksrat" bilden. Dieser verabschiedete eine für eine bürgerlich-demokratische Ordnung geeignete und bereits vorbereitete Verfassung einer

## Gründung der „Deutschen Demokratischen Republik"

„Deutschen Demokratischen Republik". Aus dem Volksrat ging eine provisorische Volkskammer hervor, die am 7. Oktober 1949 einen eigenen Staat in der SBZ ausrief. Sie bestimmte (entgegen dem für Groß-Berlin 1944/45 vorgesehenen alliierten Sonderstatus) Berlin zur Hauptstadt ihrer Verfassungsorgane (Präsident Wilhelm Pieck, Ministerpräsident Otto Grotewohl).

Die Gründung der Bundesrepublik Deutschland entzog nach westlichem Verständnis kommunistischer Subversion und befürchteter Verelendung die Basis. Der neue Staat konnte sogar als Magnet auf den Osten wirken und die DDR zur Episode machen. Diese stellte aus sowjetischer Sicht eine Verlegenheitslösung dar, um den eigenen Machtbereich zu konsolidieren. Die Sowjetunion hatte vorerst ein Scheitern ihres Strebens nach unmittelbarem Einfluss in ganz Deutschland hinzunehmen. Dennoch vertraten beide, vorerst nur mit wenig Souveränität ausgestattete deutsche Staaten den moralischen und politischen Anspruch einer legitimen Vertretung Gesamtdeutschlands. Man rechnete ohnehin im Westen mit kurzen Fristen für eine Wiedervereinigung. Die staatliche Spaltung Deutschlands schloss zwar die Konsolidierung der jeweiligen Machtbereiche in Europa sichtbar ab, bedeutete aber angesichts der genannten wechselseitigen Ansprüche zugleich die Verfestigung eines neuen Konfliktherdes, der Übergriffe aller Art auf das jeweils andere Gebiet befürchten ließ.

Die USA besaßen 1945 ein Atomwaffenmonopol. Zwar unternahmen sie 1946 einen Anlauf, die Atomenergie den Vereinten Nationen zur Verfügung zu stellen. Das blieb jedoch erfolglos, beanspruchten sie doch selbst die künftige Kontrolle, die dann in einem nationalen Gesetz festgeschrieben und auch gegenüber Großbritannien aufrecht erhalten wurde. Die politische Bedeutung der neuen Waffe über eine latente Bedrohung hinaus, die im Ernstfall kaum einzulösen war, blieb zunächst offen. In den ersten Tagen der Berlinkrise 1948 wurden US-Bombenflugzeuge, vorgeblich mit Atomwaffen bestückt, nach Großbritannien verlegt, ohne dass dies in Moskau die erhoffte Wirkung hatte. Schneller als in Washington erwartet, zündete die Sowjetunion am 29. August 1949 ihrerseits eine erste Atombombe (Großbritannien folgte am 3. Oktober 1952; die erste noch wirksamere Wasserstoffbombe [H-Bombe] der USA detonierte am 1. November 1952; hier zog die Sowjetunion bereits im folgenden Jahr, am 12. August 1953, nach).

## Weltpolitische Bedrohungen

Auch wenn man 1949 im Westen annahm, die Sowjetunion werde Atombomben erst einige Jahre später militärisch einsetzen können (Trägerflugzeuge mit Bomben), war ein politisch verwertbares Monopol dahin. Die wechselseitige Bedrohung im Ost-West-Konflikt erhielt durch diese neue Technologie eine zusätzliche Aufladung. Zunächst war diese Auseinandersetzung von kolonialen Aufstandsbewegungen wie etwa in Indonesien, Vietnam und Malaysia bestimmt gewesen, die im Westen oft als kommunistisch inspiriert oder geführt wahrgenommen wurden. Das folgenreichste Ereignis war aber der Sieg der chinesischen Kommunisten unter Mao Zedong über die nationalchinesischen Verbündeten der Westmächte aus dem Zweiten Weltkrieg unter Chiang Kai-Shek. Am 1. Oktober 1949 wurde die Volksrepublik China proklamiert, während sich die „nationalen Kräfte" auf die Insel Taiwan zurückzogen. Wie in der deutschen Frage gab es hier einen doppelten Alleinvertretungsanspruch, bei dem die Volksrepublik China gegenüber der kleinen Inselrepublik (die ihren permanentem Sitz im UN-Sicherheitsrat weiter behielt) stark überwog. Aus dieser globalen Bedrohung heraus wurde in den USA ein umfangreiches Aufrüstungsprogramm angekurbelt, das der Verteidigung des „freien Westens" insgesamt, aber ganz besonders dem Schutz Europas dienen sollte.

Noch 1945 hatte Roosevelt in Jalta geäußert, die USA würden in den nächsten zwei Jahren ihre Streitkräfte aus Europa abziehen. Diese Absicht wurde 1948 endgültig aufgegeben. Die Verteidigung (West-)Europas galt nun als ureigenstes Interesse Nordamerikas. Neben organisatorischen Vorkehrungen (Brüsseler Pakt mit fünf westeuropäischen Staaten 1948, Erweiterung zur NATO 1949) erhöhten die USA 1949 erstmals ihr Verteidigungsbudget um 30 Prozent gegenüber dem Vorjahr. Gegenüber 175 im Kriegsfall erwarteten sowjetischen Divisionen in Europa konnten die US-Planer mit maximal 16 westlichen Divisionen völlig unterschiedlicher Zusammensetzung und Kampfkraft rechnen. Das erstrebte und nach außen verkündete Ziel einer Verteidigung am Rhein stand in krassem Gegensatz zu den internen Operationsplänen Halfmoon (1948) und Offtackle (1949). Danach befürchteten die USA, bei einem konventionell geführten Angriff würden sowjetische Truppen in wenigen Wochen an den Pyrenäen stehen; eine Wiedereroberung des Kontinents müsse langfristig von Großbritannien und der iberischen Halbinsel (sowie durch den Einsatz von Bombenflugzeugen aus dem Nahen Osten gegen die Sowjetunion) ausgehen. Unter dem Eindruck der sowjetischen Atombombe und der kommunistischen Machtübernahme in China entwarfen die westlichen Planer Anfang 1950 ein Szenario, das in Westeuropa bis 1954 eine Streitmacht mit 90 Divisionen, 100 Kriegsschiffen und 8000 Flugzeugen vorsah. In der internen Direktive NSC 68 vom April 1950 erkannte der US-amerikanische Nationale Sicherheitsrat zwar die Chance, den großen Krieg ganz zu vermeiden, diagnostizierte aber eine fundamentale Herausforderung durch das sowjetische Gesellschaftssystem, das „politisch, psychisch, wirtschaftlich und militärisch gleichermaßen zur Errichtung einer Weltherrschaft eingesetzt" werde. Das gigantische westliche Rüstungsprogramm ließ sich jedoch angesichts der jeweiligen politischen Voraussetzungen in keinem der beteiligten Staaten voll durchsetzen.

*Kriegsszenarien*

Der befürchtete Krieg begann nicht in Europa, sondern in Korea. Er lieferte anscheinend eine direkte Bestätigung der Diagnose von NSC 68 und wirkte daher auf Europa zurück. Tatsächlich hatte sich in Korea am Ende des Zweiten Weltkrieges eine Teilung des Landes durch eine Demarkationslinie am 38. Breitengrad verfestigt, als sich ähnlich wie in Deutschland zwei unterschiedliche Besatzungsregime gebildet hatten, deren koreanische Partner auf Eroberung des restlichen Gebietes drängten. Nach dem Abzug der beidseitigen Besatzungstruppen bis Mitte 1949 gaben Stalin und Mao Zedong aus unterschiedlichen Gründen Anfang 1950 dem Drängen des Nordkoreaners Kim Il Sung auf militä-

*Koreakrieg*

risches Vorgehen nach. Der nordkoreanische Angriff am 25. Juni 1950 führte schnell zur Besetzung Südkoreas bis auf einen Brückenkopf im Süden. Entgegen den Erwartungen Stalins, Korea werde nicht als amerikanische Interessenzone angesehen, nahmen die USA die Herausforderung an. Sie gingen, gestützt auf ein UN-Mandat, mit einer multinationalen Streitkraft zum Gegenangriff über und landeten im Rücken der Nordkoreaner, so dass die UN-Truppen im November 1950 im Norden die koreanisch-chinesische Grenze erreichten. Nunmehr drohte die Volksrepublik China offen mit Krieg, der durch die Entsendung von chinesischen „Freiwilligen" und später durch materielle Unterstützung durch die Sowjetunion eskalierte. Der US-Oberbefehlshaber General Douglas MacArthur befürwortete intern eine Ausweitung des Krieges zur Befreiung Chinas mit Hilfe der Republik China auch unter Einsatz von Atomwaffen, wurde aber 1951 durch Präsident Truman abgesetzt. Der Krieg wurde seit Anfang 1951 ohne große Bewegung der Fronten unter Einsatz erheblich gesteigerter Mittel weitergeführt. Ein Weg aus der militärischen Auseinandersetzung wurde schließlich mit einem Waffenstillstand am 27. Juli 1953 an der alten Grenze des 38. Breitengrads gefunden.

*Wirkung auf Europa*

Stärker als jedes andere Ereignis seit 1945 wirkte der regionale Korea-Krieg auch in Europa als Katalysator und als Modell für mögliche andere Auseinandersetzungen der beiden weltpolitischen Lager. Die USA begannen jetzt, Frankreich in Indochina (Vietnam) materiell zu unterstützen (und übernahmen dort fortan 80 Prozent der Kosten des Kolonialkrieges). Sie förderten energisch die westeuropäische Integration (siehe Kap. F) und suchten nicht zuletzt die zuvor geplanten Rüstungen mit größerem Nachdruck durchzusetzen. Für die Bundesrepublik Deutschland befürchtete man eine ähnliche Entwicklung wie in Korea: Protestierende Massen, von Kommunisten subversiv angeleitet und von (paramilitärischen) Kräften der DDR unterstützt, würden eine Konfrontation zunächst in (West-)Berlin, sodann eventuell in ganz Deutschland suchen. Die Befreiungsrhetorik des Ostblocks schien dieses Szenario zu unterstreichen. Obwohl Washington intern von der Gefahr einer sowjetischen Westexpansion in frühestens zwei Jahren ausging, verstärkten die USA dennoch sogleich ihr atomares Potenzial und betrieben eine schnelle Aufstellung von neuen konventionellen Truppen in Westeuropa. Dazu wurde ein zuvor schon intern erwogener Gedanke an die Öffentlichkeit gebracht. Fünf Jahre nach dem Zweiten Weltkrieg sah man sich militärtechnisch auf eine neue westdeutsche Streitmacht angewiesen, die nun propagiert wurde.

*Deutsche Aufrüstung*

Bundeskanzler Adenauer bot in zwei geheimen Sicherheitsmemoranden vom 29. August 1950 unter bestimmten Bedingungen deutsche Streitkräfte an, woraufhin man sich auf die Bildung von 12 westdeutschen Divisionen innerhalb von nur zwei Jahren einigte. Nach Abflauen der konkreten Kriegsgefahr, aber auch durch andere Schwierigkeiten bedingt (vgl. Kap. F), rückten die ersten westdeutschen Soldaten im Rahmen der NATO erst 1956 in die Kasernen ein; die geplanten 12 Divisionen standen sogar erst Anfang der 1960er Jahre zur Verfügung. Die Sowjetunion hatte in ihrer Zone seit 1947/48 die Aufstellung einer paramilitärischen Polizeitruppe (Kasernierte Volkspolizei – KVP) vorbereitet, die 1950 bereits 50 000 Mann zählte. Vergleichbares gab es in der Bundesrepublik nicht. Aus dieser KVP entstand seit Anfang 1956 eine Nationale Volksarmee, die ihrerseits in den 1955 gegründeten Warschauer Pakt integriert wurde. Damit war die Militarisierung der Grenze in Deutschland auch durch in die jeweiligen Bündnisse integrierte deutsche Soldaten und damit ein potenzielles Bürgerkriegsszenario zur Realität geworden.

Wenn sich auch die Konfrontation der beiden politischen Lager zum Kalten Krieg verschärfte, hatte das dennoch nicht ganz Europa erfasst. Finnland, am 19. September 1944 aus dem Kriegsbündnis mit dem Deutschen Reich ausgeschieden, war zunächst nur zu einem kleinen Teil von der Sowjetunion besetzt und hatte im Waffenstillstand nur den Ostsee-Flottenstützpunkt von Porkkala Udd sowie im Norden die Nickelminen von Petsamo abgetreten. Das wurde dann im Friedensvertrag von 1947 bestätigt. Es konnte zwar nicht am Marshall-Plan/OEEC teilnehmen und musste sich nach heftigem sowjetischen Druck und angesichts einer starken kommunistischen Partei im eigenen Land am 6. April 1948 zu einem Bündnis- und Konsultationsvertrag mit Moskau bereit erklären. Trotz dieser außen- und sicherheitspolitischen Abhängigkeit von der Sowjetunion behielt Finnland jedoch seine pluralistisch-demokratische Gesellschaftsordnung bei. Im Lande bildeten sich wechselnde Koalitionen unter bürgerlicher Führung. Auch die Präsidenten Juho Paasikivi und (ab 1956) Urho Kekkonen entstammten dem bürgerlichen Lager und standen Regierungen ohne Beteiligung der Kommunisten vor, aber bis 1966 verhinderte sowjetischer Druck eine Beteiligung von Sozialdemokraten. Außenpolitische Abhängigkeit von der Sowjetunion, aber nur begrenzte innenpolitische Einmischung lautete die Staatsräson, die einen demokratischen Pluralismus bei kapitalistischer Produktionsweise erlaubte. Das führte im Westen seit den 1960er Jahren zum negativ besetzten Begriff einer angeblich drohenden „Finnlandisierung" auch in anderen Teilen Europas und zumal in Westdeutschland. Jedoch erweiterte Finnland nach und nach seinen Handlungsspielraum als Mittler zwischen Ost und West, der sich im Abschluss der Konferenz für Sicherheit und Zusammenarbeit in Europa (KSZE) in der finnischen Hauptstadt Helsinki 1975 niederschlug. Seit den 1980er Jahren löste sich Finnland dann zunehmend vom sowjetischen Einfluss.

In Jugoslawien hatte sich im Krieg die kommunistische Partisanenbewegung von Josip Broz („Tito") gegen andere Befreiungsbewegungen durchgesetzt. Titos Verbände befreiten mit nur geringer sowjetischer Unterstützung das Land und waren nach der Besetzung von Teilen Kärntens und Triests selbst von der Sowjetunion nur mit Mühe zu einem partiellen Rückzug zu bewegen. Auch nach der Verdrängung bürgerlicher Elemente aus der Regierung des aus sechs Republiken wieder gegründeten Bundesstaates Jugoslawien bewahrte Tito seine Eigenständigkeit im Rahmen des sich formierenden Ostblocks. Der im Churchill-Stalin-Abkommen vom Oktober 1944 anvisierte gleichberechtigte westliche und östliche Einfluss im Lande blieb Illusion. Tito betätigte sich nach außen als kommunistischer Revolutionär und war 1947 maßgeblich an der Initiative zur Gründung der Kominform beteiligt, die ihren Sitz in Belgrad nahm.

Jugoslawiens Politik bildete mit ihrem radikalen Anti-Amerikanismus zunächst eine Speerspitze des kommunistischen Lagers. Titos Sonderrolle und sein selbstbewusstes Auftreten wurden jedoch für Stalin schnell problematisch. Albanien entwickelte sich zum jugoslawischen Satelliten, wo sich Enver Hoxha gegen einen Moskauer Kandidaten durchsetzte. Schwerer wogen Titos Versuche, im griechischen Bürgerkrieg unabhängig von Moskauer Billigung die kommunistischen Kräfte zu unterstützen. Hinzu kam die Bildung eines Balkanbundes zunächst mit Bulgarien, aber potenziell auch weiteren Staaten. Zeitgleich mit dem Umsturz in Prag und dem Beistandspakt mit Finnland zog Stalin aus machtpolitischen Gründen die jugoslawische Führung öffentlich in einen ideologischen Disput. Am 28. Juni 1948 beschloss die Kominform in Bukarest formal den Ausschluß Jugoslawiens. Ein Abbruch der Handelsbeziehungen und der Kampf gegen ideologische Abweichungen im gesamten Ostblock, fortan „Titoismus" genannt, waren die Folgen.

*Ausschluss aus Kominform*

Allein, Tito behauptete sich persönlich und die Unabhängigkeit Jugoslawiens auch gegenüber militärischen Interventionsdrohungen. Gerade der Vorwurf Stalins, Tito konspiriere mit dem Westen, ließ die USA und Großbritannien im September 1949 Moskau vor einem Angriff auf Jugoslawien warnen und letzterem ab 1950/51 sogar militärische Ausrüstung liefern. Unter dem Anspruch eines eigenständigen jugoslawischen Weges zum Sozialismus steuerte Tito mit seiner charismatischen Persönlichkeit einen unabhängigen Kurs, der sogar am 5. November 1954 zu einem kurzlebigen militärischen Bündnispakt mit (den NATO-Mitgliedern) Griechenland und Türkei führte.

Nach Stalins Tod söhnte sich Tito bei einem Besuch sowjetischer Führer in Belgrad im Mai/Juni 1955 mit diesen aus. Jugoslawien hielt sich dennoch weiter von den Militärblöcken fern. Das machte es Tito ab 1955 möglich, als Führer einer neuen Bewegung der blockfreien Staaten Profil zu gewinnen, die mit der Unabhängigkeitswelle der „Dritten Welt" große Bedeutung erlangte. Zusammen mit Mao Zedong, Jawaharlal Nehru, Gamal Abdel Nasser und (ab 1959) Fidel Castro führte der Jugoslawe die antikoloniale Bewegung an, die auch für die Sowjetunion nützlich wurde. Sie erlebte ihren Höhepunkt mit einem Kongress der Blockfreien in Belgrad 1961. Insgesamt verfolgte Tito eine Schaukelpolitik zwischen den beiden Lagern im Ost-West-Konflikt. Bei straffer innenpolitischer Kontrolle und Versuchen, ein eigenes sozialistisches Modell der Selbstverwaltung zu entwickeln, erlangten die Republiken seit den 1960er Jahren größeren Einfluss. Eine neue Verfassung von 1974, formal mit einer kollektiven Staatsführung aus den Präsidenten aller Republiken, bildete die Grundlage für ein langsames Auseinanderdriften der Teile nach Titos Tod 1980. Unter den neuen Führern ragte der großserbisch geprägte Nationalismus von Slobodan Milosevic ab 1987 als wichtigster Faktor heraus.

*Tito und die Blockfreien*

Weitere Staaten entzogen sich der Blockbildung. Dazu gehörten – das bis 1955 von den vier Mächten besetzte – Österreich und die neutrale Schweiz; Spanien und Portugal blieben bei kapitalistisch ausgerichteter Wirtschaft durch ihre diktatorischen Systeme bis in die 1970er Jahre Außenseiter im westlichen Europa. Der Antagonismus seit 1948 war an der europäischen Peripherie nicht durchgängig. Falls er auch in der Mitte Europas durch die eine oder andere Seite zu lockern war, konnte sich die Konstellation völlig ändern. Krieg als Möglichkeit zur Selbstbehauptung beider Seiten drohte immer am politischen Horizont. Gerade bei Stalin († 1953) gab es Endzeitvisionen eines künftigen großen Krieges; aber die Planungen beider Seiten blieben dennoch für die nähere Zukunft zumeist defensiv und strebten zunächst die Selbstbehauptung des eigenen Lagers an. Den Kern der Konfrontation bildeten spätestens seit 1949 die beiden deutschen Staaten. Die Bundesrepublik Deutschland und die Deutsche Demokratische Republik verfügten nur über eine Teilsouveränität, die sie in indirekter Wechselwirkung bis 1954/55 zu voller Staatlichkeit ausbauten; sie wurde jeweils nur im eigenen, dem westlichen oder östlichen Lager, anerkannt. Deutlich war von Beginn an vor allem ihre unterschiedliche demokratische Legitimierung.

Grenzen der Blockbildung

Deutsche Frage

Der sowjetische Vorschlag einer neuen Vier-Mächte-Konferenz über Deutschland (2. November 1950) war besonders für die französische Politik als Alternative zur westdeutschen Wiederbewaffnung attraktiv. Die USA wie Großbritannien zogen jedoch die Konsolidierung Westdeutschlands vor, so dass bei einer Tagung der stellvertretenden Außenminister der Großen Vier in Paris (5. März–21. Juni 1951) keine Einigung über eine allgemeine Tagesordnung erzielt wurde. Während die DDR im sowjetischen Sinn mit der Parole „Deutsche an einen Tisch" erfolglos ihre internationale Aufwertung anstrebte, konterte der Westen mit der Forderung nach „freien Wahlen", die – nach westlichen Kriterien durchgeführt – die bisherige DDR-Regierung hinwegfegen mussten. Da auf beiden Seiten die gleiche Rhetorik von Demokratie und Frieden gepflegt wurde, kam es auf die tatsächliche Freiheit der von beiden Seiten geforderten „freien Wahlen" an. Deren Überwachung durch Beauftragte der – damals westlich orientierten – UNO wurde jedoch von östlicher Seite abgelehnt.

In dieser Situation richtete die Sowjetunion am 10. März 1952 eine neue Deutschlandnote an die westlichen Siegermächte. Stalin machte den Vorschlag, einen Friedensvertrag mit Deutschland (ohne die nunmehr polnischen Gebiete jenseits von Oder und Neiße) zu schließen und alle Besatzungstruppen binnen eines Jahres abzuziehen. Ein neutrales Deutschland dürfe künftig nationale Streitkräfte besitzen. Wie die angestrebte „demokratische Ordnung" in Deutschland aussehen sollte, blieb allerdings ebenso vage und in der Deutung strittig wie die Frage der (in einer zweiten Note vom 9. April 1952) angebotenen „freien gesamtdeutschen Wahlen" unter Vier-Mächte-Kontrolle. Die sogleich veröffentlichten Noten an die drei Westmächte appellierten mit nationalen Untertönen an eine deutsche Eigeninitiative. Jedoch kam, von Kanzler Adenauer im Verein mit den Westmächten begrüßt, keine nationalrevisionistische Stimmung

Stalin-Noten

in Westdeutschland auf. Die militärische Westintegration der Bundesrepublik (17. Mai 1952 EVG-Vertrag, vgl. Kap. D) wurde durch die sowjetischen Angebote nicht beeinträchtigt, so dass der Notenwechsel im Herbst 1952 versandete.

Anfang 1953 trat der vormalige erste NATO-Oberbefehlshaber Dwight D. Eisenhower sein Amt als neuer Präsident der USA an. Zusammen mit seinem Außenminister John Foster Dulles verkündete er eine Politik, die eine Verdrängung der Sowjetunion aus Osteuropa forderte (*Roll Back*) und damit über die bislang praktizierte Politik des „Containment" hinaus ging. Der moralisch begründete Anspruch, man dürfe kommunistische Herrschaft nicht auf Dauer akzeptieren, sollte jedoch politisch unterhalb der Schwelle zum großen Krieg umgesetzt werden. Wenn Befreiung öffentlich als Ziel verkündet wurde, so wurde doch eine Revolutionierung von innen bevorzugt. Man trachtete also danach, antikommunistische Kräfte innerhalb der sozialistischen Staaten zu stärken und Emigranten im Westen für die Zukunft vorzubereiten. Hinzu kamen die Aufstellung paramilitärischer Kader für die Stunde der Befreiung und die Planung von wirtschaftlichen Maßnahmen. All dies bildete eine zumeist verdeckte, aber doch energisch betriebene Komponente US-amerikanischer Osteuropapolitik bis 1956 (die darüber hinaus weitergeführt und in den achtziger Jahren erneut verstärkt wurde). Auf der Gegenseite pflegten die Sowjetunion und ihre Verbündeten eine Rhetorik des Befreiungs- und Klassenkampfes, der im Westen geführt werden müsse. Der „Osten" suchte häufig offen, aber auch in subversiver Form, Arbeiterparteien, später auch als fortschrittlich angesehene „bürgerliche" Kräfte, für seine Ziele einzuspannen. In sowjetischer Propaganda wurde der internationale Klassenkampf als langfristige Strategie zur Sicherung des Weltfriedens angepriesen.

Stalins Tod am 5. März 1953 bedeutete einen gravierenden Einschnitt, endete doch damit die ganz auf ihn zugeschnittene Politik nach innen wie auch insgesamt im Ostblock. Im Rahmen der zunächst proklamierten kollektiven Führung um Ministerpräsident Georgi Malenkov, den Ersten Parteisekretär Nikita Chruščev und den Innenminister und Geheimdienstchef Lavrentij Berija signalisierte Moskau die Abkehr von der bisherigen Politik. Berija trat gar intern für den Primat eines „friedliebenden" anstatt eines „sozialistischen" Deutschlands ein. Der verkündete „Neue Kurs" galt für den ganzen Ostblock und führte für die DDR zu einer Rücknahme der bereits verkündeten Erhöhung von Produktionsnormen Anfang Juni 1953. Dagegen entwickelten sich Protest und Demonstrationen. Die ursprünglich wirtschaftlichen und sozialen Motive luden sich schnell auch national auf. Am 17. Juni 1953 drohte in einem Volksaufstand die Lage außer Kontrolle zu geraten. Er wurde von der sowjetischen Besatzungsmacht blutig niedergeschlagen. Berija wurde wenig später verhaftet, seiner Ämter entkleidet und nach einem Schauprozess im Herbst hingerichtet. Es lässt sich nicht sicher sagen, wie weit der von der kollektiven Führung insgesamt getragene und inhaltlich noch vage Neue Kurs für Osteuropa zu einer Preisgabe der DDR an den Westen subjektiv führen sollte oder diese objektiv mit sich bringen konnte. Jedenfalls brach nach Stalins Tod in der DDR eine Herrschaftskrise der Sowjetunion aus, die im gesamten Ostblock schwelte. Die US-amerikanische Befreiungspolitik bildete keinesfalls die Ursache für den Aufstand in der DDR; Washington reagierte vielmehr vorsichtig, um eine friedensgefährdende Konfrontation zu vermeiden. Planungen für subversive Aktionen oder auch militärische Optionen („Operation Solarium") wurden jedoch vom Westen als Alternative weiter betrieben. Trotz der langfristigen Hoffnung auf einen Befreiungskampf in Osteuropa blieb dennoch die Erhaltung des Status quo das wichtigste Ziel.

Weiter reichende Ziele verfolgte dagegen im Westen der nochmals (1951–1955) in London als Premierminister amtierende Winston Churchill, als er einen umfassenden Ausgleich zwischen Ost und West anvisierte. In Anknüpfung an die britische Rolle als dritte Weltmacht und potenzieller Mittler zwischen der Sowjetunion und der USA im Weltkrieg schlug er nach Stalins Tod – zunächst im Einklang mit Präsident Eisenhower – einen Dreiergipfel in der Tradition von Teheran, Jalta und Potsdam vor, auf dem er mit der Sowjetunion Sicherheitsgarantien für ein wiedervereinigtes Deutschland aushandeln wollte. Die erstrebte Entspannung sollte es Großbritannien möglich machen, die schwindenden Ressourcen auf den Zusammenhalt des eigenen Weltreiches zu konzentrieren. Churchills Pläne scheiterten am Aufstand in der DDR (und seiner eigenen Gesundheit). Sein Außenminister Anthony Eden wie auch die westlichen Verbündeten setzten weiter primär auf die Integration Westdeutschlands in das westliche Bündnissystem, und das stellte für die Sowjetunion die am wenigsten erwünschte Lösung dar.

*Ausgleichsbemühungen Churchills*

Auch aus Sorge um unkontrollierte nationale deutsche Aufbrüche trafen sich die Außenminister der vier Hauptsiegermächte dann doch vom 25. Januar bis 18. Februar 1954 in Berlin. Die Sowjetunion stellte die Entmilitarisierung Deutschlands nach den Potsdamer Beschlüssen in den Vordergrund und forderte direkte Kontakte zwischen beiden deutschen Staaten. Erstmals schlug sie eine europäische Konferenz (ohne Beteiligung der USA) vor, welche die Nachkriegsgrenzen und damit den Machtbereich der Sowjetunion völkerrechtlich garantieren sollte. Eden stellte einen gemeinsamen westlichen Stufenplan zur Wiedervereinigung vor, der freie Wahlen an den Anfang setzte. Erstmals war auch die westdeutsche Regierung an deren Ausarbeitung beteiligt gewesen. Insgesamt kam es in Berlin zu keinen Fortschritten.

*Berliner Außenministerkonferenz 1954*

Dafür wurde ein anderer Konflikt akut. Wenige Monate später erlitt Frankreich in Indochina mit der Kapitulation der Festung Dien Bien Phu (7. Mai 1954) eine entscheidende militärische Niederlage gegen die kommunistische Befreiungsbewegung. Die (unter Einschluss der Sowjetunion und der Volksrepublik China tagende) Genfer Indochina-Konferenz (26. April–27. Juli 1954) bekräftigte den französischen Rückzug aus ganz Indochina und teilte Vietnam in zwei Gebiete. Kurz danach scheiterte das Abkommen über die Europäische Verteidigungsgemeinschaft endgültig in der französischen Nationalversammlung. Als

Ausweg aus der westlichen Krise wurde der Bundesrepublik auf Konferenzen in London und Paris im Oktober 1954 volle Souveränität und eine weitgehende militärische Gleichberechtigung in der NATO zugestanden. Diese wurde im Mai 1955 wirksam. Sowjetische Versuche, dies durch eine gesamteuropäische Sicherheitskonferenz zu verhindern, mussten sich auf eine Tagung des Ostblocks (29. November–2. Dezember 1954 in Moskau) beschränken; öffentliche Warnungen von Ministerpräsident Malenkov im Februar 1955, die militärische Einbindung der Bundesrepublik in den Westen mache künftig eine Wiedervereinigung unmöglich, fanden kein Gehör.

<small>Aufnahme Bundesrepublik in NATO</small>

Dagegen handelte die österreichische Regierung zur gleichen Zeit nach lange vorangegangenen vergeblichen Versuchen mit der Sowjetunion einen Abzug der Besatzungstruppen aller vier Mächte aus. Dazu wurde völkerrechtlich die militärische Neutralität in einem Staatsvertrag der vier Siegermächte am 15. Mai 1955 bekräftigt. Das war für Österreich möglich, weil es trotz seiner Zugehörigkeit zum Großdeutschen Reich seit 1938 und entsprechender Mitwirkung am Weltkrieg seit der Moskauer Außenministerkonferenz 1943 von den Alliierten als besetztes Land anerkannt war. Daher hatte bereits Ende 1945 von der Sowjetunion eine für ganz Österreich amtierende Regierung eingesetzt werden können, die in freien Wahlen demokratisch legitimiert wurde. Mit dem militärischen Abzug aller Siegermächte aus Österreich ab 1955 rückten hier die Militärblöcke auseinander.

<small>Neutralität Österreichs</small>

In Reaktion auf die Integration der Bundesrepublik in die NATO kündigte die Sowjetunion die noch bestehenden Beistandspakte mit Großbritannien von 1942 und Frankreich von 1944, erklärte die DDR (zum zweiten Mal) für souverän und proklamierte auf einer Konferenz vom 11.–15. Mai 1955 ein Militärbündnis der acht Ostblockstaaten (Warschauer Pakt). Dennoch setzte sich bei den Großen Vier nach Befestigung ihrer jeweiligen Einflußsphären das Interesse an einer neuen Konferenz der Regierungschefs durch. Bei der in Genf vom 18.–23. Juli 1955 abgehaltenen Konferenz stand für die sowjetische Seite Sicherheit – und das bedeutete nun zunehmend: Rüstungsbeschränkung – im Vordergrund, während die Westmächte in erster Linie – im Kompromiss untereinander und mit Rücksicht auf die Bundesrepublik – das Thema Wiedervereinigung nach einem modifizierten Eden-Plan verhandeln wollten. Angesichts zweier in ihren Bündnissen formal souveräner deutscher Staaten endete die „Konferenz des Lächelns" atmosphärisch mit der vagen Formulierung, künftig beides, deutsche Vereinigung und europäische Sicherheit, anzustreben. Eine Konferenz der vier Außenminister (7. Oktober–6. November 1955) in Genf erbrachte keine Fortschritte.

<small>Viermächtekonferenzen</small>

Inzwischen hatte Bundeskanzler Adenauer bei einem Besuch in Moskau diplomatische Beziehungen mit der Sowjetunion aufgenommen. Dies bildete eine Ausnahme für diese Siegermacht, während die anderen Ostblockstaaten wegen mangelnder demokratischer Legitimität nicht offiziell von der Bundesrepublik anerkannt wurden. Die Sowjetunion forderte in ihrer nun dominierenden Politik der „friedlichen Koexistenz", die beiden souveränen deutschen Staaten müssten eine Wiedervereinigung untereinander aushandeln. Die Bundesrepublik unterstrich dagegen den Anspruch, die deutsche Nation allein zu vertreten, und entwickelte die Doktrin, eine Anerkennung der DDR durch einen dritten Staat müsse als unfreundlicher Akt angesehen werden, der mit Abbruch der diplomatischen Beziehungen geahndet werde (Hallstein-Doktrin; vollzogener Abbruch 1957 gegenüber Jugoslawien, 1963 gegenüber Kuba; abgeschwächt in Kraft bis 1969).

„Hallstein-Doktrin"

Im Herbst 1956 eskalierten zwei unabhängig voneinander entstandene Krisen. Sie hatten einerseits mit den Großmachtstatus Großbritanniens und Frankreichs zu tun, andererseits mit der Sicherung sowjetischer Herrschaft im Ostblock. In beiden Fällen kam es zum Einsatz militärischer Mittel und zum Krieg im eigenen Machtbereich; sie weiteten sich zusammen zu einer Weltkrise mit zeitweilig wahrgenommener allgemeiner Kriegsgefahr aus.

Weltkrise 1956

Ägypten stand trotz formaler Souveränität seit 1936 u.a. wegen des Suezkanals weiter unter britischem Einfluss. Zur Sicherung der Stellung des Weltreiches im Zweiten Weltkrieg und danach hatte der Nahe Osten erhöhte Bedeutung gewonnen. Mit dem Sturz der Monarchie im Jahr 1952 kam in Ägypten eine neue Generation nationalistischer und panarabischer Politiker an die Macht. London entschloss sich, angesichts schwindender Ressourcen eine prowestlich bestimmte nationale Unabhängigkeit Ägyptens zu unterstützen. Unter den Führern ragte der charismatische Gamal Abdel Nasser bald weit über die Grenzen des Landes heraus. Wie 1954 vereinbart, zogen sich britische Truppen bis Juni 1956 aus Ägypten zurück.

Suezkrise

Da der Westen, vor allem die USA, dem neuen Regime umfangreiche Entwicklungshilfe (Projekt eines Nil-Staudamms bei Assuan) verweigerte, wandte sich Nasser erfolgreich an die Sowjetunion und verstaatlichte den (in privatem Aktienbesitz befindlichen) Suezkanal. Nach mehreren Monaten ergebnisloser internationaler Verhandlungen mit Ägypten vereinbarten Frankreich und Großbritannien, den zu einem neuen Hitler stilisierten Nasser von der politischen Bühne zu entfernen. Antikommunistische, militärstrategische und finanzielle Interessen kamen in einem auf französische Initiative vereinbarten Kriegsplan zusammen (Sèvres 25. Oktober 1956). Frankreich, das durch die ägyptische Unterstützung der algerischen Befreiungsfront (FLN) motiviert war, Israel, das sich aus der arabischen Umklammerung und fortdauernden militärischen Gefechten mit Palästinensern an der Grenze zu befreien trachtete, und Großbritannien verabredeten – auch vor den USA geheim – einen israelischen Angriff auf Ägypten, in den sich die beiden westeuropäischen Staaten als vorgeblich neutrale Vermittler militärisch einmischen und Nasser stürzen wollten. Bevor jedoch nach dem israelischen Angriff das anglo-französische Bombardement und die Landung von Streitkräften in Ägypten angelaufen war, sorgten ab Anfang November unabhängig voneinander betriebene amerikanische und sowjetrussische Interventionen für einen Abbruch der Aktion: Eisenhower und Dulles zeigten sich über das spätimperialistische militärische Abenteuer der beiden europäischen Staaten empört und brachten die Frage vor die UNO; hier agierte die Sowjetunion de facto im gleichen Sinne. Chruščev ließ sich zu – militärisch nicht einzulösenden – Drohungen zur Zerstörung der westlichen Hauptstädte durch Atomwaffen hinreißen. Ohne Nasser gestürzt zu haben, erklärten Briten und Franzosen ihre Ziele schließlich als erreicht und traten einen kaum verhüllten Rückzug an.

Neben die Suez-Krise traten 1956 auch Konflikte innerhalb des Ostblocks. Chruščev hatte in einer Geheimrede auf dem XX. Parteitag der KPdSU (14.–25. Februar 1956) den Personenkult und die Verbrechen Stalins scharf angegriffen sowie der Volksrepublik China und Jugoslawien eigenständige Wege zum Sozialismus zugestanden. Die Folge war eine neue Krise im eigenen Machtbereich. Zunächst eskalierten Lohnkonflikte in Polen (Juni 1956) zur Forderung nach Strukturreformen in der Wirtschaft. Sie wurden von einer neuen nationalen, aber reformkommunistischen Regierung unter Wladislaw Gomulka mit Billigung der Sowjetunion umgesetzt. Ähnlich wurde in Ungarn das stalinistische Regime unter Mátyás Rákosi im Juli 1956 gestürzt. Die dortigen Reformpolitiker gerieten im Oktober 1956 durch soziale Unruhen und Aufstände in Budapest unter Druck. Ministerpräsident Imre Nagy setzte zunächst den Rückzug der sowjetischen Truppen durch und verkündete am 1. November den Austritt aus dem Warschauer Pakt und die Neutralität seines Landes. Die Sowjetunion, die in den Tagen vor dem 1. November gezögert hatte, entschloss sich noch vor dieser Neutralitätserklärung zum Eingreifen. Sie ließ sich von einer Gegenregierung unter Janos Kadar zu Hilfe rufen und schlug in den nächsten Tagen den Aufstand mit starken Truppenverbänden nieder. Budapest wurde erobert; weitere militärische Säuberungen im Lande dauerten noch längere Zeit an. Es gab mehrere tausend Tote, über 200 000 Menschen flohen über Österreich in den Westen. Nagy sandte dramatische Hilferufe an den Westen, die jedoch – wie 1953 in der DDR – ungehört verhallten. Erneut war die Hoffnung auf aktive Hilfe zur Befreiung im Sinne des amerikanischen *Roll Back* gescheitert. Hinzu kam die Lähmung des Westens durch den Nahostkonflikt: Die USA wollten unter keinen Umständen Krieg mit der Sowjetunion riskieren.

Die beiden gleichzeitigen Krisen um Ungarn und Suez bestätigten trotz militärischer Aktionen gleichermaßen die Konsolidierung in Osteuropa und die sowjetische Scheu vor einem militärischen Risiko bei der Dekolonisierung. Großbritannien (jetzt unter Premierminister Harold Macmillan) lehnte sich künftig stärker an die USA an, während Frankreich aus seiner gedemütigten Lage einen unabhängigeren politisch-militärischen Kurs entwickelte.

Die Eisenhower-Administration hatte seit 1953 ein weiteres, aufwändig inszeniertes Programm „Atoms for Peace" zur zivilen Nutzung dieser Energie und dazu einen militärstrategischen „New Look" verkündet, der die europäischen Verbündeten militärisch und politisch stärker in die Verteidigung des Kontinents einbinden sollte. In den Krisen der Jahre 1953 und 1956 blieb vieles davon allerdings bloße Ankündigung. Nach Stalins Tod suchte der Westen mit seinen Nachfolgern in der Sowjetunion gemeinsam zur Rüstungsbegrenzung zu gelangen. „Entspannung"/Detente wurde zum politischen Ziel, über das seit 1954 zwischen Ost und West verhandelt wurde. Dabei ging es um eine schwer entwirrbare Mischung von Überlegungen im westlichen Bündnis, die zunächst einmal zur Binnenintegration dienten. Darüber hinaus signalisierten sie Chancen zu einer atmosphärischen und der Tendenz nach auch politischen Abschwächung der Gegensätze. Schließlich sollten Abrüstungsangebote nicht nur in sowjetischer Sicht den Zusammenhalt des gegnerischen Bündnisses schwächen. Konkret handelte es sich einmal um die konventionelle militärische Konfrontation in der Mitte Europas mit einer vom Westen herausgestellten sowjetischen Überlegenheit, sodann angesichts der schnellen und kostspieligen technologischen Entwicklungen um Atomrüstung. Beide Seiten besaßen ab 1953 eine Wasserstoffbombe (H-Bombe), und nach einigen Versuchen waren ab 1955 auch Bomben größter Explosionskraft einsatzbereit. Wiesen die Arsenale der USA 1950 noch 299 Atomwaffen mit 9,53 Megatonnen Sprengkraft auf, so hatten sie bis 1955 ihre Rüstung auf 2422 Sprengköpfe mit rund 2880 Megatonnen Sprengkraft gesteigert. Bis 1960 hatten sie 18638 Sprengköpfe (davon 3127 für strategische Waffen geeignet) mit rund 20490 Megatonnen Sprengkraft angesammelt. Die entsprechenden sowjetischen Werte lauteten nach heutiger Erkenntnis für 1950 5, 1955 150 und 1960 1700 (davon 354 strategische) Sprengköpfe [609: TRACHTENBERG, S. 181]. Bei den Trägersystemen besaßen die USA und ihre Verbündeten durch weltweite Stützpunkte Vorteile, die sich auch in unterschiedlich effektiven Bündnissystemen ringförmig um die Sowjetunion legten. Neben der NATO war das die *South East Asian Treaty Organisation* (SEATO) und ein Beistandspakt mit Australien und Neuseeland von 1951. Hinzu kam ein Nahostpakt CENTO/Bagdad-Pakt (1955). Von US-Stützpunkten konnten Bombenflugzeuge auch mit atomaren Sprengköpfen den gesamten Ostblock erreichen. Die sowjetische Seite hatte vorerst nur eine im Westen zumeist übertriebene Überlegenheit an herkömmlichen Streitkräften in Europa aufzuweisen.

Daneben ging es international um die gesteigerte Reichweite von Raketen, die neben Bombenflugzeugen als Träger von Atomwaffen geeignet waren. Hier erzielte die Sowjetunion einen für die Weltöffentlichkeit spektakulären Coup, als sie am 4. Oktober 1957 als erster Staat eine Rakete mit einem kleinen Satelliten (Sputnik) auf eine Umlaufbahn um die Erde schoss, dem dann auch der erste Mensch in den erdnahen Weltraum (Kosmonaut Jurij Gagarin) folgte. Raketen für den zivilen Satellitentransport konnten auch Waffen über große Entfernungen tragen (*dual use*). Das daraufhin einsetzende Wettrüsten im Weltall stellte nicht nur eine Demonstration von allgemeiner Leistungsfähigkeit des politischsozialen Systems in Ost und West dar, sondern auch eine öffentlich-propagandistische Einschüchterung. Sie diente als Beweis für die eigenen militärischen Fähigkeiten. Daher löste der Sputnik in den USA einen Schock aus, der zu einer materiellen und mentalen Mobilisierung für ein Weltraumprogramm führte. Der erste US-Satellitenstart gelang zwar 1959; dennoch blieb eine sowjetische Über-

*Marginalien:* Entspannung; Aufrüstung und Rüstungsbegrenzung; Weltraumrüstung

legenheit in der Entwicklung von Raketen erhalten, die seitens der USA – ähnlich demonstrativ – erst durch die erste bemannte Mondlandung 1969 ausgeglichen wurde.

Seit Mitte der 1950er Jahre setzte sich nicht nur bei den Politikern der Atommächte die Überzeugung durch, dass ein Atomkrieg die bisherigen Lebensbedingungen in weiten Teilen der Welt bei den Siegern wie Besiegten nachhaltig beeinträchtigen, wenn nicht gar zerstören werde. Damit ging das Ziel atomarer Abrüstung einher mit dem Versuch, durch ein überlegenes Arsenal an Waffen und Trägern Druck auszuüben und politische Vorteile zu erlangen. Hinzu kamen die „konventionellen" Streitkräfte, deren Zerstörungskraft bereits im Zweiten Weltkrieg unter Beweis gestellt und auch seither technologisch erheblich weiterentwickelt worden war. So gab es etwa auf beiden Seiten der Ost-West-Konfrontation die Tendenz, stärker technisierte Streitkräfte wie Luftwaffe und Marine zu bevorzugen. Dadurch entstand ein finanzieller Impuls zur Verringerung der Landstreitkräfte, um mehr Mittel für Atomrüstung, Luftwaffe und Marine frei zu bekommen. Trotz der seit 1948 unternommenen Rüstungsanstrengungen reduzierten die USA zwischen 1953 und 1961 ihre Truppenstärke weltweit von 1533000 auf 856000 Mann [134, Nr. 19: EVANGELISTA, S. 33]. Angesichts der zeitweiligen Aufrüstung durch den Korea-Krieg (zuvor hatte es ca. 500000 Soldaten gegeben) einerseits und des Anwachsens anderer europäischer Streitkräfte (voran der westdeutschen Bundeswehr) andererseits war die Reduzierung aller US-Streitkräfte in Europa von 427000 1953 auf 379000 1960 nicht sehr eindrucksvoll (1961: 417000, 1964: 374000 [ebd., S. 34]), verkündete Chruščev doch in der Sowjetunion mehrfach einseitige Reduktionen: bei einem angeblichen Ausgangswert von 5,763 Millionen Soldaten 1955 (tatsächlich waren es 4,8 Millionen) versprach er binnen eines Jahres eine Verminderung um 640000, 1956 um 1,2 Millionen, 1958 um 300000 und 1960 erneut um 1,2 Millionen Mann (letzteres wurde in einer neuen Krise nicht voll ausgeführt). Seit 1955 hatten alle großen Ost-West-Konferenzen auch die Reduzierung der Rüstung zum Thema. Die Sowjetunion forderte ständig als Gegenleistung für ihre konventionelle Abrüstung die atomare Abrüstung beider Seiten, welche bei den Sprengköpfen die USA stärker betraf. Während der Westen die konventionelle Überlegenheit des Ostblocks durch verstärkte atomare Rüstung zu kompensieren trachtete, behielt der Ostblock seine Überlegenheit an herkömmlichen Truppen. Wegen der bei konventioneller Abrüstung Moskaus für atomare Rüstung frei werdenden Mittel zeigten sich die USA aber auch skeptisch hinsichtlich eines Truppenabbaus. Es kam in den fünfziger Jahren daher zu keinen Vereinbarungen.

Neben der allgemeinen Rüstungsbeschränkung fand der Gedanke einer regionalen Rüstungskontrolle starke Beachtung und führte neben öffentlich wirksamen Bekundungen auch zur internen Ausarbeitung von praktikablen Plänen und gelegentlich sogar zu einem Austausch hierüber zwischen den Blöcken. Gemeint waren Zonen mit geringerer Rüstung besonders in Mitteleuropa, welche zunächst die Gefahr eines unmittelbaren Zusammenstoßes von Truppen mildern, sodann aber auch die Präsenz der UdSSR bzw. der transatlantischen USA in diesen Gebieten reduzieren sollten. Man konnte die konventionellen Truppen in bestimmten Zonen entweder paritätisch oder asymmetrisch beschränken. Dafür trat Außenminister Anthony Eden 1954/55 ein, sodann 1956/57 der britische Oppositionsführer Hugh Gaitskell, und auch US-Präsident Eisenhower stand derartigen Ideen nicht fern. Bundeskanzler Adenauer ließ zur Demonstration von westdeutscher Flexibilität durch General Adolf Heusinger einschlägige Pläne im Bündnis vorbringen. Auf östlicher Seite vertrat der polnische Außenminister Adam Rapacki im Einvernehmen mit der Sowjetunion, aber auch im nationalen Interesse seines Landes 1956/57 Pläne für eine atomwaffenfreie Zone in Mitteleuropa u.a. vor den Vereinten Nationen. Die östlichen und westlichen Pläne unterschieden sich nach dem territorialen Umfang rüstungsreduzierter Zonen, setzten die entsprechenden europäischen Gebiete stärker westlich oder östlich (gelegentlich unter Einbezug Skandinaviens oder des Mittelmeerraums) an. Alle betrafen sie das Gebiet der beiden deutschen Staaten und unterstrichen somit die zentrale Bedeutung ihres Verhältnisses als Teil des Ost-West-Konfliktes.

Während viele Politiker in westlichen Staaten wie im Ostblock argumentierten, Entspannung in der Rüstungsfrage bilde die Voraussetzung für eine deutsche Einigung, sah Adenauer die Dinge umgekehrt, denn die Großmächte konnten sich bei vollzogener Entspannung mit der Teilung Deutschlands abfinden, deren Überwindung sogar als Bedrohung für die dann neue Stabilität auffassen. „Potsdam" als (missverstandenes) Synonym für die Fremdbestimmung Deutschlands durch die Großen Vier wurde zum Albtraum des Kanzlers. Die noch schwache Bundesrepublik suchte ferner auch in kleinen Dinge auf Gleichberechtigung im westlichen Bündnis zu dringen. US-Admiral Radford verkündete 1956 öffentlich das Ziel, die USA sollten den größten Teil ihrer konventionellen Streitkräfte aus Europa abziehen und sich auf atomare Rüstung stützen. In der NATO hieß es, konventionelle Streitkräfte sollten einen „Schild" bilden, für welche die Atommächte das „Schwert" bereitstellten. In dieser Konstellation konnten die westdeutschen Soldaten zum „Kanonenfutter" eines künftigen Krieges werden. Angesichts der ein Jahrzehnt nach dem Weltkrieg innenpolitisch unpopulären Bundeswehr und im Hinblick auf die Gefahr eines möglichen deutschen Bürgerkrieges, schrillten bei Adenauer die Alarmglocken. Die Schwäche der Bundesrepublik wirkte als Druckmittel, um der Adenauerschen Politik eines Primats der Verankerung im Westen Glaubwürdigkeit zu verschaffen. Rüstungsbeschränkung drohte nach Ansicht des Kanzlers zur Neutralität Deutschlands und damit zur Abhängigkeit von der Sowjetunion zu führen. Es ging darüber hinaus um die Glaubwürdigkeit der gesamten westlichen Abschreckung.

Zur Gleichberechtigung gehörte für Adenauer die Ausstattung der Bundeswehr mit Atomwaffen, auf deren nationale Produktion sie im Pariser Vertrag von 1954/55 verzichtet hatte. Nach einer öffentlichen Debatte 1956/57 wurde beschlossen: Die westdeutschen Streitkräfte sollten mit atomaren Trägerwaffen

*Verhältnis deutsche Frage – Rüstungsbegrenzung*

*Atomare Rüstung der Bundesrepublik*

ausgestattet werden, während die atomaren Sprengköpfe unter US-Verschluss blieben. Weitere Sprengköpfe der Amerikaner sollten in den Niederlanden, Griechenland und der Türkei gelagert werden, während Abschussrampen für Mittelstreckenraketen vorerst nur in Italien und der Türkei (sowie Großbritannien) aufgestellt wurden. Die US-Administration akzeptierte, dass allein eine nukleare Teilhabe das Vertrauen der Europäer auf die NATO-Garantien stärken würde. Auch hier bildete die Bundesrepublik den Schlussstein des Gewölbes. Deutsche Frage, Zonen verminderter Rüstung in Mitteleuropa und die Frage atomarer Ausrüstung der Westdeutschen bildeten Anfang 1958 den Kern einer Situation, in der die Sowjetunion ein neues Gipfeltreffen auf der Basis des Rapacki-Plans vorschlug. Im März 1958 stimmten die Westmächte prinzipiell zu, ohne die deutsche Frage wie bisher auf die Tagesordnung zu bringen. Die westliche Zusage wurde jedoch kurze Zeit später wieder zurückgezogen – trotz der Einsicht, gerade in Chruščev den am meisten konzessionsbereiten sowjetischen Partner seit langem zu haben.

*Chruščevs „Berlin-Ultimatum"*
In dieser Situation löste der sowjetische Parteisekretär eine neue Berlin-Krise und zugleich eine neue Phase des Kalten Krieges aus. In einer spektakulären Rede am 10. November und einer ausführlichen diplomatischen Note vom 27. November 1958 an die Westmächte drohte er, den Viermächtestatus Berlins einseitig zu kündigen und der DDR die Kontrolle über die Verbindungswege nach Berlin zu übergeben. Damit würde – darin lag ein weiteres Motiv Chruščevs – dieser schwach legitimierte und an der Flucht von Menschen leidende Staat stabilisiert. Rüstungsfragen, und zumal die atomare Bewaffnung der Bundeswehr, wurden zwar nicht explizit angesprochen, waren aber dreizehn Jahre nach dem Weltkrieg ein wichtiges Motiv für diese Initiative. Die Westmächte, besorgt um eine krisenhafte Zuspitzung, in der die sowjetische Seite die „Insel" Berlin als Faustpfand besaß, widersprachen in gleichlautenden Noten (31. Dezember 1958) und forderten eine Regelung der Berlin-Problematik im Zusammenhang mit der gesamten deutschen Frage. Die Sowjetunion, die am 27. November 1958 eine Halbjahresfrist zur Lösung der Berlin-Frage genannt hatte („Ultimatum"), konterte mit der Forderung nach einem Friedensvertrag mit zwei deutschen Staaten, die sich über ihr Verhältnis untereinander einigen sollten. Nur der westliche Teil Berlins sollte in eine entmilitarisierte „Freie Stadt" umgewandelt werden, die damit östlichem Druck ausgeliefert sein musste.

*Berlin-Verhandlungen*
Zu Adenauers Entsetzen zeigten sich die Anglo-Amerikaner im Kern kompromissbereit: Der britische Premierminister Macmillan unternahm in Anknüpfung an Churchills Dritte-Kraft-Vorstellungen eine Erkundungsreise in die Sowjetunion, in der er Zugeständnisse in Rüstungsfragen („Disengagement") und bei der Anerkennung zweier deutscher Staaten erörterte. Auch in den USA überlegte Außenminister Dulles Maßnahmen, welche die DDR aufwerten mussten, wie etwa deren Heranziehung bei der Grenzabfertigung. Allein in Frankreich trat (der ab Juli 1958 als Ministerpräsident, dann als Staatspräsident amtierende) Charles de Gaulle im Sinne Adenauers für eine unnachgiebige Haltung

ein. Das erste Resultat der Krise bildete eine Außenministerkonferenz der Großen Vier in Genf (11. Mai–20. Juni, 13. Juli–5. August 1959), welche den Konflikt vorerst atmosphärisch entschärfte. Erstmals saßen Vertreter der zwei deutschen Staaten an separaten Tischen dabei. Ein westlicher Deutschlandplan – nach dem neuen US-Außenminister Christian Herter benannt – enthielt zwar weiterhin formal einen Primat der Deutschlandfrage, sah aber bei der Einrichtung eines gesamtdeutschen Ausschusses und freien Wahlen eine Wiedervereinigung zunächst für Berlin und erst in einer weiteren Phase für ganz Deutschland vor. Die Sowjetunion akzeptierte eine Zwischenlösung für Berlin, beharrte jedoch auf einer Gleichberechtigung der DDR und deren Zuständigkeit für eine Wiedervereinigung. Wenige Zeit später, im September 1959, wurde Chruščev als erster sowjetischer Staatsführer von Eisenhower in den USA empfangen. Chruščev verkündete hier offensiv die Überzeugung, die Sowjetunion werde im friedlichen ökonomischen Wettbewerb der Gesellschaftssysteme den Kapitalismus beerben, und erzielte mit Eisenhower intern Einvernehmen, die anomale Lage Berlins auf einem neuen Vier-Mächte-Gipfel zu ändern.

Zu diesem Zusammentreffen fanden sich die Regierungschefs der Großen Vier am 16./17. Mai 1960 in Paris ein, nachdem Frankreich durch seinen ersten Atomversuch seinen Status verbessert hatte. In vorausgegangenen Gesprächen der USA, Großbritanniens, Frankreichs und zumeist auch der Bundesrepublik kam zur Deutschland- und Berlinfrage als neues Verhandlungsziel die kontrollierte Einstellung von Atomwaffenversuchen hinzu; ein Entgegenkommen in der Deutschland- und Berlinfrage blieb mit Rücksicht auf die Bundesrepublik inhaltlich vage. Chruščev, der im Frühjahr 1960 die weitere Verringerung der sowjetischen Streitkräfte um 1,2 Millionen Mann angekündigt hatte, erkannte noch vor der Konferenz, dass in der Berlin- und Deutschlandfrage keine Fortschritte im sowjetischen Sinn zu erreichen seien. So sprengte er den Gipfel vor seinem eigentlichen Beginn. Den Anlass bot ein US-Spionageflugzeug, das aus großer Höhe über der Sowjetunion abgeschossen worden war. Nach einigem Geplänkel reiste die sowjetische Delegation mit dem Verweis auf US-Kriegstreiber aus Paris ab.

Gescheiterte Gipfelkonferenz

Damit war die Berlinkrise abermals vertagt und eskalierte erneut nach dem Amtsantritt von US-Präsident John F. Kennedy im Januar 1961. Die neue Administration rechnete mit sowjetischen Vorstößen bis hin zu einem separaten Friedensvertrag mit der DDR und formulierte dazu intern als Ziel eine Abgrenzung von Machtsphären bis zur Hinnahme zweier deutscher Staaten und damit die Aufwertung der DDR. Zu der neuen Position gehörte insbesondere die Betonung eigener Rechte an West-Berlin und den Zugängen. Falls die Sowjetunion über die beabsichtigten Konzessionen hinausging, befürchtete man große Schwierigkeiten, da einer eventuell neuen Blockade nicht mehr mit einer Luftbrücke zu begegnen war.

Kennedy und Chruščev trafen sich am 15./16. Mai 1961 in Wien und gerieten neben anderen weltpolitischen Fragen (Kuba, Laos) in eine Auseinandersetzung

Treffen Kennedy-Chruščev in Wien

über Berlin, bei der der sowjetische Führer mit Krieg drohte, sollten sich die Westmächte einer Normalisierung in Deutschland (Friedensvertrag mit der DDR und Übertragung aller sowjetischen Rechte) widersetzen. Im Westen setzten Notfallplanungen für den Fall eines einseitigen sowjetischen Vorgehens ein. Sie gipfelten in öffentlichen Bekundungen und massiven Aufrüstungsmaßnahmen der USA. Kennedy verkündete in einer öffentlichen Rede westliche „Essentials", die allein West-Berlin sichern sollten. Chruščev stand unter dem Druck zunehmender Fluchtbewegungen, wirtschaftlicher Schwäche und damit auch schwindender Stabilität der DDR, den die DDR-Führung um Walther Ulbricht an die Ostblock-Partner weitergab. Er akzeptierte Ende Juli 1961 Maßnahmen zur Absperrung West-Berlins vom Ostteil der Stadt und von der übrigen DDR. Am 13. August 1961 wurden in einer mehrere Monate zuvor technisch geplanten Aktion die Verbindungen abgeriegelt und der Westteil der Stadt in den nächsten Wochen und Monaten mit einer Mauer umgeben. Auch die Grenzbefestigungen zur Bundesrepublik wurden verstärkt. Was öffentlich als brutale Trennung der Bevölkerung erlebt und kritisiert wurde, stellte tatsächlich den Vollzug der Abgrenzung innerhalb Deutschlands dar. Es blieb im Westen bei Protesten. Allerdings legten die USA und ihre Verbündeten Wert auf ihr fortbestehendes Recht zu freier Bewegung in allen vier Sektoren Berlins. Dabei kam es am 25./27. Oktober 1961 zu einer Konfrontation von sowjetischen und US-amerikanischen Panzern, die mit scharfer Munition ausgerüstet waren, an dem für Alliierte vorbehaltenen Checkpoint Charlie. Sie war in dieser Form neu und einmalig, ließ sich aber diplomatisch beilegen.

*Mauerbau in Berlin*

Nach dem 13. August 1961 wurde im Westen erwartet, die eigentliche Krise mit weiterer Konfrontation würde folgen, sobald die Sowjetunion den für das laufende Jahr angekündigten separaten Friedensvertrag mit der DDR schließen werde. Daher versuchten die Westmächte zunächst untereinander und dann mit der Sowjetunion, den befürchteten einseitigen Maßnahmen durch Kompromisse den Boden zu entziehen. Während de Gaulle und Adenauer für Härte plädierten, suchten Kennedy und Macmillan mit einer internationalen Zugangsbehörde für West-Berlin, aber auch durch ein Atomteststopp-Abkommen einzulenken. Die Sowjetunion zündete Ende 1961 einen Atomsprengkopf mit der seither einmaligen Sprengkraft von 50 Megatonnen und störte weiterhin den Verkehr von und nach Berlin. Vor wichtigen sowjetisch-amerikanischen Verhandlungen in Washington Mitte April 1962 wurden die geplanten westlichen Konzessionen veröffentlicht und somit für die Verhandlungen unbrauchbar. Sie versandeten ohne westliche Konzessionen in der Berlin- und Deutschlandfrage. Die Sowjetunion verzichtete ihrerseits auf die angedrohten einseitigen Maßnahmen; es blieb als Ergebnis der langen Krise in sowjetischer Sicht nur die minimale Lösung: eine Konsolidierung der DDR im Rahmen des Ostblocks durch den Bau einer Mauer.

*Separatfriedensvertrag?*

Letztlich trug zur Eskalation, dann aber auch zur Entspannung eine weitere und noch gefährlichere Konfrontation im Kalten Krieg bei. Sie entstand und eskalierte mit Gefahren für den Weltfrieden und damit auch für Europa um die karibische Insel Kuba im Oktober 1962. In Kuba hatte sich der 1959 an die Macht gekommene Fidel Castro zur Konsolidierung seines Regimes zunehmend an den Ostblock gewandt und eine sozialistische Umgestaltung eingeleitet. Ein von Kennedy gebilligter Versuch zu einem Gegenputsch durch den Geheimdienst CIA und Exil-Kubaner scheiterte Anfang 1961 kläglich. Im Sommer 1962 verschiffte die Sowjetunion in einer geheimen Aktion Mittelstreckenraketen nach Kuba, die von amerikanischen Aufklärungsflugzeugen entdeckt wurden. Kennedy nahm die Herausforderung angesichts der direkten Bedrohung für die USA an. Er verkündete eine Blockade Kubas zur See, die sowjetische Frachter mit neuen Raketen betraf. Das führte zu einer direkten und potenziell atomaren Konfrontation der beiden Supermächte, aber mit Großbritannien, Frankreich und der Bundesrepublik standen wichtige europäische NATO-Staaten klar hinter den USA. In einer dramatischen diplomatischen Auseinandersetzung zwischen Kennedy und Chruščev gelang es die Krise zu entschärfen. Dabei war in den USA auch die Sorge wichtig, der bis zur Kriegsandrohung reichende amerikanische Druck in der Kuba-Frage könne zu einem entsprechenden sowjetischen Gegendruck in und um Berlin führen. Gerade dazu kam es jedoch nicht. Die Kuba-Krise wurde vordergründig durch den einseitigen Abzug sowjetischer Raketen gelöst. Informell gehörte dazu jedoch auch, dass die USA ihre Mittelstreckenraketen aus der Türkei zurückzogen. Die unmittelbare Bedrohung der USA in der westlichen Hemisphäre wurde durch teilweisen Verzicht auf eine ebensolche Bedrohung der Sowjetunion an ihrer Südflanke kompensiert.

Aufgrund der Berlin- und Kubakrise setzte sich seit 1962 auf beiden Seiten der Wille durch, dass ein Atomkrieg bei der nunmehr erreichten Zerstörungskapazität fast um jeden Preis zu vermeiden sei. Bis dahin hatte zumindest für die USA die Option gegolten, die Chancen für einen nuklearen Präventivschlag zu kalkulieren, wenn damit auch nie eine politische Absicht verbunden war. Seither war sicher, dass beide Seiten nach einem feindlichen Atomangriff zu einem Gegenschlag in der Lage sein würden (*second-strike capability*). Diese wechselseitig gesicherte Zerstörung (*Mutual Assured Destruction* [MAD]) führte bei weiterer atomarer Rüstung und angesichts des damit erreichten „Overkills" zu einer neuen Stabilität im Ost-West-Konflikt.

<aside>Kuba-Krise

„Zweitschlagsfähigkeit"</aside>

# D. DAS ZUSAMMENWACHSEN (WEST-)EUROPAS 1945–1990

Die Integration Europas nach dem Zweiten Weltkrieg entwickelte Formen, die es bislang nicht gegeben hatte. Der Gedanke an eine politische Einheit Europas war ideengeschichtlich seit der Frühen Neuzeit vorbereitet und hatte nach dem Ersten Weltkrieg in Ansätzen den Charakter einer politischen Europabewegung von unten angenommen. Diese Anhänger eines vereinten Europa wollten über die bestehenden Staaten hinweg wirken. Politisch waren sie häufig dem liberalen oder sozialistischen Parteienspektrum zuzuordnen. Vor allem die Paneuropabewegung des Grafen Richard Coudenhove-Kalergi fand bereits in den 1920er Jahren auch in Regierungskreisen und bei einigen konservativen Kräften Anklang.

*Anfänge der Europabewegung*

Angesichts der gesellschaftlichen Polarisierung in Europa, von Wirtschaftskrisen und der zunehmenden Kriegsgefahr und schließlich des Zweiten Weltkrieges erlangte die Europabewegung jedoch keinen unmittelbaren Einfluss auf die Politik der Staaten. Das galt für das deutsch beherrschte Europa, aber auch für die Gegnerkoalition und die neutralen Staaten, wo zunächst die unmittelbaren Probleme des Krieges vor Plänen für eine neue Ordnung rangierten. Dennoch lässt sich mit einigem Recht sagen, daß sich die Europabewegung während des Zweiten Weltkrieges aus dem „Geist des Widerstandes" [795: LIPGENS] gegen den Nationalsozialismus erneuerte.

Eine andere Quelle hierfür bildeten wirtschaftliche Einigungsbestrebungen, die in Westeuropa seit dem 19. Jahrhundert, verstärkt seit dem Ersten Weltkrieg Bedeutung gewannen. Sie hingen sowohl mit strukturellem Wandel in der Wirtschaft als auch mit dem Anspruch auf politische Vormacht zusammen. Es ging im Kern um die für Rüstung und damit staatliche Macht zentralen Wirtschaftszweige, nämlich Kohle und Stahl. Bei einer Kooperation dieser Industrien über die Grenzen hinweg wurde jeweils die politische Führung der eigenen Seite erstrebt. Zunächst versuchte Frankreich nach 1918 direkte oder indirekte Kontrolle über das Ruhrgebiet zu bekommen. Sodann unternahmen es seit Mitte der zwanziger Jahre private Kartelle, einen schwerindustriellen Verbund um Kohle und Stahl zu formen. Der Europaplan des französischen Außenministers Aristide Briand von 1930 sollte hierfür einen neuen politischen Rahmen abgeben. Schließlich zielte ab 1940 die nationalsozialistische Version einer deutschen Dominanz in einem (autarken) europäischen Wirtschaftsverband in eine ähnliche Richtung. Regional ging es jeweils im Kern um eine wirtschaftliche Verbindung des Kohle-Stahl-Komplexes von Lothringen, Saar und Ruhrgebiet und damit um die Staaten Deutschland, Frankreich, Belgien und Luxemburg.

*Kooperation von Kohle und Stahl*

Ein weiteres Motiv für die europäische Integration lag nach 1945 in der Behauptung gegenüber anderen Weltregionen. Dieses Europabewusstsein wies gesellschaftspolitische wie kulturelle Komponenten auf. Europa hatte sich zwischen Asien und Amerika zu definieren, dabei aber auch eigene Ordnungsvorstellungen anzubieten und weiterzuentwickeln, die sich ebenso vom US-Kapita-

*Europa als Dritte Kraft*

lismus wie vom Sowjetkommunismus abhoben. Europa sollte einen „Dritten Weg" finden – sei es in sozialistischer oder in liberaler Ausrichtung. Eine Anknüpfung an eine faschistisch-totalitäre Ausrichtung kam nicht infrage, auch wenn es nach dem Zweiten Weltkrieg weiterhin autoritäre, gelegentlich als faschistisch bezeichnete Regime in Spanien und Portugal gab. Bis zum Tod von Antonio de Oliveira Salazar 1970 und Francisco Franco 1975 blieben daher die beiden iberischen Staaten trotz Berufung auf „abendländische" Werte mit ihren autoritären Systemen Außenseiter in Westeuropa. Liberale Demokratie setzte sich in Westeuropa als Leitbild durch. Nur wenige Staaten waren im Krieg dauerhaft demokratisch geblieben – etwa Großbritannien, Irland, die Schweiz oder Schweden. In anderen Ländern wurden Demokratien nach den Unterbrechungen der NS-Herrschaft mit Hilfe von außen wieder eingeführt. Die USA (und Kanada) übten dabei stärkeren Einfluss aus als je zuvor. Die Sowjetunion mit ihrem stalinistischen Herrschaftsmodell fand im Westen nur bei kommunistischen Parteien Anklang. Seit der Durchsetzung sowjetischer Herrschaft in Ostmitteleuropa galt dieses Gesellschaftsmodell außerhalb des eigenen „Lagers" weitgehend als diskreditiert, auch die Vorstellung vom „Sozialismus" als Dritte Kraft verlor in Westeuropa an Anziehungskraft. Nach Stalins Tod 1953 und vermehrt seit den siebziger Jahren suchten traditionell starke kommunistische Parteien wie in Italien oder Frankreich in Distanz von der Sowjetunion eigene Modelle zu entwickeln (Euro-Kommunismus), gelangten aber nur in Italien kurzzeitig in die Nähe der Regierungsmacht.

Sowjetkommunismus

Die europäische Einigung musste sich somit auf Westeuropa beschränken und erhielt eine starke antikommunistische Komponente, die sich häufig auch als Antitotalitarismus definierte, der sich gleichermaßen vom überwundenen Faschismus/Nationalsozialismus und dem weiter aktuellen Kommunismus zu distanzieren trachtete. Der Antikommunismus knüpfte an Traditionen der Vorkriegs- und Kriegszeit an und schuf mit dem Aufkommen des Kalten Krieges eine ideologische Basis für die Zusammenarbeit von Demokraten und gewendeten Nationalsozialisten, Faschisten und ihren ehemaligen Verbündeten.

Anti-Totalitarismus

Zum Teil schon verdeckt im Widerstand, dann nach der Befreiung von deutscher Herrschaft nahmen politisch unterschiedliche Richtungen der Europabewegung wieder internationale Kontakte auf, jedoch konnte das sehr bald nicht mehr im sowjetischen Herrschaftsbereich geschehen. Ein europäischer Dachverband mit Vertretern aus 14 Staaten bildete sich auf einer Tagung in Hertenstein/Schweiz vom 14.–21. September 1946. Dieser fusionierte im Herbst 1946 mit föderalistischen Organisationen zur *Union Européenne des Féderalistes* (UEF). Sozialdemokraten, Katholiken und Liberale suchten hierbei Europa als Dritte Kraft zu präsentieren und eine Plattform für eine künftige Integration Deutschlands zu schaffen. Auftrieb erhielt die Europabewegung durch eine Rede des britischen Oppositionsführers Winston Churchill in Zürich (19. September 1946), in der dieser – in Wiederholung früherer Äußerungen – die Schaffung von „Vereinigten Staaten von Europa" forderte. Sie waren im Kern als französisch-deut-

Europäische Verbände

sche Verständigung unter französischer Führung und ohne direkte Beteiligung Großbritanniens konzipiert. Churchill regte ferner ein *United Europe Movement* an (14. März 1947 begründet), das jedoch über das konservative Spektrum kaum hinaus kam. Hinzu trat unter anderem seit 1947 eine Europäische Parlamentarier-Union, um die sich Coudenhove-Kalergi bemühte.

Ein internationaler Kongress mit über 700 zum Teil politisch einflussreichen Teilnehmern in Den Haag vom 7.–10. Mai 1948 wurde zwar von Sozialisten abgelehnt, stellte aber dennoch die wichtigste Kundgebung der Europabewegung dar. Man forderte u. a. die Einberufung einer Europäischen Versammlung und eine europäische Charta der Menschenrechte (schließlich 1950 vom Europarat beschlossen); sechs unterschiedliche Organisationen schlossen sich im Herbst 1948 förmlich zur Europäischen Bewegung zusammen. Am 5. Mai 1949 wurde

Europarat  das Statut für einen Europarat unterzeichnet, dem zunächst zehn westeuropäische Staaten angehörten. Er konstituierte sich am 10. August 1949 in Straßburg und entwickelte sich anfangs im Außenministerrat, dann vor allem in den Parlamentarier-Treffen seiner „Beratenden Versammlung" zu einer bedeutenden Plattform für politischen und kulturellen Austausch. Im August 1950 wurde die Bundesrepublik aufgenommen, und in den kommenden Jahren traten ihm fast alle nichtkommunistischen Staaten bei (1973 17 Mitglieder).

In der Zwischenzeit hatten sich die internationalen Rahmenbedingungen wesentlich verändert. Im Frühjahr 1947 entstanden in den USA Pläne zur sozialen Konsolidierung des westlichen Teils Europas durch Hilfe zur Selbsthilfe; hinzu kam eine Anpassungskrise der US-Wirtschaft an die Friedenszeit, und schließlich suchte man Not und Verelendung auch als Vorbeugung gegenüber kommunistischen Wahlerfolgen und Subversion zu bekämpfen. Das Ergebnis war der am 5. Juni 1947 verkündete Marshall-Plan zur Unterstützung des Aufbaus Eu-

Marshall-Plan  ropa. (vgl. Kap. B). Er zielte nur propagandistisch auf ganz Europa, beschränkte sich nach internen amerikanischen Überlegungen auf Westeuropa und sollte auch die Westzonen Deutschlands einschließen.

Seit 1945 waren aus internationalen Geldern beträchtliche Summen als Anleihen an Großbritannien oder Frankreich, als unmittelbare Hilfslieferungen (*Government Aid and Relief in Occupied Areas* - GARIOA) oder als UN-Flüchtlingshilfe geflossen. Nunmehr suchten ab 12. Juli 1947 in Paris 16 europäische Staaten (die deutschen Westzonen wurden durch ihre Militärgouverneure vertreten) ihre unterschiedlichen Aufbauwünsche zu koordinieren. Über die bisherigen regionalen und westeuropäischen Pläne für Zollunionen hinaus stellte die *Conference on European Economic Cooperation* (CEEC) im Herbst 1947 zunächst ein Programm über ca. 19 Mrd. Dollar auf. Unter dem Eindruck des sich verschärfenden Ost-West-Gegensatzes verabschiedete der US-Kongress ein Gesetz, das am 18. April 1948 zur Gründung der *Organization of European Econo-*

OEEC  *mic Cooperation* (OEEC) führte. Gegenüber diesem lockeren Zusammenschluss behielt der US-amerikanische Partner, die *Economic Cooperation Administration* (ECA), das Übergewicht. Von 1949 bis 1956 wurden insgesamt 12,5 Mrd.

US-Dollar nach Europa transferiert. Der größte Teil der Mittel floss bis 1951 und wurde von neuartigem propagandistischen Aufwand begleitet. Am meisten erhielten Großbritannien (3,176 Mrd. US-Dollar) und Frankreich (2,076 Mrd. US-Dollar), während Italien und Westdeutschland jeweils ca. 1,4 Mrd. US-Dollar bekamen. Die höchsten Pro-Kopf-Zuwendungen erhielten die Niederländer. Der Marshall-Plan erfüllte seinen Zweck weitgehend: Es entstanden Synergieeffekte beim wirtschaftlichen Aufbau, die Führungsrolle der USA im westeuropäischen Aufbau wurde bei großen Teilen der Bevölkerung durch den Augenschein des Fortschritts tief verankert. Im Sog der US-Hilfe gab Frankreich seinen Widerstand gegenüber einem neuen Staat im Westen Deutschlands auf, und die Bundesrepublik ließ sich als demokratischer Staat unter Inkaufnahme der Teilung konstituieren und wirtschaftlich konsolidieren. Wirtschaftliche Konsolidierung

Neben die Marshall-Plan-Hilfe trat ab 1949 verstärkt militärische Aufbauhilfe. Großbritannien und Frankreich hatten am 4. März 1947 in Dünkirchen einen Beistandspakt unterzeichnet, der formal das Dreieck der Kriegsbündnisse zwischen Großbritannien bzw. Frankreich und der Sowjetunion gegen das Deutschen Reich schloss. Angesichts der zunehmenden Spannungen enthielt der neue Vertrag bereits unausgesprochen eine Spitze gegen die Sowjetunion. Denn inzwischen stand nach den ergebnislosen Außenministerkonferenzen die Verteidigung Westeuropas gegen sowjetischen Expansionsdrang auf der Tagesordnung. Am 27. März 1948 schlossen neben Großbritannien und Frankreich auch Belgien, die Niederlande und Luxemburg den Brüsseler Pakt oder die *Western Union*, der die Verteidigung Westeuropas für 50 Jahre gegen die östliche Führungsmacht zum Inhalt hatte. Dieser Pakt diente – ähnlich wie die OEEC – als Signal, um die USA in nie gekannter Weise an Europa zu binden. Das gelang mit der Gründung der *North Atlantic Treaty Organization* (NATO) am 4. April 1949 in Washington. Ihr gehörten neben den USA auch Kanada, aus Europa neben den fünf Staaten des Brüsseler Paktes im Norden Island, Norwegen und Dänemark, im Süden Italien und Portugal an. In dem treffenden Satz des ersten NATO-Generalsekretärs Lord Ismay war es das Ziel, nicht nur die Russen draußen zu halten, sondern auch die Amerikaner drin (in Europa), und die Deutschen niederzuhalten. Das zunächst herkömmliche Militärbündnis gegen den Angriff einer feindlichen Macht auf eines der Mitglieder wandelte sich 1952 zu einem festeren Bündnis mit gemeinsamer Planung und integrierten Kommandos. Eine automatische Hilfszusage enthielt es aber nicht. Auf der NATO-Ratstagung 1952 in Lissabon kamen auch Griechenland und die Türkei als Mitglieder hinzu, deren politische Konflikte, zwar immer schon durch einen antikommunistischen Grundkonsens gemildert, nun auch militärisch neutralisiert wurden.

Wirtschaftliche Kooperation zur Schaffung größerer Wirtschaftsräume, aber auch zur Überwindung von Kleinstaaterei bildete über die europäische Bewegung hinaus eine zentrale Lehre aus dem Weltkrieg. Belgien, die Niederlande und Luxemburg vereinbarten Anfang 1948 eine Zollunion; zwischen Italien, Frankreich und Belgien, gelegentlich auch mit Luxemburg wurden zur gleichen

Zeit Gespräche über einen handelspolitischen Zusammenschluss geführt (*Fritabel* bzw. *Fritalux*). Etwas qualitativ anderes bedeutete jedoch die Initiative des französischen Außenministers Robert Schuman, in der er am 9. Mai 1950 eine europäische Vergesellschaftung der Sektoren Kohle und Stahl vorschlug. Die Pläne stammten von Jean Monnet, der bislang im innerfranzösischen Wiederaufbau Planung und Marktwirtschaft mit modernem Management zu verbinden gesucht hatte. Neben idealistischen Momenten beruhte der Impuls für eine friedensstiftende Einigung auf der nüchternen Einsicht, dass die Bundesrepublik in diesen beiden zentralen Bereichen bereits damals wieder eine höhere Produktion erzielte, Frankreich somit bei einer neuen Konkurrenz mit seinem östlichen Nachbarn ins Hintertreffen geraten konnte. Nur durch eine supranationale Integration konnte so das – trotz fortdauernder Kontrolle (Ruhr- und Besatzungsstatut) gefährliche – Potenzial der Bundesrepublik eingebunden werden.

*[margin: Schuman-Plan]*

Das Ziel der Überstaatlichkeit begrenzte zugleich den Kreis der Partner. Vor allem Großbritannien konnte sich wegen des Vorrangs seiner Commonwealth-Bindungen nicht anschließen . Adenauer erkannte die Chance, die in dem Plan für die von beiden Seiten erstrebte Aussöhnung zwischen (West-)Deutschland und Frankreich steckte. Zugleich eröffnete der formale Verzicht an Souveränität für ihn langfristig dennoch die Aussicht auf bundesdeutsche Gleichberechtigung. Am 18. April 1951 unterzeichneten Frankreich, die Bundesrepublik, Italien, Belgien, die Niederlande und Luxemburg den Vertrag über eine Europäische Gemeinschaft für Kohle und Stahl (EGKS oder Montan-Union). Die Hohe Behörde aus Vertretern der sechs Staaten, an deren Spitze Jean Monnet trat, erhielt Eingriffsrechte in bislang national wahrgenommenen Belange der Wirtschaftspolitik.

*[margin: Ausschluss Großbritanniens]*

*[margin: Montan-Union]*

Die schwerindustrielle Einbindung Westdeutschlands ging parallel zur militärischen vonstatten. Sie wurde schon vor dem Korea-Krieg erwogen; dann aber machte der asiatische Konflikt die Aufstellung westdeutscher Truppen vor allem aus US-amerikanischer Sicht erforderlich. Im September 1950 beschlossen die Außenminister der drei Westmächte in New York, eine Europa-Armee aufzustellen. Das konkretisierte der französischen Ministerpräsident René Pleven in einem nach ihm benannten Plan als integrierte Streitmacht der sechs europäischen Staaten, in der deutsche Truppen in kleinsten Einheiten (Bataillone) integriert werden sollten. Angesichts massiver kollektiver Ängste fünf Jahre nach der deutschen Besetzung war diese Diskriminierung verständlich, aber militärisch unzweckmäßig. Hieraus entwickelte sich unter heftigem innenpolitischen Streit zumal in Frankreich und in der Bundesrepublik der Vertrag zur Europäischen Verteidigungsgemeinschaft vom 27. Mai 1952. Im Grunde erforderte sie einen europäischen Verteidigungsminister und damit eine gleichzeitig betriebene, aber bis 1953 gescheiterte Europäische Politische Gemeinschaft. Der EVG-Vertrag sah ein neunköpfiges europäisches Leitungsgremium für die integrierten europäischen Truppen vor, während Überseemächte wie Frankreich auch nationale Kontingente unterhalten durften.

*[margin: Pleven-Plan]*

*[margin: Europäische Verteidigungsgemeinschaft]*

*[margin: Europäische Politische Gemeinschaft]*

Parallel liefen Verhandlungen über die Revision des für die Bundesrepublik seit 1949 geltenden Besatzungsstatuts, das den drei Hohen Kommissaren der Siegermächte wesentliche Teile staatlicher Souveränität vorbehielt. Dieses Statut wurde zeitgleich am 26. Mai 1952 durch einen in Bonn unterzeichneten Deutschlandvertrag ersetzt, der auch ein vereinigtes Deutschland an die bisherigen Verträge und damit an den Westen band. Mit dem EVG-Vertrag war der supranationale Anspruch in Westeuropa nach der Wirtschaft nun auch für die Verteidigung vereinbart, jedoch versandete die weiter reichende Initiative zu einer politischen Gemeinschaft auch wegen der Schwierigkeiten bei der Ratifizierung des EVG-Vertrages. Sie wurde zwar 1953 in fünf Staaten vollzogen, scheiterte aber insgesamt, als die Nationalversammlung in Frankreich den Vertrag am 30. August endgültig von der Tagesordnung absetzte. Dazu hatten unterschiedliche innenpolitische Gründe, Überlegungen zum Großmachtstatus, aber eben auch die Sorge vor einem neuerlichen deutschen Erstarken beigetragen.

Damit schlug die Stunde Großbritanniens. Außenminister Eden hatte Alternativpläne vorbereitet, die in zwei Konferenzen von neun Mächten in London (28. September–3. Oktober 1954) und von den drei Westmächten und der Bundesrepublik in Paris (19.–23. Oktober 1954) in Vertragsform gebracht wurden. Am wichtigsten war die unmittelbare Aufnahme der Bundesrepublik in die NATO. Dafür erklärte sich Großbritannien bereit, im Rahmen des (mit dem Beitritt Italiens und der Bundesrepublik) zur Westeuropäischen Union (WEU) erweiterten Brüsseler Paktes an der Verteidigung des Kontinents mit Truppen mitzuwirken und einen europäischen Pool für Rüstungsfragen zu unterstützen. Die WEU erlangte künftig nur dann größere Bedeutung, wenn auch Großbritannien in westeuropäische Konsultationen über das Europa der Sechs hinaus eingebunden wurde. Die Bundesrepublik erhielt in einem revidierten Deutschlandvertrag die Zusicherung, eine künftige gesamtdeutsche Regierung könne frei über die militärischen Bindungen des Landes entscheiden. Sie musste dagegen auf die Eigenproduktion nuklearer und anderer schwerer Waffen verzichten. Dazu gab Adenauer das seit dem Zweiten Weltkrieg von Frankreich beanspruchte und aus der französischen Zone, dann auch aus der Bundesrepublik herausgelöste Saarland einer im französischen Interesse liegenden „Europäisierung" anheim. (Für beide Seiten überraschend scheiterte jedoch ein Plebiszit über diese Lösung im Saarland. Das Gebiet wurde danach zum 1. Januar 1958 konfliktfrei in einer „kleinen Wiedervereinigung" als neues Land in die Bundesrepublik eingegliedert.)

Mitte 1955 war die Bundesrepublik weitgehend souverän und in eine transatlantische Gemeinschaft fest eingebunden, aber die kleineuropäische politische Integration war vorerst gescheitert. Es bedurfte neuer Impulse. Dabei konnte es um eine Ausweitung auf neue Sektoren der Wirtschaft, so vor allem auf die Energie, gehen, aber auch um eine strukturelle Integration, wie sie sich in der Idee eines Gemeinsamen Europäischen Marktes anbot. Adenauer setzte innenpolitisch gegenüber Wirtschaftsminister Ludwig Erhard einen Primat dieses politischen

<aside>Souveränität der Bundesrepublik</aside>

<aside>Saarfrage</aside>

Zieles durch, während Erhard mit seinen freihändlerischen Überzeugungen diese Pläne ablehnte und auf den Weltmarkt zielte. Einen neuen Aufbruch zur europäischen Einigung brachte eine Konferenz in Messina (11.–13. Mai 1955), wenn sich auch Frankreich gegenüber einem gemeinsamen Markt vorerst skeptisch zeigte. Es bedurfte schwieriger Verhandlungen, bei denen neben dem Niederländer Johann Willem Beyen auch der Belgier Paul Henri Spaak hervortrat, bis sich Ende 1956 unmittelbar vor der Suezkrise ein Kompromiss abzeichnete: Unabhängig von der EGKS wurden zwei neue Institutionen geschaffen. Eine Europäische Atomgemeinschaft (Euratom) sollte für den Energieträger der Zukunft, die Atomenergie, die einschlägige Forschung gemeinsam koordinieren. Die sich hieraus ergebende zivile Technologie sollte besonders einem an Primärenergien armen Land wie Frankreich zugute kommen. Vor allem im Interesse Frankreichs wurde ein gemeinsamer Agrarmarkt vereinbart, der zusammen mit dem anvisierten Gemeinsamen Europäischen Markt die Grundlage für eine Europäische Wirtschaftsgemeinschaft (EWG) bildete. Hinzu kam die Einführung eines Europäischen Entwicklungsfonds für koloniale Gebiete. Die Verträge über EWG und Euratom wurden am 27. März 1957 in Rom unterzeichnet. Großbritannien, das in Messina noch dabei war, konnte sich erneut aufgrund der supranationalen Ziele dem neuen Vertragswerk nicht anschließen. Die Europabewegung in den Einzelstaaten hatten wenig Anteil an diesen technokratisch wirkenden Vereinbarungen und verlor zu dieser Zeit ihre Bedeutung als Motor für eine Politik, die jetzt in den neuen Organisationen betrieben wurde.

Parallel zur zivilen Euratom versuchte Frankreich die militärische Atomrüstung mit dem Ziel einer eigenen Atombombe auf eine europäische Basis zu stellen. Im Frühjahr 1958 vereinbarten die Verteidigungsminister Frankreichs, der Bundesrepublik und Italiens streng geheim eine nukleare Teilhabe der Partner. Der WEU-Vertrag bot hierfür den Rahmen. Das Vorhaben scheiterte jedoch, als im Juni 1958 die IV. französische Republik aufgrund des Algerienkonflikts und innenpolitischer Spannungen, die bis an den Rand eines Bürgerkrieges gingen, scheiterte. Der seit 1946 zurückgezogen lebende erste Staatspräsident der IV. Republik, Charles de Gaulle, wurde auf einer plebiszitären Welle erneut an die Spitze der Regierung getragen. Er ließ eine auf ihn ausgerichtete Verfassung für eine neue V. Republik ausarbeiten, zu deren ersten Präsidenten er Ende des Jahres gewählt wurde. Er beendete die vereinbarte atomare Zusammenarbeit in Westeuropa und ließ stattdessen das nationale französische Atomprogramm beschleunigen. Die erste Atombombe wurde Anfang 1960 in der Sahara gezündet und bildete die Basis für eine im folgenden Jahrzehnt aufgestellte französische Atomstreitmacht, die über Trägerraketen und atomar angetriebene U-Boote mit nuklearen Sprengköpfen verfügte („force de frappe").

De Gaulle prägte zwischen 1958 und 1969 nachdrücklich die westeuropäische Integration. Er weigerte sich, von seinen eigenen Vorstellungen abweichende Ideen weiter zu verfolgen, ja auch seinen Plänen zuwider laufende bereits gefasste Beschlüsse umzusetzen. Es ging ihm um eine Neufundierung der französischen Großmacht im europäischen wie transatlantischen Rahmen. Sollte es gelingen, für Kontinentaleuropa unter französischer Führung eine größere machtpolitische Eigenständigkeit zu sichern, dann konnte er sich auch supranationale Züge der europäischen Integration vorstellen; ansonsten galten ihm die Nationen als wichtigste Bezugspunkte. Bereits kurz nach seinem Amtsantritt schlug der französische Präsident am 17. September 1958 ein Dreierdirektorium der NATO vor, das Frankreich, Großbritannien und die USA als Führungsmächte für weltpolitische Fragen außerhalb der NATO umfassen sollte. Amerikaner und Briten verhandelten zwar in den kommenden Jahren über diese Wünsche, schlossen sich aber der Vorstellung eines institutionalisierten Leitungsgremiums im Bündnis nicht an. Ziele de Gaulles

In Westeuropa betrachtete de Gaulle das deutsch-französische Verhältnis als zentrale Frage. Durch häufige bilaterale Begegnungen wurden zwischen Adenauer und de Gaulle Sonderbeziehungen entwickelt und öffentlich inszeniert, mit denen anfängliche Befürchtungen Adenauers vor einem krassen Machtegoismus Frankreichs zerstreut wurden. Wenn auch für den Franzosen die Befestigung des eigenen Ranges durch Einbindung Deutschlands eine Kontinuität zur IV. Republik bedeutete, so unterschied sich sein Ansatz in einigen Aspekten deutlich davon. Er wandte sich scharf gegen die in Brüssel entstehende supranationale Bürokratie, v.a. die Kommission unter ihrem ersten Präsidenten Walter Hallstein. Stattdessen bevorzugte er eine politische Union der Staaten, wie sie dann 1961/62 von der Sechsergemeinschaft als Fouchet-Pläne verhandelt wurden. Ein solches Regierungsbündnis sah als Ziel zwar eine Vergesellschaftung von Bereichen nationaler Staatlichkeit vor, sollte aber keine supranationalen Institutionen ausbilden. Die anderen fünf Staaten erstrebten dagegen eine Ausweitung der bisherigen Verträge, so dass auch dieser zweite Anlauf zu einer Politischen Union fehlschlug. Fouchet-Pläne: Union der Staaten

Die Sonderbeziehungen zwischen Frankreich und der Bundesrepublik fanden im deutsch-französischen Freundschaftsvertrag (Elysée-Vertrag) vom 22. Januar 1963 einen Abschluss. Trotz der Vereinbarung enger und regelmäßiger Zusammenarbeit auf Ministerebene und gesellschaftlich breiter Fundierung etwa durch ein deutsch-französisches Jugendwerk blieb der Vertrag gemessen an den weitreichenden Zielen de Gaulles ein Torso. Der deutsche Bundestag fügte dem Vertrag bei der Ratifizierung im Sommer 1963 in Abgrenzung von einem Alleingang Adenauers eine Präambel hinzu, die ihn in die transatlantischen Beziehungen der Bundesrepublik einbettete. Deutsch-französischer Vertrag

Großbritannien erstrebte seit dem Inkrafttreten der Römischen Verträge eine (west)europäische Freihandelszone, übergreifend für EWG, Großbritannien und weitere Staaten, scheiterte aber am französischen Widerspruch. Es kam im Januar 1960 nur zur Bildung einer Europäischen Freihandelszone (EFTA) durch sieben Staaten (Großbritannien, Schweden, Dänemark, Norwegen, Portugal, Schweiz und Österreich), aber ohne die EWG. Die EFTA-Staaten hatten über ihre handelspolitischen Ziele hinaus nur wenig gemeinsam, so dass diese Orga- Europäische Freihandelszone nisation vorwiegend zur Koordination einer gemeinsamen Politik gegenüber den Sechs diente. Großbritannien – daneben Dänemark und Irland – stellte 1961 einen Antrag auf Aufnahme in die EWG und versuchte in den folgenden Verhandlungen die Interessen des Commonwealth und der Sterling-Zone zu bewahren. Beides scheiterte vornehmlich am – wenige Tage vor dem Elysée-Vertrag – öffentlich verkündeten Veto de Gaulles: Der Inselstaat sei keine europäische Macht. Zu diesem Verdikt trugen britisch-amerikanische Vereinbarungen vom 19. Dezember 1962 bei, in denen London die Lieferung von seegestützten Mittelstreckenraketen vom Typ Polaris zugesagt wurde (Nassau-Abkommen). Die seit einem Jahrzehnt aufgebaute britische Atommacht wurde damit von den USA abhängig und – so zumal in de Gaulles Sicht – für Europa untauglich.

*Scheitern des britischen EWG-Beitritts*

Das Ziel eines französisch geführten Europas schlug sich auch gegenüber der NATO nieder. Es begann mit dem Rückzug der französischen Mittelmeerflotte aus den integrierten Streitkräften Mitte 1959 und endete 1966 mit dem dauerhaften Rückzug Frankreichs aus der militärischen Integration der NATO. Frankreich blieb Mitglied, setzte aber den Abzug aller amerikanischen Streitkräfte aus dem Lande und den Umzug des NATO-Hauptquartiers aus Fontainebleau bei Paris nach Belgien durch. In der Bundesrepublik entbrannte nach Adenauers Rücktritt im Herbst 1963 unter Kanzler Ludwig Erhard, dann auch ab 1966 unter dessen Nachfolger Kurt Georg Kiesinger, ein Streit zwischen „Gaullisten" und „Atlantikern". Dahinter stand die Befürchtung, die beiden existenziellen Bindungen Westdeutschlands an Westeuropa und die USA könnten einander künftig ausschließen. Dieser Fall trat jedoch nicht ein.

*Französische Eigenständigkeit*

Die Kennedy-Administration trat 1961 mit dem Ziel an, die bisher wegen der Unterlegenheit des Westens bei konventionellen Truppen geltende Strategie der massiven Vergeltung mit Nuklearwaffen („massive retaliation") durch eine „flexible response" zu ersetzen, d. h. einem Gegner in gestufter Eskalation mit jeweils gleichen Mitteln entgegenzutreten. Ein umfassender Atomwaffeneinsatz sollte nur als letztes Mittel erfolgen. Was zur Vermeidung eines Weltkrieges konzipiert wurde, machte nicht nur in französischer Sicht die Sicherheitsgarantie der USA für Westeuropa fraglicher und wurde folglich erst 1967 als NATO-Strategie anerkannt.

*Neue NATO-Strategie*

Um die Westeuropäer zu beruhigen, vornehmlich aber die Bundesrepublik ohne eigenes atomares Potenzial einzubinden, entwickelten die USA ab 1961 das Konzept einer multilateralen Streitkraft der NATO (MLF). Sie sollte atomar bestückte Raketen auf Überwasserschiffen mit internationaler Besatzung bereitstellen. Dieses militärisch fragwürdige Projekt wurde nur von wenigen Mitgliedern, voran der Bundesrepublik Deutschland, aktiv verfolgt, hätte dieser aber keine volle Teilhabe gebracht. Daher wurde das Projekt 1964 vorläufig, im folgenden Jahr von US-Präsident Lyndon B. Johnson endgültig aufgegeben. An seine Stelle trat der britische Plan einer Atlantic Nuclear Force, die jedoch wegen der anglo-amerikanischen Sonderbeziehungen die anderen Verbündeten nicht überzeugte. Eingerichtet wurde schließlich 1967 eine Nukleare Planungsgruppe

*Multilaterale Streitkraft*

der NATO, die über nukleare Zielplanungen beriet und somit auf dieser Ebene für atomare Teilhabe sorgte.

Die Bundesrepublik Deutschland gehörte seit den sechziger Jahren zum Führungskreis der NATO, während Frankreich seinen nationalen Alleingang fortsetzte. De Gaulles Konflikt mit den USA (und Großbritannien) stellte die Verteidigung gegenüber dem Ostblock und die Wertegemeinschaft nicht infrage, wohl aber deren konkrete Politik – so bei Interventionen der USA in Haiti oder seit den sechziger Jahren in Vietnam –; aber in der zweiten Berlinkrise wie in der Kuba-Krise 1962 stand Frankreich in der Solidarität des Westens. Die USA hatten mit dem Marshall-Plan und der OEEC die wirtschaftliche, dann auch politische und militärische Kooperation Westeuropas gefördert. Das galt für das Europa der Sechs seit 1951/57, aber auch für alle Pläne zur Erweiterung und damit auch für den Beitritt Großbritanniens bzw. der EFTA-Staaten. Dennoch entstanden in den sechziger Jahren Spannungen zwischen den USA und Westeuropa aus der Devisensituation der USA (aber auch Großbritanniens). Insbesondere wurden der Bundesrepublik wegen der Stationierung von Bündnistruppen auf ihrem Territorium Ausgleichszahlungen abverlangt.

*Grundkonstellationen im Wandel*

Ab 1967 trat die EWG in internationalen Verhandlungen im Rahmen des GATT (General Agreement of Tariffs and Trade), gelegentlich auch gegenüber den USA und vor allem gegenüber der Dritten Welt geschlossen auf. Insgesamt entwickelte sie sich zum dauerhaften ökonomischen Erfolg. Die Zollsenkungen für Industriegüter konnten schneller als ursprünglich vereinbart erfolgen; der Binnenhandel wuchs, die Außentarife konnten gesenkt werden. Die Wirtschaftsgemeinschaft schien schneller vollendet werden zu können. In der Gemeinsamen Agrarpolitik (GAP) gelangte man ab 1962 zu Marktordnungen mit hohen Garantiepreisen, die durch Subventionen gesichert wurden. Zunächst förderte dieses Vorgehen Strukturreformen in den Einzelstaaten, entwickelte sich aber in den siebziger Jahren zu einer kostspieligen Politik, welche zur Überproduktion und nachfolgender EG-Stützungspolitik führte. Landwirtschaftliche Erzeugnisse wurden in großen Mengen eingelagert und später zu billigen Konditionen außerhalb des EG-Gebiets verkauft, was weitere Kosten verursachte.

*Wirtschaftliche Erfolge der EWG*

In dieser Situation forderte de Gaulle 1965 eine Beschleunigung der Verhandlungen zum gemeinsamen Agrarmarkt, der dem Absatz französischer Produkte zugute kommen musste. Die Partner lehnten jedoch ab, und die Kommission in Brüssel forderte eine Stärkung ihrer eigenen Stellung. Daraufhin verließ Frankreich 1965 für neun Monate demonstrativ den Ministerrat (Politik des „leeren Stuhls"). Erst durch einen in Luxemburg erzielten Kompromiss vom Januar 1966 wurde jedem Staat in wichtigen Fragen entgegen den bisherigen Vereinbarungen ein fortdauerndes Vetorecht zugestanden. Damit behielt die EWG mehr die Züge eines Staatenbundes, als ursprünglich anvisiert worden war. Daran änderte auch die am 8. April 1965 vereinbarte und im Juli 1967 in Kraft tretende Zusammenlegung der drei Institutionen EGKS, EWG und Euratom zu einer Europäischen Gemeinschaft (EG) nichts.

*Politische Krise*

*Luxemburger Kompromiss*

**Haager Gipfel 1969**

Erst unter de Gaulles Nachfolger in Frankreich, Georges Pompidou, brachte der Haager Gipfel der EG vom Dezember 1969 einen neuen Aufbruch. Finanzierungsprobleme der GAP wurden gelöst, eine Währungsunion als künftiges Ziel formuliert sowie eine Öffnung nach außen signalisiert. Ferner vereinbarte man einen Regionalfonds, der die strukturellen wirtschaftlichen Unterschiede innerhalb der Gemeinschaft ausgleichen sollte. Das geschah gegen den Widerstand der am stärksten wachsenden Staaten wie der Bundesrepublik, die mehr in die gemeinsame Kasse einzahlten als sie zurückbekamen (Nettozahler). Auf dem Haager Gipfel wurden auch erste Beschlüsse über eine gemeinsame Außen- und Sicherheitspolitik (EPZ) gefasst, die lange nicht über Absichtserklärungen hinaus gelangte. Es zeichnete sich ab, dass einige Staaten, voran die Bundesrepublik, zur Stärkung des eigenen Exports kostspielige Konzessionen in anderen Bereichen machten, welche zu einem schwer durchschaubaren und teuren Subventionssystem führten.

Ein zweites britisches Beitrittsgesuch durch die Regierung Harold Wilson (Labour) 1967 wies de Gaulle erneut zurück. Immerhin signalisierte dies einen Kurswechsel der bislang gegenüber der EWG skeptischen britischen Labour Party. Nach dem Haager Gipfel kamen ab 1970 neue Beitrittsverhandlungen mit Großbritannien (jetzt unter der konservativen Regierung Edward Heath), Norwegen und Dänemark in Gang, zu denen sich auch das nicht der NATO angehörende Irland gesellte. Die Regierung Heath zog die Konsequenzen aus der schwindenden Weltgeltung Großbritanniens: Die Commonwealth-Staaten orientierten sich wirtschaftlich unabhängig von London in ihren jeweiligen Weltregionen. Die imperiale Bürde war finanziell nicht mehr tragbar, und bereits 1967 hatte Wilson den Rückzug „East of Suez" (Singapur, Malaysia, Aden) angekündigt; im gleichen Jahr war das britische Pfund Sterling gegenüber dem US-Dollar um 14 Prozent abgewertet worden, was einer Kapitulation der britischen Weltmacht gleichkam. Der Beitritt von vier neuen Staaten wurde nach schwierigen

**EG-Erweiterung: Großbritannien, Irland, Dänemark**

Verhandlungen zum 1. Januar 1973 beschlossen. In Norwegen wurde die Mitgliedschaft in der EG jedoch durch Volksentscheid abgelehnt, so dass die Gemeinschaft nach der Aufnahme Großbritanniens, Dänemarks und Irlands neun Mitgliedsstaaten umfasste.

**Skandinavische Kooperation**

Die skandinavischen Staaten entwickelten daher fortan unterschiedliche wirtschaftliche Bindungen. Sie hatten nach dem Zweiten Weltkrieg Ansätze zu einer engeren Kooperation auf Regierungsebene geschaffen. Schweden, Norwegen und Dänemark sowie das politisch von der Sowjetunion abhängige Finnland trafen Vereinbarungen u. a. in Fragen kultureller Gemeinsamkeiten, einheitlicher Gesetzgebung oder Verkehrspolitik (z.B. Fluggesellschaft SAS), ohne damit supranationale Ziele zu verfolgen. Aufgrund parlamentarischer Initiativen war bereits 1952 ein Nordischer Rat geschaffen worden (Finnland trat ihm 1955 bei). Militärisch gehörten Dänemark und Norwegen von Anfang an zur NATO; Schweden blieb neutral. Das ließ keine gemeinsame Außen- und Verteidigungspolitik Skandinaviens zu. Eine nordische Wirtschaftsgemeinschaft mit einer gemeinsamen Agrarpolitik und einer Zollunion wurde 1969 erwogen, scheiterte jedoch an finnischen Bedenken sowie an der EG-Bereitschaft zur Erweiterung. Während sich in Dänemark die Einsicht in die ökonomische Abhängigkeit zumal von Großbritannien und der Bundesrepublik durchsetzte, befürchtete die Mehrheit der Norweger eine zu starke Abhängigkeit von EG-Europa. Im Nordischen Rat wurde daraufhin ab 1973 eine stärkere Koordination auf Ministerebene eingeführt.

Die erste Erweiterung der EG ließ die Frage nach dem Gewicht ihrer Institutionen neu stellen. In der Europäischen Kommission gab es nach dem Rücktritt ihres ersten Präsidenten Walter Hallstein (1967) erst mit dem Briten Roy Jenkins (1977–1981) und dem Franzosen Jacques Delors (1985–1994) wieder durchsetzungsfähige Präsidenten. Sie besaßen nur die Stellung eines *primus inter pares* unter der wachsenden Zahl von Kommissaren. Diese wurden aus sachlichen Gründen, aber auch nach nationalen Ansprüchen bestellt, was zur Schaffung neuer Ressorts führte. „Brüssel" als Sitz der Kommission wurde so zur Zielscheibe der Kritik an Bürokratisierung und Detailregelungen. Die politischen Impulse blieben grundsätzlich dem Ministerrat aus Vertretern der nationalen Regierungen vorbehalten, der in unterschiedlicher Zusammensetzung für die einzelnen Bereiche der Politik tagte. Um Entscheidungen herbeizuführen, bedurfte es häufig über die Minister hinaus der Zusammenkünfte von Regierungschefs. Ihre Gipfelkonferenzen nahmen seit den siebziger Jahren zu und entwickelten darüber hinaus einen repräsentativen und zeremoniellen Charakter. Diese Treffen wurden auf Vorschlag des französischen Staatspräsidenten Valéry Giscard d'Estaing 1974 zu einem Europäischen Rat formalisiert, der zunächst dreimal jährlich, ab 1985 nur noch zweimal tagte. An dessen Beratungen konnte seither auch der Kommissionspräsident teilnehmen. Das Verhältnis von Kommission und Ministerrat blieb schwierig und jeweils neu auszutarieren.

Bürokratisierung der Institutionen

Es mangelte weiterhin an unmittelbarer demokratischer und parlamentarischer Legitimität der europäischen Institutionen. Diese hatten seit der EGKS 1951 aus den nationalen Parlamenten delegierte beratende Versammlungen eingerichtet, deren Mitglieder oft für die einzelnen Gremien identisch waren. 1979 wurden erstmals direkte Wahlen der Bevölkerung zum Europäischen Parlament (EP) abgehalten, ohne dass damit dessen Befugnisse im Vergleich zu den bisherigen Versammlungen stiegen. Den Ausbau zu einer Legislative verhinderten die Regierungen der Mitgliedsstaaten. Das 1977 dem EP grundsätzlich zugestandene Budgetrecht wurde von der Kommission häufig missachtet und führte 1982 zu einer Ablehnung des Etats durch das Parlament. In den folgenden Jahren konnte es zwar Verbesserungen in seiner Stellung, nicht aber die volle Budgethoheit durchsetzen.

Wahlen zum Europaparlament 1979

Grenzen der (1969 beschlossenen) gemeinsamen Außenpolitik zeigten sich in der Folge des israelisch-arabischen Nahostkrieges 1973 (Jom-Kippur-Krieg). Als in Folge des Krieges die arabischen Staaten ein Ölembargo der Erdöl exportierenden Staaten (OPEC) vereinbarten, verteuerte sich Rohöl im Winter 1973/74 beträchtlich; die in den letzten beiden Jahrzehnten von dieser Energie abhängig gewordenen Staaten gerieten in eine beginnende Rezession und befürchteten eine andauernde schwere Wirtschaftskrise. Großbritannien (aber auch Norwegen) begann zur gleichen Zeit mit der Erschließung von Erdölfeldern in der Nordsee zum ölexportierenden Staat zu werden, profitierte von den erhöhten Ölpreisen und konnte sich daher leisten, Israel und die dahinter stehenden USA bedingungslos zu unterstützen. Dagegen verfolgten die übrigen EG-Staaten gegenüber dem Nahost-Konflikt und v.a. gegenüber den Ölstaaten der arabischen Welt von Algerien über Syrien bis zum Iran eine je nationale Ölpolitik zur Sicherung der Rohstoffversorgung.

*Ölpreiskrise*

In der Europäischen Gemeinschaft gelang es vor allem Giscard und Bundeskanzler Helmut Schmidt in der zweiten Hälfte der siebziger Jahre die europäische Politik auf Regierungsebene gemeinsam zu koordinieren. Der deutsch-französische Motor trieb nicht nur die Finanz- und Wirtschaftspolitik an, sondern erzielte auch in allgemeinen politischen Fragen Übereinkünfte. Auch die bilaterale Rüstungskooperation wurde verstärkt. Ansätze zu einer gemeinsamen Politik Frankreichs und der Bundesrepublik gab es ferner gegenüber den USA, gelegentlich sogar gegenüber der Sowjetunion. Weil die britische Europapolitik unter Premierministerin Margaret Thatcher (1979–1990) aus finanziellen wie allgemein-politischen Gründen deutlich auf Distanz zur EG ging, blieb in den achtziger Jahren die deutsch-französische Kooperation, jetzt unter dem sozialistischen Staatspräsidenten François Mitterrand und dem Deutschen Helmut Kohl (CDU), zentral.

*Deutsch-französischer Motor*

Pläne zu einer Europäischen Währungsunion wurden erstmals 1970 öffentlich verkündet (Werner-Bericht). Einen ersten Schritt in diese Richtung bildete ein festes System der Wechselkurse. Dies wurde jedoch sogleich zugunsten einer Währungs-„Schlange" aufgegeben, die eine Schwankungsbreite der Kurse zuließ. Hauptgrund war der Zusammenbruch des Bretton-Woods-Systems von 1944, nachdem die USA 1971 aufgrund ihres Handelsbilanzdefizits den Goldstandard aufgaben und den Dollar geringfügig abwerteten bzw. andere Währungen wie die Deutsche Mark und der japanische Yen aufgewertet wurden. Großbritannien, Irland und Dänemark blieben von Beginn an fern; andere Staaten wie Italien verließen zeitweilig oder dauerhaft diese „Schlange" aneinander gekoppelter Währungen, unter denen die Deutsche Mark dominierte. Beträchtlichen US-Defiziten im Außenhandel entsprachen etwa gleich hohe Überschüsse der Bundesrepublik.

Im November 1975 fand auf Schloss Rambouillet bei Paris ein erster Weltwirtschaftsgipfel der sechs bedeutendsten Industrienationen statt (USA, Großbritannien, Bundesrepublik Deutschland, Frankreich, Italien und Japan), um die Probleme der Weltwirtschaft informell zu diskutieren. Hieraus entwickelten sich, an repräsentativem Aufwand wie Teilnehmern wachsend (G 6 bis G 8 unter Einschluss Kanadas und – seit den neunziger Jahren – Russlands), ein regelmäßiger Tagungszyklus der wichtigsten Industrienationen. Nicht teilnehmende

*Weltwirtschaftsgipfel*

Staaten, aber auch Basisbewegungen griffen deren Kompetenz seit den neunziger Jahren an. Auch diese weltweite Einrichtung stellte ein Gremium der herkömmlichen Staaten dar und verlieh der Europäischen Gemeinschaft keine Stimme.

Das 1979 geschaffene Europäische Währungssystem koordinierte die Anpassung der Wechselkurse und schuf mit der Verrechnungseinheit ECU eine potenzielle Leitwährung neben dem Dollar. Auch hier stand Großbritannien (und mit ihm einige weitere Staaten) abseits. Es waren Initiativen der Kommission unter Jacques Delors, welche seit Ende der achtziger Jahre eine Politik einleiteten, die zu den Verträgen von Maastricht 1992, Amsterdam 1997 und Nizza 2000 mit der Einführung einer Europäischen Zentralbank und der gemeinsamen Währung, dem Euro, ab 2002 führten. *Weg zur Währungsunion*

Die Schwierigkeiten und Kosten, welche die GAP verursachte, verstärkten sich in den siebziger Jahren und führten in den achtziger Jahren nur zu halbherzigen Reformen. Aufgrund der Marktordnungen und Garantiepreise wurden damals etwa zwei Drittel des europäischen Budgets für den Agrarhaushalt aufgebracht. Zwar schrumpfte der Anteil von in der Landwirtschaft Beschäftigten in der EG rapide, doch wurde GAP mehr und mehr zu einem Subventionssystem, welches aus politischen Gründen den primären Produktionssektor gegen volkswirtschaftliche Trends konservierte. Vor allem die Agrarexportstaaten blockierten eine Reform der GAP mit Rücksicht auf ihre agrarische Klientel. Haushaltskrisen der EG waren die Folge, da die Mitgliedstaaten, voran Großbritannien, ihre Mittel für die Landwirtschaft nicht weiter aufstocken wollten. *Probleme der Agrarpolitik*

In den siebziger Jahren hatten weitere Staaten Anträge auf Aufnahme in die EG gestellt, jedoch mussten diese – anders als im Fall der NATO – als Vorbedingung hierfür zunächst demokratische Regierungen einführen. In Griechenland, der EWG seit 1962 assoziiert, etablierte sich durch Putsch 1967 eine Militärdiktatur, die erst 1974 abgelöst wurde. In Portugal wurde das autoritäre System Salazars nach dessen Tod 1970 im Jahr 1974 durch einen Militärputsch gestürzt, jedoch entwickelte sich hier zwischen linkssozialistischen Kräften u. a. auch im Militär und liberaldemokratischen Kräften ein Tauziehen am Rande eines Bürgerkrieges, bis 1976 mit ausländischer Hilfe eine demokratische Stabilisierung einsetzte. In Spanien hatte General Franco in seinen letzten Lebensjahren einen Wandel des von ihm begründeten autoritär-korporatistischen Systems eingeleitet. Dazu gehörte auch die Wiederherstellung der Monarchie nach seinem Tod 1975 durch das traditionelle Königshaus unter König Juan Carlos. Nach zwei gescheiterten Militärputschen 1978 und 1981 konsolidierte sich das Land als Demokratie; seine Aufnahme in die NATO erfolgte im Mai 1982, während Portugal und Griechenland unbeschadet ihrer zeitweilig nicht demokratischen Regierungsform dem Militärbündnis frühzeitig seit 1949 bzw. 1952 angehört hatten. Die Süderweiterung der EG wurde nach mehrjährigen Verhandlungen durch die Aufnahme Griechenlands 1981, Spaniens und Portugals 1986 vollzogen; die Europäische Gemeinschaft umfasste nun zwölf Mitgliedsstaaten. Die Türkei blieb trotz ihrer Assoziation seit 1963 wegen fehlender struktureller Voraussetzungen *Wandel zur Demokratie: Süderweiterung der EG*

vorerst ausgeschlossen. Die relative Rückständigkeit der südeuropäischen Staaten beruhte vor allem auf ihren traditionell agrarischen Strukturen. Das stellte die EG vor neue Probleme, die auf die GAP, vor allem aber auf die neue Regionalpolitik wirkten. 1975–1985 hatten Großbritannien, Frankreich, Irland, Italien und Griechenland ca. 90% der Agrarsubventionen erhalten. Seit der Süderweiterung wurden gezielter als bisher nicht mehr Staaten, sondern regionale Projekte gefördert. Das verstärkte die Möglichkeit der EG zum Eingriff in soziale Strukturen der Einzelstaaten.

*Regionalpolitik*

Angesichts der unübersichtlicheren Strukturen und dem zunehmenden Umfang von Regelungen der EG kam nach den gescheiterten Versuchen von 1953 und 1961/62 Mitte der siebziger Jahre erneut der Gedanke an eine Politische Union auf, der meist in politischer Rhetorik und Absichtserklärungen steckenblieb. Das galt für den vom Europagipfel 1975 angeforderten Bericht des belgischen Ministerpräsidenten Leo Tindemans, aber auch für die Initiative der Außenminister Italiens und der Bundesrepublik, Emilio Colombo und Hans-Dietrich Genscher, die 1981 für eine verstärkte gemeinsame Politik und nachfolgende institutionelle Verfestigung eintraten. Einen neuen Anlauf brachte die 1985 im Europäischen Rat v. a. von französischer und deutscher Seite vorgebrachte Initiative zu einer Einheitlichen Europäischen Akte. Hierdurch sollte der europäischen Binnenmarkt vollendet, eine stärkere Koordinierung gemeinsamer Außenpolitik (Europäische Politische Zusammenarbeit) befördert und die bestehenden Institutionen reformiert werden. Das Vetorecht der Einzelstaaten reduzierte sich gegenüber dem Luxemburger Kompromiss von 1966. Die Einheitliche Europäische Akte trat 1987 in Kraft und wurde zur „entscheidenden Schaltstelle auf dem Weg zur europäischen Wirtschaftsintegration" mit der Tendenz auch zu einer stärkeren europäischen Staatlichkeit [V. BORNSCHIER, Westliche Gesellschaft im Wandel, Frankfurt/M. u. a. 1988, S. 364]. Im weltpolitischen Umbruch der Jahre 1989/90 versuchte die Bundesrepublik, den Prozess der deutschen Vereinigung mit einer Stärkung der europäischen Integration zu verbinden, um so die Besorgnisse der übrigen westeuropäischen Staaten aufzufangen. Nach Auflösung der bisherigen bipolaren Weltstruktur konnte der Vertrag von Maastricht 1991 ausgehandelt werden, der einen Neuansatz zu einer stärkeren Integration vereinbarte.

*Auf dem Weg zur Politischen Union*

# E. DIE BILDUNG DES „OSTBLOCKS" 1945–1968

Am Anfang der späteren Bildung eines „Ostblocks" stand die Selbstbehauptung der Sowjetunion im Zweiten Weltkrieg. Der Sieg über das Deutsche Reich und seine Verbündeten festigte das in marxistischer Ideologie bereits vorhandene Bewusstsein der sowjetischen Führung von der eigenen historischen Leistung. Zwei einander ergänzende Elemente kamen in der Nachkriegszeit hinzu. Zunächst war man sich angesichts der Zerstörungen sicher, es bedürfe einer längeren Erholungszeit zum Wiederaufbau. Sodann galt es, Sicherheit vor einem künftigen neuen Überfall zu schaffen, insbesondere da man den von Krisen geschüttelten Kapitalismus als systembedingt aggressiv einschätzte. Das sowjetische Sicherheitsbedürfnis konnte somit defensiv motiviert sein und doch von außen offensiv gedeutet werden. Stalin setzte seine Ziele skrupellos und ohne Rücksicht nach innen durch, während er nach außen die Interessen der internationalen Gegenspieler berücksichtigte und eine risikoarme Politik betrieb.

<small>Selbstbehauptung der Sowjetunion im Krieg</small>

<small>Sicherheitsinteresse</small>

Sicherheit bedeutete für Stalin vor allem territoriale Herrschaft auch über ein strategisches Vorfeld. In diesem wurde ein sowjetfreundliches Verhalten erwartet, das mit allen verfügbaren Mitteln durchgesetzt wurde. Dass eine solche Anpassung am besten durch gesellschaftliche Umgestaltung nach ihrem Modell zu erreichen war, lag für die sowjetische Führung auf der Hand. In marxistisch-leninistischer Sicht war das westliche, kapitalistische System überholt. Seine Anfälligkeit für wirtschaftliche Krisen machte es dazu potenziell aggressiv und gefährlich. Dennoch benötigte die Sowjetunion mittelfristig für den Wiederaufbau westliche Hilfe, selbst dann, wenn sie sich durch Beute und Reparationen an den Kriegsgegnern schadlos hielt. Unbeschadet der Bedeutung langfristiger Zukunftserwartungen sprachen also machtpolitische Gründe für eine Konsolidierung des bis dahin einzigen sozialistischen Staates in Zusammenarbeit mit den Verbündeten aus der Kriegskoalition.

<small>Rolle von Ideologie und Machtpolitik</small>

Aus diesem Denkrahmen entstanden 1943/44 erste sowjetische Nachkriegspläne. Der ehemalige Außenminister Maxim Litvinov wie der vormalige Botschafter in London Ivan Maiskij als Vorsitzende von Planungskommissionen erwarteten in Westeuropa in der nächsten Jahren keine proletarischen Revolutionen, zumal eine solche zur Konfrontation mit den Anglo-Amerikanern führen musste. Sie erstrebten vielmehr eine Abgrenzung von Interessensphären. In einem machtpolitisch exklusiv gedachten eigenen Bereich lagen maximal Finnland, Schweden, Polen, Ungarn, die Tschechoslowakei, Rumänien, die slawischen Balkanstaaten und die Türkei. Eine neutrale Zone konnte Norwegen, Dänemark, Deutschland, Österreich und Italien umfassen. Liberaldemokratische Ordnungen waren hier wie im übrigen Westeuropa durchaus willkommen. Solche pragmatischen Pläne blieben informell, fanden jedoch ihren Niederschlag in internationalen Verhandlungen. Von einer ideologisch geleiteten Politik zur Ausbreitung des Kommunismus kann also nicht die Rede sein. Beim Vormarsch der Ro-

<small>Sowjetische Nachkriegspläne</small>

<small>Interessensphären</small>

<small>Polen als zentrales Problem</small>

ten Armee in Osteuropa bildete Polen zugleich den zeitlich ersten und der Sache nach wichtigsten Testfall. Die Chancen für eine Kooperation in der Nachkriegszeit standen nicht gut. Die antirussischen Prägungen seit den polnischen Teilungen des 18. Jahrhunderts waren mit der neuen Teilung des Landes im deutsch-sowjetischen Nichtangriffspakt aktiviert und zwischen 1939 und 1941 im sowjetischen Teilungsgebiet bekräftigt worden. Ein starkes, unabhängiges und sowjetfreundliches Polen, das Stalin im Sommer 1944 forderte, hatte daher im Lande selbst kaum Chancen (vgl. Kap. B).

Die Sowjetunion hatte bereits 1943 die Beziehungen zur bürgerlich bestimmten polnischen Exilregierung in London abgebrochen, als nach der Entdeckung von Massengräbern bei Katyn das Internationale Rote Kreuz die Vorgänge untersuchte und die sowjetische Verantwortung für die Ermordung mehrerer tausend polnischer Offiziere 1939/41 feststellte. Mit dem Einrücken der Roten Armee in das polnische Kernland gründete die Sowjetunion ein „Polnisches Komitee der Nationalen Befreiung", das Ende Juli 1944 nach Lublin übersiedelte. Es wurde von der Sowjetregierung als einzige legitime Vertretung Polens anerkannt und erhielt eine Zusage über die Verschiebung der künftigen Grenze Polens nach Westen bis an die Oder. Was sich bei der Befreiung der ersten polnischen Gebiete angekündigt hatte, wurde im Fall der Hauptstadt Warschau sinnfällig zur Realität: Der Versuch von bürgerlichen Widerstandskräften, sich in einem Aufstand gegen die Deutschen zu behaupten und damit das militärische Einrücken der Roten Armee zu ergänzen, scheiterte auf der ganzen Linie. Der von der Londoner Exilregierung unterstützte Warschauer Aufstand (1. August–2. Oktober 1944) wurde von deutscher Seite niedergeschlagen, Teile der verbliebenen Führungsschicht vernichtet, die Stadt völlig zerstört. Die Rote Armee wartete dieses Ergebnis weitgehend passiv am Rande Warschaus ab.

Am 17. Januar 1945 schließlich zog das Lubliner Komitee mit der Roten Armee in Warschau ein und wurde unter sowjetischer Ägide für ganz Polen tätig, während die Exilregierung zunächst keine Chancen zur Mitwirkung besaß. Die polnische Frage hatte sich seit 1944 zum wichtigsten Konflikt zwischen der Sowjetunion und ihren westlichen Alliierten entwickelt, die zunächst sowjetischen Einfluss in Osteuropa nicht grundsätzlich ablehnten. Die Westverschiebung Polens war das eine, die demokratische Legitimität seiner Regierung das andere. Die in Jalta auf amerikanischen Wunsch verabschiedete „Erklärung über das befreite Europa" sah demokratische Regierungen vor, ohne unterschiedliche Vorstellungen von Demokratie zu problematisieren. Im polnischen Fall konnten die Anglo-Amerikaner der Sowjetunion die Beteiligung „demokratischer" Kräfte aus dem Exil gegen die Anerkennung des neuen polnischen Regimes abhandeln. Stanislaw Mikolajcyk, der als Ministerpräsident der Exilregierung im November 1944 resigniert zurückgetreten war, wurde in Warschau als Führer der Bauernpartei Vize-Premierminister der Regierung unter Edward Osobka-Morawski von der Polnischen Vereinigten Arbeiterpartei (PVAP). Diese leitete gesellschaftliche Reformen im sowjetischen Sinn ein, auf die Mikolajcyk kaum Einfluss erlangte. Die Wahlen vom Januar 1947 – der Ost-West-Konflikt war bereits in vollem Gange – brachten dem von der PVAP geführten Demokratischen Block offiziell einen überwältigenden Sieg; Mikolajcyk ging erneut ins Exil. Tatsächlich waren die Ergebnisse gefälscht – 73 Prozent der Stimmen waren gegen die Kommunisten abgegeben worden [248: Lewis, S. 47].

Das Ziel eines „unabhängigen und starken Polens" hatte so in Stalins Logik zur Umgestaltung nach sowjetischem Vorbild geführt. Das Muster war deutlich: Die Sowjetfreundlichkeit wurde trotz opportunistischer Anpassung der Bevölkerung zwangsweise durchgesetzt. Im Fall Polens kam zu den historischen Belastungen als ungünstiges Element für die Sowjetunion noch die Westverschiebung des Staates hinzu: Millionen Einwohner aus den (von 1921 bis 1939) polnischen Ostgebieten wurden bei deren Eingliederung in die Sowjetunion (der sie schon 1939–1941 angehört hatten) in die neuen Westgebiete umgesiedelt, aus denen Deutsche flohen und vertrieben wurden. Zwar war die Westerweiterung im Prinzip bei allen politischen Kräften populär, aber die Gebietsabtretung im Osten verstärkte die antisowjetische Haltung. Westverschiebung

Einen einheitlichen Plan zur gesellschaftlichen und politischen Umgestaltung gab es auch im übrigen Osteuropa nicht. Die konkreten Ergebnisse der Sowjetisierung wurden teils zielgerichtet, teils improvisiert vor Ort erzielt. Stalin beharrte grundsätzlich auf den Grenzen von 1939, die auf den Verträgen mit dem Deutschen Reich vom August/September 1939 beruhten und auch gegenüber den Westalliierten ab 1941 beansprucht wurden. Nach Ende des Krieges betraf das die Rückkehr der bereits zwischen den Weltkriegen selbstständigen Staaten Estland, Lettland und Litauen als Sowjetrepubliken in die UdSSR, ebenso Bessarabiens. Für die Westausdehnung der Sowjetrepubliken Weißrussland (Belarus) und Ukraine – beide wurden als selbstständige Republiken Gründungsmitglieder der Vereinten Nationen – auf Kosten Polens gab es auch ethnische Gründe. Aber weit über den Kampf gegen faschistische oder kollaborierende Gruppierungen hinaus fand hier (wie schon 1939/40 bis 1941 praktiziert) eine direkte Sowjetisierung statt, die in der Ukraine auch auf militärischen Widerstand stieß, der erst 1948 gebrochen war. Finnland musste sich dagegen nur mit Teilbesetzungen (Petsamo, Porkkala Udd) abfinden. Sowjetische Grenzen von 1939 Sowjetisierungspolitik

Für die Nachkriegsordnung in Osteuropa spielte ferner die geographische Nähe zur Sowjetunion eine Rolle, nicht so sehr der vormalige Status als Verbündeter des Deutschen Reiches, der eher für die Grenzen und das Binnenverhältnis der neu oder wieder einzurichtenden Staaten wichtig war. Das wurde in den Friedensverträgen vom 10. Februar 1947 international festgelegt. Die Befreiung durch die Rote Armee in Ostmitteleuropa traf auf unterschiedlich sowjetfreundliche Staaten. Das konnte historische Gründe slawischer Gemeinsamkeiten haben (Bulgarien, Tschechoslowakei, Jugoslawien), aber auch die traditionelle Stärke von kommunistischen oder sozialistischen Kräften spielte eine Rolle (über den sowjetischen Bereich hinaus bedeutsam in Griechenland, bedingt in Deutschland und Österreich). Die Sowjetunion setzte überall in ihrem Machtbe- Ost(mittel)europa reich zunächst pluralistische Übergangsregierungen ein, in denen Kommunisten Schlüsselressorts, zumeist für Polizei, Justiz und Erziehung, erhielten. In diesen Teilen Europas war die Bereitschaft zur gesellschaftlichen Umgestaltung im Zuge der Befreiung von deutscher Herrschaft, Unterdrückung und Ausbeutung grundsätzlich sehr viel stärker als in Westeuropa ausgeprägt. In deren Folge trafen jedoch Säuberungen neben Kollaborateuren mit NS-Deutschland nicht nur konservativ-feudale Kräfte, sondern zunehmend auch bürgerlich-liberale. Hinzu kam oft auch die Sozialisierung von Betrieben oder die Verteilung von Landbesitz, Maßnahmen, von denen man sich die Zustimmung der Unterschichten erhoffte. Von der Übertragung des Gesellschaftsmodells der Sowjetunion war zunächst nicht die Rede. In Österreich, für das eine Viermächteverwaltung eingerichtet wurde, setzte die Sowjetunion noch vor Kriegsende am 30. April 1945 den ehemaligen Bundeskanzler Karl Renner, einen Sozialisten, als Regierungschef ein. Freie Wahlen am 25. November 1945 sahen die Kommunistische Partei als Verliererin; Christdemokraten und Sozialisten bildeten eine große Koalition, welche die politische Basis für die kommenden Jahrzehnte bildete. Im traditionell kommunistenfeindlichen Ungarn sorgte die Sowjetunion im Herbst 1944 für eine pluralistische Regierung, die nach der Befreiung Budapests unter dem Kommunisten Mátias Rákosi stand. Freie Wahlen am 4. November 1945 erbrachten enttäuschende 17% Stimmen für die Kommunisten, aber eine absolute Mehrheit von 57% für die Kleinlandwirtepartei. Danach gab es hier wie im ganzen sowjetischen Machtbereich keine im westlichen Sinne freien und pluralistischen Wahlen mehr, stattdessen wurde die Macht fortan mit autoritären Mitteln gesichert. Konkret hieß dies Klassenkampf, durch den alle einschüchternden, offen terroristischen, aber auch organisatorischen und rechtlichen Maßnahmen legitimiert wurden.

In Bulgarien war seit September 1944 eine kommunistisch beherrschte Regierung als Teil der „Vaterländischen Front" an der Regierung, die in manipulierten Wahlen am 19. November 1945 mit 90% Stimmenanteil bestätigt wurde. Georgij Dimitroff, der frühere Kominternführer, kehrte aus dem Exil nach Sofia zurück und führte im folgenden Jahr eine harte Unterdrückungspolitik gegen alle andersdenkenden Kräfte durch. In Rumänien gab es seit März 1945 eine von Kommunisten unter Petr Groza beherrschte Regierung, die – ähnlich wie im Fall Polen – nach der Aufnahme von bürgerlichen Vertretern im Herbst 1945 nicht pluralistisch wurde und sich am 19. November 1946 als „Block demokratischer Parteien" bestätigen ließ. In Jugoslawien und Albanien konnten die weniger von Moskau abhängigen Kommunisten bürgerliche Kräfte zurückdrängen und herrschten dort bereits 1945 unumschränkt. Ab 1946 sprach man in Ostmitteleuropa von Volksdemokratien, deren Pluralismus angesichts der Führung kommunistischer Parteien nur noch auf dem Papier stand. Monarchien, die es in einigen Staaten noch formal bestanden, wurden in Jugoslawien noch 1945, in Albanien, Ungarn und Bulgarien 1946 und in Rumänien erst Ende 1947 abgeschafft.

Anders verlief die Entwicklung in der Tschechoslowakei, die nach dem schnellen Abzug der Roten Armee als einheitlicher Staat von Slowaken und Tschechen wiederhergestellt wurde; die deutsche Minderheit wurde vertrieben (vgl. Kap. F). Der Vorkriegsministerpräsident Edward Beneš versuchte schon vom Londoner Exil aus gute Beziehungen zur Sowjetunion aufzubauen (Beistandspakt von 1943). Im März 1945 wurden die Kommunisten in die Nationale Front aufgenommen; die mitgliederstarke KPČ wurde bei freien Wahlen im Mai 1946 mit einem Drittel der Sitze stärkste Partei. Unter der demokratischen Regierung des industrialisierten Landes galt ein vage definierter Sozialismus als Klammer. Erst zwei Jahre später verstand es die KPČ durch Massendemonstrationen und einen Putsch von oben Staatspräsident Beneš unter ultimativen Druck zu setzen. Er ernannte ihren Führer Klement Gottwald im März 1948 zum Ministerpräsidenten, der in den folgenden Monaten die Umgestaltung zur Volksdemokratie vollzog.

Tschechoslowakei

In der sowjetischen Besatzungszone Deutschlands wies die Umgestaltung einige Unterschiede auf. Es gab eine frühe Zulassung von Parteien im Juni 1945, aber schon im April 1946 wurden Kommunisten und Sozialdemokraten zur Sozialistischen Einheitspartei (SED) vereinigt. In den Ländern bildeten sich Mehrparteien-Regierungen unter formaler Führung bürgerlicher Kräfte, eine gesellschaftliche Umgestaltung durch Bodenreform und Enteignungen in Großbetrieben lief parallel. Insgesamt ging hier die Entwicklung mit Rücksicht auf gesamtdeutsche Optionen wesentlich behutsamer vonstatten. Die Sowjetische Militäradministration verfolgte eine im Ganzen widersprüchliche Politik und ließ den Begriff Volksdemokratie für ihre deutsche Besatzungszone zunächst nicht zu. In entscheidenden Fragen ging die westdeutsche Staatsbildung der ostdeutschen voraus. Eine kommunistisch geführte Volkskongressbewegung wurde 1947 als in ganz Deutschland wirksames Instrument begründet. Aus ihr heraus wurden nach deren gesamtdeutschen Scheitern 1949 die Organe der Deutschen Demokratischen Republik geschaffen. Wahlen im Block der Nationalen Front fanden erst 1950 statt, nachdem 1947 in den Ländern der SBZ auch die selbstständigen Führungen von Christdemokraten und Liberalen verdrängt worden waren.

Sowjetische Besatzungszone Deutschlands

Volkskongressbewegung

Bedeutende kommunistische Parteien, die im Widerstand gegen die deutsche Besatzung die stärksten Kräfte gebildet hatten, gab es im Westen in Italien und Frankreich (zwischen 26,1 und 28,6% in Wahlen 1946/48). In ihnen spielten die aus dem sowjetischen Exil zurückgekehrten Parteiführer Palmiro Togliatti und Maurice Thorez entscheidende Rollen. Westlich orientierte Regierungen verdrängten diese beiden kommunistischen Parteien im Zuge des sich entfaltenden Kalten Krieges 1947 aus ihren Kabinetten. Zumal in Italien bestand die Gefahr einer durch freie Wahlen beförderten kommunistischen Machtübernahme, die 1948 unter starker US-amerikanischer Unterstützung verhindert wurde – bei immerhin noch 31,9% der Stimmen für das linke Lager. Die Kommunisten im Westen unternahmen (anders als in der Tschechoslowakei) über Massenproteste hinaus keinen Versuch zum Regierungsumsturz.

Kommunisten in Frankreich und Italien

Die Sowjetunion entwickelte in ihrem Machtbereich ein Herrschaftssystem, das ihr über kommunistisch gelenkte Volksfrontregierungen indirekten Einfluss ermöglichte. Darüber hinaus übermittelten die jeweiligen Botschafter der Sowjetunion dauerhaft Richtlinien Moskaus und übten so Aufsicht über die Regierungen aus. Die sowjetischen Geheimdienste vermochten im Verbund mit entsprechenden Einrichtungen der Länder ebenso direkt in die Gesellschaften hineinzuwirken wie die Organe der Roten Armee, die auch nach der unmittelbaren Besetzung ein Instrument der Überwachung blieb. Eine erste förmliche Zusammenfassung des Sowjetblocks stellte das im September 1947 im schlesischen Slaska Poręba/Schreiberhau gegründete Kommunistische Informationsbüro (Kominform) dar. Formal als Reaktion auf den Marshall-Plan entstanden, setzte es die Tradition der trotz ihrer Auflösung 1943 weiterarbeitenden Kommunistischen Internationale fort. Ihr gehörten die Kommunistischen Parteien Osteuropas sowie Frankreichs und Italiens, nicht jedoch der SBZ an. Als Organisation konnte die Kominform aber – zumal nach dem Bruch mit Jugoslawien 1948 – keine politische Durchschlagskraft erlangen.

Darüber hinaus entwickelten sich weitere Formen bilateraler oder multilateraler Zusammenarbeit. Dazu gehörten die wechselseitigen Besuche der Parteiführer aus den „Bruderländern", bei denen die Sowjetunion oft wenig Gleichberechtigung zuließ, sondern ideologisch formulierte Direktiven ausgab. Parteitage der KPdSU, aber auch der anderen kommunistische Parteien boten Gelegenheit zu Treffen aller sozialistischen Länderchefs. Mit wachsendem Abstand vom Krieg und zum Teil gelungener nationalstaatlicher Konsolidierung nahm die Bedeutung des unmittelbaren Befehlsempfangs zugunsten oft harter und kontroverser politischer Auseinandersetzungen bei diesen Zusammenkünften ab.

Die Gründung des Rates für gegenseitige Wirtschaftshilfe (RGW – 15. Januar 1949) durch alle sozialistischen Staaten vermochte nur einen Teil der bestehenden Wirtschaftsbeziehungen zur Sowjetunion abzudecken. Im Kern hielt sich die Sowjetunion für ihre Kriegszerstörungen an den Ländern in ihrem Machtbereich schadlos. Das geschah oft ungeregelt bis hin zur Plünderung, wurde dann stärker in die Form von Reparationen gebracht, deren Wert nachträglich kaum mehr zu berechnen ist. Am wichtigsten war hierfür Deutschland, wo jedoch der Potsdamer Reparationskompromiss (vgl. Kap. B) 1946 scheiterte und die Sowjetunion auf Entnahmen aus der eigenen Zone beschränkt blieb. Reparationen wurden formal in Europa nur von den ehemaligen „Feindstaaten" Bulgarien, Rumänien, Ungarn und Deutschland sowie Finnland erhoben und im Friedensvertrag von 1947 fixiert; sie liefen Anfang der fünfziger Jahre aus. Schätzungsweise entzog die Sowjetunion ihrem Machtbereich im Jahrzehnt nach 1945 ungefähr so viel an Werten, wie sie die USA ihrerseits insgesamt in Westeuropa an Unterstützung investierte [248: LEWIS, S. 207]. Über die Reparationen hinaus entstanden weitere wirtschaftliche Bindungen im Ostblock. Es wurden gemischte Gesellschaften gebildet, in denen Vertreter aus dem jeweiligen Staat

(Reparationskapital) und der Sowjetunion (zumeist betriebliche Leitung) beteiligt waren. Sie wurden in der SBZ auch einseitig als Sowjetische Aktiengesellschaften geführt und besaßen beim Uranbergbau für die sowjetische Rüstung bis 1989 große Bedeutung. Hinzu kam ein von Moskau unabhängig vom Weltmarkt gestaltetes Preissystem, das die Sowjetunion einseitig begünstigte. Schließlich wurde das sowjetische Modell für die Führung von Industrie und Landwirtschaft jeweils national angepasst. Ab 1948 gab es in den Staaten des Ostblocks ein auf Moskau ausgerichtetes Außenhandelsmonopol.

Der RGW stellte eine Reaktion auf die OEEC und den Konflikt mit Jugoslawien dar. Seine Zentrale in Moskau war zunächst außer für die Sowjetunion auch für Bulgarien, die ČSSR, Ungarn, Rumänien und Polen zuständig. Wenig später folgte Albanien (nur bis 1961) und 1950 die DDR. Später kamen die Äußere Mongolei (1962), Kuba (1972) und Vietnam (1978) hinzu, ohne dass dies wirtschaftliche Bedeutung erlangte. Der RGW stellte unter Stalin nur einen Rahmen ohne reale Funktion dar. So wurde etwa die Rüstung im Ostblock während des Koreakrieges direkt koordiniert. Erst ab 1954 fanden regelmäßige Sitzungen statt. Seither wurde eine arbeitsteilige Produktion vereinbart, wenn etwa Straßenbahnen in der ČSSR, Busse in Ungarn oder Dieselmotoren in der DDR produziert wurden. Doch insgesamt zeitigte der RGW geringe Leistungen. Eine Koordinierung der langfristigen Wirtschaftspläne in der Sowjetunion (Fünfjahrespläne, ab 1959 Siebenjahresplan) ließ einen umfangreichen bürokratischen Apparat in der Gosplan-Behörde entstehen, der schwerfällig und wenig effektiv war. Das galt auch für seine Verzahnung mit den Wirtschaftsplänen der anderen Länder. Im Energiesektor fanden durch den Bau eines Pipeline- und eines Hochspannungsleitungsnetzes (ab 1958/59) wichtige auch politisch wirksame Vernetzungen statt. Die Rüstungsproduktion der Sowjetunion wurde zu einem bedeutenden Teil in die industriellen Staaten Ostmitteleuropas – DDR, ČSSR, Ungarn, bedingt auch Polen – verlagert. Den wichtigsten Indikator für die Bindungen stellte der Handelsaustausch dar. Der Handel innerhalb der RGW-Staaten, der zwischen ihren Vorgängern 1938 nur 10% ausgemacht hatte und 1948 44% betrug, stieg 1958 auf 61% und 1968 auf 64% (danach fiel die Quote wieder ab) [248: LEWIS, S. 214]. Der RGW sollte u.a. durch die Gründung einer gemeinsamen Bank (1974) unter Chruščev und dann unter Leonid Brežnev aufgewertet werden, trat aber zunehmend in Konkurrenz zu nationalen Interessen, die sich im sowjetischen Fall in Handelsbeziehungen auf dem Weltmarkt, bei der DDR auch in Sonderbeziehungen zur Bundesrepublik abzeichneten.

Sicherheitspolitisch schloss die Sowjetunion Verteidigungsbündnisse mit den westlichen Nachbarstaaten. Das begann im Krieg mit der Exilregierung der Tschechoslowakei in London (12. Dezember 1943) und setzte sich bis 1949 in insgesamt 23 netzförmig zwischen allen „Satelliten" geschlossenen Verträgen über „Freundschaft, Zusammenarbeit und gegenseitigen Beistand" fort; ein entsprechender Pakt zwischen der Sowjetunion und der DDR folgte erst 1964. Den Kern der Verträge bildete militärischer Beistand, zu dem die Sowjetunion beim

Aufbau der jeweils nationalen Streitkräfte ab 1948 Hilfestellung leistete. Alle Verträge (außer mit Bulgarien und Jugoslawien) benannten als potentiellen Gegner Deutschland. Mit dem Ausschluss Jugoslawiens aus der Kominform wurden dessen Beistandsverträge hinfällig; Jugoslawien galt für einige Jahre implizit als Feind Nummer eins.

*Warschauer Pakt*    In ein System gebracht wurden die Militärpakte in Reaktion auf die Aufnahme der Bundesrepublik Deutschland in die NATO. Am 14. Mai 1955 schlossen acht Staaten – darunter die DDR – in Warschau einen Vertrag über Freundschaft, Zusammenarbeit und gegenseitigen Beistand (Albanien schied 1968 aus). Sowjetische Truppen sollten gemäß den Friedensverträgen in Ungarn und Rumänien 90 Tage nach Abzug der fremden Streitkräfte aus Österreich auch hier abrücken. In Rumänien taten sie dies tatsächlich mit dreijähriger Verspätung 1958; in der ČSSR rückten sie dagegen 1968 ein. Der Warschauer Pakt verfügte unter sowjetischem Befehl über ein Vereintes Kommando der Streitkräfte, das eine direkte Einwirkung in die Truppe der Verbündeten möglich machte. In Polen war gar von 1949 bis 1956 Sowjetmarschall Konstantin Rokossowski Verteidigungsminister; daneben gab es hier (1953) weitere 87 sowjetische Generäle und 630 Offiziere in Führungspositionen [BAEV in 833: HEINEMANN u. a., S. 299].

*Ausrichtung auf die Sowjetunion*    Auf dem Papier erscheint diese Ausrichtung auf die Führungsmacht Sowjetunion umfassend; sie hatte jedoch Grenzen. Politische Säuberungen im Zeichen des Antifaschismus beförderten die Macht von Kommunisten. Die Entlassung von „bürgerlichen" Kräften aus ihren Ämtern führte oft zu deren Flucht in den Westen (so besonders in der SBZ), um den befürchteten geheimen oder auch demonstrativ öffentlichen Schauprozessen zu entgehen. Diese richteten sich anfangs gegen den „Klassenfeind", vornehmlich Vertreter von Bauernparteien. Mit dem Kampf gegen Titos Jugoslawien verschärfte sich die Auseinandersetzung und richtete sich oft auch gegen alte Kommunisten. Die Parole „Kampf gegen den Titoismus" überlagerte zeitweilig den Kampf gegen die Amerikaner und nahm bisweilen antisemitische Untertöne an. Schauprozesse führten bis 1952 zu Entlassungen, aber auch zur Haft (Parteisekretär Wladislaw Gomulka in Polen) und zu Todesurteilen (Generalsekretär der KP Rudolf Slansky 1952 in der ČSSR, Innenminister Laszlo Rajk 1949 in Ungarn). In der DDR wurde ein Schauprozess gegen einen führenden Politiker, Paul Merker, geplant, jedoch wurde er dann einfach aus dem Amt entfernt. In Bulgarien traf es den stellvertretenden Ministerpräsidenten. In der Sowjetunion wurden mehrere „Komplotts" aufgedeckt, die ca. 2000 Personen das Amt oder auch das Leben kosteten. Das hatte auch mit Wahnvorstellungen Stalins zu tun, ohne dessen diktatorische Amtsführung bis zu seinem Tode (5. März 1953) das System nicht denkbar war.

*Stalins Tod*

Seine Nachfolger proklamierten zunächst eine kollektive Führung. Aus den ideologischen und persönlichen Rivalitäten ging 1955/56 Nikita Chruščev als Sieger hervor. Der nackte Terror wurde ab 1953 sichtlich gemildert. Der Friedensoffensive gegenüber dem Westen entsprach eine Lockerung der Zügel im *„Neuer Kurs"*    Ostblock durch einen „Neuen Kurs". Angesichts von Versorgungslücken und

Konsumproblemen ging es in den einzelnen Staaten in Absprache mit Moskau um eine langsamere gesellschaftliche Umgestaltung, die etwa in Ungarn von Imre Nagy erfolgreich eingeleitet wurde. In der ČSR führte Anfang Juni 1953 eine Währungsreform zu Massenprotesten gegen eine solche „Enteignung"; von 129 Streiks wird berichtet. Die gravierendsten Folgen zeitigte der Aufstand in der DDR, der am 17. Juni 1953 unter dem Einsatz von Panzern niedergeschlagen wurde (vgl. Kap. C).

Der Reformkurs in den Gesellschaften des Ostblocks wurde danach jedoch nicht abgebrochen, sondern behutsam fortgesetzt, in einigen Staaten sogar erst im Herbst 1953 begonnen. Dazu gehörte die Bekämpfung des „Personenkults" sowie eine Öffnung der kommunistischen Parteien. Hinzu kamen in einzelnen Ländern Versuche zur Lockerung der ökonomischen Abhängigkeit von Moskau und damit zur Vergrößerung eigener Spielräume. Die Sowjetunion stellte den Kampf gegen Tito ab 1955 langsam ein, was auch den Ostblockstaaten mehr Bewegungsfreiheit brachte. Reformkurs im Ostblock

Die zentrale Zäsur für den weltweiten Sowjetkommunismus bildete der XX. Parteitag der KPdSU (14.–25. Februar 1956). Mit Blick auf Jugoslawien und China akzeptierte Chruščev mannigfaltige Wege beim Übergang zum Sozialismus. In einer Geheimrede „Über den Personenkult und seine Folgen", die aber sogleich in Jugoslawien und dann im Westen veröffentlicht wurde, rechnete er mit Stalin als Person und dem System des Stalinismus ab. Auch Massenverbrechen nannte er deutlich beim Namen. Angesichts des unter Kommunisten ideologisierten Sprachgebrauchs und der fast religiösen Verehrung, die Stalin entgegengebracht worden war, erschütterte dieses Vorgehen tiefgehend die Gesellschaften, von einfachen Leuten bis in die Parteikader hinein, und signalisierte – wie schon der „Neue Kurs" 1953 – größere Freiheit für die nationalen Parteien. Im kulturellen Bereich, aber auch in der Politik setzte „Tauwetter" ein. Genau dies führte zu einer erneuten Krise des Blocks durch die Aufstände in Polen und Ungarn 1956, während sich die Parteiführungen in Bulgarien, Rumänien, der DDR und der ČSSR zur gleichen Zeit mit der rhetorischen Verurteilung des Stalinismus statt eigener Reformen begnügten. XX. Parteitag der KPdSU

In Polen wurde die innenpolitische Überwachung seit 1954 gelockert. Hinzu kamen Ansätze zu einem Reformkurs in der PVAP, politische Gefangene wurden freigelassen. Nach dem XX. Parteitag wurden die Freiheiten verstärkt wahrgenommen und führten angesichts des sinkenden Lebensstandards zum Posener Aufstand: Antisowjetische Massenproteste Ende Juni 1956 wurden von polnischen Streitkräften u. a. mit Panzern blutig niedergeschlagen. Angesichts der revolutionären Stimmung kehrte der 1949 aus der PVAP ausgeschlossene Wladislaw Gomulka an die Spitze der Partei zurück. Unter dem Druck bereits nach Warschau in Marsch gesetzter (in Polen stationierter) sowjetischer Truppen, die sich auch gegen andere Massendemonstrationen richten sollten, setzte er am 20./21. Oktober 1956 gegenüber Chruščev Reformen durch, sicherte dabei aber die fortbestehende Kontrolle seiner Partei und Polens Verbleiben im Ostblock Polen: Posener Aufstand

zu. Eine gezielte Reformpolitik versprach größere Freiheiten in Politik und Kultur sowie für die Katholische Kirche. Man verzichtete auf eine Kollektivierung der Landwirtschaft und machte einen begrenzten Pluralismus möglich.

In Ungarn fanden im Sommer 1956 parallel zu den polnischen Vorgängen Verhandlungen über Reformen mit sowjetischen Abgesandten statt. Am 23. Oktober 1956 standen bei einer Massendemonstration Demokratie, Unabhängigkeit und Wiedergutmachungen im Vordergrund. Aus ihr erwuchs eine revolutionäre Besetzung Budapests. Die Rückkehr des 1955 aus der Partei ausgeschlossenen Imre Nagy als Ministerpräsident machte Verhandlungen mit in Budapest einmarschierten sowjetischen Truppen möglich. Nachdem diese zunächst abgezogen waren und Nagy sich an die Spitze der Volksbewegung gesetzt hatte, kehrten die Truppen jedoch – nach Information der „Bruderparteien" durch die sowjetische Führung – seit dem 4. November zurück und schlugen die Bewegung bis Ende des Jahres in Budapest und in weiten Teiles des Landes nieder. Während der blutigen Niederschlagung und Flucht von Ungarn nach Westen (vgl. Kap. C) wurden Nagy und mehrere Mitglieder der Führung verhaftet und nach einem geheimen Prozess 1958 hingerichtet. Eine Kollaborationsregierung unter dem bisherigen Innenminister Janos Kadar übernahm die Regierung. Entgegen allen Erwartungen suchte der zunächst verhasste Mann einen vorsichtigen Reformkurs zu steuern, der auf Verbesserung der materiellen Lebensbedingungen abzielte, in den sechziger Jahren auch eine größere Unabhängigkeit gegenüber Moskau und wirtschaftlich einen eigenständigen Weg zuließ.

*Ungarischer Aufstand*

Die neue Systemkrise des Ostblocks hatte die anderen sozialistischen Staaten nicht erfasst. Die Grenzen des „Tauwetters" waren durch die Ereignisse klar definiert worden: In Budapest hatte die Führung der kommunistischen Partei, aber auch die Zugehörigkeit zum Warschauer Pakt zur Debatte gestanden. Der Kampf gegen „konterrevolutionäre Kräfte" und die angebliche Einwirkung des westlichen Imperialismus führten fortan zu einer verschärften Überwachung der jeweils eigenen Bevölkerung und zum Ausbau des Bespitzelungs- und Polizeiapparates, jedoch wurden die stalinistischen Willkürmethoden nicht wieder aufgenommen. Die Normalisierung der Beziehungen zu Jugoslawien, das seinen eigenen Kurs als einer der Führer der „Blockfreien" steuerte, beließ diesem Staat mehr Handlungsfreiheit als den anderen Staaten des Ostblocks. Die stärker industrialisierten Staaten Mitteleuropas leisteten zwar ihren Beitrag zu der sowjetisch geforderten Aufrüstung, suchten aber dennoch die eigene Bevölkerung mit besseren Konsumangeboten zufriedenzustellen. Polen ergriff die Chance, durch die Initiative für eine atomwaffenfreie Zone die eigenen Westbeziehungen zu stärken. Der Rapackiplan 1957/58 war das deutlichste Signal für eine solche Politik, erzielte jedoch keine direkten Wirkungen.

*Grenzen der Eigenständigkeit*

Als neuer Faktor für den Ostblock kam die eigenständige ideologische Orientierung der Volksrepublik China hinzu. Schon 1955 glaubte Adenauer aus Moskau das Signal mitgebracht zu haben: „Helfen Sie uns gegenüber China". Gerade weil Mao Zedong direkter als Chruščev auf die Förderung von Revolutionen ab-

*Eigenständige Rolle Chinas*

zielte und provokante Militäraktionen etwa gegenüber Taiwan startete, erwuchs hier eine Konkurrenz, die ab 1959 zu einer Verschlechterung der Beziehungen zwischen der Sowjetunion und der Volksrepublik China sowie zum abrupten Abbruch von Hilfsabkommen führte. 1964 wurden die ideologischen Auseinandersetzungen öffentlich; das Verhältnis war zerrüttet. China zündete als Ausweis seiner internationalen Eigenständigkeit im gleichen Jahr die erste Atombombe und vertrat die Doktrin, ein Atomkrieg sei führbar. Wenige Jahre später, 1969, stießen gar sowjetische und chinesische Truppen am Grenzfluss Ussuri zusammen. Albanien flüchtete sich seit den frühen sechziger Jahren unter chinesischen Schutz. In Rumänien versuchte sich die autoritäre Führung um Gheorghe Gheorghiu-Dej ab 1960 den Wirtschaftsplanungen des RGW zu entziehen und setzte sich unter Berufung auf China ideologisch von der Sowjetunion ab. Nicolae Ceaușescu, der ab 1965 amtierte, lehnte 1968 gegen die Blocksolidarität eine Beteiligung am Einmarsch des Warschauer Paktes in die ČSSR ab und erhielt sogar vage Beistandszusagen aus dem Westen, als er seine Sorge vor einer sowjetischen Interventionsabsicht in Rumänien äußerte. Rumänien

Zentrale Bedeutung für den Zusammenhalt des ganzen Ostblocks hatte der westliche Schlussstein DDR. Sie suchte mit einer eigenen Westpolitik vor allem eines: ihre Anerkennung als eigenständiger Staat. Die Berlin-Krise ab 1958 diente für Chruščev wie Ulbricht vorrangig der internationalen Durchsetzung und damit politischen Stabilisierung des Staates. Auch wenn alle Ostblockstaaten unter wirtschaftlichen Problemen litten, befand sich die DDR in einer Sonderrolle. Hier stand wegen der staatlichen Spaltung Deutschlands das westliche Vorbild deutlicher vor Augen als anderswo. Bei zunächst lockerer Absperrung der Grenzen zur Bundesrepublik flüchtete ab 1952 ein bedeutender Teil der ökonomisch aktivsten Kräfte in den Westen. Da sich die sowjetische Führung ein Wegbrechen dieses westlichen Vorpostens nicht leisten konnte, übte Ulbricht gerade durch die Schwäche seines Staates Druck auf Moskau aus. Das brachte der DDR 1961 beträchtliche Wirtschaftshilfe der Sowjetunion ein, führte aber auch zum Bau der Berliner Mauer, um den Staat wenigstens äußerlich zu stabilisieren. Die Anerkennung im Westen stand allerdings weiterhin aus und wurde durch die Bundesrepublik gezielt verhindert (Hallstein-Doktrin). Im gesamten Ostblock bildete neben dem amerikanischen Imperialismus das Feindbild des westdeutschen Staates eine wichtige Integrationsklammer. Die Propaganda aller Ostblockstaaten wurde nicht müde, von der revanchistischen, militaristischen, nach eigenen Atomwaffen gierenden, auf Krieg abzielenden und zumindest tendenziell faschistischen Bundesregierung zu reden. Das galt zunächst von der angeblich „kleinen Adenauer-Clique". Seinen Nachfolgern ging es bis 1968 aber nicht anders. So absurd das im Westen auch klang und so unzutreffend es war: Das Feindbild Bundesrepublik wies in seiner Funktion als Kitt für den Ostblock auf die NS-Expansionspolitik zurück und artikulierte tatsächlich weiterhin bestehende Sorgen. Das gipfelte in der Vorstellung, die Bundesrepublik könne – aus eigener Kraft und unabhängig von westlicher Bindung – eine Wiedervereinigung (inklusive der polnischen Gebiete jenseits der Oder und Neiße) als neue Form der Ostexpansion anstreben.

**Sturz Chruščevs**

Die Entspannungspolitik gegenüber dem Westen, mit der Chruščev aus Sorge vor China offen auftrat, musste daher lange Zeit mit Rücksicht auf die DDR gerade die Bundesrepublik aussparen. Sein Sturz in der sowjetischen Führung 1964 hing neben Problemen etwa der Landwirtschaft mit potenziell weitreichenden und damit gefährlichen Konzessionen in der Westpolitik zusammen. Auf den impulsiven Populisten folgte zunächst eine kollektive Führung unter Ministerpräsident Alekseij Kosygin und dem Ersten Parteisekretär Leonid Brežnev. Letzterer setzte sich jedoch bald durch und bestimmte mit pragmatischen Reformen die Politik der Sowjetunion. Allerdings alterte die Sowjetführung zusammen mit Brežnev, der – von Krankheit gezeichnet – in den letzten Jahren vor seinem Tode 1983 kaum noch neue Impulse setzte; der Ostblock stagnierte insgesamt.

**Ära Brežnev**

**Prager Frühling**

Die engen Grenzen jedweder Eigenständigkeit im Ostblock wurden 1968 ein drittes Mal (nach 1953 und 1956) erreicht und erneut eng abgesteckt. In der Tschechoslowakei wurde im Januar 1968 Alexander Novotny als Partei- und Staatschef abgelöst; Alexander Dubček trat als Reformer an die Spitze der KPČ. Andere wichtige Ämter wurden wenig später neu besetzt. Getragen von Intellektuellen, gelangte die neue Führung an die Spitze der Bewegung für einen „Sozialismus mit menschlichem Antlitz", der auf Pluralismus und Meinungsfreiheit setzen sollte. Im Sommer 1968 warnten die sozialistischen „Bruderparteien" mehrfach vor einer plebiszitären Absicherung des Reformkurses mit systemsprengenden Folgen und Rückwirkungen auf den ganzen Ostblock. Am 15. Juli drohten die Warschauer-Pakt-Staaten der tschechoslowakischen Führung, ein Alleingang werde angesichts der „sozialistischen Solidarität" alle Staaten betreffen, die nicht tatenlos zusehen könnten (diese Ansicht wurde als Brežnev-Doktrin von der begrenzten Souveränität sozialistischer Staaten im Westen bekannt). In der Nacht zum 21. August 1968 machten Truppen der Sowjetunion, Ungarns, Polens, Bulgariens und der DDR mit einer groß angelegten Militäraktion dem „Prager Frühling" ein Ende. In Prag wurde die Bewegung nach Kämpfen niedergeschlagen und eine Kollaborationsregierung eingesetzt, welche zuvor ein Beistandsersuchen an die Verbündeten gerichtet hatte. Die Führung um Dubček blieb – anders als 1956 – am Leben. Letztmalig dienten Propagandaphrasen von einem bevorstehenden Angriff der Bundesrepublik zur Legitimierung des Vorgehens. Dennoch unterbrachen diese Vorgänge den Weg zu einer gesamteuropäischen Entspannung nur kurzzeitig.

**Militärische Niederschlagung**

# F. EUROPA UND DIE AUSSEREUROPÄISCHE WELT

## 1. Dekolonisierung

Das Ende der Kolonialreiche war 1945 abzusehen. Die Dekolonisierung hatte bereits mit dem Ersten Weltkrieg eingesetzt, obwohl die europäischen Staaten ihren formellen Einflussbereich in Übersee noch einmal ausweiten konnten. Immerhin verlor das Deutsche Reich als erstes Land seine Kolonien zugunsten eines Mandatssystems des Völkerbundes, das die ehemals deutschen Besitzungen auf ihre Selbstständigkeit vorbereiten sollte. Die USA verstanden sich programmatisch als erste unabhängig gewordene europäische Kolonie, und die Sowjetunion deutete in ihrem marxistisch-leninistischen Weltbild die Befreiung unterdrückter Völker als Teil des internationalen Klassenkampfes. Während des Zweiten Weltkrieges hatten sich die Deutschen und Japaner angeschickt, Kolonialgebiete in ihrem Machtbereich gegen die Alliierten zu mobilisieren. Die Japaner benutzten diese Territorien als Aufmarsch- und Kampfraum und beuteten sie wirtschaftlich aus. Burma, die Philippinen und die Regierung „Freies Indien" wurden angesichts schwindender Siegeschancen in die – oft nur rhetorisch deklarierte – Unabhängigkeit entlassen; Französisch-Indochina und Niederländisch-Indien folgten kurz vor Kriegsende.
Folgen des Ersten Weltkrieges

Auch die europäischen Kolonialmächte versuchten die Loyalität abhängiger Gebiete durch Gewährung größerer Freiheiten oder das Versprechen künftiger Unabhängigkeit zu erhalten. Für Großbritannien, aber auch für Frankreich wurde der Beitrag der Kolonien und verbündeten überseeischen Gebiete im Krieg entscheidend, so dass sie ihren Rang als Großmacht auch nachher über ihren außereuropäischen Besitz definierten. Staatliche Unabhängigkeit sollte den Überseeterritorien je nach Reifegrad ihrer politischen und sozialen Systeme erst nach einer Zeit freundlicher Anleitung gewährt werden. Nicht nur Winston Churchill war noch 1946 stolz, dass durch den Zweiten Weltkrieg kein Teil des britischen Empire dauerhaft verloren gegangen war. Was programmatisch als Dekolonisierung anvisiert wurde, entwickelte sich in der ersten Stufe zu einer oft gewaltsamen neuen Kolonisierung. Mit der Zunahme von Spannungen zwischen Ost und West und der Unterstützung von nationalen Unabhängigkeitsbewegungen durch die Sowjetunion (und seit den sechziger Jahren auch durch die Volksrepublik China) wurde die langfristig zu gestaltende Unabhängigkeit (*transfer of power*) erschwert, weil indigene Bestrebungen nach Selbstbestimmung als Ausdruck kommunistischer Unterwanderung wahrgenommen wurden, obwohl doch kommunistische Einflüsse tatsächlich erst durch rigide westliche Politik Fuß fassen konnten. Eine erste Phase von kurzfristig und improvisiert zugestandener Souveränität erstreckte sich bis Ende der vierziger Jahre; ihr folgte um 1960 vor allem für das südlich der Sahara gelegene Afrika eine zweite Phase der Unabhängigkeit. Von de Gaulle seit der Konferenz von Brazzaville (Kongo) im
Neue Rolle im Zweiten Weltkrieg
Phasen der Dekolonisierung
Union Française

Januar 1944 vorbereitet, gründete sich Frankreich in seiner Verfassung von 1946 als Union Française neu. Die in ihr theoretisch verbriefte Gleichberechtigung aller 100 Millionen Mitglieder, unabhängig von Rasse und Religion, führte dennoch zu einer abgestuften Einordnung: Neben überseeischen Departements mit gleichen Rechten wie im Mutterland (DOM – vor allem Algerien), gab es Territorien in Übersee (TOM), deren Bürger durch ein Überseeministerium in Paris verwaltet wurden, sowie andere Gebiete, die unter einem historisch gewachsenen französischen Patronat standen.

Syrien und der Libanon, für die Frankreich seit dem Ersten Weltkrieg Mandate des Völkerbundes besaß, wurden 1945 militärisch wiedererobert, dann aber auf britischen Druck hin unabhängig. Am wichtigsten war insgesamt Indochina. Unter japanischer Oberhoheit hatten traditionelle Kräfte bereits im Krieg die Unabhängigkeit erklärt; am 2. September 1945 rief mit breiter nationaler Unterstützung der Kommunist Ho Chi Minh im Norden die Unabhängigkeit einer Demokratischen Republik Vietnam aus. De Gaulle ließ jedoch im Sommer 1945 die französische Hoheit im Süden des Landes wiederherstellen. Zwar gelang im März 1946 ein Kompromiss mit Ho Chi Minh, der zunächst die Emanzipation Vietnams im Rahmen der Union Française akzeptierte. Tatsächlich engagierte sich Frankreich aber immer stärker in einem Dschungelkrieg und setzte seine Handlungsfähigkeit in Europa wesentlich herab. Im Zuge des antikommunistischen Kampfes unterstützten die USA Frankreich seit 1950 mit beträchtlichen Mitteln. Das konnte nicht verhindern, dass sich Frankreich nach der Kapitulation der Festung Dien Bien Phu am 7. Mai 1954 aus Indochina zurückzog. Eine internationale Konferenz in Genf unter Beteiligung auch der Volksrepublik China und der Sowjetunion ratifizierte die französische Niederlage: Indochina trat aus der Union aus; Kambodscha, Laos und Vietnam wurden nach und nach unabhängig, und für das vorläufig geteilte Vietnam wurden – dann nie abgehaltene – freie Wahlen vereinbart.

In Afrika hatte ein Teil der Kolonien unter der Kontrolle der Vichy-Regierung gestanden, ein anderer unter derjenigen des Freien Frankreichs de Gaulles. Südlich der Sahara wurde die französische Herrschaft gegen nur geringen Widerstand erneut hergestellt, jedoch bildeten sich nationale Bewegungen, die in Konflikt mit der französischen Kolonialverwaltung gerieten. Wichtiger war von Anfang an das arabisch geprägte Nordafrika. Die Befreiung Frankreichs ab 1943/44 war gerade von hier aus betrieben worden. In den Protektoraten Marokko und Tunesien formierte sich unter konservativen Herrschern indigener Widerstand, der diese Länder bis 1954 in einen offenen Kampf mit Frankreich trieb. 1956 erkannte Paris die Unabhängigkeit beider Staaten an. Schwieriger wurde die Lage in Algerien. Bei etwa 10% weißen französischen Siedlern in einer sonst arabischen Bevölkerung war dieses Gebiet staatsrechtlich ein Teil des Mutterlandes. Erste Aufstände seit 1945 steigerten sich bis 1955 zum Guerillakrieg. Frankreich entsandte erneut einen großen Teil seiner Streitkräfte nach Übersee, die gegen die *Front de Liberation Nationale* (FLN) nicht gewinnen konnten. Der überaus erbittert durch die Siedlerorganisationen (OAS) und das französische Militär einerseits, die FLN andererseits geführte Krieg und Bürgerkrieg bildete den wichtigsten Grund für die Staatskrise der IV. Republik und den Übergang zur V. Republik unter de Gaulle. Dieser stellte putschistische Generale und Siedler in Algerien mit der vagen Formel eines künftigen „Algérie algérienne" ruhig. Sodann handelte er überraschend mit Vertretern der FLN die Unabhängigkeit des Landes im Abkommen von Evian (März 1962) aus. In einem schwierigen innenpolitischen Balanceakt konnte de Gaulle sich behaupten; der Exodus von Hunderttausenden von Siedlern und arabischen Kollaborateuren ins Mutterland waren die Folge.

Frankreich sah sich somit von 1945 bis 1962 in koloniale Kriege verwickelt und kämpfte damit auch um sein Selbstverständnis als Weltmacht und Kulturnation. Wie danach Algerien, so bot de Gaulle bereits 1958 auch dem französischen Kolonialreich innere Unabhängigkeit im Rahmen einer neu zu begründenden *Communauté française* an. Als erstes schied Guinea unter dem Präsidenten Sekou Touré völlig aus. Die anderen Territorien in Afrika erkannten bald, dass sie in der neuen Gemeinschaft nur begrenzte Freiheiten erhielten. 1959 forderten die ersten Kolonien ihre Unabhängigkeit, bald auch alle anderen. Sie wurde ihnen ohne Widerstand aus Paris zugestanden. 1960 entwickelte sich zum Jahr der Unabhängigkeit Afrikas. 16 neue Staaten schieden aus dem französischen Herrschaftsbereich aus. Großbritannien und Belgien folgten noch im gleichen Jahr. Zu den neuen Staaten gehörte auch Kamerun, das von Frankreich unter Mandat der UNO verwaltet worden war. Zumeist schloss Paris Kooperationsverträge mit den neuen Staaten, die sich in den kolonialen Verwaltungsgrenzen erst langsam konstituierten, und behielt so kulturell, wirtschaftlich und häufig auch militärisch große Einflussmöglichkeiten.

„Communauté française"

Großbritannien hatte seit 1931 ein Commonwealth geschaffen von einerseits weißen unabhängigen Staaten, welche die Krone weiter anerkannten, und andererseits direkt abhängigen Kolonien. Das hatte vergleichsweise wenig Konflikte nach sich gezogen. Aber das Versprechen der Unabhängigkeit an Indien auf dem Höhepunkt der britischen Niederlagen im Zweiten Weltkrieg 1942 bedeutete eine Zäsur, die durch den indischen Freiheitskampf um Mahatma Gandhi vertieft wurde. Das Kaiserreich Indien wurde unter halbwegs geordneten Umständen am 15. August 1947 unabhängig. Zugleich wurde es in die beiden religiös verfeindeten Staaten Pakistan und Indien geteilt, die dem Commonwealth beitraten. Zwischen diesen Teilstaaten entwickelte sich ein blutiger Krieg, den die Kolonialmacht nicht mehr verhindern konnte. Ceylon/Sri Lanka folgte im Februar 1948 in die Unabhängigkeit.

Commonwealth

Die Gewährung von Unabhängigkeit angesichts von relativ geringem vorausgegangenem Widerstand und damit auch der schrittweise Rückzug von der im Zweiten Weltkrieg verteidigten Weltstellung Großbritanniens bildete auch im Nahen Osten die Leitlinie, obwohl dort zur gleichen Zeit das Erdöl zentrale Bedeutung erlangte. Großbritannien gab sein ehemaliges Völkerbundmandat in Pa-

Naher Osten

lästina im Jahr 1947 auf, als es der dortigen Konflikte zwischen Arabern und Juden nicht mehr Herr werden konnte. Das unabhängige Jordanien hatte jedoch weiterhin einen protektoratähnlichen Status. Nachdem auch die UNO den Frieden in Palästina nicht sichern konnte, kam es zur eigenmächtigen Gründung des Staates Israel und zum Krieg mit seinen arabischen Nachbarn ab Mai 1948. In Ägypten gelangte der imperiale Rückzug an seine Grenzen. Die Verstaatlichung des Suezkanals bot in der zweiten Hälfte des Jahres 1956 den Anlass für die spätkoloniale militärische Intervention, die im Verbund mit Frankreich kläglich scheiterte und den radikalen arabischen Nationalismus Nassers stärkte (vgl. Kap. C).

Südostasien   In Südostasien hatte Japan Burma 1943 für unabhängig erklärt, und dem wieder eingesetzten britischen Gouverneur blieb nach einigen Auseinandersetzungen nichts anderes übrig, als im Januar 1948 die Unabhängigkeit der Republik Burma zu bestätigen. In Malaysia schwenkte die im Krieg von den Briten unterstützte antijapanische Widerstandsarmee nach dem Krieg zu einem antibritischen Kurs um. In den muslimischen Sultanaten Malaysias entstanden Guerillagruppen, die ab 1948 von Großbritannien blutig bekämpft wurden, doch 1957 erhielt auch Malaysia die Unabhängigkeit. Singapur erlangte 1959 Autonomie, nahm aber sodann als Stadtstaat und eigenständiges Handelszentrum – trotz eines kurzfristigen Zusammenschlusses mit Malaysia – einen eigenen Weg in die Unabhängigkeit.

Afrika   In Afrika hatte als Folge des Suezabenteuers 1957 die Goldküste (jetzt Ghana) als erstes Land (nach dem Sudan 1956) die Unabhängigkeit erhalten. Ihr nationaler Führer Kwame Nkrumah geriet im Streben nach marxistisch begründeter wirtschaftlicher Unabhängigkeit bald in Konflikt mit dem vormaligen Mutterland. Die meisten anderen schwarzafrikanischen Kolonien folgten um das Jahr 1960 in die Unabhängigkeit. Im größten und bevölkerungsreichsten Staat Nigeria waren die Grenzen aus der Kolonialzeit besonders willkürlich gezogen, so dass es hier aus ethnischen Gründen, aber auch wegen seiner Rohstoffe, in den sechziger Jahren zu blutigen Bürgerkriegen kam (Sezession Biafras).

Japan hatte bei schwindendem militärischen Erfolg 1944 Indonesien die künftige Unabhängigkeit zugestanden. Bei Kriegsende riefen die bisher mit den Japanern zusammenarbeitenden Kräfte um Achmed Sukarno die Unabhängigkeit

Niederlande   aus. Die zurückkehrende niederländische Kolonialmacht erkannte zwar Indonesiens Eigenstaatlichkeit an, suchte aber frühere Machtpositionen wiederzuerringen. Anfang 1946 löste niederländisches Militär die zeitweilig eingerückten Briten ab und unternahm 1947 eine blutige „Polizeiaktion" gegen den neuen Staat, der die niederländische Oberhoheit anerkennen musste. Eine zweite „Polizeiaktion" startete Ende 1948 und kostete die Niederlande etwa so viel Mittel, wie sie zur gleichen Zeit durch den Marshall-Plan an US-Hilfe erlangten. Unter US-amerikanischer Vermittlung begannen die Niederlande Verhandlungen, in denen die Souveränität Indonesiens im Rahmen einer Niederländisch-Indonesischen Union bestätigt wurde. Diese Union erlangte jedoch keine Bedeutung und wurde 1954 formal beendet.

In Belgisch Kongo hatten die USA (u. a. wegen des dortigen Uranerzabbaus, der für ihr Atomprogramm von zentraler Bedeutung war) bereits im Zweiten Weltkrieg Interessen entwickelt, die sie durch die wieder befestigte Kolonialherrschaft Belgiens wahrnehmen wollten. Der an Rohstoffen reichen Kolonie gewährte das korrupte belgische System ab Anfang 1960 überstürzt die Unabhängigkeit. Angesichts regionaler und ethnischer Konflikte trat die UNO mit einer Friedensmission in Erscheinung, konnte jedoch nicht verhindern, dass der nationale Führer Patrice Lumumba Ende des Jahres (wohl vom belgischen und US-amerikanischen Geheimdienst) ermordet wurde. Die Unabhängigkeit des neuen Staates Kongo/Zaire wurde von einem Bürgerkrieg begleitet, den UN-Truppen auch in den folgenden Jahren nicht schlichten konnten. Die fortdauernde teils direkt militärische, teils indirekt wirtschaftliche Einwirkung Belgiens, dann auch anderer staatlicher und nichtstaatlicher Interessen, ließ Zaire nicht zu einem stabilen Staat werden.

*Belgisch Kongo*

Während Frankreich, Belgien und die Niederlande bis 1960 ihren Kolonien staatliche Unabhängigkeit gewährten, stützte sich die britische Weltmacht weiterhin auf das überseeische Commonwealth. Dennoch nahm dessen Bedeutung gegenüber dem Weltmarkt rapide ab. Der Anteil britischer Importe aus dem Commonwealth schrumpfte in den sechziger Jahren von 34,6% auf 25,9%, die Exporte von 40,2% auf 24,4% sowie die britischen Auslandsinvestitionen in die Sterlingzone von 60 auf 38% [307: REYNOLDS, S. 222]. Der ökonomische Druck führte zur zumeist friedlich durchgeführten Aufgabe der weltweiten Stützpunkte und Kolonien (und damit zur Hinwendung nach Europa). Dazu gehörte auch 1961 der Ausschluss des Apartheid-Regimes der Südafrikanischen Union aus dem Commonwealth, das sich fortan als multiethnisch verstand. Das schwierigste Problem, Algerien vergleichbar, stellte Rhodesien dar: Es gab eine politisch einflussreiche Minorität von weißen Siedlern. Versuche einer Zentralafrikanischen Föderation von Nord- und Süd-Rhodesien sowie Nyassaland mit schwarzafrikanischer Mitbestimmung scheiterten. Während im Norden die schwarze Mehrheit die Regierung übernahm, erklärten die Weißen um Ian Smith 1965 einseitig die Unabhängigkeit ihres Apartheidregimes. Diese Regierung konnte sich in den siebziger Jahren kaum noch behaupten; der weiterhin amtierende britische Gouverneur setzte so den friedlichen Übergang durch allgemeine Wahlen aller Rassen durch. Ein international anerkannter Staat Zimbabwe mit Dominanz der schwarzen Mehrheit entstand 1980.

*Fortdauer des Commonwealth*

*Rhodesien*

Der britische Rückzug aus Afrika war mit dem Ziel verbunden, „East of Suez", also in Asien, die eigene Weltposition noch einmal zu stärken. Dieses Vorhaben fiel aber der finanziellen Überbeanspruchung des Mutterlandes zum Opfer: das Militärabkommen mit dem 1961 unabhängigen Kuwait wurde zu teuer. 1967 verkündete die Regierung den Rückzug wesentlicher Streitkräfte aus Malaysia und Singapur, der bis Mitte der siebziger Jahre vollständig vollzogen wurde. Großbritannien gab seine direkte Herrschaft in Aden und östlich davon – so auch im Persischen Golf – auf; die USA rückten z.T. in diese Machtpositio-

*Rückzug East of Suez*

nen. Als später Reflex der früher eingenommenen Weltmachtposition mutete der von Premierministerin Thatcher 1982 geführte transatlantische Invasionskrieg um die von Argentinien im Handstreich besetzten Falkland-Inseln/Malvinas an. Die letzte britische Kronkolonie Hongkong, 1897 für 100 Jahre gepachtet, wurde 1997 an die Volksrepublik China zurückgegeben.

*Spanien und Portugal*
Die letzten europäischen Kolonialmächte in Afrika waren Spanien und Portugal. Als diktatorisch regierte Staaten konnten sie sich dem allgemeinen Trend leichter entziehen. Spanien entließ nach dem Tod Francos 1975 mit Äquatorial-Guinea und der (West-)Sahara kleinere Gebiete in die Unabhängigkeit. Die vor der westafrikanischen Küste liegenden Kanarischen Inseln blieben eine spanische Provinz. Portugal begann nach dem Ende der Diktatur ab 1974 mit der Übertragung von Souveränität an die Kolonien. Das warf auch zu diesem Zeitpunkt noch Probleme auf, da Mozambique und Angola mit ihren weißen Siedlern auch in der europäischen Metropole Bedeutung erlangten. Während die Bewegung in Portugal zeitweilig mit sozialistischen Vorstellungen sympathisierte, entwickelten sich in den Kolonien auch marxistisch inspirierte Befreiungsbewegungen, die in bürgerkriegsähnlichen Zuständen u. a. durch kubanische und sowjetische Militärhilfe inklusive Truppenentsendung unterstützt wurden. Prowestliche Kräfte unter den Afrikanern wurden zurückgedrängt; die in der Regel konservativen etwa 800 000 weißen Siedler flohen aus den Kolonien ins Mutterland und schufen so neben sozialen Problemen auch ein politisches Gegengewicht in den portugiesischen Auseinandersetzungen. Viele westeuropäische

*Bilanz*
Staaten, voran Frankreich und Großbritannien, zogen aus ihrem überseeischen Besitz besonders in den ersten beiden Jahrzehnten nach 1945 einen beträchtlichen Teil ihres Selbstbewusstseins und wickelten einen gewichtigen Anteil des Handels mit ihren außereuropäischen Gebieten ab. Sie finanzierten aber zunehmend einen militärischen Apparat gegen Befreiungs- oder Unabhängigkeitsbestrebungen. Der mental schmerzliche und materiell verlustreiche Anpassungsprozess ging parallel zur westeuropäischen Einigung vonstatten, die mit der Dekolonisierung der Mitgliedstaaten neue Impulse für eine primär europäische Zukunft setzen konnten.

2. Entwicklungshilfe und Europäisierung

Die Kolonialmächte behielten nach der Unabhängigkeit ihrer Besitzungen bedeutenden Einfluss, wenn auch jetzt mit anderen Mitteln. Sofern die neuen Eliten europäisch ausgebildet waren, hatten sie das Bildungssystem der ehemaligen Kolonialmacht durchlaufen; viele Europäer blieben im Lande – neben einer geringeren Zahl an Siedlern vor allem Vertreter des Handels oder der Banken; darüber hinaus gab es im Commonwealth oder in der *Union* bzw. *Communauté Française* eine Fülle weiterer Bindungen, die zur gelegentlich fruchtbaren weiteren Aneignung von Entwicklungen im vormaligen Mutterland führten. Auch

nach der Unabhängigkeit setzte sich eine Politik fort, die unter dem Begriff
„Entwicklungshilfe" von dem Modell nachholender Modernisierung ausging.     Entwicklungshilfe
Diese Unterstützung wurde primär von den Einzelstaaten geleistet, wies aber
auch eine europäische Komponente auf. Bereits in den Römischen Verträgen von
1957 war ein Europäischer Entwicklungsfonds vorgesehen, der auf Drängen
Frankreichs die Unterstützung der eigenen Kolonien zum Teil europäisch finanzieren sollte. Durch den Unabhängigkeitsprozess bedingt, vereinbarte die EWG
1963 in dem Abkommen von Yaoundé (Kamerun) mit achtzehn neuen afrikani-     Abkommen von
schen Staaten deren Assoziierung. Während Frankreich ein künftiges Eurafrika     Yaoundé 1963
anstrebte, tendierten die Niederlande und die Bundesrepublik zu einem Engagement für die Entwicklungsländer im Rahmen des Welthandels, fanden sich aber
zu einem gemeinsamen Vorgehen mit Frankreich bereit. Yaoundé hatte u. a. eine
afrikanische Teilhabe an den europäischen Zollsenkungen zum Gegenstand, der
nicht auf Gegenseitigkeit beruhte. Hierdurch wurde der Import afrikanischer
Agrarprodukte nach EWG-Europa möglich. Im Assoziationsabkommen wurde
ferner die Einrichtung des gemeinsamen Entwicklungsfonds für die jetzt unabhängigen Staaten festgeschrieben. Hinzu kamen entsprechende Beratungsstrukturen, samt Parlamentariergremien und Schiedsgerichtshof. Yaoundé II 1969 bekräftigte diese Ziele und sah bei einigen für Afrika wichtigen Produkten eine
Senkung der europäischen Einfuhrzölle vor. Darin lagen Anfänge für gemeinsame EG-Außenbeziehungen.

Nach der ersten Erweiterung der EG um Großbritannien war eine neue Basis
erforderlich. Nachdem einige Staaten des Commonwealth schon in den sechziger Jahren Anschluss an die EWG gefunden hatten, wurde eine dauerhafte Lösung 1975 im ersten Abkommen von Lomé (Togo) gefunden. Partner der neun     Abkommen von
EG-Staaten waren nun die Afrika-, Karibik- und Pazifikstaaten (AKP), eine     Lomé 1975
weltweite Gruppe von zunächst 58 Entwicklungsländern, deren Zahl seither
ständig anwuchs. Lomé I bot den AKP-Staaten nicht nur eine Plattform zur Koordinierung ihrer Handelspolitik, sondern ermöglichte ihnen einen weitgehend
zollfreien Export in die EG – allerdings nicht für Agrar- und Textilerzeugnisse.
Ein Stabilisierungsfonds sollte dafür sorgen, dass bei Naturkatastrophen und
Verfall der Preise die Erlöse einiger Produkte auf dem Weltmarkt relativ konstant gehalten werden konnten. Später kamen einige Einzelabkommen mit anderen Staaten hinzu. Im Gefolge der Ölpreiskrise von 1973 wurden auch Ansätze
zu einer Mittelmeerpolitik der EG entwickelt. Lomé II von 1979 vermochte entgegen den Wünschen der AKP-Staaten die europäischen Finanzhilfen nicht wesentlich zu steigern. Das III. Lomé-Abkommen stärkte 1984 die Rolle des Europäischen Entwicklungsfonds, ohne an den sich verschärfenden Problemen der
Dritten Welt Wesentliches ändern zu können. Lomé IV, 1989 für zehn Jahre beschlossen, weitete die Entwicklung der europäisch-überseeischen Beziehungen
zu einem dauerhaften und vielgestaltigen Prozess aus.

## 3. Migration in und nach Europa

1955 fand in Bandung (Indonesien) eine Konferenz von blockfreien Staaten statt, durch die sich das Bewusstsein einer „Dritten Welt" ausbildete. Diese blieb jedoch auch nach der Unabhängigkeit neuer Staaten in einer anhaltenden Krise. Die allgemeinen Strukturen der Weltwirtschaft boten der „Dritten Welt" wenig Schutz, förderten bei nationaler Unabhängigkeit dennoch die fortdauernde wirtschaftliche Abhängigkeit. Die entsprechenden Institutionen und Verhandlungsrunden wie das Welthandelsabkommen GATT, aber auch die neuen Förderprogramme, die durch die Weltbank und den Internationalen Währungsfonds bestimmt wurden, hatten Schulden zur Folge, Finanzkontrollen und neue Förderprogramme. Die jungen Staaten sahen sich neuen Formen von Ungleichheit und Armut ausgesetzt. Sie wirkten sich u. a. in Wanderungen in die reicheren Weltregionen, auch nach Europa, aus. Neben dieser lassen sich weitere Formen von Wanderungen verzeichnen, welche unterschiedliche Wirksamkeit entfalteten.

*Elemente der Migration*

Vier Elemente lassen sich unterscheiden, die sich zum Teil in einzelnen Phasen konzentrierten, aber zu dauerhaften Strukturen wurden: Erstens setzten innerhalb Europas der Zweite Weltkrieg und dessen Folgen eine gewaltige Welle der Migration in Bewegung. Das geschah auch (2.) durch die Dekolonisierung der ersten Jahrzehnte nach 1945. Ihr folgte – zeitlich z.T. überlappend – eine 3. Phase der Arbeitsmigration in stärker modernisierte und industrialisierte Wirtschaftsregionen, in denen ein Mangel an Arbeitskräften herrschte. Schon in diesen Jahren, verstärkt aber seit den siebziger Jahren nahm (4.) die Flucht- und Auswanderung aus sozialen Notsituationen der Dritten Welt zu.

*Migration im Weltkrieg*

1. Der Zweite Weltkrieg setzte im Schatten der Kampfhandlungen, aber darüber hinaus als Teil neuer ethnischen Strukturen eine große Anzahl von Menschen in Bewegung. Dazu gehörten die Evakuierung und Flucht vor Kämpfen, vor allem aber die Deportationen in Vernichtungslager. Kriegsgefangenschaft und Zwangsarbeit vor allem im Deutschen Reich betrafen eine zweistellige Millionenzahl an Menschen. „Ethnische Flurbereinigung" wurde von der deutschen Führung begonnen, zielte aber im – in Anfängen umgesetzten – „Generalplan Ost" auf die Umsiedlung von 25 bis 40 Millionen „arischer" Menschen auf Kosten der bisher in Osteuropa ansässigen Bevölkerung, die vertrieben, versklavt oder dem Tod preisgegeben werden sollte.

*Vertreibung*

*Deutsche*

Die Kriegshandlungen, dann aber die geplanten Gebietsveränderungen nach dem Krieg führten zunächst zur spontanen Flucht, später zur gezielten Vertreibung oder auch zur geregelten Umsiedlung von Menschen. Von etwa 18 Millionen (Volks-)Deutschen aus Ostmitteleuropa wurden etwa 14 Millionen vertrieben. Betroffen waren vor allem Deutsche aus der Sowjetunion, aus den an Polen gelangten Gebieten und aus der Tschechoslowakei. Etwa 12,5 Millionen Menschen kamen in das Vierzonen-Deutschland und schufen dort Integrationsprobleme, die in den fünfziger Jahren langsam gelöst werden konnten. Nach dem Zweiten Weltkrieg verließen in einer deutschen Binnenwanderung aus der Sowjetischen Besatzungszone/DDR bis 1961 noch einmal 3,1 Millionen Menschen ihren Wohnsitz.

In die von Deutschen geräumten Gebiete gelangten annähernd fünf Millionen Polen, in deren abgetretenen ukrainischen und weißrussischen Gebieten zweieinhalb Millionen Menschen aus anderen Teilen der Sowjetunion Platz fanden. Ähnliche Wanderungen von etwa 1,8 Millionen Menschen fanden innerhalb der Tschechoslowakei statt. Aus Jugoslawien wurden neben Deutschen auch Italiener und Ungarn in sechsstelligen Zahlen vertrieben, was zu entsprechender Umsiedlung von jugoslawischen Bevölkerungsgruppen führte. Auf dem Gebiet des Deutschen Reiches befanden sich zu Kriegsende darüber hinaus, fast immer durch Zwangsmaßnahmen bedingt, etwa 11 Millionen Menschen, die – ohne Benennung der Ursache – als *Displaced Persons* (DPs) bezeichnet wurden. Der größte Teil von ihnen kehrte schnell in die jeweilige Heimat zurück. Aus Sorge vor Rache und Vergeltung im sowjetischen Machtbereich wegen angeblicher Zusammenarbeit mit den Deutschen, aber auch aus politischen Gründen verblieb jedoch fast eine Million von ihnen in Westeuropa. Bedeutend war die Auswanderung nach Übersee und vor allem nach Nordamerika und in Staaten des Commonwealth. Sie betraf sowohl ehemalige DPs als auch vor Zerstörungen und materieller Not fliehende Deutsche. Erst nach Gründung des Staates Israel im Mai 1948 konnten Juden, die den Völkermord überlebt hatten, dorthin auswandern – oft aus Osteuropa und der Sowjetunion, häufig mit einer Zwischenstation in Deutschland.

2. Aus den (ehemaligen) Kolonien gelangten nach Europa etwa sieben Millionen „eurokoloniale Zuwanderer" [423: BADE, S. 307], die zumeist ins Mutterland (zurück)kamen. Das geschah wie zuvor üblich aufgrund von kolonialen Dienstverhältnissen zu Europäern und im Zuge von Akkulturation. Hinzu kam Arbeitsmigration wegen besserer Lebensverhältnisse. Im Laufe der Dekolonisation waren dies oft „Mischlinge" aus Verbindungen von Europäern mit Nicht-Weißen (besonders im niederländischen Fall), dann aber vor allem Siedler, Händler und Verwaltungskräfte. Hinzu kamen ethnische und religiöse Minderheiten. Diese Einwanderung kam im niederländischen, belgischen und zuletzt im portugiesischen Fall aus allen Kolonien; bei Großbritannien waren es vor allem Indien, Malaysia und Kenia. In Frankreich spielte die nordafrikanische und hier besonders die algerische Rückwanderung die wichtigste Rolle. Auch Italien kannte diese Migration vor allem aus Libyen und Tunesien sowie aus Ostafrika.

Je gewaltsamer die Unabhängigkeit von Kolonien errungen wurde, desto heftiger war der dortige Druck auf Europäer zur Auswanderung. Das schuf schwierige Probleme für deren Reintegration, die in den kleineren Staaten wie den Niederlanden, Belgien und Portugal am gravierendsten waren. Im Gefolge der eurokolonialen Migration kamen häufig indigene „Kollaborateure", die Zwangssituationen befürchteten oder erlebt hatten. Die Folge waren nach anfänglicher Freizügigkeit seit den siebziger Jahren restriktive Einwanderungsregelungen und Einschränkungen der Einbürgerung.

3. Die Migration aus ehemaligen Kolonien überschnitt sich mit der Arbeitsmigration in Europa, die seit den fünfziger Jahren in größerem Maße in Gang kam. Sie resultierte aus den besseren Arbeits- und Verdienstmöglichkeiten in industriell fortgeschrittenen Ballungsgebieten vor allem Nord- und Mitteleuropas. Hierhin zogen agrarisch und vorindustriell geprägte Menschen vornehmlich aus besonders armen Gebieten Südeuropas. Eine ähnliche Süd-Nord-Bewegung war auch als Binnenwanderung vor allem in Italien zu beobachten. Sie war Teil einer allgemeinen europäischen Wanderungsbewegung, in der große Teile der Landbevölkerung in die industriellen Zentren zogen bzw. diese erst bildeten. Im Ostblock erlangte die Arbeitsmigration insgesamt keine bedeutende Rolle, da sie dort nach dem Rotationsprinzip der Rückkehr von Arbeitern organisiert wurde.

*Arbeitsmigration innerhalb Europas*

Im übrigen Europa folgten den Arbeitskräften bald Familienangehörige; aus den „Gastarbeitern" – so der deutsche Begriff seit den fünfziger Jahren – wurden dauerhafte Einwanderer. Sie verrichteten Tätigkeiten, die für einheimische Arbeiter finanziell nicht mehr attraktiv waren oder ungünstige Arbeitsbedingungen aufwiesen. Für sie wurden durch Eigeninitiative, aber in einigen Staaten auch mit öffentlichen Mitteln Infrastrukturen geschaffen. Hohe soziale Leistungen machten die skandinavischen Staaten, die Bundesrepublik, Frankreich, Belgien und die Niederlande attraktiv. Herkunftsländer waren vor allem Italien, Spanien, Portugal, Griechenland und Jugoslawien. Seit Ende der sechziger Jahre wurde die Türkei das wichtigste Auswanderungsland. Die Wanderungsbilanz in den Industriestaaten Mittel-, West- und Nordeuropas weist von 1945 bis Anfang der siebziger Jahre einen Überschuss von annähernd 15 Millionen Menschen auf [423: BADE, S. 314].

*Dauerhafte Einwanderung*

Seit dieser Zeit führten die meisten Aufnahmeländer, bedingt durch wirtschaftliche Rezession, Anwerbe- und Zuwanderungsstopps ein, die sich jedoch aus sozialen Gründen (Familien, zweite oder dritte Generation) und wegen des weiteren Bedarfs an Arbeitskräften kaum durchführen ließen. In einigen Staaten konnten Migranten leicht die Staatsbürgerschaft der Aufnahmeländer erhalten. Das traf vor allem für Schweden, die Niederlande und die Schweiz zu, während sich diese Frage in der Bundesrepublik durch das Geblütsrecht (*ius sanguinis*) schwieriger gestaltete. Die Freizügigkeit auf dem Arbeitsmarkt innerhalb der EG/EU erschwerte seit den achtziger Jahren eine nationale Migrationspolitik und glich die Standards aneinander an.

*Zuwanderungsstopp*

4. Das Recht auf Asyl gehörte in den meisten Staaten zu den Rechtsgrundsätzen, ließ sich aber immer weniger von Arbeits- und Wohlstandsmigration abgrenzen. Die Zahl der Asylbewerber im westlich geprägten Europa stieg von ca. 100 000 Menschen 1980 bis 690 000 1992 an [423: BADE, S. 363]. Die Gründe lagen z. B. in der Verhängung des Kriegsrechts in Polen oder in der türkischen Militärdiktatur. Seit der zweiten Hälfte der achtziger Jahre nahm eine Süd-Nord-Migration aus der Dritten Welt nach Europa zu. Sie wurde begleitet von einer Ost-West-Migration nach dem Ende des Ostblocks. Sowohl die Verletzung von Menschenrechten als auch das wachsende Wohlstandsgefälle führten

*Asyl- und Fluchtwanderungen*

bereits Ende der achtziger Jahre zu unterschiedlichen Anerkennungsquoten von (1988) 8,6 Prozent in der Bundesrepublik, 23 Prozent in Großbritannien und 35 Prozent in Frankreich – allerdings bei unterschiedlichen Herkunftsländern. Die neuen Migrationswellen wuchsen in den neunziger Jahren durch Bürgerkriege im ehemaligen Jugoslawien und durch die Folgen der Globalisierung an.

### 4. Nordamerika und die europäische Einigung

Die europäische Integration ist ohne Berücksichtigung der Rolle Nordamerikas nicht vorstellbar. Die USA (und Kanada, das im Folgenden nicht jeweils genannt wird) veranlassten, prägten und beschleunigten Entwicklungen in Westeuropa. Der Begriff Amerikanisierung trifft einen richtigen Kern, berücksichtigt aber nicht den beidseitigen Einfluss und gemeinsamen Weg, der besser als dialektische Wechselwirkung zu beschreiben ist. Verwestlichung ist hierfür das angemessene Stichwort, das seine Bedeutung auch in Osteuropa entfaltete und den Gegenpol zur mentalen Kategorie „Ostblock" bildete. *[Amerikanisierung]* *[Verwestlichung]*

Für die militärische und sicherheitspolitische Entwicklung waren die USA über weite Strecken hin von überragender Bedeutung. Sie stellten im Westen den Sieg über das Deutsche Reich und seine Verbündeten sicher, bildeten den Rückhalt für die bald militärisch aufgeladene Konfrontation mit der Sowjetunion und damit für die Blockbildung, zu der die (West-)Europäer allein nicht in der Lage gewesen wären. Das zeigte ihre Rolle bei der Gründung der NATO, zu der sie zwar von den Europäern aufgefordert wurden, die sie aber aus eigenen weltpolitischen Sicherheitserwägungen anstrebten. Die Stationierung von Hunderttausenden amerikanischer Soldaten während des ganzen Ost-West-Konflikts, vor allem in Westdeutschland, und die Sicherheitsgarantie für den Fall eines Angriffs des Ostblocks unterstrichen dies. Dennoch blieb ein traditioneller amerikanischer Isolationismus zwischenzeitlich immer wieder eine ernst zu nehmende Möglichkeit. So wichtig die Eigenleistungen einzelner europäischer Staaten auch waren: Sie stellten unter dem nuklearen „Schirm" nur begleitende Kräfte zur Verfügung. Gerade die Phasen, in denen das US-Militärengagement in Europa kritisch kommentiert wurde – so vor allem während des Vietnamkrieges –, wuchsen sich zu Krisen in den transatlantischen Beziehungen aus. *[Sicherheitspolitische Prägung]*

Wirtschaftlich lagen die Dinge ähnlich. US-Hilfsleistungen, zum Teil über die Vereinten Nationen abgewickelt, linderten die Nachkriegsnot und wurden mit dem Marshall-Plan systematisch fortgesetzt, um das nicht-kommunistische Europa zu stabilisieren. Begründet lag dies im amerikanischen Interesse an einem offenen Weltmarkt, für den Europa lange Zeit das wichtigste Gebiet bildete. Daher blieben die USA an allen Verträgen zur Integration Westeuropas seit dem Schuman-Plan 1950 aktiv fördernd beteiligt. Das galt auch für die Einbeziehung Großbritanniens, die von Washington aus wirtschaftlichen Erwägungen bis in die sechziger Jahre jeweils stärker unterstützt wurde als von London selbst. Da- *[Wirtschaftliche Hilfe]* neben pflegten die USA eine „special relationship" mit Großbritannien, die sich vorwiegend als militärische Kooperation in Rüstungsfragen und internationalen Krisen niederschlug. Transatlantische Konflikte über neue Handelshindernisse seit den sechziger Jahren („Kennedy-Runde" und Nachfolger) vermochten an der amerikanischen Unterstützung der wirtschaftlichen Integration Westeuropas nichts zu ändern, zumal diese keine protektionistischen Ziele verfolgte. Für die Wiedereinführung von Demokratie in Westeuropa waren die USA trotz allem Stolz auf die eigene freie Ordnung weniger wichtig als für deren Festigung. Das galt zumal für (West-)Deutschland und Italien, wo es verdeckte Traditionen gab, die sich im Widerstand gegenüber der NS-Herrschaft behauptet hatten und nach Kriegsende auf Umsetzung drängten. Es gab ferner einen innereuropäischen Demokratie-Export, der sich seit den sechziger Jahren in Spanien und Portugal niederschlug. Die transatlantische Gemeinschaft beruhte also auf gemeinsamen Überzeugungen vom Wert der Demokratie und einer freien Gesellschaftsordnung. Sie verstärkte sich unter den Bedingungen des Kalten Krieges durch das Gegenbild des Kommunismus und Totalitarismus, wobei die Einschätzungen über das Ausmaß der Bedrohungen beträchtliche Unterschiede aufwies. Die in Westeuropa gelebten Werte wirkten in Verbindung mit wachsendem materiellen Wohlstand auf Dauer als Sog auf den gesamten Ostblock. Die seit den späten vierziger Jahren von Politikern wie Kurt Schumacher und dann auch Konrad Adenauer vertretene „Magnet-Theorie", nach der westliche Stabilität und Prosperität die wichtigsten Mittel zur Unterwanderung der Strukturen im Ostblock darstellten, wirkte sich nicht nur langfristig in den späten achtziger Jahren aus, sondern stellte einen Grundakkord während der ganzen Zeit der Konfrontation dar.

Hinzu kam ein kultureller Austausch zwischen Nordamerika und Westeuropa, dessen Intensität neu war. Das lässt sich zunächst als Amerikanisierung beschreiben: die Übernahme von Freizeitkultur, Denkmustern und Verhaltensweisen. Die amerikanischen Soldaten (im Volksmund als „GIs" bezeichnet) brachten nach Europa einen „way of life" mit, der durch offizielle Propaganda verstärkt wurde. Dieser Einfluss wurde – in Anknüpfung an Tendenzen der zwanziger Jahre – in Westeuropa bereitwillig aufgenommen und eigenständig verarbeitet, vor allem in den befreiten und besetzten Ländern wie Westdeutschland, Italien und Österreich. Zur proklamierten Umerziehung trat die tägliche Lebenspraxis hinzu, die im vorpolitischen Bereich stärker wirkte als das Paradox einer „Erziehung zur Demokratie".

Die kulturelle Entwicklung Westeuropas wurde in der Freizeitkultur am stärksten amerikanisch geprägt. Hollywood-Produktionen avancierten in fast allen westeuropäischen Staaten zu den meistgespielten Filmen. Jazz und die aufkommende Popmusik wurden mit dem Wechsel der Generationen zum festen Bestandteil von Jugendkultur neben der herkömmlichen Schlager- und E-Musik, deren Konturen seit den siebziger Jahren in schnell wechselnden Trends verschmolzen. Es bildete sich – über die militärischen und wirtschaftlichen Zusammenschlüsse hinaus, wenn auch von diesen bestimmt – eine allgemein westliche Konsumgesellschaft mit ähnlichen Stilen und Verbrauchsmustern. Dieser Massenkonsum wurde den Europäern nicht von außen aufgezwungen, sondern stellte einen Wiederimport von Möglichkeiten dar, welche die Europäer durch die Zerstörungen der Weltkriege für längere Zeit entbehrt hatten. Hinzu kam seit den fünfziger Jahren eine wachsende Mobilität von Menschen, die im eigenen Land reisten oder auch in nie gekannter Weise eine zeitweilige Nord-Süd-Migration praktizierten. Dies bedeutete eine Fülle an Gemeinsamkeit und Angleichung, die wiederum Bestrebungen nationaler Abgrenzung und die Beibehaltung von oft traditionellen Gegenbildern im Konflikt der Generationen auslöste. „Verwestlichung" wurde zu einer Erscheinung, die von Italien bis Norwegen reichte, von Finnland bis nach Portugal und Spanien (hier verstärkt erst nach dem Übergang zur Demokratie). Nationale Wege und Identitäten blieben dennoch erhalten. Was in den vorangegangenen Jahrzehnte und besonders in Deutschland einen negativen Beigeschmack von Materialismus, „Vermassung" und „Entgeistigung" besessen hatte, wurde nach dem Zweiten Weltkrieg in Westeuropa nach und nach als positiv akzeptiert. Individuelle Freiheit ließ sich in einer Konsumgesellschaft verwirklichen, die materielle Not für die überwiegende Zahl der Bevölkerung verringerte oder aufhob. Die Verwestlichung fand politisch ihre Grenzen im Ostblock; jedoch ließ sich die Abschottung dort nur unvollkommen und zunehmend schwieriger durchsetzen. Nachahmungen und Anpassung, Sehnsüchte und Vorbilder kennzeichneten hier einen gleichsam subversiven Einfluss. Konsum und Kultur des Westens erhielten durch ihre offizielle Ausgrenzung potenzielle Sprengkraft. Je mehr sie dann doch zugelassen wurden, desto weniger wurden weiter bestehende Grenzen akzeptiert. Es gab im Ostblock ein nicht nur staatlich gefördertes Bewusstsein von einer besseren oder einer eigentlichen Kultur, die über den Generationswechsel auch eine „Veröstlichung" der Mentalitäten bedeutete. Sie war jedoch sehr viel schwächer ausgeprägt und verlor im Laufe der Öffnung seit den achtziger Jahren ihre Anziehungskraft, nicht aber ihren längerfristige Prägewirkung.

*Massenkonsum*

*Vorbild auch im Osten*

*Ostprägungen*

# G. MÖGLICHKEITEN UND GRENZEN NEUER SICHERHEITSSTRUKTUREN IN EUROPA 1962–1979

Die beiden Krisen um Berlin und Kuba hatten durch ihre Eskalation die Ängste vor einem allgemeinen Krieg aktualisiert. Damit setzte sich die Erkenntnis durch, dass ein solcher Krieg angesichts des Atomwaffenpotenzials auf beiden Seiten nicht zu gewinnen sei. Die internationale Politik beruhigte sich nach Überwindung der Drohung mit atomarer Zerstörung; Frieden wurde zur anerkannten Maxime, die wiederum instrumentalisiert werden konnte. Auch begrenzte Konflikte bargen weiterhin das Risiko der Eskalation in sich. In dieser Situation rückten Fragen von Sicherheit, Entspannung und Abrüstung in den Vordergrund. Eine erste wichtige Vereinbarung wurde mit dem Atomteststopp-Vertrag vom 5. August 1963 zwischen den USA, Großbritannien und der Sowjetunion erzielt. Damit wurden Tests in der Luft und unter Wasser verboten, die – anders als unterirdische Versuche aus der Distanz überprüfbar – nicht das Problem einer Überwachung vor Ort mit potenzieller Spionage aufwarfen. Chruščev gab die Forderung auf, ein solches Abkommen müsse zugleich mit einem Nichtangriffspakt zwischen den beiden großen Militärbündnissen geschlossen werden. Neben der Verringerung radioaktiver Verseuchung, die gerade von Protestbewegungen als drängendes Problem benannt worden war, ging es auch um den Beitritt weiterer Staaten. Während sich die Atommächte Frankreich und China weigerten, unterzeichneten die meisten anderen Staaten. Besonders wichtig war die Unterschrift der Bundesrepublik, die nach einigem Zögern geleistet wurde – nicht zuletzt weil die DDR durch Hinterlegung ihrer Beitrittserklärung in Moskau diplomatisch aufgewertet wurde. Auch im weiteren spielte die nukleare Begrenzung der Bundesrepublik eine zentrale Rolle in der deutschen Frage. Trotz anders lautender öffentlicher Bekundungen trat nun für die übrigen westlichen Staaten intern an die Stelle der Wiedervereinigung das Ziel der weiteren militärischen Einbindung der erstarkten Bundesrepublik in den Vordergrund. Eben dieses Problem hatte für die Sowjetunion bereits seit längerem Vorrang.

Mit dem US-Plan einer *Multilateral Force* (MLF), einer NATO-Atomstreitmacht zur See, sollte den Europäern die Sorge genommen werden, die USA würden ihren Schutz für den Kontinent verringern. Besonders stark waren in der Bundesrepublik Befürchtungen, dass die USA durch den Übergang zur Strategie der „flexible response", einer Verteidigung zunächst mit konventionellen Mitteln (vgl. Kap. D), bei einer Eskalation nicht ihr volle atomare Streitmacht einsetzen würden. Eine eigene westdeutsche Verfügung über Atomwaffen hätte diese Gefahr gemildert, jedoch stand ein solcher Ehrgeiz nicht auf der Agenda der Politik, sondern stellte eher eine Sorge und Propagandaformel für den Ostblock dar. Deswegen wurde auch die Nichtverbreitung von Atomwaffen ein wichtiges Thema internationaler Verhandlungen. Ab 1964 beriet hierüber in

Genf eine 18-Mächte-Abrüstungskonferenz der Vereinten Nationen. Als die MLF von der Johnson-Administration 1964/65 fallengelassen wurde, war der Weg frei für einen ersten Vertragsentwurf über die Nichtverbreitung von Atomwaffen (NPT). Während die Frage der Atomwaffen-Weitergabe innerhalb des Ostblocks angesichts des sowjetischen Monopols nicht zur Debatte stand (allerdings besaß auch die Volksrepublik China ab 1964 Atombomben), gab es in der NATO Kritik an der Entstehung einer internationalen Zweiklassengesellschaft mit unterschiedlicher Bewaffnung. Neben Frankreich befürchtete vor allem die Bundesrepublik eine Knebelung ihrer internationalen Position. Solche Konflikte innerhalb der atlantischen Allianz waren ein Ziel des sowjetischen Vorschlags zu einem NPT. Die USA und Großbritannien sahen jedoch auch genuine Vorteile in einem solchen Vertrag, der den weltweiten Gefahren einer nuklearen Verbreitung Einhalt gebieten sollte. Am 1. Juli 1968 unterzeichneten daher die drei ersten Nuklearmächte den NPT. Die anderen Nuklearmächte folgten nicht, wohl aber die meisten anderen Staaten. Erst nach dem Regierungswechsel zu Brandt trat auch die Bundesrepublik im November 1969 bei, als wichtige Vorleistung für eine neue Ostpolitik.

*Abrüstungskonferenz der UNO*

*„Atomwaffensperrvertrag"*

Der exklusive Dialog der Supermächte ermunterte de Gaulle in seiner unabhängigen Politik nicht nur gegenüber den USA, sondern auch gegenüber Osteuropa, bei der er sich als Führer Westeuropas ansah. Unmittelbar nach dem französischen Rückzug aus der NATO propagierte er bei einem Besuch in der Sowjetunion 1966 eine neue, national begründete europäische Sicherheitsstruktur, welche unabhängig von den bisherigen Blöcken und unabhängig von den USA – also ein „Europa vom Atlantik zum Ural" – sein sollte. Eine herausgehobene französische Rolle wollte die Sowjetunion jedoch nicht zugestehen, wie auch de Gaulles Appelle an nationale Eigenständigkeit in Polen und Rumänien wirkungslos blieben. Die polnische Regierung, die ab 1964 als Sprecher des Ostblocks für eine europäische Sicherheitskonferenz warb, hatte ähnlich wie de Gaulle keinen Erfolg, versuchte sie doch gleichzeitig, eine zu weiche Linie Chruščevs gegenüber der Bundesrepublik und in der Nuklearfrage zu torpedieren. Damit trug sie zum Sturz des Parteisekretärs bei und ließ Brežnev und Kosygin zunächst zur alten Linie mit dem Feindbild Bundesrepublik zurückkehren. Der Verkehr auf den Verbindungswegen zwischen der Bundesrepublik und West-Berlin wurde auch mit militärischen Mitteln behindert, die deutsch-deutsche Grenze weiter ausgebaut.

*Ostpolitik de Gaulles*

Dennoch kamen die Positionen der Blöcke in Bewegung. Während konservative Kräfte wie Franz Josef Strauß in der Bundesrepublik bereits den Begriff Entspannung als Konzession an sowjetischen Expansionsdrang ansahen, formulierten andere die Maxime der Annäherung – am deutlichsten 1963 Egon Bahr, ein Berater des Regierenden Bürgermeisters von Berlin, Willy Brandt. Auch die NATO suchte den Dialog mit dem Osten. Der nach ihrem Generalsekretär benannte Harmel-Report bereicherte im Dezember 1967 den Pakt um eine neue, nicht nur militärische Ausrichtung. Danach galt: „Militärische Sicherheit und

*Harmel-Report*

eine Politik der Entspannung stellen keinen Widerspruch, sondern eine gegenseitige Ergänzung dar" [34: GASTEYGER, S. 245]. Die Rede war von einer gerechten und dauerhaften Ordnung in Europa nebst Überwindung der deutschen Teilung. Die NATO setzte Verhandlungen mit dem Osten auf ihr Programm und bot dem Warschauer Pakt im „Signal von Reykjavik" im Juni 1968 Verhandlungen über Truppenreduzierungen an. Sie blieben jedoch angesichts von Differenzen im westlichen Bündnis und angesichts des sowjetischen Einmarschs in Prag ohne Ergebnis.

*Neue Angebote des Ostblocks*

Auch der Warschauer Pakt machte neue Angebote, als er am 6. Juli 1966 eine Erklärung zur europäischen Sicherheit formulierte, in der von gutnachbarlichen Beziehungen und atomarer Rüstungsbegrenzung die Rede war. Die USA und ihre bundesrepublikanischen „Handlanger", die sich angeblich gegen solche Möglichkeiten stemmten, wurden jedoch weiter angegriffen. Ein Treffen von weltweit 75 kommunistischen Parteien in Karlsbad im folgenden Jahr endete ähnlich. Bald nach der Niederschlagung des Prager Frühlings (vgl. Kap. E), am 17. März 1969, appellierte der Warschauer Pakt von Budapest aus, eine gesamteuropäische Sicherheitskonferenz einzuberufen, und legte kurz danach einen Vertragsentwurf vor. Dass es sechs Jahre bis zu deren Abschluss dauerte, hatte vor allem mit der deutschen Frage und den bilateralen Beziehungen der Supermächte während des Vietnamkrieges zu tun.

*Gesamteuropäische Sicherheitskonferenz*

*Vietnamkrieg*

Der südostasiatische Krieg wurde in den sechziger Jahren zum weltpolitisch bestimmenden Konflikt, der aber nicht völlig auf Europa durchschlug. Nach Anfängen unter Kennedy geriet die Johnson-Administration in Südostasien zwischen 1964 und 1969 zunehmend – im übertragenen und wörtlichen Sinn – tiefer in den Sumpf: Im Bestreben, ein korruptes Regime in Südvietnam, das kommunistisch bedroht schien, zu stabilisieren und zu einem freiheitlichen Staat zu entwickeln, provozierten die Amerikaner letztlich einen Guerillakrieg mit dem kommunistischen Norden, dem sie nach Truppenverstärkungen beim Luft- und Seekrieg gegen Nordvietnam Anfang der siebziger Jahre sogar durch Angriffe auf die Nachbarstaaten Laos und Kambodscha begegneten. Trotz eines Waffenstillstandsabkommens vom Januar 1973, durch US-Sicherheitsberater Henry Kissinger und den Nordvietnamesen Le Duc Tho ausgehandelt, setzten die Nordvietnamesen den Kampf bis zur Besetzung Saigons und Vereinigung beider Teile des Landes fort; die letzten Amerikaner wurden Ende April 1975 schmachvoll evakuiert. Das Ziel der USA war es gewesen, selbst durch weitere Eskalation die südvietnamesische Regierung zu stabilisieren und demokratisieren und somit die Voraussetzung für den eigenen Abzug zu schaffen – erreicht hatten sie das Gegenteil. Die Sowjetunion und der Ostblock unterstützten den „nationalen Befreiungskampf" in Vietnam zwar propagandistisch, setzten sich aber militärisch nur bedingt ein, wohl auch, um ein Gegengewicht zur kommunistischen Konkurrenz der Volksrepublik China zu schaffen, die Nordvietnam massiv zur Hilfe kam.

*Rückwirkungen auf Europa*

Der Vietnamkrieg berührte Europa in mehrfacher Hinsicht. Zunächst bildete er die Grundlage für eine innergesellschaftliche Polarisierung. Das galt für die

USA selbst, aber auch für Europa. Der erstmals in optischen Medien (Fernsehen) fast zeitgleich präsentierte „schmutzige Krieg" stellte die positive Rolle und die Moral der amerikanischen Wohltäter infrage. Protestbewegungen formierten sich, reicherten sich mit einer Fülle je nationaler Forderungen nach gesellschaftlichen Reformen oder für revolutionären Kampf an und setzten die westeuropäischen Regierungen unter Druck. Die NATO hatte zwar keine direkten Beistandspflichten, sah sich aber dem Verlangen der US-Administrationen unter Johnson und Nixon ausgesetzt, den „Kampf für die Freiheit" ideell, später auch materiell zu unterstützen. Gern wurde die Analogie gebraucht, die Freiheit Berlins werde auch in Saigon verteidigt. Der US-Kongress drängte in einer Finanzkrise u. a. wegen der Beanspruchung in Vietnam zum Teilrückzug amerikanischer Truppen aus Europa. Das suchte die Bundesrepublik durch direkte Zahlungen an die USA, aber auch durch zivile Aufbauhilfe zur Stabilisierung in Vietnam sowie durch die Entsendung eines Lazarettschiffes zu verhindern. Die außereuropäischen Konflikte der Supermächte nahmen zu, als Israel in einem „Sechstagekrieg" im Juni 1967 Ägypten und Syrien besiegte und der sowjetische Ministerpräsident Kosygin als Protektor der arabischen Welt den USA als Schutzmacht Israels verbal mit einem Atomkrieg drohte. Schließlich beendete jedoch ein unmittelbarer Dialog der Supermächte diese Konfrontation.

Vietnam schlug auf den Entspannungswillen der Supermächte zwar durch, jedoch zunächst nicht voll. Bereits 1967 hatten Kosygin und Johnson im amerikanischen Glassboro einen fast zur Einigung führenden Plan zur Rüstungsbegrenzung bei Langstreckenraketen erörtert, konnten aber angesichts der ostasiatischen Krise nicht zum Abschluss kommen. Stattdessen weiteten die beiden Mächte ihr strategisches Arsenal in diesem Jahrzehnt unter hohen Kosten quantitativ und qualitativ beträchtlich aus. Sie begannen mit der Entwicklung von Raketen mit mehreren Sprengköpfen (MIRV), ließen unterirdische Silos gegen Angriffe „härten" und prüften technische Pläne zu einer Raketenabwehr (ABM) – auch angesichts chinesischer Nuklearwaffen. Die Sowjetunion übertraf 1972 die USA im Raketenwettrüsten in der Zahl der Interkontinentalraketen (ICBM) mit 1547 zu 1054.

Atomare Aufrüstung

Einen Neuansatz in den USA brachte 1969 die Administration unter Richard Nixon und seinem Sicherheitsberater (später Außenminister) Henry Kissinger. Sie konnten die Beziehungen zu China normalisieren, als Nixon der Volksrepublik 1972 einen spektakulären Staatsbesuch abstattete. Im Gefolge schwächte sich die revolutionärer Rhetorik Mao Zedongs gegenüber Kapitalismus und Imperialismus ab. Das hatte Wirkungen auf Vietnam, setzte aber auch die Sowjetunion in dem neu entstehenden weltpolitischen Dreieck unter Druck. So führten *Strategic Arms Limitation Talks* (SALT) tatsächlich am 26. Mai 1972 zu einem Moskauer Vertrag zwischen den USA und der Sowjetunion. Beide verzichteten mit SALT I dauerhaft auf allgemeine Raketenabwehrsysteme und signalisierten Vertrauen angesichts der wechselseitigen Möglichkeit zur Zerstörung. Diese von Militärs beider Seiten seit etwa einem Jahrzehnt erkannte Konstellation („Mutu-

SALT I

ally Assured Destruction" – MAD) wurde jetzt zur Basis der Weltpolitik. Für fünf Jahre froren beide Mächte darüber hinaus die Zahl (nicht aber die Modernisierung) der ICBMs ein. Richard Nixon und Leonid Brežnev unterzeichneten ferner eine Grundsatzerklärung, die in ihrer Rhetorik des Friedens, geplanter weiterer Rüstungsbegrenzung und sonstiger friedlicher Kooperation einen Wendepunkt gegenüber der vorangegangenen Konfrontation nach dem Zweiten Weltkrieg darstellte.

*Moskauer Erklärung*

Die Kooperation der beiden Supermächte bildete den Rahmen für den zweiten westeuropäischen Ausgleichsversuch, der – nach dem französischen von 1966 – von der Bundesrepublik ausging. Schon die Regierung Erhard (1963–1966) hatte erste Anläufe unternommen, neben dem wirtschaftlichen Austausch mit Osteuropa auch die politischen Beziehungen zu verbessern. Dabei wurde jedoch die DDR ausgeklammert, so dass auch das Angebot von Gewaltverzichtserklärungen (6. März 1966) ohne Resonanz blieb. Die nachfolgende Große Koalition von CDU/CSU und SPD unter Kurt Georg Kiesinger und Willy Brandt nahm 1967 mit Rumänien erstmals diplomatische Beziehungen zu einem Ostblockland auf, bot der DDR aber nur die Verbesserung menschlicher Kontakte an. Ulbricht formulierte daraufhin eine umgekehrte Hallstein-Doktrin: Die Ostblockstaaten sollten erst nach Anerkennung der DDR durch die Bundesrepublik Beziehungen zu dieser aufnehmen. Seit 1968 setzte sich in beiden Staaten die Auffassung durch, eine europäische Sicherheitsstruktur müsse auch der Rahmen für die deutsche Frage sein. Aus den Bundestagswahlen im Herbst 1969 ging erstmals eine sozialdemokratisch geführte Regierung unter Bundeskanzler Brandt mit Walther Scheel (FDP) als Außenminister hervor.

*Gewaltverzichtserklärungen*

Schon zuvor hatte der Warschauer Pakt im Budapester Appell vom März 1969 die Feindpropaganda gegen die Bundesrepublik eingestellt. Nunmehr sprach Brandt in seiner Regierungserklärung am 28. Oktober von zwei Staaten in Deutschland (die aber füreinander nicht Ausland seien) und brach mit dieser Aufwertung der DDR ein Tabu. Verhandlungen kamen noch im gleichen Jahr in Gang. Sie wurden von Staatssekretär Egon Bahr in Moskau mit Außenminister Andrej Gromyko geführt und fixierten im „Bahr-Papier" vom Juni 1970 – ursprünglich nur ein Protokoll des Verhandlungsstandes, das durch Indiskretionen veröffentlicht wurde – den Rahmen für alle nachfolgenden Ostverträge. Im Kern ging es einerseits um einen Gewaltverzicht, wie er in der Charta der Vereinten Nationen enthalten war, jetzt aber zwischen diesen Partnern bekräftigt wurde. Sodann wurde die Unverletzlichkeit der Grenzen in Europa, besonders der innerdeutschen und der Oder-Neiße-Grenze zu Polen, vereinbart. Was die Sowjetunion als Unveränderlichkeit interpretierte, sollte aber für die Regierung Brandt die Möglichkeit zur friedlichen Grenzänderung bei einer Wiedervereinigung einschließen. Darüber hinaus wurde nicht nur das Ziel eines europäischen Friedens und guter Nachbarschaft benannt, sondern der künftige Vertrag zwischen der Bundesrepublik und der Sowjetunion wurde als Teil eines größeren Projektes verstanden, zu dem noch – im Einzelnen angedeutete – Verträge des

*Verhandlungen Bundesrepublik – Sowjetunion*

*Ostverträge*

*Sowjetunion*

westdeutschen Staates mit der DDR, Polen und der ČSSR gehören sollten. Die Bundesrepublik galt somit als wichtigster westeuropäischer Verhandlungspartner der Sowjetunion, deren Vorherrschaft über die sozialistischen Staaten zugleich implizit anerkannt wurde.

Der Moskauer Vertrag wurde am 12. August 1970 von Scheel unterzeichnet, der das westdeutsche Ziel einer Wiedervereinigung nur in einem Brief an die sowjetische Regierung offiziell benennen konnte. Mit Polen liefen die ersten Verhandlungen parallel, so dass der Warschauer Vertrag am 7. Dezember 1970 abgeschlossen wurde. Nach diesen Grundpfeilern der Ostverträge dauerte der Abschluss weiterer Verträge bis Ende 1973: ein Viermächteabkommen über den Status Berlins und der Grundlagenvertrag zwischen der Bundesrepublik und der DDR am 21. Dezember 1972 und schließlich der Prager Vertrag mit der ČSSR am 11. Dezember 1973. Die Abstimmung mit den jeweiligen Bündnispartnern war schwierig und ließ die Sowjetunion nachhaltigen Druck auf die DDR ausüben. Der Osten wie der Westen und zumal die Bundesrepublik gingen bis an die Grenzen des jeweils innenpolitisch Durchsetzbaren. Die Differenzen über subtile Statusprobleme ließen sich nur in komplizierten und rechtlich mehrdeutigen Formulierungen miteinander vereinbaren; die Berlin-Verhandlungen führten wegen der von Moskau nicht akzeptieren weiteren Verantwortung der ehemaligen Siegermächte in dieser Deutung nur zu „vierseitigen" Abmachungen. Ihr Gegenstand waren in sowjetischer Sicht allein die – nur verkehrstechnisch gemeinten – Verbindungen, während die Westmächte über die – auch politisch gemeinten – Bindungen diskutierten. Die Bundesrepublik nahm unterhalb der Schwelle einer vollen völkerrechtlichen Anerkennung diplomatische Beziehungen zur DDR auf, die durch Ständige Vertretungen (anstelle von Botschaften) wahrgenommen wurden. Die ČSSR und die Bundesrepublik vertraten in ihrem Vertrag weiter unterschiedliche Deutungen des Münchener Abkommens von 1938, in dem das Deutsche Reich der Tschechoslowakei unter Kriegsdrohung die Abtretung der Sudetengebiete aufgezwungen hatte. Die Bundesregierung entging bei Vorlage der ersten Verträge im Bundestag im April 1971 nur knapp ihrem Sturz, während sich die Opposition von ihr durchgesetzter Nachbesserungen rühmte. In der DDR wurde Ulbricht am 3. Mai 1971 unter Moskauer Mitwirkung auch wegen der schleppenden Vertragsverhandlungen durch Erich Honecker als Erster Sekretär der SED ersetzt.

Die Ostverträge stellten eine relative Normalisierung der mitteleuropäischen Verhältnisse auf der Basis des Status quo dar. Die DDR wurde international auch im Westen anerkannt, die beiden deutschen Staaten traten der UNO bei. West-Berlin wurde ein Jahrzehnt nach der Berlin-Krise de facto als zum Westen gehörendes Gebiet samt rechtlicher Regelung der Verkehrsverbindungen akzeptiert. Die Bundesrepublik konnte offiziell politische Beziehungen zu allen Ostblockstaaten aufnehmen und ihre gewachsene wirtschaftliche Stärke im Osthandel besser einbringen. Gerade die wirtschaftliche Schwäche der Sowjetunion war zentral für die Bereitschaft zur Normalisierung ihrer Beziehungen zur Bundesrepublik: Ein Feindbild wurde endgültig aufgegeben, das immer ein Zerrbild des westdeutschen Staates gewesen war, aber doch historisch begründete Ängste spiegelte. Für die Bundesrepublik bedeutete Ostpolitik eine Generation nach dem Zweiten Weltkrieg auch einen Beitrag zur Geschichtspolitik in Anerkennung der NS-Verbrechen. Willy Brandt kniete am Denkmal der Opfer des Warschauer Gettoaufstandes nieder. Dieses Symbol für deutsche Demut angesichts vergangener Verbrechen ergänzte die Normalisierung.

Wie der Harmel-Report und die sowjetisch-amerikanischen Verhandlungen signalisieren, lagen die Ostverträge im weltpolitischen Trend der Entspannung. Sie befreiten die Bundesrepublik aus ihrem „Sonderkonflikt" [955: LÖWENTHAL] und aus der Rolle des Bremsers. Sie profilierte sich nun auch im westlichen Bündnis eigenständig und erhob gerade in Fragen der Ostverträge den Anspruch, ihre westlichen Partner nur noch zu informieren. Während Verhandlungen als solche im westlichen Bündnis begrüßt worden waren, rief etwa das konkrete Vorgehen Bahrs zumal in den USA Misstrauen hervor, wo man wegen der Form, mehr aber noch wegen möglicher weiter reichender Ziele besorgt war. Kissinger war der Meinung, wenn es schon Entspannung gebe, dann müsse sie zwischen den USA und der Sowjetunion stattfinden, und selbst die USA wandele auf einem schmalen Grat: Bei zu ungestümer Ausgleichspolitik würden sich die Europäer umgangen fühlen und zu weit gehende Abschlüsse mit der östlichen Vormacht suchen; bei zu viel weiterer Konfrontation würden sie zu vermitteln suchen und dabei aus amerikanischer Sicht der Sowjetunion zu große Konzessionen machen.

*Differenzen Bahr – Kissinger*

Bahr hatte, z.T. im Einvernehmen mit dem sowjetischen Unterhändler Valentin Falin, eine langfristige Strategie entworfen, in der die Ostverträge nur die erste Stufe für eine weitergehende neue Sicherheitsstruktur Europas bildeten. Entwickelt aus seiner Formel „Wandel durch Annäherung" vom Jahr 1963, ging es um weitere Rüstungsbegrenzung, vertiefte Kooperation und die Auflösung der Militärpakte. Dies hätte die Basis für eine deutsche Wiedervereinigung gebildet. Gerade das sah nicht nur die US-Politik skeptisch, sondern auch Brandts Nachfolger Helmut Schmidt (Bundeskanzler 1974–1982). Für ihn bestand – ähnlich wie für Kissinger – die Gefahr, dass ganz Deutschland, aber auch Westeuropa von der Sowjetunion abhängig werden könnte.

*Grenzen des Ost-West-Ausgleichs*

Die Entspannung setzte sich in zwei Verhandlungssträngen fort: Die Rüstungsgespräche wurden in Wien abgehalten, die Zusammenarbeit in Helsinki koordiniert. Nach jahrelangen Vorbereitungen trafen sich Anfang 1973 sieben NATO-Länder und vier des Warschauer Paktes (darunter die beiden deutschen Staaten) zur Debatte über eine *Mutual Balanced Force Reduction* (MBFR). Über die von den beiden Führungsmächten geführten Nuklearverhandlungen hinaus ging es um die konventionellen Streitkräfte. Vor allem die Bundesrepublik wollte den drohenden Abzug von US-amerikanischen Streitkräften aus Europa durch eine östliche Gegenleistung kompensiert wissen. Die Warschauer-Pakt-Staaten hatten zwar ein Interesse an der Verdrängung der USA aus Europa, aber vor

*„Mutual Balanced Force Reduction"*

allem daran, die Bundesrepublik durch Sonderbeziehungen möglichst im westlichen Bündnis zu isolieren. Die Verhandlungen fuhren sich an der Frage einer asymmetrischen Verringerung von Streitkräften fest: Da der Warschauer Pakt und vornehmlich die Sowjetunion über eine starke Überlegenheit an Soldaten und Ausrüstung verfügte, mussten in westlicher Sicht aus Gründen der „Ausgewogenheit" mehr östliche Soldaten demobilisiert werden, zumal aus Europa abgezogene US-Truppen wesentlich schwieriger wieder zurückkehren konnten als sowjetische Streitkräfte selbst aus ihren nicht-europäischen Gebieten. Die Differenzen über reale Rüstungsstärken beider Seiten ließen sich nicht lösen, und trotz mehrerer hundert Sitzungen wurden die MBFR-Verhandlungen bis 1989 ergebnislos fortgeführt. Der Grund hierfür lag in der massiven konventionellen Aufrüstung der Sowjetunion.

Während dem Westen insgesamt eher an Rüstungsminderung lag, verlegte sich die Sowjetunion stärker auf die „weichen" Themen der Sicherheit. Hierfür begannen nach einem ersten Vorschlag aus dem Jahr 1969 auf (von Moskau unterstützter) Initiative der finnischen Regierung im November 1972 Verhandlungen. Sie endeten am 1. August 1975 in Helsinki mit der Unterzeichnung einer Deklaration durch die Konferenz für Sicherheit und Zusammenarbeit in Europa (KSZE). Die Beteiligung der USA und Kanadas und damit die atlantische Verankerung des westlichen Bündnisses wurde auch vom Ostblock akzeptiert. An der Konferenz nahmen alle selbstständigen Staaten Europas (mit Ausnahme Albaniens) teil. Die vorausgegangenen Verhandlungen ließen sich vereinfachen, indem die Warschauer-Pakt- wie die NATO-Staaten zunächst intern Positionen ausarbeiteten. Eine dritte Gruppe sonst sehr unterschiedlicher Staaten, die jedoch alle gegenüber den Militärbündnissen neutral waren, suchte ihrerseits mit gemeinsam erarbeiteten Positionen zu vermitteln.

<sub>Konferenz zur Sicherheit und Zusammenarbeit</sub>

Das komplexe Abkommen bündelte die Sachaussagen in vier Körben, die in sich nicht konsequent gegliedert waren. Die gesellschaftlichen und politischen Gegensätze waren in dieser Schlussakte nicht aufgehoben, wohl aber wurden übergreifende Interessen und Werte formuliert. In den militärischen Bereich reichten „vertrauensbildende Maßnahmen" wie Ankündigung von und Beobachtung bei Manövern. Zentral für den Osten war neben der Anerkennung der Gleichheit aller Staaten die Unverletzlichkeit der Grenzen (aber – wie bei den Ostverträgen – nicht ihre Unveränderbarkeit) und die territoriale Integrität. Hinzu kamen friedliche Streitbeilegung, Gewaltverzicht und Nichteinmischung in innere Angelegenheiten. Diese herkömmlichen Grundsätze in den Staatenbeziehungen dienten vordergründig und in sowjetischer Deutung der Festschreibung einer seit 30 Jahren bestehenden europäische Ordnung. Allerdings war dies in Formulierungen gekleidet, die im westlichen Sinne friedlichen Wandel zuließen. Das war gerade für die deutsche Frage von Bedeutung: Das Recht auf freie Selbstbestimmung der Völker wurde zugesichert. Erst 1972 war eine Kodifizierung auch von individuellen Menschenrechten und Grundfreiheiten, insbesondere die freie Meinungsäußerung, auf die Tagesordnung gekommen. Diese stand

Unverletzlichkeit der Grenzen

Menschenrechte und Grundfreiheiten

bereits in der UNO-Charta, war jedoch gerade im Ostblock in der Praxis nicht durchgesetzt. Hinzu kam das Recht auf Freizügigkeit und Informationsaustausch. Schließlich gab es ein Bündel an Absichtserklärungen über künftige wirtschaftliche, kulturelle und wissenschaftliche Kooperation. Die in Korb vier, einem Nachsatz, bekundete Absicht, „den multilateralen Prozess fortzusetzen", wies in die Zukunft. Der feierliche Unterzeichnungsakt durch 35 Staats- und Regierungschefs unterstrich den grundlegenden Charakter des Dokuments. Die sowjetische Grundidee aus dem Jahre 1954, die Grenzen Europas durch eine Sicherheitskonferenz festzuschreiben, hatte umfassende Ergänzungen und zusätzlich andere Bedeutungen erhalten.

Herrschaftssicherung und Freiheitsrechte gingen in der KSZE-Schlussakte eine Mischung ein, deren Wirkung sich aufgrund ihrer nationalen Veröffentlichung auch innerhalb der einzelnen Staaten erweisen musste. So entfalteten gerade die menschenrechtlichen Vereinbarungen eine subversive Wirkung im Ostblock: Sie boten eine Berufungsmöglichkeit auf neues, auch in den einzelnen Staaten einklagbares Recht. Erste Bürgerrechtsgruppen bildeten sich 1976 in Moskau, dann auch in anderen Sowjetrepubliken. Diese „Helsinki-Gruppen" schufen Ansätze für eine pluralistische Öffentlichkeit und sahen sich daher staatlichen Repressionen ausgesetzt. Ähnliches gilt für andere, zumeist zunächst schwache Bürgerbewegungen wie die Charta 77 in der ČSSR und Solidarność in Polen, bei der allerdings soziale Fragen von Beginn an eine Rolle spielten, ebenso wie für kleinere Gruppen von Intellektuellen in anderen Staaten. Auch im Westen sowie in neutralen Staaten entstanden „Helsinki Watch Committees" oder ähnliche Vereinigungen. 1982 bildeten in Bellagio/Italien 18 nichtstaatliche Helsinki-Gruppen eine Dachorganisation.

Diese Wirkungen wurden durch die Folgekonferenzen in Belgrad 1977/78, Madrid 1980–1983 und Wien 1986–1989 verstärkt. In fast fünfmonatigen Verhandlungen ging es in Belgrad erstmals um eine „Überprüfung" der Durchsetzung von KSZE-Prinzipien; Westen und Osten sparten nicht mit wechselseitigen Vorwürfen über Verstöße gegen die Menschenrechte. Das Madrider Treffen fiel in eine Zeit erhöhter Spannungen und wurde mehrfach unterbrochen. Die Vielzahl der Vereinbarungen von 1975 führte zu einer großen Zahl unterschiedlicher Teiltreffen und Foren. Neben den Diplomaten knüpften auch Wissenschaftler im KSZE-Rahmen ein vielmaschiges Netz der Kommunikation. Ohne grundlegende neue Vereinbarungen fanden blockübergreifende und -überwindende Expertentreffen u. a. über Mittelmeerfragen, vertrauensbildende Maßnahmen, friedliche Streitschlichtung, Menschenrechte und Umweltfragen statt. Seit Ende der siebziger Jahre kann man von einem KSZE-Prozess sprechen. Der Ost-West-Gegensatz spielte hier nicht mehr die entscheidende Rolle. Transnationale Beziehungen betrafen zwar nicht den Kern staatlicher Macht, boten aber Kontakte über staatliches Handeln hinaus im gesellschaftlichen Bereich. Die Charta von Paris für ein neues Europa vom 21. November 1990 gab dieser Entwicklung Ausdruck. Im Anschluss daran errichtete die KSZE ein eigenes Sekretariat in

Prag und nennt sich seit 1994 Organisation für Sicherheit und Zusammenarbeit in Europa (OSZE).

Die Ost-West-Beziehungen verbesserten sich in traditionellen Sektoren auch nach Helsinki nur wenig. Insgesamt führten sie sogar zu einer dritten Phase des Kalten Krieges. Nur auf den ersten Blick positiv entwickelten sich die sowjetisch-amerikanischen Verhandlungen über die strategische Rüstung (SALT II). Das erste Abkommen von 1972 war vorerst für fünf Jahre geschlossen worden, und ein Gipfeltreffen zwischen Brežnev und US-Präsident Gerald Ford im November 1974 in Wladiwostok brachte fast einen weiteren Durchbruch: Beide Seiten einigten sich für das kommende Jahrzehnt auf eine Obergrenze von 2400 strategischen Trägerwaffen, von denen nur 1320 Mehrfachsprengköpfe (MIRV) enthalten durften. Doch scheiterte die Festschreibung numerischer Parität der beiden Führungsmächte an der US-Innenpolitik. SALT I wurde zunächst verlängert, und erst im Juni 1979 unterzeichneten der schon kranke Brežnev und Präsident James Carter in Wien einen SALT II-Vertrag im Rahmen der Vereinbarungen von Wladiwostok. Zusätzlich sollten bis Anfang 1981 die Interkontinentalraketen auf 2250 Systeme reduziert werden. Auch diese Abmachung scheiterte vorerst und dann dauerhaft im US-Kongress. Dennoch hielten sich beide Seiten an die Abmachungen von Wien; eine weitere von Carter anvisierte prozentuale Verringerung war chancenlos. Die Rüstungsbegrenzung wurde durch SALT II nur bedingt gefördert, da beide Seiten keine Waffensysteme abbauen mussten und nur auf eine noch weitergehende Rüstung verzichteten.

In der Zwischenzeit hatte sich das Verhältnis zwischen den USA und der Sowjetunion verschlechtert. Zunächst einmal betraf dies die Rüstung. Neuentwicklungen wie Modernisierung von Atomsprengköpfen und Trägersystemen ließen die quantitative Parität in unterschiedlichem Licht erscheinen. Neben landgestützten Interkontinentalraketen entwickelten die USA und die Sowjetunion seegestützte Systeme auf U-Booten. Insbesondere die Sowjetunion baute ihre U-Boot-Flotte in hohem Tempo aus. Selbst wenn Mitte der siebziger Jahre ein US-Flugzeugträger mehr Munition trug als die gesamte sowjetische Überwasserflotte, irritierte der neue Anspruch Moskaus nunmehr auch zur See. Die USA entwickelten ferner Marschflugkörper, während die Sowjetunion einen neuartigen Bombertyp fertiggestellt hatte. Dazu stand beiderseits die Modernisierung von Jahrzehnte alten Raketen an, die bei qualitativen Verbesserungen im bisherigen Gleichgewichtssystem nicht unterzubringen waren. Sowjetmarschall Nikolaj Ogarkow vertrat ferner eine Militärdoktrin, die mit der Fähigkeit zum Erstschlag operierte. In diesem Rahmen ließ sich auch der sowjetische Ausbau von konventionellen Truppen vom Westen als Zeichen für offensive politische Absichten deuten.

Angesichts der veränderten Wahrnehmung sowjetischer Absichten wurde in den USA das Ziel Rüstungsbegrenzung insgesamt fragwürdig. Das hing auch mit der Verlagerung der weltpolitischen Auseinandersetzung auf die Dritte Welt zusammen. Die Sowjetunion engagierte sich weiter ideologisch für Befreiungsbewegungen und unterstützte diese und neue Staaten wirtschaftlich und besonders mit militärischem Gerät aller Art. Hinzu kam, im Ausmaß neu, ein direktes militärisches Eingreifen, etwa in Angola. Schon vor dessen Unabhängigkeit 1975 unterstützte die Sowjetunion dort Befreiungsbewegungen; danach sorgte sie für den Transport, Ausrüstung und Unterhalt von kubanischen Freiwilligentruppen mit mehreren zehntausend Mann. Zur gleichen Zeit etablierte sich in Äthiopien anstelle des gestürzten Kaisertums Haile Selassies ein revolutionär-marxistisches Regime, das im Krieg mit dem Nachbarstaat Somalia von kubanischen Truppen und etwa 1500 sowjetischen Militärberatern unterstützt wurde. Auch in anderen afrikanischen Staaten kamen Regierungen an die Macht, die im Westen als Parteigänger Moskaus galten. Vielfach ersetzten diese nur korrupte oder oligarchische westlich orientierte Regierungen und suchten mit einer marxistischen Ausrichtung an Unterstützung des Ostblocks zu gelangen. In längerer Perspektive entwickelte sich die „Dritte Welt" beim Kampf um Rohstoffe zum Feld des herkömmlichen Ost-West-Konfliktes. Nunmehr suchte Moskau in westlicher Deutung auch den Nord-Süd-Konflikt gegen den Westen zu nutzen.

*Konkurrenz Sowjetunion–Volksrepublik China*

Neben die Ost-West-Konkurrenz im „Süden" trat die weltpolitische Konkurrenz der Sowjetunion gegenüber der Volksrepublik China in Erscheinung, da diese sich als Teil der „Blockfreien" mit radikalerer Rhetorik, aber geringem materiellen Aufwand in der Dritten Welt engagierte. Das unterstrich der chinesisch-vietnamesische Grenzkrieg 1979 trotz eines zwischen der Sowjetunion und Vietnam im Vorjahr geschlossenen Freundschaftsvertrages und der konkurrierende Einfluss Moskaus und Pekings auf das kommunistische Regime Pol Pots in Kambodscha 1976/77. Die neuen sowjetischen Aktivitäten bildeten somit auch eine Reaktion auf deren Auseinandersetzung mit der Volksrepublik China und der eigenen Rolle in der Dritten Welt. Carter nutzte das innerkommunistische Zerwürfnis 1978 zur offiziellen Aufnahme von Beziehungen zur Volksrepublik China und zum Abbruch der Beziehungen zu Taiwan, das den chinesischen Sitz im Sicherheitsrat der UNO an Peking verlor.

*Menschenrechtspolitik Carters*

Für Carter besaßen trotz dieses machtpolitischen Vorgehens, das vorwiegend von seinen Beratern Zbigniew Brzezinski und Cyrus Vance vertreten wurde, Menschenrechtsfragen einen zentralen Stellenwert. Die KSZE-Prinzipien stellten für ihn offensiv einzufordernde Leistungen angesichts kommunistischer Unterdrückung dar, was pragmatische Konzessionen in Verhandlungen erschwerte. Die Sowjetunion suchte ihrerseits im eigenen Machtbereich ideologisch disziplinierend zu wirken, so dass sich die herkömmlichen ost-westlichen Konflikte kleinerer Art in den Jahren zwischen 1976 und 1980 zu neuer ideologischer Konfrontation ausweiteten.

*Sowjetische Invasion in Afghanistan*

Deren Höhepunkt bildete die sowjetische Invasion in Afghanistan im Dezember 1979. Nach dem Sturz der Monarchie 1973 hatten sich dort ethnische Rivalitäten aufgeladen und im Hinblick auf die benachbarten Rivalen China und Sowjetunion auch kommunistisch definiert. Ferner erkannte man in Moskau Gefahren eines dort ansässigen radikalen Islams auch für den Zusammenhalt der

Sowjetunion in Mittelasien. Der Einmarsch stürzte Moskau in einen langen Guerillakrieg, der erst gegen Ende der achtziger Jahre – ähnlich wie zuvor der amerikanische Vietnamkrieg – erfolglos abgebrochen wurde. Im Westen und zumal in den USA wurde das sowjetische Vorgehen als Teil einer Expansion zum Indischen Ozean und zu den Ölquellen des Nahen Ostens gedeutet. Das galt umso mehr, als die bislang vom Westen unterstützte diktatorische, aber modernisierende Monarchie von Schah Reza Pahlevi im Iran 1979 durch eine Islamische Republik unter Ajatollah Chomeni ersetzt wurde. Die USA verhängten ein Getreideembargo gegenüber der Sowjetunion und boykottierten die 1980 erstmals in Moskau ausgetragenen Olympischen Spiele. Nur wenige westeuropäische Staaten, voran die Bundesrepublik Deutschland, schlossen sich dem Boykott an.

Bereits die Entspannungspolitik der frühen siebziger Jahre verlieh dem Ost-West-Handel neue Bedeutung. Eine von den USA in der Frühphase des Ost-West-Konflikts begonnene Liste von Rüstungsgütern, die nicht in den Ostblock geliefert werden durften (Cocom-Liste), wurde grundsätzlich infrage gestellt. Chruščevs ehrgeiziges Ziel, dass die Sowjetunion die USA in der Wirtschaftsleistung um 1970 übertreffen werde, blieb schon zu seiner Zeit Chimäre. Die Produktion seines Landes wie die des gesamten Ostblocks wuchs zwar etwa ebenso wie die Westeuropas – aber die Abstände blieben die gleichen. Gerade angesichts verbesserter Kommunikation und Freizügigkeit gewann das Ziel, durch wirtschaftliche Zufriedenheit auch politische Integration zu schaffen, im Osten zunehmend an Bedeutung. Die EG wurde nun als Verhandlungspartner akzeptiert, diplomatische Beziehungen zur Kommission in Brüssel wurden aufgenommen. Insgesamt entwickelte sich die Tendenz, durch Westhandel den Wohlstand der eigenen Bevölkerung zu fördern. Dem Austausch mit den USA waren enge Grenzen gesetzt. Schon vor Carter band der US-Kongress den bestehenden Handelsvertrag mit der Sowjetunion an Ausreisegenehmigungen für Juden aus der Sowjetunion. Diese Anfang der siebziger Jahre praktizierte Verbindung wurde veröffentlicht und führte 1974 zur Kündigung und Nichterneuerung des auf Meistbegünstigung beruhenden Handelsvertrages.

Das Muster der westeuropäischen Kooperation mit dem Ostblock bestand darin, dass je etwa ein Viertel des Volumens durch westliche Lizenzen erwirtschaftet wurde, wobei Rückzahlungen mit Produkten aus diesen Lizenzen geleistet wurden. Ein weiteres Viertel machte die Lieferung kompletter Anlagen aus, für die ebenfalls durch Produkte aus diesen Betrieben gezahlt wurde. Ein drittes Viertel bestand aus der Koproduktion von Teilen für industrielle Fertigung. So lieferte etwa die Bundesrepublik Stahlröhren für Pipelines an die Sowjetunion, welche mit dem Erdgas bezahlt wurden, das durch die fertiggestellten Pipelines transportiert wurde. Westliche Sicherheitsbedenken gegen solche Vorleistungen auf dem strategisch wichtigen Energiesektor schlugen in den siebziger Jahren nicht mehr durch. Eine Schlüsselrolle im Osthandel erlangte die Bundesrepublik. Besonders die Regierung Schmidt suchte aus deutschlandpolitischen

*Ost-West-Handel*

*Sonderrolle Bundesrepublik Deutschland*

Motiven die wirtschaftliche Verklammerung. Während Brežnev bilaterale Sonderbeziehungen anbot, die dem Umfang nach, aber auch politisch unrealistisch waren, stieg dennoch der Austausch beträchtlich. Die Bundesrepublik wurde zum wichtigsten westlichen Handelspartner der Sowjetunion. Im Jahr 1978 wurde ein deutsch-sowjetisches Handelsabkommen mit 25-jähriger Laufzeit geschlossen; real wuchs das Volumen des Handels zwischen beiden Staaten von 1969 bis 1979 auf das Sechsfache.

*Verschuldung des Ostblocks*

Insgesamt nahm der Westhandel des Ostblocks auf Kreditbasis zu, zumal in Polen und der DDR. Während die DDR 1971 nur 1,1 Mrd. Dollar Schulden hatte, waren es 1980 bereits 14,1 Mrd. Für Polen betrugen die Werte für die Vergleichsjahre 1,1 Mrd. Dollar zu 25 Mrd. Dollar [248: LEWIS, S. 217]. In den achtziger Jahren setzte sich dieser Trend fort und schuf trotz günstiger Konditionen neue Formen der Abhängigkeit. Der Handel wurde neben dem KSZE-Prozess zum Motor kultureller Begegnung und des Austauschs europäischer Gemeinsamkeiten. Eine solche Strategie setzte der Westen gezielt ein. Im Falle Polens waren an die umfänglichen Kredite der Bundesrepublik Vereinbarungen über die Ausreise von Deutschen gebunden, die in sechsstelliger Zahl das Land verließen. Gegenüber der DDR übernahm die Bundesrepublik den Ausbau von Teilen der Infrastruktur, insbesondere der Verkehrsverbindungen zwischen der Bundesrepublik und der DDR. In diesem Falle waren die Schwierigkeiten besonders groß, da Honecker gerade wegen der potenziellen Sprengwirkung in der deutschen Frage die ideologische Abgrenzung vorantrieb: eine neue DDR-Verfassung strich 1974 alle Bezüge auf Gesamtdeutschland. Der Generalsekretär der SED formulierte 1980 mit den „Geraer Forderungen" den Anspruch auf Anerkennung der DDR, die mit dem Grundgesetz der Bundesrepublik unvereinbar war. Im gleichen Jahr wurde der Mindestumtausch an Devisen für Reisende in die DDR so stark erhöht, dass die Besucherzahl um die Hälfte zurückging. 1981 entwarf Honecker gar offensiv die Vision eines von der DDR ausgehenden sozialistischen Gesamtdeutschlands. „Aggression auf Filzlatschen" oder „goldener Angelhaken" (Kwizinskij) lauteten Parolen, welche die Gefährdung durch neue ökonomische Abhängigkeiten versinnbildlichten. Es gab weiterhin einerseits die wirtschaftliche Kooperation, um den materiellen Bedürfnissen der Bevölkerung besser zu entsprechen; auch ein freierer Informationszugang setzte sich unter den nicht kontrollierbaren Bedingungen elektronischer Kommunikation fort. Andererseits bestand nach wie vor die Forderung nach ideologischer Geschlossenheit beim Aufbau des Sozialismus. Diese Widersprüche spitzten sich Ende der 1970er Jahre zu und ließen sich seither immer schwieriger überbrücken.

# H. DER LETZTE KALTE KRIEG UND DIE AUFLÖSUNG DES „OSTBLOCKS" 1979–1990

Im nordatlantischen Raum entwickelten sich wirtschaftliches Wachstum und Wohlstand – nicht zuletzt durch neue Technologien bedingt – dynamisch weiter, obwohl zwischen den USA und der erweiterten EG die Irritationen zunahmen. Im Ostblock stagnierte die Entwicklung jedoch, teilweise gab es Rückschritte. Zwei unabhängig voneinander entstandene Fragen brachten eine neue Konfrontation, die in beiden Lagern zeitweilig Befürchtungen eines Krieges entstehen ließ: die Aufstellung neuer Mittelstreckenraketen und die Herrschaftskrise in Polen.

Die polnische Krise erreichte ihren Höhepunkt im Dezember 1981 mit der Ausrufung des Kriegsrechtes, hatte aber eine längere Vorgeschichte. In dem stärker als jedes andere Land im Ostblock religiös geprägten Staat (über 90% Katholiken) war die katholische Kirche nach 1956 eine vorerst tragfähige Symbiose mit dem kommunistischen Regime eingegangen, bildete aber latent eine Alternative für nationale Integration. 1978 wurde der Krakauer Kardinal Karol Wojtyla als erster Pole und seit dem 16. Jahrhundert als erster Nicht-Italiener als Papst Johannes Paul II. zum Oberhaupt aller katholischen Christen gewählt. Sein erster Besuch als Papst in seiner Heimat ließ Millionen Katholiken im ganzen Land zusammenströmen und verlieh einem unabhängigen Nationalbewusstsein neuen Auftrieb. In Polen gab es seit den Zeiten der staatlichen Teilung (1795–1918) und erneuert durch die deutsche Besatzung während des Zweiten Weltkrieges eine Tradition zur Opposition gegen jede staatliche Autorität.

Wladislaw Gomulka wurde 1970 nach Arbeiterdemonstrationen gegen Preiserhöhungen für die bisher hoch subventionierten Grundnahrungsmittel gestürzt. Sein Nachfolger Edward Gierek suchte stärkere Kooperation mit der Kirche. Ein bedeutendes wirtschaftliches Wachstum wurde zum größten Teil durch Kredite finanziert. 1976 war der polnische Staat als erstes sozialistisches Land gegenüber seinen westlichen Gläubigern zahlungsunfähig. Es gab Massendemonstrationen, Arbeiter wurden verhaftet, woraufhin sich das Solidaritätskomitee von Intellektuellen KOR bildete. Die wirtschaftliche Unzufriedenheit blieb erhalten. Sie kristallisierte sich um die Werftarbeiter in Danzig/Gdansk mit ihrem Führer Lech Wałesa. Eine unabhängige Gewerkschaftsbewegung breitete sich im Sommer 1980 im ganzen Land aus und organisierte mit 10 Millionen Menschen einen Großteil der Arbeiterschaft. Die Arbeiterpartei PVAP um Gierek ließ sich auf Verhandlungen ein, konzedierte eine bessere Lebensmittelversorgung und die Fünf-Tage-Woche. Ein „neuer Solidarkontrakt" zwischen Wałesa und Regierungsvertretern wurde am 31. August 1980 gleichberechtigt unterzeichnet. Bereits unter Giereks Nachfolger wurde am 17. September 1980 formal eine freie Gewerkschaft „Solidarność" gegründet.

Die Vereinbarungen machten zwar eine im Ostblock bisher unbekannte Mobilisierung möglich, lösten jedoch die wirtschaftlichen Probleme in der Anarchie

*Krise in Polen*

*Rolle der katholischen Kirche*

*Hohe Verschuldung*

*Solidarność*

nahekommenden Zuständen nicht. Bereits Ende 1980 wurde ein militärisches Eingreifen des Warschauer Paktes vorbereitet. Gerüchte über eine ähnliche Intervention wie in Afghanistan überschlugen sich, jedoch war der Moskauer Führung ein solches Vorgehen zu riskant. Die PVAP wie die Solidarność verloren im folgenden Jahr immer mehr an Gestaltungskraft in der Gesellschaft. Erneut verdichteten sich Gerüchte über einen sowjetischen militärischen Einmarsch im Rahmen des Warschauer Paktes.

Kriegsrecht in Polen

In dieser Situation verhängte der neue Ministerpräsident General Wojciech Jaruzelski am 13. Dezember 1981 das Kriegsrecht, um – wie verkündet wurde – eine Militärintervention von außen zu vermeiden. Tatsächlich hatte er intern für einen Einmarsch plädiert. Aber u. a. US-amerikanische Warnungen ließen es günstiger erscheinen, den Polen die Wiederherstellung der Ordnung selbst zu überlassen. So konnte Jaruzelski die drastische Einschränkung von Freiheit als nationale Rettungstat darstellen. Tausende Anhänger der Solidarność wurden verhaftet, einige Menschen kamen ums Leben. Die Militärdiktatur brach zwar zunächst die Macht von Solidarność, die in einzelne Gruppen und Ende der achtziger Jahre auch in unterschiedliche Parteien zerfiel. Die politische und vor allem die soziale Situation war aber nur oberflächlich stabilisiert.

Relative Stabilisierung

Anders als bei den Krisen in der DDR 1953, Ungarn 1956 und der ČSSR 1968, aber wie in Polen 1956 blieben die sowjetischen Truppen in den Kasernen. Dennoch wirkte die innerpolnische Repression in den kommenden Jahren einschüchternd auf oppositionelle Kräfte in anderen Staaten des sich lockernden Ostblocks. Zwar verhängte die US-Administration unter Ronald Reagan Sanktionen auf den Verkauf von technischen Produkten in den Ostblock; aber die europäischen Staaten suchten trotz aller Verurteilung den Kontakt zur Militärdiktatur zu halten. Es blieb fraglich, ob die Brežnev-Doktrin von der begrenzten Souveränität sozialistischer Staaten künftig wieder belebt werden konnte. In der wirtschaftlichen Not Polens setzte überwiegend private Hilfe aus dem Westen und zumal aus der Bundesrepublik ein, während die DDR aus Sorge vor einem Übergreifen der auch für sie potenziell gefährlichen Unruhen den im Jahrzehnt zuvor abgeschafften Visumzwang für Polen wieder einführte. 1988 stand die polnische Regierung angesichts des allgemein zunehmenden Freiheitsstrebens im sich auflösenden Ostblock erneut vor Massenstreiks und einer Fundamentalopposition.

Modernisierung von Mittelstreckenraketen

Wenn auch die Supermächte mit SALT II einen Rahmen für die strategische Rüstungsbegrenzung setzten, so entstand unterhalb dieser Ebene der tiefgreifendste internationale und innergesellschaftliche Konflikt über atomare Rüstungen seit 1945. Ausgangspunkt war die Modernisierung von Mittelstreckenraketen, die in der zweiten Hälfte der siebziger Jahre von der Sowjetunion durchgeführt wurde. Die neuen SS-20 reichten mit 5000 km nicht nur wesentlich weiter als ihre Vorgänger, sie konnten auch Mehrfachsprengköpfe tragen und Ziele genauer treffen. Im Herbst 1977 zählte man im Westen bereits 400 dieser neuen Mittelstreckenraketen. In London schlug Bundeskanzler Helmut Schmidt im

Oktober 1977 Alarm und setzte Diskussionen über Reaktionen der NATO durch. Die sowjetischen SS–20 wurden im Westen als Absicht zum Erwerb der „Erstschlagsfähigkeit" gedeutet. Damit konnte das westliche Bündnis politisch künftig erpresst werden, das in dieser Kategorie im „Raketenschach" [967: TALBOTT] nichts Gleichartiges entgegenzusetzen hatte. Freilich gab es im nuklearen Bereich andere Modernisierungsmaßnahmen des Westens, wo seegestützte Poseidon-Raketen und Kampfbomber mit Atomwaffen gerade verbessert wurden. Nach anderen Berechnungsgrundlagen erhielt die Sowjetunion im komplizierten technischen Waffenmix erst mit diesen Raketen annähernd Gleichberechtigung. Daher trafen sich Anfang 1979 auf Guadeloupe die Regierungschefs der drei atlantischen Nuklearmächte – also auch Frankreichs, das nicht in der NATO mitarbeitete – und der Bundesrepublik und verabredeten anschließend im NATO-Rat am 12. Dezember 1979 Gegenmaßnahmen.

Im NATO-Doppelbeschluss wurde eine europäische Stationierung von neuen Mittelstreckenraketen eines verbesserten Typ Pershing II (Reichweite 1800 km, Einzelsprengköpfe) beschlossen, wenn nicht in den nächsten vier Jahren eine international vereinbarte Rüstungsbegrenzung bei Mittelstreckenraketen zustande komme. 108 Pershing II und 464 Marschflugkörper umfasste die Zielplanung und damit weniger als die Zahl der Sprengköpfe bei den SS-20. Wie im Harmel-Report von 1967 vereinbart, bekannte sich die NATO auch hier gleichermaßen zu Sicherheit und Entspannung. Bereits im Vorfeld des NATO-Doppelbeschlusses zur „Nachrüstung", wie er bezeichnet wurde, hatte sich ein doppelter Protest erhoben. Zum einen verkündete Breznev in einer Rede in Ost-Berlin am 6. Oktober 1979 zwar eine partielle sowjetische Abrüstung und Verhandlungsbereitschaft in anderen Bereichen, drohte aber auch mit weiterer Rüstung und speziell der Bundesrepublik mit einem „Gegenschlag". Inwieweit die Sowjetunion ihre Vorhaben im gesamtstrategischen Rahmen als nachholende Modernisierung oder als Möglichkeit sah, einen militärisch-politischen Vorteil zu erlangen, ist derzeit offen.

Die andere Quelle des Protestes entstand in den westlichen Gesellschaften und hier zumal aus der Bundesrepublik. Schon in den Jahren zuvor hatte sich eine neue Friedensbewegung formiert, welche die Gefahren atomarer Rüstung beschwor und sie von vornherein ablehnte. Bereits 1977 war in den USA eine „Neutronenbombe" projektiert worden, welche durch starke Strahlung Menschen töten, aber sonst keine Zerstörungen anrichten sollte. Es erhob sich öffentlicher Protest gegen eine solche „Perversion menschlichen Denkens" (Egon Bahr). Obwohl sich Kanzler Schmidt für das neue Projekt aussprach, wurde der Plan von Carter 1978 einseitig fallengelassen. Auch danach fragte eine wachsende Friedensbewegung nach militärischen Optionen oder gar kriegerischen Absichten des Westens. Sollten westliche Mittelstreckenraketen einer neuen Fähigkeit zum nuklearen Erstschlag nur aus Europa dienen und damit in Washingtoner Sicht allein diesen Kontinent der Zerstörung preisgeben? Verstärkt wurde die Skepsis über die USA seit 1981 durch den neuen Präsidenten

NATO-Doppelbeschluss

Neue Friedensbewegung

**Neuansatz der Reagan-Administration**

Ronald Reagan, als öffentlich verkündet wurde, man betreibe eine moralisch bessere Politik gegenüber dem Kommunismus, dem „Reich des Bösen" (Reagan 1983). Die gezielte Konfrontation richtete sich auf eine Befreiung Osteuropas von sowjetischer Macht und bediente sich dabei auch wieder Mitteln der Aufklärung und Subversion wie zu Zeiten der *Roll-Back*-Politik der fünfziger Jahre. Untermauert wurde diese Politik durch die wirtschaftliche und soziale Überlegenheit und damit Attraktivität der westlichen Systeme, für welche nun offensive Siegeschancen erkannt wurden. Die Nachrüstung bildete darin nur einen spektakulären Schauplatz. Offensiv wurde darüber hinaus das Konzept vertreten, der Westen müsse in der Dritten Welt einen Freiheitskampf gegenüber dem Kommunismus führen. Damit wurde die entsprechende sowjetische Strategie der Befreiung kolonialer Völker vom Imperialismus nun mit überlegenen Mitteln gegen ihre Urheber gekehrt.

**„Strategic Defense Initiative"**

Unterstützt wurde dies durch ein Verteidigungsprogramm für die USA. Im März 1983 wurde eine *Strategic Defense Initiative* (SDI) verkündet, welche auf Nordamerika anfliegende Raketen im Weltraum durch präzise arbeitende Boden-Luft-Raketen abschießen sollte. Reagan betonte, es sei moralisch gerechtfertigt, sein Land gegen Angriffe durch Atomwaffen zu schützen. SDI verletzte jedoch die grundlegende ABM-Vereinbarung aus dem Jahr 1972, durch wechselseitige Verwundbarkeit den Frieden zu garantieren. SDI, von Kritikern – nach einer Wendung Reagans – als „Star Wars" bezeichnet, blieb in den folgenden Jahren politische Absicht und verbrauchte trotz fraglicher technologischer Verwirklichung beträchtliche Mittel. SDI konnte ferner den Europäern angesichts der kurzen Vorwarnzeiten für anfliegende Raketen nicht ebenso wie den USA Schutz bieten. Darin lag eine zentrale Kritik bei der europäischen Nachrüstungsdebatte, aber auch in inneramerikanischen Diskussionen.

**Waldspaziergang**

Sowjetisch-amerikanische Raketenverhandlungen im Sinne des Doppelbeschlusses begannen im Herbst 1981 in Genf. Während die USA einen Verzicht beider Seiten auf Mittelstreckenraketen vorschlugen, sah die Sowjetunion erstmals durch ihre SS–20 Parität erreicht. Gerade im Hinblick auf die weitere Bindung Westeuropas und zumal der Bundesrepublik an die USA erzielte US-Unterhändler Paul Nitze mit seinem sowjetischen Partner Julij Kvizinskij bei einem „Waldspaziergang" im Juli 1982 einen vertretbaren Kompromiss, der jedoch von Washington wie Moskau nicht übernommen wurde.

**Demonstrationen der Friedensbewegung**

In der Zwischenzeit war es Bundeskanzler Schmidt gelungen, einige europäische Staaten zur möglichen Stationierung neuer Raketen zu bewegen – neben der Bundesrepublik auch Großbritannien, Italien, die Niederlande –, um einer Vereinzelung Westdeutschlands auch in der öffentlichen Debatte vorzubeugen. Gegen eine Nachrüstung traten Teile der SPD ein, in denen pazifistische Überlegungen, das Ziel einer Überwindung, nicht Stabilisierung der Blöcke und Kriegsangst eine Rolle spielten. Mehrere Großdemonstrationen (250000 Menschen im Bonner Hofgarten, 10. Oktober 1981) ließen die innenpolitische Basis des Kanzlers bröckeln. Er suchte – auch in der polnischen Krise – mit führenden Politikern des Ostblocks Kontakt zu halten, insbesondere mit Honecker die gemeinsame Verantwortung der beiden deutschen Staaten für den Frieden zu bekräftigen. Er wurde aber, zunehmend von seiner innenpolitischen Basis isoliert, durch einen Koalitionswechsel der FDP unter Hans-Dietrich Genscher im September 1982 durch Helmut Kohl (CDU) als Kanzler ersetzt.

Weitere Ost-West-Verhandlungen blieben vorerst ohne Erfolg. Während die Reagan-Administration die Konfrontation verstärkte, suchte der neue sowjetische Generalsekretär Jurij Andropov bisherige Positionen zu räumen, ohne dass die USA darauf eingingen. Im Herbst 1983 beschloss die NATO – bei klarer Mehrheit der neuen liberal-konservativen Regierung in der Bundesrepublik – neue Raketen aufzustellen.. *Beginn der Stationierung*

Wie real die Bedrohung durch aufgestellte Raketen des Ostens, geplante des Westens auch war, die gesellschaftlichen Folgen der von den beiden Weltmächten entschlossen betriebenen Konfrontation waren erheblich. Der politische Riss ging durch westliche Gesellschaften und hier vor allem in der bundesdeutschen Politik mitten durch die SPD, die weiter stark auf Ausgleich mit dem Osten setzte. Unnachgiebigkeit in der Raketenfrage hieß für die Sowjetunion immer auch, Bonn gegen die US-Position in Stellung zu bringen; umgekehrt wirkte jedoch auch sowjetische Nachgiebigkeit werbend auf die westeuropäische und zumal westdeutsche Öffentlichkeit. Für die US-Administration, die NATO und vor allem die Regierungen Schmidt/Genscher und sodann Kohl/Genscher ging es um Handlungsfähigkeit gegenüber möglicher sowjetischer Erpressung und um Geschlossenheit des Bündnisses, selbst wenn sich der Kalte Krieg angesichts neuer Raketen militärisch weiter auflud. *Konflikte im Westen*

Den 1983 gefassten Beschluss der NATO zur Aufstellung neuer Raketen beantwortete die Sowjetunion mit dem Abbruch aller Rüstungsgespräche und verkündete die Aufstellung weiterer Mittelstreckenraketen und Marschflugkörper. Die Spirale eines weiteren Wettrüstens schien vorprogrammiert. In Moskau wurde ferner SDI als noch wichtigere Bedrohung des strategischen Gleichgewichts angesehen, so dass auch auf diesem Sektor militärische Reaktionen anstanden. Die Kriegsgefahr schien zu wachsen. So gab es weitere rhetorische, lokale und regionale Auseinandersetzungen zwischen der Sowjetunion und den USA, welche akute Gefahren und die Möglichkeit dauerhafter Konfrontation in sich bargen. Der sowjetische Abschuss eines koreanischen Verkehrsflugzeuges über Sibirien im September 1983 und anschließende heftige Proteste der USA gehörten dazu; US-Interventionen in Mittelamerika, ihr Vorgehen gegen sowjetische Spione bildeten das Gegenstück. Die Sowjetunion boykottierte mit ihren Verbündeten die Olympischen Spiele in Los Angeles 1984, wie es die USA vier Jahre zuvor getan hatten. *Verstärkte Konfrontation*

Angesichts derartiger Drohkulissen wurde in weiten Teilen der westeuropäischen Gesellschaften, besonders in der Bundesrepublik, aber weniger bei den Regierungen, die Parität von Rüstung und damit die fortdauernden gleichartigen Bedrohungen als wichtigste Voraussetzung für die Sicherung des Weltfriedens angesehen. Diese Position vertraten auch die meisten Politiker im Ostblock und zumal in der Sowjetunion in Verhandlungen und in der Öffentlichkeit. Tatsächlich verlief die Entwicklung anders. Anstelle der Eskalation von Rüstungen fand eine weitreichende beidseitige Reduktion statt; es wurden neue kooperative Strukturen aufgebaut, welche beitragen sollten, den bisherigen Systemkonflikt zu überwinden.

Anfang der achtziger Jahre setzte sich, anders als in den USA befürchtet, die Überzeugung durch, gerade die Nachrüstung von Mittelstreckenraketen und SDI bildeten einen Test auf die wirtschaftliche Leistungsfähigkeit der Systeme in Ost und West und damit zugleich auf einen politischen Sieg im Ost-West-Konflikt. Neu war nicht die Art, in der die USA ihre Überlegenheit behaupteten, sondern die interne, dann auch zunehmend öffentlich werdende Einschätzung in der Sowjetunion. Die Einsicht in den zunehmenden Abstand zur westlichen Entwicklung war spätestens seit dem Amtsantritt des vormaligen Geheimdienstchefs Jurij Andropov als Generalsekretär im November 1982 vorhanden und wurde von seinem (Nach-)Nachfolger Michail Gorbačev ab März 1985 energisch, wenn auch mit unerwarteten Folgen, in Politik umgesetzt.

*Leistungsfähigkeit der Systeme*

Die Grundlage für das Umdenken bildeten die ökonomischen Daten. Die Schere von westlicher und östlicher Entwicklung zeigte sich vor allem in der wirtschaftlichen Leistung. Das sowjetische Bruttosozialprodukt hatte schon Mitte der siebziger Jahre höchstens zwei Drittel des US-amerikanischen betragen, seit Anfang der achtziger Jahre kamen Schätzungen nur noch auf die Hälfte. Das Wachstum der sowjetischen Wirtschaft verlangsamte sich nach (geschönten) sowjetischen Angaben wie nach westlichen Geheimdienstschätzungen [238: ADOMEIT, S. 144]. Betrug etwa der Anstieg der Bruttoindustrieproduktion offiziell im Jahrfünft 1966–1970 8,5%, 1971–1975 7,4%, so sank er von 1976–1980 auf 4,4% und 1981–1985 3,6% (CIA-Schätzungen für diese Perioden lagen bei 6,4%, 5,5%, 2,7% und 1,9%). In den gleichen Jahren stieg jedoch in der Sowjetunion der Anteil von Rüstungsausgaben am Bruttosozialprodukt nach westlichen Schätzungen von 12–14% Anfang der siebziger Jahre auf bis zu 20% Anfang der achtziger Jahre, möglicherweise lagen die Werte noch höher [238: ADOMEIT, S. 148f.]. Das gab es sonst nirgendwo.

*Wirtschaftskrise der Sowjetunion*

An diesem Punkt versuchte die Sowjetunion etwas zu ändern und setzte unter Gorbačev zunächst Reformen des eigenen Gesellschaftssystems in Gang, die jedoch grundsätzlich scheiterten und stattdessen insgesamt die Frage nach dem Zusammenhalt im Ostblock aufwarfen. Eine solche Sprengkraft war nicht von vornherein abzusehen. Die Mittelstreckenraketen bildeten den letzten Versuch der Sowjetunion, ihre weltpolitische Gleichberechtigung durch Konfrontation durchzusetzen, wenn auch eine militärische Eskalation zu einem großen Krieg wohl nicht ernsthaft erwogen wurde. Dennoch wurde die Drohung zwar nachdrücklich nach außen vertreten, nach und nach aber durch den Imperativ des nur auf friedlichem Wege durchsetzbaren Wandels ersetzt. Das gab der sowjetischen Politik für mehrere Jahre ein mehrdeutiges Erscheinungsbild.

Die auf sowjetischer Seite in den achtziger Jahren praktizierte Mischung von Kooperationsbereitschaft und verbaler Konfrontation hatte ihre Entsprechung in den USA. Während Reagan zumeist plakativ markige Parolen verkündete, gab es in seiner Administration unterschiedliche Ansichten über die Grenzen des Entgegenkommens gegenüber der Sowjetunion wie auch über die Wünschbarkeit weitreichender Abrüstung. In der Sowjetunion schwankte Gorbačev selbst lange zwischen unterschiedlichen Positionen. Er konnte sich allerdings zunehmend gegen den Widerstand von Militärs und konservativ denkenden kommunistischen Funktionären durchsetzen, indem er das Führungspersonal auswechselte. Insbesondere in Fragen der Rüstungssteuerung und -begrenzung fand der neue Kurs Moskaus in der Friedensbewegung des Westens und in der einschlägigen Wissenschaft entwickelte Strategien vorformuliert.

Konfrontation: Realität und Wahrnehmung

Ein erstes neues Signal setzte Reagan Anfang 1984, als er von der Notwendigkeit des Friedens und der Kooperation im Atomzeitalter sprach; begründet war dies auch inneramerikanisch mit Blick auf die anstehenden Wahlen. Ebenso ging es westeuropäischen Staaten, zumal der Regierung Kohl/Genscher, darum, weiterhin Ausgleichsbereitschaft zu signalisieren. Für Anfang 1985 wurden Rüstungsgespräche vereinbart und erneut in Genf geführt. *Strategic Arms Reduction Talks* (START – statt SALT) hießen jetzt mit neuem Begriff die Verhandlungen über Interkontinentalraketen, später kamen auch Gespräche über Mittelstreckenraketen in Gang, die als *Intermediate Nuclear Forces* (INF) bezeichnet wurden.

Neue Verhandlungsbereitschaft

Im September 1985 machte Generalsekretär Gorbačev das Angebot, die strategischen Waffen im nächsten Jahrzehnt um die Hälfte zu reduzieren und erneut über die Mittelstreckenraketen zu verhandeln, ein Angebot, das die USA grundsätzlich annahmen. In einer ersten persönlichen Begegnung Reagans und Gorbačevs am 21./22. November 1985 in Genf wurde dieses Ziel bekräftigt. Bei der Weltraumrüstung wie den Mittelstreckenraketen gingen jedoch die Positionen weiterhin auseinander. Anfang 1986 steigerte Gorbačev öffentlich sein Angebot zu der Vision, alle Atomwaffen abzuschaffen. Westliche Regierungen fragten zunehmend, ob hinter solchen wohl bekannten Propagandaformeln nicht doch reale Möglichkeiten steckten. Beim nächsten Treffen mit Reagan am 11./12. Oktober 1986 in Reykjavik wiederholte Gorbačev das Angebot zur Abschaffung aller Atomwaffen in den nächsten zehn Jahren. Reagan nahm dies zum Entsetzen seiner Mitarbeiter ohne Rücksprache zunächst an, widerrief sodann und kehrte später zu kleineren Schritten in den Verhandlungen zurück. Dennoch entstand der Eindruck, dass bisherige Utopien nun in praktische Politik umgesetzt wurden.

Gipfeltreffen

Dazu gehörte die Reduzierung von genauer umrissenen Kategorien an see- und landgestützten Langstreckenraketen um die Hälfte. Nach wie vor weigerten sich die USA, über SDI zu verhandeln. Zugleich ergaben sich Wege zu einer Nulllösung für Mittelstreckenraketen, die von Gorbačev im Februar 1987 angeboten wurde: Abzug aller Mittelstreckenraketen aus Europa; nur 100 von ihnen sollten in Asien erhalten bleiben. Das wurde auch vom Westen akzeptiert. Die Sowjetunion verzichtete dafür erstmals auf die Einbeziehung der schwachen französischen und britischen Atommacht in Berechnungen der westlichen Stärke. Am 8. Dezember 1987 unterzeichneten Reagan und Gorbačev den INF-Vertrag, der in den nächsten Jahren die Beseitigung aller Mittelstreckenraketen größerer oder geringerer Reichweite (5500 bis 500 km) vorsah. Diese „doppelte Nulllösung" wurde bis 1991 vollzogen.

*Doppelte Nulllösung*

Im Jahr 1987 wurden erstmals wirkliche Abrüstungsabkommen geschlossen, nicht nur Obergrenzen bereits bestehender Waffensysteme vereinbart. Kaum ein halbes Jahrzehnt nach dem Beginn der „Nachrüstung" wurden die zu Grunde liegenden Ursachen gleichsam am Rande beseitigt. Im komplizierten strategischen Gleichgewicht zwischen Ost und West gab es auch nach diesen Abkommen weitere gefährliche atomare Waffen und Träger, die für sich bedrohlich waren. Deren Abbau dauerte noch bis 1991 und 1993, als durch zwei START-Verträge die Reduzierung der Atomsprengköpfe und landgestützten Langstreckenraketen um zwei Drittel vereinbart wurde.

*START-Verträge*

In Europa blieb die sowjetische Überlegenheit an Kurzstreckenraketen, „atomare Gefechtsfeldwaffen" genannt, und an konventionellen Truppen bestehen. In einer NATO-internen Kontroverse weigerte sich deswegen 1988 die Bundesrepublik vor allem gegenüber den USA und Großbritannien, über die völlige Abschaffung aller Nuklearwaffen zu verhandeln. Im Mai 1989 einigte sich das westliche Bündnis, eine solche dritte Nulllösung erst bei gleichzeitigen Regelungen für konventionelle Rüstungen innerhalb von zwei Jahren anzugehen. Auch in diesen Fragen kamen Diskussionen und Vereinbarungen zustande, die noch wenige Jahre zuvor undenkbar gewesen waren. Im Rahmen der KSZE tagte in Stockholm ab Januar 1984 eine Konferenz über Vertrauensbildende Maßnahmen und Abrüstung in Europa (KVAE), die anfänglich wenig Fortschritte erzielte. Auf dieser wurde im September 1986 vereinbart, alle KSZE-Staaten dürften Beobachter zu zuvor angekündigten umfänglicheren militärischen Manövern entsenden. Das schuf Vertrauen gegenüber befürchteten geheimen Aufmärschen und gab darüber hinaus Einblicke in die Strukturen fremder Militärs – so auch zwischen beiden deutschen Staaten –, die bislang mit dem Etikett Spionage behaftet waren.

*Konventionelle Rüstung*

*KVAE*

Noch bevor über konventionelle Rüstung offiziell verhandelt wurde, kündigte Gorbačev im Dezember 1988 vor der UNO weitere einseitige sowjetische Schritte an. Sie liefen auf eine Senkung des Personals um etwa 10% hinaus und versprachen ferner eine beträchtliche Reduzierung von Angriffswaffen (Panzer, Artillerie, Flugzeuge) in den Staaten des Warschauer Paktes und der westlichen Sowjetunion. Die seit mehr als einem Jahrzehnt verschleppten Gespräche zwischen den Militärbündnissen über MBFR wurden eingestellt und nun im Rahmen der KSZE ab März 1989 zwischen den Einzelstaaten fortgeführt. Zu Abschlüssen kam es bereits in einer neuen weltpolitischen Lage im November 1990.

Der materielle Rüstungsabbau sowie der mentale Abbau von Ängsten und Vorurteilen fand zunächst zwischen den USA und der Sowjetunion statt. Er hatte seine Basis aber auch in den vielfältigen KSZE-Verhandlungen, in denen es seit Ende der achtziger Jahre zunehmend um die Substanz der Blockgegensätze ging. Hinzu kamen einzelstaatliche Initiativen zur Entspannung, welche die weiterhin bestehenden gegenläufigen Tendenzen von Misstrauen und Konfrontation abbauten. Gorbačev pflegte eine ausgedehnte Reisediplomatie auch durch Westeuropa und erzielte bereits 1985 einen ersten Eindruck als seriöser Verhandlungspartner bei der konservativen britischen Premierministerin Margaret Thatcher, während im Bundeskanzler Kohl Oktober 1986 intern äußerte – was dann öffentlich bekannt wurde –, Gorbačev sei wie NS-Minister Joseph Goebbels zunächst einmal als geschickter Propagandist anzusehen.

Während wegen dieser Äußerung die Beziehungen der Bundesrepublik zur Sowjetunion für ein Jahr vereisten, gewannen gleichzeitig und gegenläufig die deutsch-deutschen Beziehungen eine besondere Qualität. Die Regierung Schmidt hatte versucht, bei aller Sorge vor militärischer Erpressung durch den Osten erträgliche Beziehungen zur DDR aufrecht zu halten. So brach Schmidt seinen Besuch in der DDR während der Ausrufung des Kriegsrechts in Polen im Dezember 1981 nicht ab. Honecker pflegte in den frühen achtziger Jahren im Unterschied zur Sowjetunion eine Friedensrhetorik und kritisierte sogar vorsichtig die Moskauer Stationierungspolitik. Grundlage bildeten für ihn das Streben nach Anerkennung durch die Bundesrepublik und der Westhandel. Da diese aber auf menschliche Erleichterungen als Gegenleistung drängte, Honecker jedoch zur Selbstbehauptung den Klassenkampf verbal hochhielt, blieben die Möglichkeiten beschränkt. Besonders die Sowjetunion warnte die DDR, sie dürfe sich nicht von der Bundesrepublik destabilisieren lassen. Nach Schmidt setzte auch Kohl die Kooperation mit der DDR trotz der weltpolitischen Gegensätze fort. „Koalition der Vernunft" (Honecker), „Verantwortungsgemeinschaft" (Kohl), gipfelnd in der wiederholten Erklärung, von deutschem Boden dürfe nie wieder Krieg ausgehen, sondern Frieden, überbrückten auch den Kalten Krieg der Nachrüstungszeit. Zwei ungebundene Kredite von je einer Milliarde DM durch bundesrepublikanische Banken an die DDR signalisierten die wachsende Abhängigkeit Ost-Berlins. Sie wurden durch den bayrischen Ministerpräsidenten Franz Josef Strauß 1984 vermittelt und mit einer Bundesbürgschaft abgesichert. Das half dem zweiten deutschen Staat ökonomisch allerdings nur kurzfristig.

Musste sich Honecker anfangs gegenüber Gorbačev mit seiner deutschen Politik durchsetzen, so kehrte sich das Verhältnis bald um, da die DDR ab 1987 den Entspannungsprozess bremste. Einen Höhepunkt der erstrebten Anerkennung bildete ein jahrelang geplanter und an sowjetischem Veto bzw. der allgemeinen weltpolitischen Lage gescheiterter offizieller Besuch Honeckers in der Bundesrepublik 1987. Zwar blieb die DDR weiterhin ohne volle diplomatische Anerkennung, doch demonstrierte Kohl zeremoniell gegenüber dem DDR-Ge-

*Deutsch-deutsche Beziehungen*

*Kontinuität von Schmidt zu Kohl*

*Besuch Honeckers*

neralsekretär eine protokollarische Gleichberechtigung der beiden deutschen Staaten.

Anders als in der Sicherheitsfrage gab es in der Deutschlandpolitik nicht nur eine weitgehende Kontinuität von Schmidt zu Kohl, sondern auch, in einer Bundestagsresolution 1984 formuliert, einen allgemeinen Konsens: Eine Wiedervereinigung könne es nur bei stabilen europäischen Strukturen geben, zu der auch die Lage der DDR gehöre. „Die Teilung Deutschlands ist immer zugleich die Teilung Europas" (Kohl). Während Kohl und Außenminister Hans-Dietrich Genscher stärker die Menschenrechte betonten und von der Offenheit der deutschen Frage sprachen, suchten große Teile der SPD durch vertrauliche Beziehungen mit der DDR, die Systemunterschiede zu überbrücken, und gaben darin auch bisher vertretene politische Positionen auf („Nebenaußenpolitik"). Gelegentlich suchte sogar die SED in westdeutschen Wahlkämpfen der SPD indirekt propagandistisch zu helfen.

Gorbačev brachte seine Visionen im Jahr nach seinem Amtsantritt auf drei Schlagwörter, die in ihrer politischen Umsetzung erhebliche Dynamik entwickelten: Perestrojka, Glasnost und – für den Kontinent insgesamt – das „gemeinsame europäische Haus". Diese dehnfähigen Begriffe wirkten zunächst innerhalb der Sowjetunion, dann auch im Ostblock. Glasnost, Mut zur Wahrheit, zielte auf eine offenere Sprache, in der die Missstände in der Wirtschaft und der Bürokratie klar angesprochen werden sollten. Perestrojka hieß allgemein Umgestaltung oder Umbau und erstrebte Pluralismus und Demokratie, Eigenverantwortlichkeit und neue Medienstrukturen. Alles dies sollte innerhalb des sozialistischen Systems unter Berufung auf die marxistischen Klassiker geschehen und die allgemeine, nicht zuletzt wirtschaftliche Konkurrenzfähigkeit gegenüber dem Westen steigern. Der Personalaustausch zunächst in der politischen Führung, dann in der Gesellschaft rief in der Sowjetunion, später im übrigen Ostblock Gegenkräfte auf den Plan und zeigte auch öffentlich die Abhängigkeit des Generalsekretärs. Tatsächlich gelang aber der Abriss bestehender Strukturen. Neu war der weitgehende Verzicht auf offene Gewalt gegenüber Widerständen. Das auswärtige militärische Engagement wurde zurückgenommen und vor allem der erfolglose und kostspielige Afghanistan-Krieg 1988 abgebrochen.

Von westlichen Argumenten stark beeinflusst, vertrat Gorbačev die Ansicht, die militärische Komponente von Sicherheit bewirke oft das Gegenteil, verbrauche dafür aber zu viele Ressourcen. Einen Auslöser mit langwirkenden Folgen stellte die Explosion eines Reaktors des Kernkraftwerks im ukrainischen Tschernobyl am 26. April 1986 dar. Der Unfall war ein Zeichen für den maroden Zustand der Industrie und deren Umgang mit Sicherheitsstandards. Die Krise wurde innenpolitisch zunächst im alten Stil verschwiegen und verharmlost, dann entschlossen angegangen. Weit über den sowjetischen Fall hinaus wurden grundsätzlich die Grenzen technologischen Fortschritts aufgezeigt und Fragen zu Nebenwirkungen und Risiken von Industriegesellschaften weltweit aufgeworfen, die zuvor eher in kleineren Zirkeln von ökologischen Bewegungen diskutiert worden waren,

Die neue Offenheit wurde auch auf die Beziehungen der sozialistischen Staaten untereinander übertragen: Jeder von ihnen sollte die Freiheit zu einem eigenen Weg haben („Sinatra-Doktrin": „I did it my way"). Im Frühjahr 1989 votierten neu formierte Parlamente der Sowjetrepubliken Estland, Lettland und Litauen erstmals für ihre nationale Unabhängigkeit; im Kaukasus und Mittelasien gab es nationalistische Demonstrationen und erste Übergriffe, die z.T. niedergeschlagen wurden.

Mit Ermunterung durch die sowjetische Führung und angesichts von Einstellung der bisherigen Kontrolle, aber auch der wirtschaftlichen Unterstützung, setzten in den Staaten des Ostblocks Reformen ein. In den meisten Fällen wurde eine überalterte Führung durch jüngere Kräfte aus Randgruppen oder Reformkräften der bisherigen kommunistischen Parteien in Partei- oder Regierungsverantwortung ersetzt. Wenig später konnten auch andere politische Gruppen, gelegentlich aus den Kreisen von Dissidenten hervorgehend, öffentlich auftreten oder gar förmlich zugelassen werden. Bisher oppositionelle Gruppen wurden in Gesprächsrunden konsultiert oder gar in Verantwortung eingebunden („Runder Tisch"). Daraus entstand eine Eigendynamik, die sich überwiegend friedlich entfalten konnte; nur in Rumänien gab es im Dezember 1989 putschistische Gewalt gegen die bisherigen Machthaber.

Reformen im Ostblock

„Runder Tisch"

Der friedliche Umbau von Politik, Wirtschaft und Gesellschaft kann nicht allein durch die schwindende Autorität der Sowjetunion erklärt werden. Auch das ideologisch integrierende Feindbild des westlichen Kapitalismus (als Wirtschaftsordnung) und Imperialismus (als auch potenziell militärisch zu verstehende Expansion) hatte sich verflüchtigt. Nach dem Wegfall der bisherigen Kontrolle galten die westlichen Staaten vielfach von der Basis bis in die Eliten hinein als Vorbilder für Wohlstand, Mobilität und Freiheit. Das war durch die Aushöhlung des öffentlichen Informationsmonopols durch westliche Medien vorbereitet worden, das nun vollends zerbrach. Während die Entspannungspolitik Gorbačevs Ängste vor den Absichten des Westens abgebaut hatte, formulierten die Friedensbewegungen des Westens allgemeine Ängste vor einem Atomkrieg, die sich mit denen in osteuropäischen Gesellschaften trafen. Wege zur Deeskalation öffneten sich auch im Osten. Der „Gorbačev-Effekt" im bröckelnden Ostblock war auch deswegen möglich, weil zuvor das Feindbild weithin abhanden gekommen war.

Größere Freiheit und Modernisierung konnten nicht mehr auf Moskauer Direktiven beruhen, sondern mussten auf je nationale Weise beim Umbau von Staat, Gesellschaft und Wirtschaft beschritten werden. Die Brežnev-Doktrin von der begrenzten Souveränität sozialistischer Staaten wurde zwar von Gorbačev auf einem Treffen des Warschauer Paktes im Juli 1989 ausdrücklich widerrufen, aber es blieb ungewiss, wie weit die sowjetische Führung sicherheitspolitische Selbstständigkeit akzeptieren würde. Das war verbunden mit der Frage

Eigenständige Wege

nach Gorbačevs andauernder Autorität innerhalb der Sowjetunion – und hier insbesondere gegenüber der Parteiführung und dem Militär. Anscheinend wurden zunächst die Beziehungen zwischen den kommunistischen Parteien gelockert. Konsultationen und direkte Einmischung bei den „Bruderparteien" gab es zwar weiter, nur bestanden sie jetzt häufig in einem Drängen auf Reformen. Auch in der Volksrepublik China kam es im Mai 1989 zu friedlichen Massendemonstrationen, die in diesem Fall auf dem Platz des Himmlischen Friedens in Peking mit wahrscheinlich Tausenden von Toten vom Militär blutig niedergeschlagen wurden. Gerade diesen Vorgang begrüßte die DDR-Führung, so dass die Sorge vor ähnlichen Entwicklungen auch in Europa erhalten blieb.

*Chinesisches Modell?*

In den meisten osteuropäischen Staaten setzten zögernd Reformen im Gefolge des innersowjetischen Wandels ein und beeinflussten sich dann gegenseitig. Für diese Staaten kam als Strukturproblem neben der wirtschaftlichen Schwäche und der wachsenden Verschuldung im Westen noch die Abhängigkeit von Energie aus der Sowjetunion hinzu. Diese handelte in Folge der Ölpreiskrise 1973 und einer zweiten ab 1979 ähnlich wie nahöstliche OPEC-Staaten: Sie verteuerte und verknappte den Export auch gegenüber den Verbündeten. Die Preise stiegen 1980 um das Drei- bis Fünffache an. Die DDR etwa erhielt 1982 statt 19 nur noch 17 Mill. Tonnen Rohöl. Das führte zu einem schnellen Ausbau der heimischen Braunkohleversorgung und verstärkte die bestehenden Umweltprobleme. Ab 1986 fielen die Energiepreise auf dem Weltmarkt dann wieder stark, und die Sowjetunion, die bis dahin durch Erdölexport große Deviseneinnahmen aus dem Westen erzielt hatte, nahm bis 1989 ca. 60 Mrd. Dollar weniger an Devisen ein, die wiederum für die Einfuhr von Maschinen etc. benötigt wurden. Hieran hing die angestrebte strukturelle Reform und wirtschaftliche Mobilisierung. Mit dem Unfall von Tschernobyl wurde auch Atomstrom knapper, der Sowjetunion selbst fehlte Energie. Zahlungsunfähigkeit und volkswirtschaftlicher Zusammenbruch drohten im Laufe der achtziger Jahre wiederholt in mehreren Staaten des Ostblocks.

*Verknappung und Verteuerung von Energie*

Nicht zufällig wurden die ersten Reformregierungen 1989 in den westlichen Staaten des bisherigen Ostblocks gebildet. Hier hatten Intellektuelle oder Dissidenten einen kulturell bestimmten Begriff von Mitteleuropa wieder entdeckt, die Länder waren auch am stärksten industriell geprägt: Polen und Ungarn gingen politisch voran, die Tschechoslowakei und die DDR folgten. Waren aber die ersten beiden Vorreiter, so suchten die anderen sich angesichts einer potenziell für sie gefährlichen Situation bei der Öffnung von Grenzen zum Westen möglichst lange abzuschotten. In Polen war zwar das Kriegsrecht 1983 aufgehoben worden, die Repression setzte sich aber fort. Die Solidarność wurde im Mai 1989 offiziell erneut zugelassen, hatte aber schon seit 1986 in Einzelfällen wieder öffentlichen Einfluss erlangen können. Angesichts der fortdauernden Wirtschaftskrise wurde 1987 ein Referendum abgehalten, das politische und wirtschaftliche Reformen ebenso wie wirtschaftliche Notmaßnahmen billigen sollte. Es scheiterte trotz hoher Zustimmungsraten am erforderlichen Quorum. Jaruzelski bildete

*Reformregierungen*

*Polen*

nach Verhandlungen mit Solidarność eine Regierung mit stärker reformerischen Kräften. Ende 1988 war der Weg frei für einen „Runden Tisch". Solidarność-Vertreter, unter denen der Arbeiterführer Lech Wałesa starken Einfluss ausübte, setzten Wahlen am 4. Juni 1989 durch. Fast alle frei zu besetzenden Mandate im Sejm, dem polnischen Parlament, gingen an Vertreter der bisherigen Opposition, die sich als einheitliche Organisation auflöste und unterschiedliche Parteien bildete. Nach weiteren Revirements im kommunistischen Establishment ernannte Jaruzelski als Staatspräsident mit Tadeusz Mazowiecki einen katholisch-liberalen Ministerpräsidenten. Kurzzeitig bestand also eine Doppelherrschaft von Kommunisten und Reformbewegung. Die kommunistische PVAP spaltete sich Anfang 1990 in zwei Gruppen, von denen eine nunmehr sozialdemokratische Ideen vertrat. In Polen wurde als erstem Staat das Monopol der Arbeiterpartei gebrochen. Nach komplizierten Wahlvorgängen wurde Solidarność-Führer Lech Wałesa am 29. Dezember 1990 zum Staatspräsidenten gewählt. Damit war das bisherige sozialistische Regime endgültig abgelöst.

In Ungarn wurde die Staatsverschuldung ein zentrales Problem, die auch durch bereits in den siebziger Jahren eingeführte marktwirtschaftliche Elemente nicht begrenzt worden war. Janos Kadar, der in den sechziger und siebziger Jahren einen vorsichtig reformerischen Kurs gesteuert hatte, zeigte sich im folgenden Jahrzehnt gegenüber den neuen Herausforderungen nicht mehr flexibel. Mit Unterstützung Gorbačevs wurden Kadar und die bisherige Führung im Mai 1989 durch Reformer aus der Partei abgelöst. Bereits im Vorjahr wurde der 1958 hingerichtete Imre Nagy öffentlich rehabilitiert und seine sterblichen Überreste unter großer öffentlicher Anteilnahme umgebettet. Es entstanden Ansätze zu einem reformierten Verfassungssystem. Zumal gegenüber dem Westen wurde eine offene Politik betrieben. Im Mai 1989 kam ein Runder Tisch zustande, an dem die neuen bürgerlichen Parteien über eine mögliche Kooperation mit der Arbeiterpartei gespalten waren, in der jetzt Imre Poszgay und Gyula Horn den Ton angaben. Am 23. Oktober 1989 wurde aus der Staatsverfassung das Attribut „sozialistisch" gestrichen. Das Referendum über ein neues Wahlgesetz erzielte im November eine Mehrheit für radikalere bürgerliche Reformkräfte. Die bisherige Kommunistische Arbeiterpartei gründete sich neu als Ungarische Sozialistische Partei, doch folgte ihr nur ein Bruchteil der bisherigen Mitglieder.

Ungarn

In der DDR widersetzte sich Erich Honecker allen Ansätzen zu inneren Reformen. Dieser Staat hatte eine andere staatliche Legitimität als alle anderen Ostblockstaaten: Die Frage nach Freizügigkeit war verwoben mit der nationalen Frage. Obwohl in den achtziger Jahren eine steigende Zahl von Übersiedlungen in die Bundesrepublik genehmigt worden war, brachte dies keine Beruhigung. Als Kommunalwahlen im Mai 1989 mit gefälschten Ergebnissen zugunsten der offiziellen Kandidaten endeten und die DDR-Führung am 8. Juni die Niederschlagung der Pekinger Reformen offiziell billigte, schwand das Vertrauen weiter. Die Krise verschärfte sich, als Zehntausende Sommerurlauber im „sozialistischen" Ausland in dortigen Botschaften der Bundesrepublik Zuflucht suchten,

DDR

um die Ausreise in den Westen zu erzwingen. Die ungarische Regierung öffnete am 11. September 1989 unter Bruch bisheriger Abkommen mit der DDR ihre Grenze nach Österreich; Polen und die Tschechoslowakei verhielten sich ähnlich. Die Regierung der DDR beugte sich unter extremem Druck der eigenen Bevölkerung diesen Maßnahmen und akzeptierte die Ausreise von zahlreichen Urlaubern in den Westen. Die Feiern zum 40. Jahrestag der DDR am 7. Oktober 1989 gerieten angesichts der Begeisterung für die Person Gorbačevs zu einem Plädoyer gegen die eigene Führung. Der kranke und uneinsichtige Honecker wurde am 18. Oktober durch den eine Generation jüngeren Egon Krenz als Generalsekretär der SED, dann auch als Staatsratsvorsitzender ersetzt.

*Massendemonstrationen*

In Leipzig, bald auch in anderen Städten, entwickelten sich regelmäßige friedliche Demonstrationen mit steigender Beteiligung („Wir sind das Volk"). In Berlin gingen am 4. November eine Million Menschen auf die Straße. Die neue SED-Führung entwarf eine bürokratische, aber freiere Ausreiseregelung. Durch eine Panne wurde sie bereits am 9. November 1989 publik und sogleich spontan praktiziert: Die Mauer in Berlin war durchbrochen. Sie wurde unter großem Jubel von Hunderttausenden Menschen erstmals für einen Besuch in den Westteil

*Fall der Berliner Mauer*

geöffnet. Was situativ und improvisiert in Anspruch genommen wurde, ließ sich nicht mehr rückgängig machen oder auch nur kanalisieren. Die Freizügigkeit war revolutionär und friedlich durchgesetzt worden.

Im Vorfeld des Falls der Mauer drohte mehrfach die Anwendung von Gewalt durch die DDR-Führung. Die Mauer wurde auch für Gorbačev unerwartet und in dieser Form unerwünscht geöffnet. Durch persönliche Kontakte mit westlichen Politikern, vor allem Kohl, ließ er sich vom friedlichen und kontrollierbaren Charakter der Vorgänge überzeugen; die sowjetischen Truppen – immerhin standen in der DDR noch 27 Divisionen – blieben in den Kasernen. Die Öffnung der Grenzen in Berlin, dann auch die Durchlässigkeit der Grenze zwischen DDR und Bundesrepublik wurden als historisch bedeutender Einschnitt empfunden. Die Entwicklung von engeren Beziehungen zweier freier deutscher Staaten schien nun möglich. Kohl beschleunigte den Prozess, als er von sich aus in

*Kohls Zehn-Punkte-Plan*

einem Zehn-Punkte-Plan vom 28. November das Ziel föderativer Strukturen zwischen beiden deutschen Staaten in die Zukunft projizierte. Damit gab er den Erwartungen der Bevölkerung Orientierung, setzte sich aber auch über die bisherigen Grundpfeiler des Ost-West-Verhältnisses hinweg. Darin lag die Gefahr zur Destabilisierung des bislang evolutionären Reformprozesses im gesamten Osten. Sie wurde politisch aber weitgehend vermieden.

Die Entwicklung vollzog sich fortan auf drei Ebenen: In der DDR fand (1.) ein Transformationsprozess von alternativen Bürgerbewegungen zu politisch mitgestaltenden Parteien statt. Zwischen den beiden deutschen Staaten verstärkten sich (2.) die politischen und administrativen Beziehungen bis zum Vollzug des Beitritts des östlichen zum westlichen Teil. Auf dem internationalen Parkett bedurfte es (3.) der Kooperation mit den ehemaligen Hauptsiegermächten des Weltkrieges, aber auch der Abstimmung in den bisherigen Bündnissen vor allem im Westen. Die Vorgänge auf jeder dieser Ebenen beeinflussten einander, sorgten auch für eine Dynamik und Beschleunigung, die komplexere und zunächst von keiner Seite vorhergesehene Lösungen hervorbrachte.

Bereits vor dem Fall der Mauer hatten sich in der DDR Bürgerbewegungen gebildet, unter denen der „Demokratische Aufbruch", das „Neue Forum" und die „Initiative Frieden und Menschenrechte" die wichtigsten waren. Auch eine neue Sozialdemokratische Partei (SDP) entstand unabhängig von der westdeutschen SPD, nahm aber bereits im Januar 1990 deren Namen an. An die CSU Bayerns lehnte sich eine Deutsche Soziale Union (ab 20. Januar 1990) an. Die bisherigen Blockparteien CDU und LDPD, die zunächst Konkurrenz durch eine neue FDP hatten, erhielten Unterstützung aus der Bundesrepublik und passten sich in Programm und z.T. auch durch Personalwechsel den westlichen Parteien an. Ab 7. Dezember 1989 tagte ein Runder Tisch mit Teilnehmern aus den Bürgerbewegungen und den bisherigen Blockparteien, der eine reformierte demokratische DDR anvisierte. Die SED suchte sich zu erneuern, benannte sich im Februar 1990 in „Partei des demokratischen Sozialismus" (PDS) um; Honecker und andere führende Vertreter des bisherigen Regimes wurden im Dezember 1989 ausgeschlossen (einige wurden verhaftet). An die Stelle von Krenz trat als Parteivorsitzender Gregor Gysi. Der neue Regierungschef Hans Modrow (SED/PDS ab 17. November 1989) nahm Vertreter des Runden Tisches in sein Kabinett auf.

Zwei Ereignisse beschleunigten die ursprünglich für Mai 1990 in Aussicht genommenen freien Wahlen: Bei einem ersten Besuch Kohls bei Modrow in Dresden (19./20. Dezember 1989) jubelten dem Bundeskanzler so viele Menschen öffentlich zu, dass er die Popularität seiner Person und danach auch seiner Partei innerhalb der DDR gezielt einsetzte. Die anderen Westparteien folgten ihm darin. Zudem setzte sich die Ausreisewelle in den Westen fort. Die Volkskammerwahlen wurden vorgezogen und brachten am 18. März 1990 einen deutlichen Sieg der CDU und der ihr nahestehenden konservativen Parteien; die PDS erzielte nur 15 Prozent. Unter dem CDU-Politiker Lothar de Maizière bildete sich eine Große Koalition aller Parteien außer der PDS. Unter dem Druck wirtschaftlicher Erwartungen und weiterer öffentlicher Demonstrationen in der DDR für eine schnelle Vereinigung der beiden deutschen Staaten wurde eine Währungs-, Wirtschafts- und Sozialunion vertraglich vereinbart. Sie trat mit der Einführung der DM zum 1. Juli 1990 in der DDR in Kraft. Weitere Verhandlungen zwischen beiden deutschen Staaten (Innenminister Wolfgang Schäuble und DDR-Staatssekretär Günther Krause) brachten neben anderem am 30. August einen Einigungsvertrag zustande. Nachdem zuvor die Große Koalition am 23. August den Beitritt zur Bundesrepublik beschlossen hatte, verließ die SPD der DDR die Regierung. Am 3. Oktober wurde die Einheit der beiden Staaten vollzogen; der Tag gilt seither als Staatsfeiertag.

Alternativen einer selbstständigen und erneuerten DDR, neuer Formen deutscher Staatlichkeit oder einer neuen gesamtdeutschen Verfassung hatten unter diesen Bedingungen keine Chance. Kohl und die CDU kamen mit dem Versprechen einer schnellen Angleichung der Lebensverhältnisse den Erwartungen der Bevölkerung in der DDR entgegen. Modrows Drängen auf Gleichberechtigung und Unterstützung blieb gegenüber den westdeutschen Partnern somit ebenso erfolglos wie entsprechende Verhandlungen mit der Regierung de Maizière: Der Weg zur politischen Einheit orientierte sich – durch die Wahlen befördert – trotz bilateraler Verträge am „Erfolgsmodell" Bundesrepublik und entsprach den Vorstellungen der Regierung Kohl/Genscher. Auch die Impulse der Bürgerbewegung gerieten angesichts dieser Dynamik in den Hintergrund. Die 1952 zugunsten von Bezirken abgeschafften fünf Länder gründeten sich neu; gesamtdeutsche Bundestagswahlen am 2. Dezember 1990 bestätigten die Regierung Kohl/Genscher im vereinten Deutschland.

*Ausrichtung an der Bundesrepublik*

International stellte sich mit dem Fall der Mauer die Frage nach der künftigen gesamteuropäischen Ordnung schneller und radikaler als erwartet. In Frankreich suchte Staatspräsident François Mitterrand seine Sorgen über die deutsche Entwicklung erfolglos u. a. dem sowjetischen Parteisekretär Gorbačev nahe zu bringen. Die britische Premierministerin Margaret Thatcher gab unverblümt ihrer Ablehnung künftiger geballter deutscher Macht Ausdruck, wie es auch in anderer Weise der italienische Ministerpräsident Giulio Andreotti tat. Kohl taktierte innenpolitisch in der Frage völkerrechtlicher Anerkennung der Ostgrenze und erregte damit Befürchtungen in Polen, bis am 21. Juni 1990 die Oder-Neiße-Grenze politisch akzeptiert und völkerrechtlich am 14. November 1990 voll anerkannt wurde.

*Europäische Besorgnisse*

Entscheidend für den gesamten Vereinigungsprozess war die Haltung der USA und der Sowjetunion. Die Administration von George Bush sr. akzeptierte das Selbstbestimmungsrecht der Deutschen von Beginn an als Richtschnur. Anfängliche Besorgnis über ein zu schnelles und möglicherweise unkontrolliertes Vorgehen Kohls wurde ausgeräumt, als dieser die fortdauernde militärische und wirtschaftliche Einbindung in den Westen zusicherte. Die US-Unterstützung gab Kohl und auch Außenminister Genscher die Möglichkeit, gegenüber der Sowjetunion in der Form konziliant, aber in der Position fest aufzutreten. Gorbačev versuchte anfangs, die sowjetische Machtposition in Mitteleuropa unter neuen Bedingungen zu erhalten, gab dann aber zusammen mit Außenminister Edvard Ševardnadse trotz erheblicher innenpolitischer Widerstände nach. Bedingung dafür war, dass sowohl die USA (Meistbegünstigtenvertrag ab Dezember 1989) als auch die Bundesrepublik wirtschaftliche Leistungen für die Sowjetunion erbrachten. Die in der DDR stationierten sowjetischen Truppen wurden angesichts des wachsenden Vertrauens nicht als Faustpfand eingesetzt und einvernehmlich in den Jahren bis 1994 abgezogen.

*Rolle der USA*

*Nachgiebigkeit der Sowjetunion*

Bereits bei dem Gipfeltreffen Bushs und Gorbačevs vor Malta am 1./2. Dezember 1989 erreichten beide Seiten Übereinstimmung über den Abbau bestehender Spannungen – auch in der Dritten Welt. Im Januar 1990 akzeptierte die Sowjetunion grundsätzlich eine Vereinigung Deutschlands. Sie versuchte jedoch

*Sowjetische Bedingungen*

– trotz aller Zusicherungen über künftige Kooperation und Unterstützung durch den Westen –, nacheinander einen paritätischen Rückzug der beiden Weltmächte aus Mitteleuropa, eine Auflösung der NATO, eine militärische Begrenzung und die weitere Kontrolle Gesamtdeutschlands im Anschluss an die Vereinbarungen aus dem Jahr 1945, zuletzt wenigstens den Austritt Deutschlands aus der NATO oder den Verzicht auf deren Ausdehnung in den Ostteil Deutschlands zu sichern. Im Bewusstsein der eigenen Schwäche und der Dynamik der deutschen Entwicklung, aber auch im persönlichen Vertrauen auf Bush und Kohl gab Gorbačev eine Position nach der anderen preis. So stimmte er in Washington Ende Mai 1990 auch der Zugehörigkeit ganz Deutschlands zur NATO zu, eine Position, die er bei bilateralen Verhandlungen mit der Bundesrepublik in Moskau und im Kaukasus am 15./16. Juli 1990 bekräftigte. NATO und Warschauer Pakt versicherten, einander nicht mehr als Gegner zu betrachten; die Bundesrepublik und die Sowjetunion paraphierten im September 1990 einen „Vertrag über gute Nachbarschaft, Partnerschaft und Zusammenarbeit".

Dieser Vertrag beendete eine Verhandlungsserie, bei der die Sowjetunion anfangs noch die deutsche Frage im Rahmen der vier Siegermächte des Zweiten Weltkriegs verhandeln wollte, sich dann aber auf Drängen der Regierung Kohl mit einer anderen Gewichtung zufrieden gab: Vom 5. Mai bis 12. September erarbeiteten in erster Linie die beiden deutschen Staaten, dann aber beide in zweiter Linie mit den vier Mächten zusammen (Zwei-plus-Vier-Verhandlungen) einen internationalen Vertrag „über die abschließende Regelung in Bezug auf Deutschland". Daneben wurde der deutsche Vereinigungsprozess auch westeuropäisch abgesichert, wie sich in weiteren Abmachungen über eine „Europäische Union" zeigte. Die Bundesrepublik legte Wert auf eine künftige gesamteuropäische Integration durch Stärkung der KSZE. In der deutschen Vereinigung wurde somit durch europäische Einbindung das Misstrauen der Bündnispartner abgebaut. *2+4-Vertrag*

Parallel zur Entwicklung in Polen, Ungarn und Deutschland änderten sich auch die Strukturen in den anderen Ostblockstaaten und der Sowjetunion selbst. Alle diese Vorgänge kulminierten wenige Wochen vor und nach dem Fall der Berliner Mauer. In der Tschechoslowakei waren nach der Ablösung des seit 1968 amtierenden Gustav Husak im Jahr 1987 neue, aber konservative kommunistische Kräfte an die Regierung gekommen, die 1989 zunächst Reformen ablehnten. Forderungen danach wurden jedoch auch nach der brutalen Unterdrückung von Massendemonstrationen in Prag am 17. November 1989 weiter mit Nachdruck vertreten. Ein Bürgerforum, gestärkt durch Demonstrationen in Prag, Bratislawa und anderen Städten, trat für eine „samtene Revolution" ein. Seinen äußeren Sieg errang es am 29. Dezember 1989 durch die Einsetzung des bisher verfolgten und wiederholt inhaftierten Dissidenten und Schriftstellers Vaclav Hável als Präsidenten. Unter Beteiligung des Bürgerforums, aber auch bislang zurückgedrängter regionaler slowakischer Kräfte, wurde der Weg zu grundlegenden marktwirtschaftlichen Reformen beschritten, bei denen Finanzminister Vaclav Klaus eine Schlüsselrolle zukam. *Tschechoslowakei*

Bulgarien   In Bulgarien wurde am Tag nach dem Fall der Berliner Mauer, am 10. November 1989, der langjährige Machthaber Todor Schiwkow durch Reformer im Sinne Gorbačevs abgelöst, die angesichts nur schwacher Bürgerbewegungen im Lande aus der Kommunistischen Partei kamen und diese sozialdemokratisch
Rumänien   umgestalten. Gewalttätiger ging ein ähnlicher Prozess in Rumänien vor sich. Ceauşescu hatte sich bei demonstrativer, aber nicht faktischer Loslösung von den bisherigen Ostblockstaaten in den letzten Jahrzehnten zu einem Diktator mit byzantinischem Herrschergebaren und persönlicher Bereicherung seiner Familie entwickelt. Er wurde am 22. Dezember 1989 festgenommen und drei Tage später zusammen mit seiner Frau hingerichtet; die Bilder fanden öffentliche Verbreitung. Die dafür verantwortlichen Reformkommunisten vollzogen zunächst eine weithin äußerliche Anpassung an den neuen Kurs Moskaus.

Die Veränderungen machten auch vor der Sowjetunion nicht halt. Demokratische und partizipatorische Reformen koppelten sich hier stärker an nationale Wünschen, unter deren Druck der Vielvölkerstaat selbst auseinanderbrach. Bereits 1988 hatten sich in den baltischen Staaten Bürgerbewegungen gebildet.
Litauen, Lettland, Estland   Eines ihrer Ziele war die Veröffentlichung der Abmachungen des Hitler-Stalin-Paktes, in deren Folge die Staaten 1940 erstmals – 1944/45 dann erneut – in sowjetische Republiken verwandelt worden waren. Das traf die Legitimation ihrer offiziell behaupteten freiwilligen Existenz als Sowjetrepubliken. Sie sagten sich im Frühjahr 1990 von der Sowjetunion los, im August 1991 gefolgt von der bisherigen Sowjetrepublik Moldawien, die ebenfalls im Zuge der deutsch-russischen Kooperation während des Weltkrieges gegründet worden war. Gerade wegen der schwierigen ethnischen Situation, in der es neben Esten, Letten und Litauern zum Teil mittlerweile eine Mehrheit von Russen gab, griffen in Litauen und Lettland in Januar 1991 sowjetische Truppen militärisch ein, die jedoch die Unabhängigkeit nicht rückgängig machten. Im Herbst 1991 erklärten auch die Kaukasusrepubliken und die Republiken Mittelasiens ihre Unabhängigkeit und damit den Austritt aus der Sowjetunion. Russland, Weißrussland/Belarus und die Ukraine suchten der vollständigen Auflösung der Sowjetunion durch die
Gemeinschaft Unabhängiger Staaten   lockere Kooperation einer „Gemeinschaft Unabhängiger Staaten" (GUS) ab Dezember 1991 entgegenzuwirken. Gorbačev, der im Herbst 1991 mit Bush noch den START-Vertrag unterzeichnet hatte, überstand zwar einen kommunistischen Putsch, trat aber als Staatspräsident der Sowjetunion am 25. Dezember 1991 zurück. Damit hatte auch diese selbst zu existieren aufgehört. Boris Jelzin hatte in der Zwischenzeit als Ministerpräsident der russischen Föderation Gorbačev aus seinen Machtpositionen verdrängt und machte sich nach dem Verbot der kommunistischen Partei Russlands schon im August 1991 an einen populistisch bestimmten demokratischen Aufbruch.

In den Jahren 1989/91 behielten die Integrationsstrukturen Westeuropas und die transatlantischen Beziehungen ihre Bedeutung. Sie wurden sogar im Zuge der deutschen Vereinigung bekräftigt und ausgeweitet. Der Ostblock brach dagegen auf allen Ebenen völlig auseinander: Die Staaten, auch die Republiken der

Sowjetunion, erreichten ihre politische Unabhängigkeit. Der RGW hatte die Volkswirtschaften des Ostblocks nie in deren eigenem Interesse und zu deren wirtschaftlichen Vorteil organisiert. Marktwirtschaftlich orientierte Reformvorstellungen innerhalb des RGW während des Jahres 1991 scheiterten. Mit der Auflösung der Sowjetunion zerfiel er vollends. Der Warschauer Pakt als deren militärisches Instrument war angesichts von Reformregierungen und fehlender Bedrohung durch die NATO bereits im Sommer 1990 obsolet geworden. Seine militärischen Strukturen wurden bis April 1991 aufgelöst, die politischen bis März 1992. Die letzten Truppen der ehemaligen Sowjetunion zogen nach vertraglichen Vereinbarungen bis Ende des Jahres 1994 aus allen Staaten und so auch aus Deutschland ab. Die sich reformierenden Staaten Ost- und Ostmitteleuropas suchten seither in unterschiedlichem Ausmaß und Tempo den Anschluss an die westlichen Verträge zur EG/EU und NATO zu finden, während Russland/GUS eine stärkere Konsolidierung als eigenständige Kraft betrieben.

*Auflösung des „Ostblocks"*

# I. RESÜMEE

Ende einer Epoche

Der Fall der Berliner Mauer am 9. November 1989 markierte das Ende einer Epoche. Was die Mitlebenden zeitlich empfanden, deckt sich mit dem rückblickenden Urteil. Mit der Überwindung dieses 28 Jahre bestehenden konkreten Symbols für die physische Trennung in Europa setzte ein tief greifender Wandel zunächst einmal der politischen Strukturen ein, der jahrzehntelang für unmöglich gehalten worden war. Ronald Reagans Aufforderung an Michail Gorbačev am 12. Juni 1987, in Berlin die Mauer einzureißen, bildete eine konkrete Utopie, die der Sache nach, wenngleich nicht auf den eingeschlagenen Wegen und mit unbeabsichtigten Folgen den Vorstellungen Gorbačevs für ein neues „Europäisches Haus" hätte nahe kommen können. Nur ging dieser – im Einklang mit den meisten westlichen Vorstellungen – von einem evolutionären Prozess im Osten aus, der die sowjetische Macht effektiv erneuern würde. Die Theorie von der Konvergenz beider Systeme war in den sechziger Jahren im Westen entwickelt worden, um eine modernisierende Annäherung gleichsam in der Mitte zu kennzeichnen. Sie hatte in den achtziger Jahren keine Chancen mehr; es ging zunehmend um eine Übernahme der westlichen Strukturen durch den Osten. Das war vor allem durch den technologischen Wandel bedingt, der gerade im Bereich von Kommunikation und Medien einen starken Sog zu offenen Informationssystemen hin ausübte. Wie sich dies auf den gesamten wirtschaftlichen Wandel auswirken musste, blieb für die Zeitgenossen ebenso offen wie die Chancen zu einer wechselseitigen kulturellen Beeinflussung. Einigkeit herrschte in den Eliten, aber doch tief in den Gesellschaften verwurzelt, dass Krieg nicht mehr länger Mittel für politische Zwecke sein sollte, barg doch jeder lokale oder kleinere Konflikt in sich die Gefahr einer Eskalation zum alles zerstörenden atomaren Krieg. Frieden war daher zum Imperativ politischen Denkens geworden, der allerdings gerade durch Destabilisierung einer Seite, eben des Ostens, gefährdet werden konnte. Mit Kriegsängsten ließ sich auch dann noch Politik machen, wenn kein Kriegswille dahinterstand.

Sogwirkung des Westens

Einige tiefer liegende Gründe für die unerwarteten und überraschend friedlich verlaufenden Revolutionen zeichnen sich mit zeitlichem Abstand ab. Es bestand seit 1945 ein demokratisches Legitimationsdefizit der sich sozialistisch verstehenden Staaten gegenüber den liberal-demokratischen Gesellschaften im Westen. Verstärkt wurde dies durch das außerordentliche Anwachsen von Wohlstand im transatlantischen Rahmen und so auch in Westeuropa. Er erfasste alle Schichten, auch wenn soziale Probleme und Ungleichheiten im Einzelnen bestehen blieben. Nur scheinbar waren die Sozialsysteme im Ostblock sicherer; sie waren vor allem teurer und ineffizienter. Die Formen westeuropäischer Integration trugen zu Wohlstand und Demokratie wesentlich bei, die östlichen hatten entgegengesetzte Wirkungen. Diese Unterschiede zwischen Ost und West nahmen im Zuge des technisch-industriellen Wandels zu, der sich zunächst noch in der Motorisierung, dann aber zunehmend im Informations- und Elektroniksektor abspielte. Osteuropa geriet trotz spektakulären, aus Prestigegründen mit großem Aufwand geförderten Einzelleistungen – von der bemannten Raumfahrt bis zum „Super-Chip" – in wachsenden Rückstand gegenüber dem Westen. Wie stark die Erkenntnis der auseinander klaffenden Schere seit den siebziger, verstärkt in den achtziger Jahren im Westen – vor allem in den USA – als Vehikel der Destabilisierung genutzt wurde, bleibt zu diskutieren. Zu staatlicher Demokratie und materiellem Wohlstand kamen kulturelle Angebote und Prägungen im Westen hinzu, die von Individualität und Freiheitsspielräumen bestimmt waren. Sie fanden ihren Ausdruck in einem breiten Spektrum der populären Kultur und erhöhter Mobilität, wie sie sich etwa im Tourismus niederschlugen. Gerade hiervon ließ sich auch der Osten nicht abschotten. Das Feindbild vom Westen, das bis Mitte der siebziger Jahre in unterschiedlichen Ausdrucksformen im Osten propagiert worden war, entpuppte sich tatsächlich als anziehendes Vorbild.

Diese Entwicklungen innerhalb der liberal-demokratischen Systeme wurden innerhalb des Ostblocks zwar erkannt und tendenziell als aggressive Einmischung von außen bekämpft. Ihre systemsprengende Qualität enthüllten sich jedoch erst am Ende. Zwar gab es in der populären Kultur Ansätze zu deren eigenständiger nationaler Umsetzung, jedoch konnte dies die westliche Sogwirkung nicht abschwächen. Diese wiederum hing mit der wirtschaftlichen Leistungsfähigkeit westlicher Systeme zusammen, die sich in der Konsumkultur zeigte. Das Erfordernis grundlegender Reformen, aber nach eigenen Vorgaben und Zielen, wurde häufiger artikuliert, jedoch blieben diese unter den Bedingungen des realen Sozialismus stecken. Die westliche Bereitschaft, friedlichen Wandel im Ostblock zu unterstützen, sodann die in mehreren Ländern wachsende Entschlossenheit zur Wahrnehmung bürgerlicher Freiheiten und zum Protest und schließlich eine Reformpolitik, die erstmals von der sowjetischen Führung – und nicht von der Peripherie des Ostblocks – getragen wurde, wirkten in den späten achtziger Jahren zusammen.

*Reformunfähigkeit im Osten*

Gegenüber einer potenziell systemsprengenden Kraft westlicher Einflüsse gab es immer die Drohung militärischer Repression, wie sie einige Male praktiziert wurde und auch nach Stalins Zeiten ideologisch verwurzelt blieb. Offene Gewalt kam dennoch entgegen vielen Befürchtungen und trotz zeitweiliger Gefährdungen schon 1980/81 in Polen, dann vor allem aber 1989/90 nicht oder kaum zum Zuge. Auch wenn die große militärische Konfrontation zwischen Ost und West unter den Bedingungen eines Nuklearkrieges ausschied, trug das Bewusstsein dieser Gefahr wesentlich zum Zusammenhalt der beiden Lager bei, band die Neutralen indirekt und verhinderte auch denkbare kleinere zwischenstaatliche Kriege. Das Wettrüsten prägte das Bewusstsein und erzeugte einen – auf drei Phasen konzentrierten – „Kalten Krieg", der gerade wegen dieser Rahmenbedingungen nicht in einen heißen Krieg umschlug.

*Militärische Repression*

Mit der Auflösung bisheriger sozialistischer Integrationsklammern im Ostblock (und in der Folge des Blocks selbst) wie innerhalb der Einzelstaaten setzte seit Ende der 1980er Jahre ein offener Wandlungsprozess ein, der eine neue Phase europäischer Geschichte kennzeichnete. In ihr zeigte sich bislang, dass die Prägungen auch der Zeit vor 1945 wieder auflebten und weiterwirkten. Zumal in Osteuropa konnten ältere nationale, vornationale oder regionale Traditionen wieder zutage treten, aber auch die mentalen Folgen von sozialistischen Gesellschaften und der Ausrichtung auf die Sowjetunion waren nicht von einem Tag zum anderen beendet. Die Übernahme von freier Demokratie und liberalen Wirtschaftsformen ging weder linear noch spannungslos vonstatten. Wünsche nach Modifikation des überkommenen westlichen Modells zeichnen sich unter den Bedingungen einer neuartiger Globalisierung im vormaligen Osten wie Westen ab. Hinzu kam, dass sich ethnische, nationale und soziale Konflikte nach dem Wegfall der alten Gegensätze und Repressionsmechanismen neu entfalteten und zu begrenzten Kriegen und Bürgerkriegen auch in Europa – wie etwa in der ehemaligen Sowjetunion und im ehemaligen Jugoslawien – führten. Dem vermeintlichen „Ende der Geschichte" (Francis Fukuyama) steht die Diagnose einer „Rückkehr der Geschichte" (Timothy Garton Ash) ebenso formelhaft verkürzend gegenüber.

Weiterwirken früherer Prägungen

Auch der Westen änderte seinen Fokus mit dem Wegfall des bisherigen Gegners. Zwar wurde die deutsche Vereinigung international zunächst mit der Fortführung, ja Beschleunigung des westeuropäischen Integrationsprozesses aufgefangen, aber die Tendenz zu einer stärker nationalen oder regionalen Rückbesinnung fand sich als Reaktion auf die supranationale Entwicklung auch im westlichen Europa wieder. In welchem Maße die transatlantische und westeuropäische Integration Sogwirkungen entfaltete, zeigte sich nicht zuletzt in der „Osterweiterung" der Europäischen Union und der NATO, die auf diese Weise gleichfalls ihr Gesicht änderten.

Der Epocheneinschnitt um den 9. November 1989 zog im staatlichen Bereich die schnelle Vereinigung der beiden deutschen Staaten zu einer neuen Bundesrepublik am 3. Oktober 1990 und die Auflösung der multinationalen Sowjetunion am 25. Dezember 1991 nach sich. Europa hatte in einer Zeit, in der die transnationale Integration zunahm, auch staatlich ein neues Gesicht bekommen. Man kann mit dem Zweiten Weltkrieg auch ein „Ende des europäischen Zeitalters" (Karl Dietrich Bracher) erkennen, bestimmten seither doch die beiden Hauptsiegermächte USA und Sowjetunion nachdrücklich auch das Gesicht des „alten Kontinents". Jedoch boten nur die westlichen Integrationsbestrebungen Chancen für einen nicht mehr allein nationalstaatlich bestimmten Wiederaufstieg Europas als künftiges Modell. Dennoch geht die Geschichte Europas bislang und auf längere Sicht nicht in der Geschichte der europäischen Einigung auf. Gleichzeitig entfaltete sich eine Dynamik von nicht mehr staatlich oder auf andere Weise zentral zu steuernder „Globalisierung", welche in ihren wirtschaftlichen, kulturellen und nicht zuletzt gewaltsamen Ausprägungen die weltpolitische Rolle Europas ein zweites Mal nach 1945 relativiert.

# II. Grundprobleme und Tendenzen der Forschung

## A. QUELLENLAGE

Die Geschichtsschreibung über Europa seit dem Zweiten Weltkrieg setzte ein mit dem Nachvollzug der je eigenen nationalen Rollen und Perspektiven. Zugleich wurden die parteipolitischen oder sozialen Gegensätze innerhalb der Staaten in ähnlicher Weise publizistisch und sodann auch historiographisch untermauert. Das ist in der Zeitgeschichte üblich. Im aufkommenden Ost-West-Konflikt hieß dies, die Politik der eigenen Regierung und dann auch des eigenen Lagers zu erklären und frühzeitig die Verantwortung der Gegenseite für die Konfrontation herauszustreichen. Diese Sicht des Ostens oder des Westens wurde nicht erst auf die Deutung der Nachkriegszeit angewandt, sondern zeitlich unterschiedlich weit zurückverfolgt. Das galt überall für den Zweiten Weltkrieg, wo der eigene nationale Anteil am Sieg über die Aggressorstaaten als Basis für die nachfolgende Politik wichtig wurde. Auf sowjetischer, amerikanischer und britischer Seite suchte man Gründe, um im eigenen Beitrag zum Sieg zugleich Ansprüche für die Nachkriegsordnung zu begründen. Die Deutung des Zweiten Weltkrieges wurde so früh zum Teil der historiographischen Auseinandersetzung um den nachfolgenden Konflikt. Die ersten geschichtswissenschaftlichen Deutungen hatten daneben auch mit der Verfügbarkeit von Quellen zu tun. Hier unterschieden sich der „Osten" und der „Westen" grundsätzlich, so dass auch die Archiv- und Öffentlichkeitspolitik dieser Epoche einen Teil des Konfliktes bildete.

Geschichtsschreibung als Legitimation

Der Ost-West-Konflikt selbst führte also zumindest in den ersten beiden Jahrzehnten nach dem Zweiten Weltkrieg zu völlig gegensätzlichen Sichtweisen, die – auch – aus den Unterschieden zwischen relativ freiem oder gelenktem Zugang zu Quellen entstanden. Ein zur Identifikation einladendes Muster differenzierte sich nur im Westen. Während die Motivationen, Grundzüge des Handelns und Strukturen hier pluralistisch kontrovers diskutiert wurden, konnten sich Interpretationen zum Ostblock bestenfalls begrenzt auf eine Modifikation der Linie offiziöser und offizieller Publikationen richten. Während im Westen immer weitere Quellen zu erschließen waren, wurden für den Osten nur wenig neue Quellen unabhängig von einer Parteilinie der freien Forschung zugänglich. Die Geschichtsschreibung in der Zeit des Kalten Krieges blieb also durchgehend und

*Einseitige Quellenlage* — methodisch fragwürdig so etwas wie „one-hand-clapping" [Gaddis Smith]: Die Aktionen der westlichen Seite waren in ihren Motiven und ihrer gesellschaftlichen Einbettung nach zeitlichem Abstand relativ klar und differenziert zu erkennen, während für den Ostblock primär die offiziellen Deutungen zur Verfügung standen, unterbrochen nur durch wenige „enthüllende" Selbstzeugnisse von ehemals führenden Persönlichkeiten, deren Quellenwert umstritten blieb. „Kreml-Astrologie" wurde so im Westen zu einem Zweig der Politikwissenschaft und Zeitgeschichte, die mit Indizien und indirekten Schlüssen arbeiten mussten.

Seit ab 1989 die weitgehend abgeschotteten Informationssysteme in den sozialistischen Staaten geöffnet wurden, breitete sich auch hier eine unabhängige und quellengestützte Forschung aus. Grundsätzlich galt für westliche Staaten seit Jahrzehnten gesetzlich geregelt eine Sperrfrist von zumeist 30 Jahren für Ar- *Sperrfrist 30 Jahre* chivquellen. Seit den 1970er Jahren wurden somit zunehmend interne Quellen zur Nachkriegszeit zugänglich, so dass mittlerweile die Quellen der 1970er offen sein sollten. (Allerdings bestehen deutliche nationale Unterschiede und Restriktionen in der Deklassifizierung von Geheimmaterial, aber auch beträchtliche bürokratische Hindernisse für den freien Zugang.) Es gibt für die Geschichtsschreibung zu Europa seit 1945 also zwei Epochen unterschiedlichen Quellenzugangs. A. HILLGRUBER schrieb mit gutem Grund 1979 [599, S. 109] zu Beginn seines Forschungsberichts: „Die Geschichte Europas nach 1945 ist erst verhältnismäßig spät zum Gegenstand historischer Forschung geworden. Sie steht daher in weiten Teilen noch in einem Anfangsstadium". 25 Jahre später hat sich das gründlich geändert.

*Quellenzugang als Teil der friedlichen Revolution* — Im ehemaligen Ostblock stellte die Öffnung von Archiven seit 1989 einen Teil der friedlichen Revolutionen dar, wodurch die bisherigen offiziösen Deutungen entlarvt und – wie es dann ein wenig naiv hieß – „weiße Flecken" mit Farbe, also Anschauung, sichtbar gemacht werden konnten. Das galt in ganz besonderer Weise für die dann untergegangene DDR, wo – wenn auch mit Ausnahmen – die staatlichen und die Akten der Parteien (sofern sie nicht vernichtet oder an der Forschung unzugängliche Orte verbracht wurden) bis in das Jahr 1990 öffentlich zugänglich wurden. Im Prinzip traf dies auch auf andere ehemals sozialistische Staaten zu. Insbesondere in der Sowjetunion/Russland wurde bis in die Mitte der 1990er Jahre – z. T. in gemeinsamen Projekten mit westlichen Historikern – eine Fülle interner Akten erschlossen, verfilmt oder kopiert, die der Aufklärung über die vergangenen Regimes oder die Rolle der Sowjetunion dienten. Während in den meisten ehemals sozialistischen Staaten, voran Polen und Ungarn, eine kritische Zeitgeschichtsschreibung einsetzte, stagnierte vor allem in den Staaten der ehemaligen Sowjetunion der freie Zugang zu den Archiven seit Mitte der neunziger Jahre; viele Quellen finden sich mittlerweile in Mikrofilmen auch im Westen wieder.

Eine Quellenübersicht zur Geschichte seit 1945 sollte einen offenkundigen Sachverhalt eigens festhalten: Eine Fülle von sektoralen Fragestellungen und

Forschungsrichtungen konnte mit zeitgenössisch verfügbaren offenen Quellen betrieben werden. Das gilt über weite Strecken der Sozial- und Wirtschaftsgeschichte, aber auch der Kultur- und Mentalitätsgeschichte. Nicht-schriftliche Quellen, Bilder, Überreste aller materiellen Provenienz und zunehmend auch nicht-materieller Überlieferung wie elektronische Medien und andere Datenträger gehören ebenfalls dazu. Es gibt für viele neuere Fragestellungen einer vergleichenden europäischen Geschichte keine Probleme im Quellenzugang, sondern in der methodisch durchdachten Auswahl einer überbordenden Fülle von Informationen in einer sich zur Wissensgesellschaft wandelnden Welt. Darüber hinaus haben viele systematische Wissenschaften – Politische Wissenschaften, Soziologie, Volkswirtschaft, Rechtswissenschaft, Kultur- und Sprachwissenschaften usw. – seit jeher, verstärkt in der zweiten Hälfte des 20. Jahrhunderts, Analysen ihrer jeweiligen Gegenwart erarbeitet, die auch für historische Sicht erstrangige Quellen bereitstellen. Das gilt besonders dann, wenn diese eher systematischen Untersuchungen auf sonst nicht leicht zugänglichen oder inzwischen vernichteten Quellen aus dem Entstehungszeitraum beruhen.

<small>Quellenüberfluss</small>

Hier ist primär von den Quellen staatlicher Institutionen, aber auch entsprechender privater bzw. öffentlich-rechtlicher Provenienz von den Parteien bis hin zu Firmen zu handeln. Sie reichen über die veröffentlichten Analysen und Stellungnahmen, die Maßnahmen zur Presse- und Marketingarbeit hinaus, liegen oft zeitlich vor diesen und bilden erst deren Grundlage. Zumal interne, noch offene Entscheidungsprozesse lassen sich nur aus internen Quellen erschließen. Das gilt besonders für die internationalen Beziehungen und für Vergleiche hinsichtlich der politischen Geschichte, aber auch für Strukturen wie für viele Fragen der Kultur- und Mentalitätsgeschichte.

Quellen werden heute zunehmend auch über Medien erschlossen [Überblick zur Mediengeschichte als Kultur- und Mentalitätsgeschichte, aber auch für Quellenüberblick geeignet: 118: WILKE], die sowohl unmittelbare Quellen (Reden, Erklärungen), als auch Informationen über Atmosphärisches und Hintergründe enthalten. Letztere sind oft an keiner anderen Stelle vorhanden. Sodann können sie auch eine erste Deutung und historische Einordnung enthalten, die noch nicht wissenschaftlich genannt werden kann. Darüber hinaus pflegen u. a. Historiker erste Erkenntnisse in Medien zu verbreiten oder sich mit ihrer Fachkompetenz in öffentliche Debatten zur Geschichte oder Politik einzuschalten. Neben Zeitungen und Zeitschriften treten zunehmend elektronische Medien, die wiederum aus allen Bereichen archivieren. Ein Informationsdienst u. a. über historische Zeitungsartikel wird seit 1995 täglich verbreitet unter www.historiker.de, der deutsche, französische und englischsprachige Zeitungen berücksichtigt; als nützlich erweisen sich breiter in die Kulturwissenschaft hinein auch www.perlentaucher.de, www.sehepunkte.de oder http://edoc.hu-berlin.de/e_histlit/, die zunehmend den Charakter von Rezensionszeitschriften und Diskussionsforen annehmen oder bereits angenommen haben. Dazu dienen auch wichtige Portale, die ganz oder überwiegend in der Geschichte seit 1945 angesie-

<small>Medien als Quelle</small>

delt sind: www.zeitgeschichte-online.de/portal; www.historicum.net/themen/ index.html; http://hsozkult.geschichte.hu-berlin.de/. Weltweit orientiert eine Sammlung einiger Dutzend von separaten „Listen" im (in den USA basierten) H-Net (www.h-net.org/lists/) über Länder und Aspekte europäischer Geschichte, für das Thema „Europa" gibt es aber dort derzeit kein eigenes Forum.

Deutscher Sonderfall: Freigabe der Akten bis 1945

Die theoretisch gültige Frist von 30 Jahren bis zum Archivzugang stößt auf praktische oder bürokratische Probleme mit sehr großen Schwankungen auch innerhalb nationaler Archivkulturen. Eine historische Ausnahme bildeten die deutschen Archive bis zum Jahr 1945, die durch die Niederlage des Deutschen Reiches in die Verfügungsgewalt der alliierten Siegermächte gelangten. Sie wurden von diesen zunächst für den Nürnberger Hauptkriegsverbrecherprozess 1945/46 ausgewertet (und in diesem Rahmen in 42 Bänden von Verhandlungen und Dokumenten publiziert [56]). Sie waren im alliierten Gewahrsam ausgewählten Forschern zugänglich, kehrten zum größten Teil bis in die 1960er Jahre nach Deutschland zurück und waren seither für die Forschung frei. Für die Sowjetunion, bedingt auch für die DDR gilt allerdings, dass deren Archivbeute lange nur selektiv öffentlich wurde, und auch nach dem Ende des Kalten Krieges tauchten Quellen etwa im Moskauer Sonderarchiv auf, über deren Umfang bis heute keine Klarheit besteht. Allerdings gilt dieser Ausnahmefall zunächst nur für die deutschen Akten bis zum Ende des Deutschen Reiches, nicht für die Nachkriegszeit.

USA: „Freedom of Information"

Am weitesten sichern die USA mit ihrem „Freedom of Information Act" jedem Interessenten den Zugang nach der entsprechenden Frist, tendenziell auch für weniger als 30 Jahre zurückliegende Dokumente. Benutzer haben das Recht, eine Deklassifizierung und damit Freigabe für die Forschung zu verlangen. Geheimdienstberichte und/oder militärische Akten unterliegen jedoch auch hier restriktiver Behandlung. Insbesondere die als Stiftungen für jeden der früheren Präsidenten eingerichteten Archive (*Presidential Libraries*) machen für deren persönliche Papiere, aber auch für viele andere Quellen eine Akteneinsicht vor

Liberaler Archivzugang in Westeuropa

der 30-Jahres-Frist möglich. Einen ähnlich liberalen Zugang gewähren Archive in Großbritannien, in den skandinavischen Staaten, den Niederlanden oder der Bundesrepublik. Jedoch gibt es bedeutende Abweichungen in der Praxis. Gerade Personalmangel zur archivarischen Sichtung und Aufbereitung, aber auch für die Deklassifizierung von früherem Verschlussmaterial bedeuten ein ernstes Hindernis für die Einhaltung der 30-Jahres-Frist. In anderen Ländern wie etwa Italien oder Frankreich, aber auch Spanien oder Portugal bieten offizielle Freigabefristen kaum verlässliche Anhaltspunkte für entsprechende Forschungsmöglichkeiten.

Sonderfall DDR

Unter den Staaten des ehemaligen Ostblocks wurden in der DDR zum Teil schon vor der staatlichen Vereinigung 1990 Akten als Teil des Freiheitsprozesses zugänglich. Auch wenn Teile der Überlieferung vernichtet oder an unzugängliche Orte verbracht wurden, ist (mit Einschränkungen) eine archivarische Erforschung der DDR bis zu ihrem Ende 1990 möglich. Das ähnelt der Situation von

Forschungen über die NS-Zeit bald nach 1945. Insbesondere die Akten des ehemaligen Ministeriums für Staatssicherheit, aber auch von Parteien und gesellschaftlichen Organisationen wurden in einem speziellen Archiv („Gauck-Behörde", seit 2001 unter M. Birthler) frei zugänglich. In den anderen Staaten Mittel- und Osteuropas gilt als Teil der Demokratisierung ebenfalls die Öffnung im Rahmen der Dreißig-Jahres-Frist, stößt aber auf ähnliche Probleme wie in einigen westeuropäischen Staaten. Sie wird seither von den sich erneuernden Geschichtswissenschaften dieser Staaten, aber auch häufig mit finanzieller Unterstützung westlicher Stiftungen oder Projekte genutzt, die zur internationalen Kooperation führen. Einen Ausnahmefall bildete die Sowjetunion bzw. als Nachfolgestaat vor allem Russland. Unter Gorbačevs Politik der Glasnost wurden demonstrativ Archivmaterialien zugänglich gemacht, was sich dann unter Boris Jelzin eine Zeit lang fortsetzte. Angesichts des sehr ausdifferenzierten Archivsystems war für die gesamte Zeit des Sowjetsystems seit 1917 aber nie deutlich, welcher Anteil an Überlieferung, zumal der höchsten Führung, zugänglich wurde. Seit Mitte der neunziger Jahre wurde die Archivpolitik wieder restriktiver gehandhabt.

Andere Staaten des „Ostblocks"

Ein neues Problem bieten Quellen internationaler Organisationen. Nach den üblichen Regeln können – wenn auch häufig restriktiv – aus den nationalen Archiven die Perspektiven gegenüber diesen Einrichtungen geklärt werden. Die Deklassifizierung und Öffnung von Akten internationaler Organisationen selbst ist aber wegen der häufig erforderlichen Zustimmung vieler oder aller Mitgliedsstaaten schwierig. Grundsätzlich gelöst ist die Frage bei den Europäischen Gemeinschaften, die im Rahmen der Fristen ein Archiv ihrer Akten am Europäischen Hochschulinstitut in Florenz begründet haben und dorthin die Originale abgeben sowie allen beteiligten nationalen Archiven darüber hinaus einen Satz an verfilmten Akten zur Verfügung stellen. Schwieriger gestalten sich die Verhältnisse bei der NATO, für die erst von den einzelnen nationalen militärhistorischen Instituten Voraussetzungen zur Aufhebung von Geheimhaltung geschaffen werden mussten, die mittlerweile Forschung über die fünfziger Jahre möglich machen. Ungeklärt ist auch die freie Benutzung der (nicht gedruckten) UNO-Bestände und ihrer Organisationen sowie der Zusammenschlüsse des ehemaligen Ostblocks. Für letztere, zumeist mit Zentrale in der Sowjetunion, gelten im Kern die für Russland mitgeteilten Beobachtungen.

Internationale Organisationen

Eine weitere Stufe zur Erschließung für die historische Forschung noch vor dem Archivzugang bilden laufende Dokumentensammlungen, die kurz nach den Ereignissen, oft in Lieferungen, erscheinen. Das (Keesings) Archiv der Gegenwart [5] publiziert als privates Unternehmen seit den dreißiger Jahren weltweit und fortlaufend über Ereignisse und zitiert Exzerpte aus veröffentlichten Quellen (Reden, Regierungspublikationen), die später nur schwierig wieder verfügbar gemacht werden können. Zumeist national und damit mit offiziösem Anstrich werden besonders zum Regierungshandeln und zumal den internationalen Beziehungen Schlüsseldokumente gedruckt. Für Westdeutschland wichtig war

Sammlungen öffentlicher Quellen

seit 1946 das „Europa-Archiv" [30] mit einem einschlägigen Dokumententeil, das seit 1995 als „Internationale Politik" firmiert. Ihm können für viele Staaten ähnliche Publikationen an die Seite gestellt werden [Documents on International Affairs; 3: L'Année Politique; 67: The United States in World Affairs u.a.m.].

Zumeist aus unmittelbaren politischen Gründen wurden offizielle Texte zur internationalen Politik teils von regierungsnahen Institutionen, teils – und damit kooperierend oder konkurrierend – von wissenschaftlichen Organisationen publiziert. Im deutschen Sprachbereich wurden 1947 früh die Friedensverträge mit den „kleineren Verbündeten" des Deutschen Reiches vorgelegt. Hervorzuheben sind etwa E. JÄCKELS „Die deutsche Frage 1952–1956", ERNST DEUERLEINS unterschiedliche Dokumente zur Deutschen Frage und deutschen Teilung auf den Nachkriegskonferenzen, INGO VON MÜNCHs Dokumente des geteilten Deutschland (Stuttgart 1968, 2. Aufl. 1976) oder die von der Deutschen Gesellschaft für Auswärtige Politik verantwortete und wiederholt ergänzten „Dokumente zur Berlinfrage" [28]. JÜRGEN SCHWARZ konnte 1980 großformatige 700 Seiten (oft vollständiger Texte) „Der Aufbau Europas. Pläne und Dokumente 1945–1980" vorlegen [61], die bislang nicht überholt sind.

Eine wissenschaftliche Dokumentation vorwiegend aus entlegenen Archivquellen mit konzisen wissenschaftlichen Einführungen in die jeweiligen Themengruppen bilden den Kern eines Forschungsunternehmens, das WALTHER LIPGENS in vier umfänglichen Bänden [45; die letzten beiden von WILFRIED LOTH verantwortet] für die europäische Bewegung aus dem Zweiten Weltkrieg bis etwa 1949/50 vorlegte. Anders angelegt war die frühere Dokumentation von LIPGENS über die Europa-Föderationspläne des Widerstandes während des Zweiten Weltkrieges [46]. LIPGENS selbst führte seine große Edition zeitlich bis an die damalige Gegenwart fort mit einer programmatischen Sammlung „45 Jahre Ringen um die europäische Verfassung. Dokumente 1939–1984" [47] (vgl. Kap. D). Drei Bände der Deutschen Gesellschaft für Auswärtige Politik [31: Europa] widmeten sich 1962 den damals vorliegenden staatlichen Verlautbarungen. Mit einem nüchternen Kommentar und Einführung versehen wurde „Europa zwischen Spaltung und Einigung 1945–1990" [34: GASTEYGER] zu einem Standardwerk für West- wie Ost-Integration. Nur für den Ostblock (bei wesentlich schlechterer Quellenbasis) konnte A. USCHAKOW mit „Integration im RGW" (Baden-Baden 1983) ähnliche Dienste leisten.

Auch zur Geschichte der KSZE erschienen mit geringer zeitlicher Verzögerung nützliche Quellenbände [40: JACOBSEN u.a.; 59: SCHRAMM u.a.]. Aus dem Umkreis des Europa-Archiv publizierte HEINRICH V. SIEGLER mehrere Bände zur Abrüstungsfrage in den fünfziger Jahren [26]. Sammlungen zu den deutsch-französischen Beziehungen bis an die Gegenwart des Jahres 1988 heran [11] lassen sich in dieser Kategorie der zeitnahen offiziellen bzw. offiziösen Dokumentationen nennen.

Einen besonderen Charakter und Umfang weisen die „Dokumente zur Deutschlandpolitik" [29] auf, die von einschlägigen (und im Titel wechselnden)

Ministerien der Bundesrepublik Deutschland herausgegeben werden und wurden, stellen sie doch bereits durch ihre Anlage eine Quelle zum zeitgenössischen Bewusstsein dar, haben darüber hinaus aber durch ihren Inhalt bleibenden Wert. Beginnend mit dem Jahr 1955 wurden – von einem unabhängigen wissenschaftlichen Beirat begleitet – mit zunächst sechsjährigem Abstand vom Berichtsjahr relevante Quellen der deutschen Parteien, aber auch internationaler Stellungnahmen zumal aus den Staaten der Siegermächte vorgelegt. Sie wurden in zahlreichen Bänden bis zum Berichtsjahr 1968 fortgeführt. Danach gab es einen Neuansatz. Anstatt nur bisher zeitgenössisch publizierte Dokumente zu versammeln, begann eine erste Serie mit gründlichen wissenschaftlichen Recherchen in Archiven der Kriegsgegner des Zweiten Weltkrieges zur deutschen Frage. In einer neuen I. Reihe ab 1984 wurden drei Bänden zur britischen und zwei zur US-amerikanischen Debatte publiziert (bis heute unvollständig). In einer II. Serie wurde in der bislang definitiven Edition in drei Teilbänden eine Synopse der internen britischen, US-amerikanischen und sowjetischen Dokumente zur Potsdamer Konferenz 1945 geboten. Ein weiterer Neuansatz dieser II. Serie bescherte eine Sammlung für den Geschichtszeitraum ab 1949. Diesmal auf Archivrecherche beruhend – sonst ähnlich wie die vorangegangenen Serien III bis V – wurden breit die Quellen aus Deutschland und den wichtigsten Staaten zur deutschen Frage ediert. Methodisch problematisch wurden die Bände dabei in Teilbände mit zeitgenössisch publizierten bzw. völlig neu erschlossenen Dokumenten aufgeteilt. Eine Vervollständigung für den Jahre zwischen 1945 und 1949 sowie zwischen 1968 und 1989 ist im Gange. Gerade am Konzeptionswechsel der Edition lässt sich ein bedeutender Teil deutscher Geschichte im europäischen Rahmen ablesen.

Als „Sonderedition aus den Akten des Bundeskanzleramtes 1989/90" erschien unmittelbar vor Ende der Kanzlerschaft Helmut Kohls 1998 im Rahmen der „Dokumente zur Deutschlandpolitik" eine frühe Edition der dort vorliegenden internen Quellen zum internationalen Prozess der deutschen Vereinigung – ohne dass Akten anderer Ministerien berücksichtigt wurden, für welche die Archivsperrfrist weiter gilt („Fondsedition"). Als Anlass für die letztgenannte Edition dürfte u. a. gedient haben, dass die DDR-Akten im Archiv frei waren, und HEINRICH POTTHOFF zuvor für die achtziger Jahre bis zur Vereinigung die dort vorliegenden Niederschriften von Gesprächen führender Politiker publiziert hatte [Die Koalition der Vernunft, München 1995] und zugleich – auch das gängiger westlicher Übung widersprechend – die Parallelüberlieferung der bundesdeutschen Seite privat von Politikern zur Verfügung gestellt wurde.

Akten zur Vereinigung 1989/90

Wissenschaftliche Editionen zur Außenpolitik der einzelnen Staaten haben Tradition seit dem 19. Jahrhundert, oft aber auch deutliche Grenzen [dazu SACHA ZALA, Geschichte unter der Schere politischer Zensur, München 2001]. Die „Foreign Relations of the United States" [33] haben für die Jahre seit dem Zweiten Weltkrieg einen zeitlichen, quantitativen und auch qualitativen Vorsprung. Das gilt nicht nur für die Formulierung und Ausführung der Politik Washing-

US-Aktenedition

tons gegenüber den einzelnen Staaten, sondern die Bewertung und Einschätzung stellt auch eine wichtige Quelle für den Austausch mit den übrigen Staaten und ihren Politikern, aber auch in der Beobachtung ihrer politischen Systeme und des soziokulturellem Hintergrunds dar. Das begann bereits im Jahr 1955 im Zuge des Kalten Krieges mit Bänden zu den beiden Kriegskonferenzen von Malta und Jalta 1945, die in bis dahin nie gekannter Offenheit auch die „abträglichen" Positionen und Diskussionen der eigenen Seite publizierten, und setzte sich fort mit „Potsdam 1945" im Jahr 1960. Sodann verfolgte man das Prinzip mehrerer sektoraler Bände für einzelne Geschichtsjahre, die bis 1985 für die Jahre 1945–1951 abgeschlossen waren (vgl. die Einzelauflistung für Europa in Teil III). Danach entschloss man sich, Serien über mehrere Jahre mit sektoralen Bänden vorzulegen (1952–1954, 1955–1957, 1958–1960), die bis in die frühen 1990er Jahre gedruckt wurden. Schließlich ging man zur Gliederung der Serien nach Amtsperioden der Präsidenten über. Mittlerweile sind über die Administrationen Kennedy (1961–1963) und Johnson (1964–1968) fast alle Bände verfügbar. Die ersten Bände zur Nixon-Administration (1969–1972) wurden 2002 veröffentlicht. Bedeutsam und modellbildend für andere Akteneditionen könnte es sein, dass seit der Kennedy-Administration die meisten, seit Johnson alle Bände im Volltext online verfügbar sind (www.state.gov/r/pa/ho/frus – dort auch eine Liste aller FRUS seit 1861 und die Planungen für die Zukunft). Kritik wurde vor allem an fehlender Deklassifikation für militärinterne Details (teils im Druck dokumentiert) und Auslassungen von Geheimdienstunterlagen laut. Zu letzterem sind mittlerweile einige Bände nachgeschoben worden. Für eine Fülle an Fragen zur europäischen Geschichte – derzeit bis 1968 reichend – bilden die FRUS eine grundlegende Quelle.

Akten der BRD

Die „Akten zur Auswärtigen Politik der Bundesrepublik" [1] starteten für den Geschichtszeitraum wie in der Publikation relativ spät [vgl. aber 12: Dokumente zur Deutschlandpolitik]. Zum vierzigjährigen Jubiläum der Bundesrepublik wurden 1989 zwei Bände über Verhandlungen der Bundesregierung mit den Hohen Kommissaren veröffentlicht. Die fortlaufende Edition begann sodann mit der gesetzlich frühestmöglichen Dreißigjahresfrist im Jahr 1993 für 1963. Chronologisch gegliedert wurden jeweils zwei oder drei Bände für ein Jahr ediert, für welche die Deklassifikation von Geheimdokumenten gesondert geleistet wurde und die in den Anmerkungen weiteres Material nachweisen. Mit dieser Edition gewann die BRD international einen zeitlichen Vorsprung, den sie in der Zwischenzeit bei der Publikation bis 1973 bewahrt hat. Ergänzend wurde 1997 eine neue Serie für die Zeit ab 1949 gestartet, die ebenfalls zügig vorangetrieben wurde und derzeit das Jahr 1953 erreicht. Hinzu kam eine vierbändige Edition zu den Deutsch-französischen Beziehungen zwischen 1949 und 1963, welche auch Bände zu Wirtschaft und Kultur enthält [11]. Parallel sind für die Bundrepublik neben den „Dokumenten zur Deutschlandpolitik" die Kabinettsprotokolle vorgelegt worden, die in überaus gründlicher Kommentierung sektoral über die gesamte Regierungstätigkeit unterrichten, mittlerweile auch gesondert zu einzelnen Kabinettsausschüssen vorliegen, aber derzeit erst das Jahr 1960 erreicht haben [41]. Auch im internationalen europäischen Vergleich besticht die Fülle weiterer wissenschaftlicher Aktenpublikationen zur inneren Geschichte der Bundesrepublik, in vielen Fällen von der Kommission zur Erforschung der Geschichte des Parlamentarismus und der politischen Parteien verantwortet (Gesamtverzeichnis der Publikationen: www.kgparl.de), die mittlerweile für CDU und SPD weit in die 1960er Jahre hineinreichen [Übersicht bei 275: MORSEY, S. 216ff., Nr. 1–106].

Die französische Aktenpublikation zur Außenpolitik [19] startete spät, 1987, und begann mit dem Geschichtszeitraum seit dem Ende des Indochina-Krieges (21. Juli 1954). Die chronologisch geordnete, oft mehrere Bände pro Jahr umfassende Edition (daneben Supplementbände vorher geheimer Sammlungen) geht langsamer als die voranschreitende Geschichte voran und hat mittlerweile das Jahr 1964 erreicht. Daneben begann 1996 eine weitere Reihe mit der Befreiung Frankreichs 1944, die das Jahr 1946 erreicht hat. Wiederum anders ist der britische Ansatz gewählt. Die „Documents on British Policy Overseas" [22] setzten 1984 in zwei Serien 1945–1950 sowie 1950–1955 ein. Hier erschienen für die erste Serie bislang sieben, für die zweite fünf Bände mit sektoraler Gliederung (wie FRUS). Sie fügten den gedruckten Dokumenten in Microfichebeilagen noch weitere Quellen hinzu. Diese Edition stagniert seit Mitte der neunziger Jahre. Dafür wurden seit 1997 in einer dritten Serie drei Querschnittbände für die Jahre 1964 bis 1976 vorgelegt, die Großbritannien zwar im Geschichtszeitraum international einen Vorsprung gewähren, aber keine Dichte ermöglichen, wie beim Beginn der Edition wohl anvisiert worden war. Hinzu kommt neuerdings ein Querschnittband mit einigen Dokumenten der beiden Serien I und II. Unabhängig davon sind gerade für die Dekolonisierung die „British Documents on the End of the Empire" unentbehrlich [10]. Sie liegen in mehreren Serien vor und ermöglichen die Perspektive Londons durchgängig von 1945 bis 1964 nachzuvollziehen, haben darüber hinaus aufschlussreiche Länderbände für Commonwealth-Staaten vorzuweisen.

*Westeuropäische Editionen*

In Italien liegt die Serie X der „Documenti diplomatici Italiani" [18] mit sieben Bänden für 1943 bis 1948 inzwischen komplett vor, der letzte der Bände auch mit einem Online-Inhaltsverzeichnis (www.esteri.it/archivi/crpddi/). Die nachfolgenden Serien sind in Planung. Andere europäische Staaten wie Schweden oder die Niederlande [50] haben gleichfalls mit Aktenpublikationen begonnen; an überseeischen Staaten sind vor allem Kanada [23], Australien [21], die Südafrikanische Union und Israel [24] zu nennen. Für die früher zum sozialistischen Lager gerechneten Staaten gibt es kaum nennenswerte nationale Editionen. Allein als gemeinsames deutsch-russisches Projekt liegen bisher zwei Bände in russischer Sprache über die bilateralen Beziehungen für die Jahre von 1945–1946 vor [44].

Ein groß angelegtes internationales Projekt stellt das am *Woodrow Wilson Center* in Washington angesiedelte *Cold War International History Project* dar.

*Internationale Publikationen zum Kalten Krieg*

In ihm werden u. a. Bulletins veröffentlicht, welche aus Archiven der ehemaligen Ostblockstaaten für wichtige Phasen, Ereignisse und Sektoren ausgewähltes Quellenmaterial in englischer Sprache vorlegen – leider in einem wenig leserfreundlichen Layout. Alle diese bislang 13 (z.T. als Doppelausgaben) seit 1992 gedruckten Bulletins [13] stehen auch im Volltext online unter http:// cwihp.si.edu und legen mit knappen Kommentaren bzw. Einleitungen führender Wissenschaftler Schlüsseldokumente vor. Seit 2000 gibt es hier darüber hinaus ein „virtual archive" mit ausgewählten, thematisch gebündelten Quellen zu Aspekten vor allem osteuropäischer Geschichte. Ihnen schließt sich in internationaler Kooperation ein ebenfalls internationales „Parallel History Project" mit Hauptsitz in Washington an, das Quellen aus dem Westen, aber besonders aus dem ehemaligen Ostblock vor allem militärischer Provenienz – so auch zu Aufmarschplänen – nur online veröffentlicht (www.isn.ethz.ch/php/). Hier sind erste Ansätze zu erkennen. Bei den beiden letztgenannten Reihen besteht die Gefahr einer vorschnellen Publikation von besonders auffälligen Quellen, ohne dass deren Zusammenhänge immer deutlich würden. Angesichts der Fülle von Archivquellen und sonst fehlender nationaler Publikationen sind diese Serien jedoch unverzichtbar.

Über die politischen Quellen hinaus gibt es – nach den Statistischen Jahrbüchern der einzelnen Staaten – eine Reihe von quantifizierenden Datensammlungen vorwiegend zu sozial- und wirtschaftsgeschichtlichen Fragestellungen. B. R. MITCHELL „European Historical Statistics" [104] ist für die letzten Jahrhunderte bis in die 1980er Jahre hinein fortgeführt ein wichtiges Hilfsmittel. PETER FLORA hat mit einem Team in den achtziger Jahren ein zweibändiges Werk vorgelegt, das von 1815 bis 1975 reichte [82]. In jüngerer Zeit wird dies – sektoral anders gearbeitet – durch eine fünfbändige Publikation mit Daten für die einzelnen Staaten fortgeführt [445: FLORA]. Bereits über den Quellenabdruck hinaus reichen Datensammlungen, die bisweilen den Charakter von Handbuchdarstellungen erlangen. Zu nennen ist das von DIETER NOHLEN herausgegebene „Lexikon der Politik" [107], das neben methodischen Bänden auch solche zur europäischen Integration und über die einzelnen Staaten enthält. Es wird für die außereuropäischen Staaten und Regionen sowie die Tätigkeit der internationalen Organisationen im UNO-Bereich ergänzt durch NOHLEN und NUSCHELERS „Handbuch der Dritten Welt" [108] in sechs Bänden, das bis in den 1980er Jahre reicht und in vielen Fällen zugleich die beste knappe sektorale Darstellung zu den Weltregionen enthält.

*Handbuchartige Datensammlungen*

## B. EUROPA IM OST-WEST-KONFLIKT: GRUNDZÜGE DER FORSCHUNG

Die erste bedeutende deutsche Gesamtdarstellung zur europäischen Geschichte bildete 1976 eine Monographie KARL DIETRICH BRACHERS [132]. Bei seiner Diagnose „Europa in der Krise" setzte er bereits 1917 ein. In diesem Jahr begann nach dem Leitartikel von Hans Rothfels 1953 für die „Vierteljahrshefte für Zeitgeschichte" damals die Zeitgeschichte: mit dem Kriegseintritt der USA und deren auf Europa wirkenden Modell von Demokratie, dem seit der bolschewistischen Oktoberrevolution des gleichen Jahres das diktatorische Modell des Sowjetkommunismus entgegengestanden habe. BRACHERS totalitarismustheoretisches Paradigma eines „Zeitalters der Ideologien" widmete den 30 Jahren nach 1945 etwa zwei Fünftel und stellte neben der Dichotomie von Demokratie und Diktatur vor allem das Verhältnis von Europa und der übrigen Welt zur Diskussion, fragte also bereits nach der Rolle der Dekolonisierung. Hinzu kam als dritte große Frage die nach Krieg und Frieden, die für die Zeit nach 1945 auch das Fortwirken und die Folgen des Weltkriegs einschloss.

BRACHER: Die Krise Europas

THEODOR SCHIEDER gab 1979 im siebten Band des „Handbuchs der europäischen Geschichte" mit dem Titel „Europa im Zeitalter der Weltmächte" [113] nur einen knappen Ausblick auf „Europa im Kalten Krieg"; auch er setzte mit dem Ersten Weltkrieg ein. Bei ihm dominierte angesichts weltweit zunehmender Konfrontation das Problem der sinkenden Bedeutung des Kontinents. In Europa bahnte sich für ihn mit der Unterzeichnung der Schlussakte von Helsinki 1975 jedoch eine Möglichkeit zur Überwindung der Blöcke an. Bei ANDREAS HILLGRUBERS 1979 vorgelegtem „Grundriss"-Band [599] ging es erstmals nur um die Zeit seit 1945. Er behandelte dennoch mit etwa einem Drittel des Textes die Zeit bis einschließlich 1945. Er erkannte in den Jahren um 1963/65 eine klare Zäsur, mit der die „Epoche der Weltkriege" abgeschlossen schien; etwas Neues entstand für ihn in der unmittelbaren Gegenwart. Durchgängig stand bei ihm die deutsche Frage im Zentrum der „Weltpolitik der Nachkriegszeit".

SCHIEDER: Zeitalter der Weltmächte

HILLGRUBER: Deutsche Frage im Zentrum

Einen anderen Fokus wählte WALTHER Z. LAQUEUR 1970 [156]. Er bezog auch die sozialen Verhältnisse und mentalen Dispositionen in den Einzelstaaten ein. Darüber hinaus legte er Gewicht auf die Zerstörungen des Zweiten Weltkrieges und den darauf folgenden Aufbau: „Europa aus der Asche". Er änderte dann seine Perspektive bei der Fortsetzung des Werkes, als er 1978 formulierte: „Europa vor der Entscheidung". Darin betonte er die Aufbauarbeit, warnte aber nachdrücklich vor Gefährdungen des erreichten Standes – von Wirtschaftsproblemen über den Eurokommunismus bis zu einer allgemeinen Kulturkrise. Er behielt im Gang der Geschichte nicht Recht und gelangte 1992 in seiner erneuerten Gesamtdarstellung, die wieder politische, soziale und kulturelle Dimensionen verband, zu der Diagnose „Europa auf dem Weg zur Weltmacht": Die kriegerische und friedensgefährdende Vergangenheit bot für LAQUEUR An-

LAQUEUR: Wiederaufstieg Europas

lass für einen optimistischen Ausblick nach Überwindung der bipolaren Spaltung.

Epochenübergreifend insgesamt „Europa im 20. Jahrhundert" zu erfassen, war auch das Ziel des britischen Historikers MARK MAZOWER [162]. Probleme des Gemeinschaftslebens, von politischer und sozialer Ordnung und kulturellen Entfaltungsmöglichkeiten standen bei ständigem Perspektivwechsel und exemplarisch anschaulichem Vorgehen im Zentrum. Seine Diagnose vom „dunklen Kontinent" stützte MAZOWER auf die außergewöhnliche Brutalität und Gewalt, die primär in, aber auch zwischen den Staaten stattfand. Er kontrastierte die Möglichkeiten liberaler Demokratie mit – vor allem ökonomischen – Krisenerscheinungen, mit sozialem Protest und einsetzender Globalisierung. Für Osteuropa diagnostizierte er vor dem Hintergrund von kommunistischem Herrschaftsanspruch stark die wachsenden ökonomischen und Herrschaftskrisen. Für MAZOWER war der Sieg der Demokratie in Europa im Jahr 1989 über den Kommunismus nicht denkbar gewesen „ohne den früheren, vollständigen Triumph des Kommunismus über den Nationalsozialismus" (S. 10). Mit der Wende von 1989/90 erkannte er das „Werden Europas". In der vorangegangenen Zeit kontrastierte er dennoch die ungleich zahlreicheren gewaltsamen Tode in Europa in der Zeit bis 1950 mit denen der nachfolgenden Jahrzehnte.

MAZOWER: „Dunkler Kontinent"

„Europa im Kalten Krieg", „Cold War Europe" oder ähnlich lauteten Titel vieler Lehrbücher vornehmlich in englischer Sprache. Sie betonten zumeist als zentrale Scheidelinie den – wie auch immer zu erklärenden – Antagonismus zwischen Ost und West, thematisierten aber häufig auch andere Fragen wie das aufkommende Problembewusstsein für die Dritte Welt. W. H. MCNEILLS Arbeit von 1953 [America, Britain and Russia: Their Co-Operation and Conflict 1941–1946, London u. a.] bildete den Auftakt; als symptomatisch für die Entwicklung dieser Forschungsrichtung können schon die Titel der Werke von HERBERT FEIS gelten. Er ging stark von der Interaktion der Entscheidungsträger aus. 1957 erschien sein erstes Werk über die Kooperation der Alliierten in der Kriegskoalition und deren nachfolgende Suche nach Frieden [751]. 1960 setzte er mit einem Buch über die Potsdamer Konferenz vom Juli/August 1945 nach [750]. Hier erklärte er die Freude über den gemeinsam gewonnenen Frieden, sah aber gleichzeitig die Grenzen bei aufkeimendem Misstrauen: „In the West fear of broken Germany was overcast by fear of Soviet Communist domination over Europe. In the Soviet Union brief trust in the good will of the West was giving way to the belief hat the West was bent on depriving the Soviet Union of the benefits of its victory." (S. 316) 1970 schließlich lautete für FEIS das Leitmotiv für die Jahre von 1945 bis 1950 „From Trust to Terror" [752], eine Entwicklung, die er auf beiden Seiten erkannte. „The separation between Western democracies and the Communist countries as grouped under the Soviet Union has been flecked but not illuminated by atomic particles" (S. 412 – die Sowjetunion hatte zur Zeit der letzten alliierten Außenministerkonferenz 1949 die erste eigene Atombombe gezündet). Innerhalb dieser später „traditionalistisch" genannten Richtung legte er das Ge-

„Cold War Europe": frühe Darstellungen

FEIS: Diplomatiegeschichte

wicht auf die ideologische Komponente der kommunistischen Expansion nach Westen und der Subversion im Westen. Die machtpolitische Deutung trat im Laufe der Zeit zurück. Der Kalte Krieg wurde – so bei LOUIS HALLE 1967 – zum Versuch einen „scorpion and a tarantula together in a bottle" zu bringen (zit. n. STEPHANSON in: 111: REYNOLDS, S. 29). Die USA oder der Westen hätten erst langsam die außerordentliche Bedrohung durch sowjetische Aggressivität erkannt.

Ideologische Konfrontation

Mit dem Gang der Geschichte verlängerte sich der Analysezeitraum; die Kooperation zum Sieg im Zweiten Weltkrieg wich real der antagonistischen, ja potenziell militärischen Konfrontation. Das Erklärungsmodell hierfür gaben die unterschiedlichen politischen und gesellschaftlichen Ordnungssysteme ab: expansiver Kommunismus und bedrohte demokratische Freie Welt. Im Westen Deutschlands fand ein solches Deutungsmuster früh bei GREGOR VON MINDEN Ausdruck, der schon 1949 titelte: „Europa zwischen USA und UdSSR. Grundlagen der Weltpolitik seit dem Ende des Zweiten Weltkrieges" [Bamberg 1949]. Das Gründungsmanifest der Kominform und George Marshalls Rede zum amerikanischen Hilfsprogramm belegten den Antagonismus. Mit der Chance zu wirtschaftlichem Wohlstand tat sich für Westeuropa die Möglichkeit einer „Brücke zwischen Ost und West" auf (im Einklang etwa mit Jakob Kaisers politischem Programm), „anstatt das erste Opfer eines unausweichlichen Atomkrieges der Zukunft zu werden" (S. 325). Eine besondere Rolle spielte seit 1949 in der Bundesrepublik die Frage nach den Gründen für die nationale Teilung, die – je länger sie anhielt, desto mehr – als langfristig angesehen wurde. Die deutsche Frage schien so – der Politik in der Adenauerzeit folgend – nicht nur als Teil, sondern als Kern der Konfrontation von Ost und West. Eine erste historische Einbettung dieser Frage in den Kalten Krieg gab WILHELM CORNIDES 1957 in einer separaten Publikation „Deutschland zwischen den Weltmächten" (München 1957), die für das von PETER RASSOW herausgegebene Gemeinschaftswerk „Deutsche Geschichte im Überblick" bestimmt war. Dieser Text wurde dann dessen zweiter Auflage von 1962, auf das Doppelte erweitert, beigefügt. Ein Jahrzehnt später wurde die Zeit seit 1945 in der dritten Auflage des „Rassow" 1973 von ANDREAS HILLGRUBER neu bearbeitet und bis 1965 fortgeführt. Er schrieb seinen Beitrag in den folgenden Jahrzehnten bis 1987 als separates Taschenbuch auch zeitlich fort [269]. Diese Darstellung betonte die deutsche Frage im gesamten Kalten Krieg und suchte die Möglichkeiten zur Überwindung der deutschen Teilung zu entwerfen. Unter den von HILLGRUBER seit 1972 entwickelten künftigen Optionen in der deutschen Frage ließen sich einige Züge im Umbruch 1989/90 wieder erkennen.

Kommunismus und Demokratie

Eine begriffliche fruchtbare Deutung entwickelte in einem großen Essay RICHARD LÖWENTHALS [955]. Er beobachtete die Entstehung der Bundesrepublik (und der DDR) aus dem Kalten Krieg, sah aber hierin einen konstitutiven Doppelkonflikt: „Der Gegensatz der Systeme in Ost und West war die Grundlage eines gemeinsamen Konfliktes der Westmächte und der Deutschen in der Bun-

LÖWENTHAL: Konstitutiver Doppelkonflikt

desrepublik mit den Sowjets [...] Die Forderungen nach Wiedervereinigung der Deutschen in Freiheit und Grenzrevision im Osten waren die Grundlage eines Sonderkonflikts der Bundesrepublik mit der Sowjetunion und dem Sowjetblock". Diese Warnung vor einem unbegrenzten Vertrauen auf den Westen in Fragen der „Wiedervereinigung" erhielt zur Zeit der Ostverträge der sozialliberalen Koalition aktuelle Bedeutung, konnte aber auch als Plädoyer für eine neue europäische Sicherheitsordnung gelesen werden, die 1975 zur KSZE-Schlussakte führte.

In dieser ersten Phase der Deutung europäischer Spaltung im Ost-West-Konflikt galt durchweg die Identifikation des Westens mit Freiheit und Demokratie, die der Sowjetunion mit Unterdrückung und Expansion. Was in der letzten Phase des Zweiten Weltkrieges und in den Jahren danach als Sowjetisierung – auch dies ein pejorativer Begriff der Zeitgenossen – Ostmitteleuropas stattgefunden hatte, drohte potenziell auch Westeuropa bis in die jeweilige Gegenwart hinein. Diese geschichtswissenschaftlichen Deutungen folgten den Grundlinien der Politik: „Containment" ab 1947, dem Programm eines „Roll Back" seit 1952, den Herausforderungen sowjetischer Ansprüche in der zweiten Berlin-Krise. Das Schlagwort „Verteidigung der Freiheit" behielt einen offensiven Stellenwert zur „Befreiung" des von „Moskau" unterdrückten Teils Europas.

*Deutungen im Gefolge der Politik*

Revision bildet das Grundprinzip jeder kritischen Geschichtswissenschaft. In der Deutung des Kalten Krieges wurde dies zu einem Markenzeichen einer Gruppe von US-Historikern, die wegen ihrer Herkunft aus diesem Bundesstaat oft als „Wisconsin-Schule" bezeichnet wurde. Ihr erster Vertreter war WILLIAM APPLEMAN WILLIAMS, der zunächst 1959 „The Tragedy of American Diplomacy" schrieb, ein Buch, das nach US-Neuauflagen 1973 deutsch als „Tragödie der amerikanischen Diplomatie" Wirkung entfaltete [177; zur heutigen Diskussion ein Roundtable über Williams mit sechs Aufsätzen in: DH 25 (2001), S. 275–316]. An seine Seite zu stellen sind Historiker wie G. KOLKO [696] 1968 und G. und J. KOLKO [602] 1972, deren Darstellungen im Zweiten Weltkrieg einsetzten, G. ALPEROVITZ, der bereits 1965 die Motivation für den Einsatz der US-Atombomben zum Thema machte [674] und D. HOROWITZ [147], dessen Thema seit Mitte der sechziger Jahre der Weg und die Motivation der gesamten US-Außenpolitik seit dem Zweiten Weltkrieg waren. Nicht zufällig wurde diese neue Sicht zur Zeit des eskalierenden Vietnamkrieges entwickelt, als Zweifel an der moralischen Basis des US-Engagements in diesem unerklärten Krieg in Ostasien aufkamen.

*Revisionismus*

Dabei handelte es sich nicht so sehr um eine Neubewertung der Antriebskräfte sowjetischer, sondern um die Motive der US-amerikanischen Politik. Den Schlüsselbegriff stellte das in den Quellen seit dem 19. Jahrhundert auftretende US-Prinzip der „Open door", des freien Zugangs zu den Märkten dar. Sie sei im und nach den Zweiten Weltkrieg global eingefordert worden. Gerade aufgrund der wirtschaftlichen Stärke der neu gewonnenen Weltmacht wurde hiernach die Durchsetzung einer liberal-kapitalistischen Wirtschaftsordnung mit freiem

*Motive amerikanischer Politik*

Handelsaustausch und Mehrung des Wohlstandes zum Leitbild. Hierin gingen auch marxistische Vorstellungen über die Rolle des Großkapitals mit oder neben den regierenden Eliten ein. Handels- und finanzimperialistische Deutungen dienten zur kritischen Durchleuchtung der moralischen Ansprüche US-amerikanischer Außenpolitik. Nach WILLIAMS [177, S. 261–264] erschienen die Russen zu Kriegsende zwar nach wie vor als böse, aber zugleich als schwach. Daher habe man gehofft, die Welt im Kern nach den moralischen Prinzipien eines starken und moralisch guten Amerika zu gestalten. Gerade weil man die „Befürchtung (hegte), dass das Wirtschaftssystem Amerikas in eine schwere Depression geraten würde, wenn es nicht seine Expansion in Übersee fortsetzte", bildete die Open-Door-Policy eine zwingende Maxime für die Konfrontation mit der sich widersetzenden Sowjetunion. In diesem Sinne galt für ALPEROVITZ [674] der Abwurf der beiden Atombomben im August 1945 über Hiroshima und Nagasaki nicht primär dem Sieg über Japan, sondern der Einschüchterung der Sowjetunion zu Kriegsende, der hier die US-Übermacht auch durch die neue Waffe demonstriert wurde.

ALPEROVITZ: Atombombe und Sowjetunion

Die Betonung der ökonomischen Triebkräfte führte bei KOLKO zu einem platten Ökonomismus, wonach die USA als von Kriegszerstörungen nicht getroffene Macht die Möglichkeit besaßen „to restructure the world so that American business could trade, operate, and profit without restrictions everywhere" [zit. v. STEPHANSON, in: 168: REYNOLDS, S. 32]. Es blieb aber die Frage, wie sich die analytisch in den Vordergrund gerückten ökonomischen Interessen jeweils konkret umsetzten. Eine weitere Differenzierung traf DANIEL YERGIN 1977 [770], indem er gegenüber der Sowjetunion eine eher kooperative, unter F. D. Roosevelt bis 1945 dominierende Linie von einer unter Truman einsetzenden konfrontativen Sicht abgrenzte. Die quellensättigte, in einem lockeren Anekdotenstil gehaltene Darstellung verknüpfte Ökonomie und Politik nicht mehr nahtlos wie die „Revisionisten", bot aber den Ansatz, sowohl zwischen verschiedenen Politiksträngen und -ansätzen als auch zwischen Phasen zu unterscheiden.

YERGIN: Phasen der Konfrontation

Die Neubewertung der Antriebskräfte und Motive der US-amerikanischen (und potenziell auch der gesamten westlichen) Politik führte indirekt zu einer anderen Deutung des Ost-West-Konflikts. Wenn die eigene Seite nicht mehr von vornherein moralisch gerechtfertigt erschien, konnten für beide Seiten wieder machtpolitische Motive deutlicher in den Vordergrund treten; die Muster wurden offener. Man konnte erkennen, dass die „Sowjetunion [...] eine solche Bedrohung ihrer elementaren Sicherheitsinteressen nicht akzeptieren (konnte), zumal die Open-door-Politik in Osteuropa [...] mit der Förderung kapitalistisch-autoritärer und meist militant antisowjetischer Kräfte Hand in Hand ging." [603: LOTH, S. 20].

Seit den 1970er Jahren wurden mehrschichtige, von einseitigen Schuldzuweisungen freie Deutungen des Kalten Krieges leichter möglich. „Post-Revisionismus" war der wenig glückliche Begriff hierfür, und JOHN LEWIS GADDIS formulierte hierzu 1983 als Ziel: „The Emerging Post-Revisionist Synthesis on the

Mehrschichtige Deutungen: Postrevisionismus

Origins of the Cold War." [393] Eine solche Synthese blieb auch in den achtziger Jahren weiter Programm und wurde trotz zahlreicher Veröffentlichungen nicht methodisch überzeugend erreicht. Die Hinwendung zu den Antriebskräften US-amerikanischer Politik vertiefte wohl weniger die Interpretationen des Ost-West-Konfliktes als die Deutungen innerwestlicher oder transatlantischer Beziehungen und der ihnen gemeinsamen Elemente (vgl. dazu Kap. D.2). Eines dieser Muster stellte der Begriff Corporatism/Korporatismus dar, den CHARLES S. MAIER in „Reconstructing Bourgeois Europe" 1974 auf die Nachwirkungen des Ersten Weltkrieges anwandte und sodann auf den Vergleich beider Nachkriegszeiten von 1918 und 1945 bezog [470]: Die Aufbauleistungen in, aber auch zwischen den Staaten seien nicht so sehr Konkurrenz und Wettbewerb zu verdanken, sondern einem gemeinsamen Set an Annahmen und Zielen unterschiedlicher Gruppen vor allem aus Wirtschaft und Politik, die durch eine Art informelles Abkommen die Aufbauleistungen bewältigten und dabei die erwarteten oder möglichen Umstrukturierungen zugunsten der Arbeiterschaft umgingen. Das gelte für die Basis der US-Außenpolitik nach dem Zweiten Weltkrieg insgesamt, treffe aber vor allem für ihr Verhältnis zum – dann nur in Westeuropa durchgeführten – Wiederaufbau zu.

MAIER: Korporatismus

Diese Kooperationsformen wurden von MICHAEL HOGAN 1987 für den Marshall-Plan [661] umfassend präsentiert, während GEIR LUNDESTAD bei seiner Diagnose eines westeuropäischen Drängens zum US-Engagement in Westeuropa [218] („Empire by Integration") den Grad der Abhängigkeit zu bestimmen suchte. Widerspruch wegen ihrer primär ökonomischen Argumentation erhielten sie von MELVIN LEFFLER – zunächst programmatisch [The American Conception of National Security and the Beginnings of the Cold War, 1945–1948, in: AHR 89 (1984), S. 346–382], dann in einer umfassenden Monographie 1992 [759]. Nationale Sicherheit hieß hier der neue, aus den Quellen gewonnene Schlüsselbegriff. Er betonte die militärischen Faktoren, reichte aber darüber hinaus, schloss wirtschaftliche Faktoren ein und umriss als Konzept der USA, eine Kontrolle über den amerikanischen Doppelkontinent, aber auch über den Pazifischen wie Atlantischen Ozean angestrebt zu haben. Daraus folgten See- und dann auch Luftmacht mit entsprechenden Verbindungswegen und Stützpunkten sowie die Aufrechterhaltung von nuklearer Überlegenheit. Bleibenden Gewinn erzielte die Debatte über die Antriebskräfte darin, dass eine primär personenbezogene und etatistische Deutungsweise zugunsten breiterer gesellschaftlicher Erklärungen erweitert wurde.

HOGAN: Marshall-Plan

LEFFLER: Nationale Sicherheit

Im deutschen Sprachbereich blieb die 1980 erstmals erschienene Arbeit von WILFRIED LOTH [603] über die „Teilung der Welt" in den Jahren 1941–1955 bis heute einflussreich. Der Verfasser stellte als Muster eine zunehmende Eskalation zwischen Ost und West heraus, welche auf Fehlwahrnehmungen von Absichten der Gegenseite gründete; ideologische Elemente traten weitgehend zurück. In der Neuauflage 2000 sieht Loth diese Aussagen durch die neue Quellenlage auch zum Ostblock bestätigt: „Der Kalte Krieg war angesichts der machtpolitischen

LOTH: Eskalation durch Fehlperzeption

Konstellation, zu der der Zweite Weltkrieg im Ergebnis geführt hatte, durchaus wahrscheinlich, aber er war nicht unvermeidlich." (S. 388 f.) Beide Seiten waren zumindest in dem Zeitraum bis 1955 sehr viel offener für Kooperation, als von der Gegenseite wahrgenommen wurde.

WERNER LINK griff, stärker systematisierend, 1988 [400] ähnlich wie BRACHER auf das Ende des Ersten Weltkrieges zurück. Ihm ging es bei einem „realistischen" (d. h. auf Machtdurchsetzung von Staaten abhebenden) Ansatz um den Anspruch und die begrenzte Durchsetzung von Hegemonie, einem Begriff, den HEINRICH TRIEPEL bereits 1943 für das europäische Staatensystem insgesamt aufgeworfen und den LUDWIG DEHIO (Gleichgewicht oder Hegemonie, Krefeld 1959) bis in seine Gegenwart weitergeführt hatte. Integrative Ansätze einer Weltfriedensordnung seien einem Prozessmuster der Polarität gewichen. Dennoch habe es Ansätze zur Entspannung gegeben, die seit den 1970er Jahren institutionalisiert wurden. Als Voraussetzung dafür habe die von beiden Supermächten um 1962 erreichte Fähigkeit zu gelten, einen atomaren Angriff mit einem Gegenschlag zu beantworten, der den Gegner ebenfalls zerstörte (Zweitschlagsfähigkeit). [LINK: Macht und Hegemonie]

Eine eher narrative und über Europa hinausgreifende deutschsprachige Gesamtdarstellung der „Geschichte der Weltpolitik von Hitler bis Gorbatschow 1941–1991" [171: SCHÖLLGEN] akzentuierte die aggressiven Züge und Motive der sowjetischen Politik stärker als etwa LOTH. SCHÖLLGEN bezeichnete den durchgängigen Ost-West-Konflikt als „Dritten Krieg" (nach den beiden Weltkriegen), betonte aber die wechselseitige Blockade, deren „Eigenlogik die beiden Führungsmächte zur Handlungsunfähigkeit gegenüber dem Herausforderer verdammte" (S. 469) – hier durchaus im Sinne der These LINKS. Diese Konfrontation führte zwar zu neuartigen (und unterschiedlichen) Integrationsbündnissen, beließ den Staaten aber dennoch Spielräume. Für SCHÖLLGEN bildeten die deutsche Teilung und die 1990 vollzogene Vereinigung eines von zwei entscheidenden Elementen des Konflikts (neben der Dekolonisierung und den in der Dritten Welt andauernden Konflikten). [SCHÖLLGEN: Ost-West-Konflikt als Dritter Krieg]

GEORGES-HENRI SOUTOU [173] wollte 2001 nicht so sehr einen Kalten Krieg als vielmehr einen Ost-West-Konflikt sehen, den er dennoch einen fünfzigjährigen Krieg zwischen den Jahren 1943 und 1990 nannte. Dieser habe aufgrund von Rüstungen und angesichts wiederholter Gefahren für den Frieden starke militärische Konnotationen besessen. Die Auseinandersetzung war für SOUTOU zunächst eine politische und ideologische. Gerade in der Sowjetunion erkannte er eine „Ideologie in Bewegung". Aber sie tangierte doch weltweit fast alle Sektoren des Lebens bis in die Grundkräfte (*forces profondes*) hinein: Wirtschaft, Kultur und Wissenschaft. Bilanzierend sah er drei einander ergänzende Lesarten für diese Zeit: eine ideologische, eine geopolitische und eine über die Gestaltung einer europäischen, ja insgesamt internationalen Ordnung. Von Jalta und Potsdam an über Helsinki und die MBFR-Gespräche sei diese in der Charta von Paris im Dezember 1990 dialektisch „aufgehoben" worden (S. 730). Man wird allerdings kritisch hinzufügen müssen: als normative Möglichkeit. [SOUTOU: Fünfzigjähriger Krieg]

Als Lehrbuch ohne größeren interpretatorischen Ehrgeiz bietet sich JOHN P. D. DUNBABINS zweibändiges, über eintausend Seiten starkes, „International Relations since 1945" an [136]. Ein Band ist den Entwicklungen der außereuropäischen Kontinente gewidmet, der andere im Kern auf Europa gerichtet. DUNBABIN berichtete in zehn Kapiteln chronologisch über größere Krisen, in vier weiteren über „Western Europe and the Communist World" und schließlich auch über die Binnenintegration der Blöcke. Ideologie und Geopolitik erscheinen als bestimmende Kräfte; er hielt die Zeit aber noch für verfrüht, um neue Muster oder die Wiederkehr älterer aus früheren Geschichtsepochen erproben zu können. FRASER HARBUTT [145] entwickelte den Kalten Krieg primär aus US-amerikanischer Innen- und Außenpolitik, bezog jedoch differenziert die eigenen europäischen Ansätze ein. Darüber hinaus bot diese Arbeit eine ausgezeichnete Darstellung unterschiedlicher Forschungsmeinungen zu allen angesprochenen Themenbereichen. Zwei ganz knappe Arbeiten von B. STÖVER [175] und R. STEININGER [174] geben erste Einführungen in die Weltpolitik seit 1945.

Seit den neunziger Jahren deuten sich neue Sichtweisen ab, die thesenhaft Bilanzen der Zeit nach 1945 versuchten, ohne neue Begriffe schon in empirischen Arbeiten erhärten zu können. Zumal zur Jahrhundertwende fanden sich hierfür weitere Anlässe. GABRIEL KOLKO sah 1994 ein „Century of War" [153] vergangen. Gerade die beiden Weltkriege hätten eine andere, wünschenswerte und sozial gerechtere Entwicklung verhindert: Die „Kriegsherren", die letztlich kapitalistischen Wirtschaftsinteressen dienten, brachten die beiden Weltkriege hervor und mit unbeabsichtigten Nebenwirkungen auch den Kommunismus. Neue Gewaltszenarien drohten außerhalb Europas zu entstehen. Für ihn wuchs im 20. Jahrhundert die Einsicht, dass es keine besseren Rezepte für gesellschaftliches Zusammenleben gebe als humanistische Traditionen, die in dem verstaubten Begriff Sozialismus gesteckt hätten. Hier klangen Vorstellungen eines Dritten Wegs zwischen Kapitalismus und Sowjetkommunismus, die in den Jahren vor und nach dem Ende des Zweiten Weltkrieges Zugkraft entwickelt hatten, erneut als zukunftsweisende Möglichkeiten an; die Zwischenzeit wurde für KOLKO zum Irrweg der Geschichte.

ERIC HOBSBAWM prägte – in Kontrast zum „langen 19. Jahrhundert" zwischen 1789 und 1914 – den Begriff des „kurzen" 20. Jahrhunderts [146], das als Einheit vom Ersten Weltkrieg bis zum Zusammenbruch des Sowjetkommunismus gesehen werden müsse. Es teile sich auf in ein Katastrophenzeitalter der beiden Weltkriege und – damit von zeitgenössischen Eindrücken abweichend – ein „Goldenes Zeitalter" bis Mitte der siebziger Jahre. Nie habe es global – und nicht nur in der westlichen Welt – eine solche Akkumulation von Wohlstand gegeben. „Das Merkwürdige an diesem Kalten Krieg war, dass objektiv betrachtet gar keine unmittelbare Kriegsgefahr bestand" (S. 286). Zu erklären seien daher vor allem die gigantischen Rüstungen, die im Westen so betrieben worden seien, als ob das Katastrophenzeitalter noch nicht zu Ende gewesen sei. HOBSBAWM deutete die Sowjetunion als eine im Krieg zerstörte Macht. Sie habe sich nur mit gespielter Kompromisslosigkeit gewehrt, zu einer weiteren von den USA abhängigen Region zu werden (S. 295). Der Kalte Krieg habe somit einen Zustand stabilisiert, der im letzten Viertel des Jahrhunderts aufgebrochen sei. Er habe zu Konflikten in der Dritten Welt und zum Zusammenbruch des sowjetischen Imperiums geführt. Die Betonung der Zäsur um 1975, aber auch die Deutung europäischer sozialer, ökonomischer und kultureller Unsicherheiten seither weist über den Ost-West-Konflikt hinaus und lässt Wurzeln der seit den neunziger Jahren verstärkt unter dem Titel „Globalisierung" diskutierten Entwicklungen bereits in den vorausgegangenen Jahrzehnten erkennen.

Diametral entgegengesetzt sprach HANS-PETER SCHWARZ [in: 163: MÜLLER, S. 372–381] von der „wohltätigen Hegemonie" der USA während des gesamten Kalten Krieges, die den Rest Europas vor dem Anspruch direkter sowjetischer Herrschaft bewahrt habe. Moskau habe diese durch Ideologie und gesellschaftliche Umgestaltung im „perfiden kommunistischen Obrigkeitsstaat" (S. 377) praktiziert. In der vielfach als wegweisend angesehenen Studie „We Now Know" [141], deren Titel mehr beansprucht, als es die historische Methodik erlaubt [kritisch gegenüber dem Anspruch des Titels und der Rückkehr zu einer Deutung überholt geglaubter „realistischer" Betrachtungsweise: M. P. LEFFLER, The Cold War: What Do ‚We Now Know', in: AHR 104 (1999), S. 501–524], formulierte JOHN LEWIS GADDIS 1997 seine Einsicht zu den „Cold War Empires: Europe" ähnlich wie SCHWARZ: „One empire [...] arose by invitation, the other by imposition" (S. 52). Aus dem Ursprung seien auch andere Methoden der Integration gefolgt. Im Ergebnis galt: „Democracy proved superior to autocracy in maintaining coalitions" (S. 288). Der Sowjetunion sei nur Zwang übrig geblieben. GADDIS hielt die ältere – an Personen gebundene – Erkenntnis für gesichert, dass ein Kalter Krieg notwendig gewesen sei, solange Stalin herrschte.

Vermittelnd zwischen den beiden Positionen lag WILFRIED LOTHs Deutung des Vorgangs [Europa seit dem Zweiten Weltkrieg. Spaltung und Einigung, in: D. ANSORGE/D. GEUENICH/W. LOTH (Hrsg.), Wegmarken europäischer Zivilisation, Göttingen 2001, S. 372–384], der – wie bereits früher – im und nach dem Zweiten Weltkrieg von „Fehlwahrnehmungen" der je anderen Seite als aggressiv sprach. Beide Seiten hätten in ihrem „Sicherheitsdilemma" Vorkehrungen gegenüber einem befürchteten Angriff der anderen Seite getroffen. Durch die von Technologieschüben bestimmte Hochrüstung sei der Ost-West-Konflikt erst real geworden, nachdem man sich gegen präventive Übergriffe gesichert habe. Zugleich sei er auch imaginär geworden, wenn und soweit man der Gegenseite aggressive Absichten unterstellte.

Unter den bestimmenden Elementen für den Kalten Krieg wird fast immer die Rolle von Rüstungen und zumal der atomaren hervorgehoben. GADDIS [140] formulierte in einem Buchtitel 1987 eine wichtige These: „The Long Peace" sei durch die Atombombe und das nachfolgende strategische Rüsten beider Seiten gefördert worden: „Nuclear weapons exchanged destructiveness for duration" [141: GADDIS, S. 291]. Nach dieser Sicht wirkte der nukleare Rüstungswettlauf stabili-

SCHWARZ: Wohltätige Hegemonie der USA

GADDIS: Empire by invitation or imposition?

LOTH: Fehlwahrnehmungen und Sicherheitsdilemma

GADDIS: Frieden durch Rüstungen

sierend gegenüber Kriegsgefahren, zog jedoch die Dauer des amerikanisch-sowjetischen Konfliktes bis 1989/91 in die Länge. Zugespitzt formulierte ARTHUR SCHLESINGER: „One is inclined to support the suggestion [...] that the Nobel Peace Prize should have gone to the atomic bomb" [Some Lessons from the Cold War, in: DH 16 (1992), S. 48]. Einen umfassenden Überblick über die Geschichte des atomaren Wettrüstens und der strategischen Planungen gab DETLEF BALD in dem nur scheinbar punktuellen „Hiroshima, 6. August 1945" [121]. Er hob die wechselseitige Drohrhetorik hervor, die nicht nur in den Führungsschichten wirkte, sondern auch den Alltag in vielfältiger Weise emotional polarisierte.

Deutungen des Rüstungswettlauf begnügen sich häufig mit der Herausarbeitung seiner immanenten Dynamik. Gegen ein solches Eigengewicht wenden sich andere Autoren. JOHN MUELLER [Quiet Cataclysm: Some Afterthoughts about World War III, in: 387, S. 66–75, hier 67] meinte: „The Cold War had much more to do with ideology than with armaments". Erst als sich die expansiven Ziele des Kommunismus geändert hätten, sei die Chance zu einem allgemeinen Wandel entstanden. Dieser wäre auch eingetreten, wenn die Bomben weiter da gewesen seien. Gerade weil Rüstungen ungeheure Ressourcen kosteten, habe ein Grund für den eindeutigen Sieg des Westens/der USA auch in seiner ökonomischen Leistungsfähigkeit gelegen [so vor allem 238: ADOMEIT]. Wenn die Sowjetunion in den achtziger Jahren in Nettozahlen mehr als halb so viel wie die USA für Verteidigung ausgaben, dabei aber wahrscheinlich nicht einmal das halbe Volumen der US-Wirtschaft aufzuweisen hatten – so DAVID REYNOLDS [Beyond Bipolarity, in: 387, S. 228] –, dann sei dies im Ostblock bis zu Gorbačev auf das Beharrungsvermögen eines militärisch-industriellen Komplexes zurückzuführen.

Wirtschaftliche Unterlegenheit des Ostens

Den ideologischen Grundtenor des Kalten Krieges betonte auch RAYMOND GARTHOFF [Why did the Cold War Arise, and Why Did It End?, in 387, S. 287–293]. Beide Seiten seien von der langfristigen Überlegenheit ihres Systems überzeugt gewesen, aber der Westen habe den Kommunismus mit der Unterstellung eines gefährlichen „Master Plans" weit überschätzt. Innerhalb dieses Rahmens gelte: „The Americans and the Soviets waged the Cold War as a geopolitical struggle, more in terms of traditional balance-of-power politics than in terms of class struggle or global containment/deterrence theory" (S. 287).

GARTHOFF: Geopolitische Auseinandersetzung

Aus Thesen vom Primat einzelner Komponenten im Konflikt können wiederum künftige Forschungsstrategien abgeleitet werden. Bedeutende Schulen von Politikwissenschaftlern sind programmatisch auf einzelne theoretische Ansätze verpflichtet, die wiederum zu sektoralen Schwerpunkten der Wahrnehmung und Erforschung des Ost-West-Konflikts verleiten.

Über sektorale Betrachtungsweisen hinaus lassen sich thematisch unterschiedliche Kalte Kriege beschreiben. WALTER LAFEBER, einer der Revisionisten der frühen siebziger Jahre, benannte 1991 insgesamt vier [An End to Which Cold War?, in: 387, S. 61–65]. Erstens gab es eine europäisch-amerikanische Auseinandersetzung über das Aussehen des künftigen Europa mit unterschiedlichen Interessen von Westeuropäern und Nordamerikanern (vgl. dazu Kap.D.2), zweitens

Unterschiedliche Kalte Kriege

die Auseinandersetzung zwischen den Handelszentren der Welt und den peripheren Ländern, die Rohstoffe und Märkte bereitstellten, drittens eine inneramerikanische Auseinandersetzung über die Unterstützung unterschiedlicher Richtungen in einem manichäischen Weltbild und daraus abgeleitet „the apotheosis of executive power" (S. 64). Erst viertens sei der Konflikt zwischen den USA und der Sowjetunion bedeutsam geworden. Nur dieser habe aufgehört, die anderen drei existierten in Zukunft weiter. Man sollte hinzufügen, dass sie sinnvollerweise nicht mehr mit dem bisherigen Begriff des Kalten Krieges belegt werden sollten.

Die zugespitzten Diskussionen über Primate dürften den Ausgangspunkt für weitere Forschungen bilden. Aber wichtiger ist die Erkenntnis, dass es mehrere Ebenen der Konflikte gab, welche die Staaten und Gesellschaften tief beeinflussten und dabei alle Bereiche des Lebens betrafen, die Kultur eingeschlossen. Gerade dieser Aspekt tritt erst mit zeitlichem Abstand klarer in Erscheinung. JOHN LEWIS GADDIS fasste diesen Befund – unbeschadet seiner eigenen Präferenzen – zusammen [The Cold War, the Long Peace, and the Future, in: 387, S. 234 f.]: „The Cold War was many things to many people. It was a division of the world into two hostile camps. It was a polarization of Europe in general, and of Germany in particular, into antagonistic spheres of influence. It was an ideological contest, some said between capitalism and communism, others said between democracy and authoritarianism. It was a competition for the allegiance of, and for influence over, the so-called Third World. It was a game of wits played out by massive intelligence organizations behind the scenes. It was a struggle that took place within each of its major adversaries as supporters and opponents of confrontation confronted one another. It was a contest that shaped culture, the social and natural sciences, and the writing of history. It was an arms race that held out the possibility – because it generated the capability – of ending civilization altogether. And it was a rivalry that even extended [...] beyond the bonds of earth itself." Kurz, es handelte es sich nur tendenziell um eine allgemeine Konfrontation. Konkret waren dieser Grenzen gesetzt. Gerade wegen ihres umfassenden Charakters wurden auch Freiräume und gegenläufige Entwicklungen auf jeder einzelnen Ebene möglich. Dies lässt sich nur in der Einzelinterpretation entfalten.

Kulturelle Bedeutung des Kalten Krieges

Dass die deutsche Frage – verstanden zunächst als Folgeproblem der nationalsozialistischen deutschen Expansions- und Rassenpolitik, dann erst als die Frage nach staatlicher Einheit oder Vielheit – in Deutschland immer als zentrales Moment zur Erklärung des Ost-West-Konflikts angesehen wurde, ist politisch verständlich. Mittlerweile ist jedoch deutlich geworden, dass diese Frage nicht immer und nicht immer gleich intensiv im Zentrum stand; viele andere Probleme in Europa, aber vor allem in der „Dritten Welt" besaßen immer schon und erlangten zunehmend häufiger Bedeutung. Dennoch kehrten auch neuere qualitätvolle Gesamtdarstellungen aus den USA zur These von der – zumindest zeitweilig – dominierenden Bedeutung dieser Frage zurück. Genannt seien die Arbeiten von M. TRACHTENBERG [609] und W. R. SMYSER [172].

Deutsche Frage

Die geschichtswissenschaftlichen Kontroversen um Ansätze und Methoden versuchen zunehmend ihre Instrumentarien im Austausch mit und unter Aufnahme von Ansätzen der Politikwissenschaft und anderer systematischer Wissenschaften zu erweitern. Einige gute – nicht auf Europa zentrierte – Sammelbände sind besonders hilfreich. Zur Methode und Theorie internationaler Beziehungen liegen von LOTH/OSTERHAMMEL 2000 [401] oder HOGAN/PATERSON 1991 [396] herausgegebene Bände vor, die jeweils stark die Zeit des Kalten Krieges ansprechen. Ein entsprechendes französisches Unternehmen unter Leitung von R. FRANK ist in Vorbereitung. ODD A. WESTAD 2000 [411] stellte ausschließlich methodische Reflexionen zum Kalten Krieg zusammen. Die meisten Ansätze sehen nach wie vor die Auseinandersetzungen von Staaten als zentralen Gegenstand an. Das gilt innerhalb der Bündnisse und auch – bei unterschiedlicher Gewichtung ihrer relativen Bedeutung gegenüber den Führungsmächten – zwischen diesen.

New Cold War History

In der *New Cold War History* – vorläufig kaum mehr als ein gemeinsamer Anspruch der Autoren in WESTADS Band – verteidigt GADDIS weiterhin den Ansatz, der expansiven Sowjetunion die Hauptverantwortung zuzumessen, während STEPHENSEN demgegenüber die ideologischen Ansprüche der USA betont, denen LEFFLER das auf globalen Einfluss abzielende Sicherheitsdenken und LUNDESTAD die westeuropäischen Anteile hinzufügt. Die Muster aus der Zeit der Konfrontation dürften somit auch weiterhin konkurrieren, ohne dass sich ein Paradigma allgemein durchsetzte.

Kulturgeschichte des Kalten Krieges

Eine überzeugende Kulturgeschichte des Kalten Krieges ist noch nicht geschrieben. Es finden sich Ansätze, die meist auf die innerwestliche Durchsetzung abzielen, gelegentlich auch global argumentieren. Dass sich ein spezifischer Kulturtransfer vom Westen in den Osten vollzog, harrt noch der genauen Darstellung, ebenso ist aber auch die gegenläufige Wirkung des Ostens auf den Westen anzunehmen. Sektorale Einzeluntersuchungen unterschiedlicher Reichweite erstrecken sich auf Themen von Coca Cola über Männerrollen bis zu Hollywood und der Pop-Kultur [vgl. die Sammlung bereits früher gedruckter Aufsätze bei 130: BOGLE, Bd. 5]. In „Culture, Gender, and Foreign Policy. A Symposium" konnte die Zeitschrift Diplomatic History [18, No. 1 (1994), S. 47–124] unterschiedliche Ansätze von acht Autoren nach Impuls-Aufsätzen von L. MCENANEY und E. ROSENBERG diskutieren lassen. Am meisten überzeugten bislang Programm und Durchführung einer Kulturgeschichte bei dem in den USA lehrenden Japaner A. IRIYE [397]. Dass der Kalte Krieg als ideologische und intellektuelle Auseinandersetzung zu begreifen sei, war schon den Zeitgenossen deutlich. In den letzten Jahren sind die staatlichen Steuerungs- und Finanzierungsmöglichkeiten von „Propaganda" deutlicher geworden. Gerade für die USA finden sich bereits fundierte Darstellungen. F. SCHUMACHER hat die konzeptuellen Überlegungen zum „Kampf um die Weltmeinung" thematisiert [628], W. HIXSON hat für die Anfänge des Kalten Krieges einen nützlichen Ansatz vorgelegt [645]. B. STÖVERS Habilitationsschrift umfasste für die vierziger und fünfziger Jahre die offenen und verdeckten US-Einflüsse auf Ostmitteleuropa [283], während V. R. BERGHAHN mit Shepard Stone einen der führenden intellektuellen Propagandisten untersuchte [America and the Intellectual Cold Wars in Europe: Shepard Stone Between Philanthropy, Academy, and Diplomacy, Princeton 2002].

Über beschränkte Einzelfälle hinaus bleibt die Genderisierung des Konflikts noch weitgehend Programm [I. STOEHR, Kalter Krieg und Geschlecht. Überlegungen zu einer friedenshistorischen Forschungslücke, in: B. ZIEMANN (Hrsg.), Perspektiven der historischen Friedensforschung, Essen 2002, S. 133–145]. Der Krieg und die Kriegsfolgen sind für diesen Ansatz leichter zugängliche Themen. Ein fast 2000 Seiten umfassendes Handbuch „Die USA und Deutschland im Kalten Krieg" [209: JUNKER u. a. (Hrsg.)] benennt im Titel zwar nur die bilateralen – und damit tendenziell innerwestlichen – Beziehungen, vermag jedoch in zahlreichen sektoralen Kurzartikeln Ansätze für die gesamten europäischen Beziehungen, auch zum Osten, aufzuzeigen. In diesem Handbuch findet sich aber auch eine Reihe von Überlegungen, wie eine Geschichte von Kulturbeziehungen und -transfer auf vergleichender Ebene geschrieben werden kann. Grundlegende Arbeiten, welche die gesellschaftlichen Prägungen und kulturellen Aufladungen zum Thema machten, bleiben jedoch selten [vgl. z. B. Y. FERGUSON/R. KOSLOWSKI bei 411: WESTAD]. Ein Projekt von BERND GREINER u. a. am Hamburger Institut für Sozialforschung hat sich die Bearbeitung der gesellschaftlichen und kulturellen Dimensionen des Kalten Krieges weltweit und damit der konfrontativen Aspekte in einem mehrteiligen Tagungszyklus zum Ziel gesetzt.

*Genderisierung des Ost-West-Konflikts*

# C. VOM ZWEITEN WELTKRIEG ZUR INTEGRATION UND KONFRONTATION 1945-1949

Zweiter Weltkrieg    Darstellungen zum Zweiten Weltkrieg füllen mittlerweile Bibliotheken. Der internationale Stand wird vorzüglich in einer umfangreichen Gesamtdarstellung von GERHARD L. WEINBERG [711] präsentiert. Das Buch basiert auf gründlicher Quellenkenntnis und ist weltweit komparativ angelegt, wechselt auch methodisch ständig den Ansatz. Mehr kann ein einzelner Wissenschaftler kaum leisten. Einen knappen und perspektivreichen Überblick leistete zuvor ANDREAS HILLGRUBER [691] auch in der Bilanzierung. Das umfassende, auf 10 Bände angelegte Sammelwerk des Militärgeschichtlichen Forschungsamtes „Das Deutsche Reich und der Zweite Weltkrieg" [683] liegt bislang bis zum siebten Band (bis ca. 1943) vor; die Bilanzen fehlen noch. Immerhin unterrichtete ein von VOLKMANN herausgegebener Sammelband zum Kriegsende u.a. über die unterschiedlichen Kriegsziel- und Friedensplanungen der Siegermächte [710].

Zweite Front    Schon in den fünfziger Jahren hat die Forschung herausgearbeitet, dass sich hinter der Fassade der Anti-Hitler-Koalition Konflikte verbargen, die zur späteren Konfrontation wesentlich beitrugen. Dazu gehörte die Frage der ab 1941 für die Sowjetunion wichtigen Zweiten Front in Westeuropa [P. BÖTTGER, Churchill und die Zweite Front, Frankfurt/M. 1984]; hier ist strittig, ob die Anglo-Amerikaner diese wegen der schwierigen Vorbereitung erst 1944 errichten konnten, oder ob es – eher unterschwellige oder gar ausdrückliche – Erwägungen gab, die Sowjetunion solle möglichst lange die Hauptlast des Krieges allein tragen. Danach sei es weniger um die Entlastung der Sowjetunion gegangen als um die Schwächung der nationalsozialistischen und sowjetischen Diktatur in wechselseitiger Auseinandersetzung. MARK STOLER [The Politics of the Second Front, Westport, CT 1977] fasste die Diskussion zusammen und führte gute Gründe für die – militärimmanente – erste Deutung an; ähnlich lauten die Ergebnisse bei BISCHOF/KRIEGER [678].

Leih-Pacht-Lieferungen    In der Deutung der Leih-Pacht-Lieferungen hat sich die zeitgenössische Sicht nicht durchsetzen können, es habe sich um den „most unsordid act" gehandelt (so ursprünglich Churchill) [vgl. W. F. KIMBALL, The Most Unsordid Act. Lend-Lease 1939–1941, New York 1969]. Wäre die Hilfeleistung zur Stärkung der Sowjetunion so selbstlos gewesen, wäre sie mit dem Kriegsende in Europa kaum so plötzlich gestoppt worden. Das führte zur Debatte darüber, inwieweit in das Hilfsprogramm der USA nicht auch schon Elemente der bedingten Konfrontation einflossen [grundlegend 689: HERRING].

Polnische Frage    In der polnischen Frage lag dagegen der zentrale westliche Vorwurf an die sowjetische Kriegspolitik begründet. Bis zum Ende des Ost-West-Konflikts wurde von sowjetischer Seite die Verantwortung für die Ermordung von mehr als 10000 polnischen Offizieren geleugnet, die seit 1939/40 verschwunden waren.

Katyn    ren. Die sowjetische Verantwortung für dieses Verbrechen ist seit langem geklärt

[K. ZAWODNY, Zum Beispiel Katyn. Klärung eines Kriegsverbrechens, München 1972]. Polnischen und ukrainischen Bemühungen ist nach dem Auffinden aller Gräber seit den achtziger Jahren der Ansatz zu einer gemeinsamen Erinnerungskultur zu danken. Seit Auffinden der ersten ermordeten Offiziere bei Katyn 1943 war für die polnische Exilregierung eine Zusammenarbeit mit der Sowjetunion ebenso schwer denkbar wie umgekehrt. Das zeigte sich im Warschauer Aufstand von August bis November 1944, wobei hier die Frage diskutiert wurde, ob die Rote Armee nicht helfen *wollte* oder *konnte*. „Die Rote Armee konnte Warschau nicht nehmen, sie hat es aber auch gar nicht gewollt", formulierte LEW BESYMENSKI [Der sowjetische Vorstoß an die Weichsel, in: 697: MARTIN/LEWANDOWSKA, S. 99; vgl. 679: BORODZIEJ]. <sub>Warschauer Aufstand</sub>

Aus den Deutungen von Katyn und dem Warschauer Aufstand lassen sich Indizien gewinnen, ob die Sowjetunion eine gesellschaftliche Umgestaltung Polens nach der Befreiung von deutscher Besatzung von vornherein plante oder ob sie mangels nationalpolnischer Zustimmung dazu gezwungen war, wenn sie ihr – auch von den Westmächte anerkanntes – *essential* eines sowjetfreundlichen Polens in der Nachkriegszeit erreichen wollte. Für die letztere Deutung spricht das tastende weitere sowjetische Vorgehen auf den nachfolgenden Konferenzen der Alliierten.

Seit Jalta 1945 war die Frage nach Ausmaß und Verteilung der Reparationen von allen Kriegsgegnern, vor allem aber vom Deutschen Reich und besonders zum Wiederaufbau der Sowjetunion, strittig. J. FISCH [753] machte die Reparationsfrage vor allem in ihren quantitativen, aber auch qualitativen Aspekten bis Ende der vierziger Jahre für ganz Europa zum Thema. Die großen Kriegskonferenzen sind umfassend untersucht. Über Teheran unterrichtete K. SAINSBURY [707], über Jalta u. a. D. S. CLEMENS [682], über Potsdam CH. MEE [763]. Gerade im Hinblick auf Jalta hält sich seither die Vorstellung, hier sei die Welt geteilt und eine bis ans Ende des Ost-West-Konfliktes reichende Blockbildung vollzogen worden. Das zieht sich von Deutungen aus damals nicht beteiligten Staaten wie Frankreich und Polen durch bis in die – auch interne – politische Verwendung im Jahr 1989/90, als Helmut Kohl und James Baker ein „zweites Jalta" zu vermeiden suchten [z. B. 19: Sonderband, Dok. 94A, 101, 192] und Berater von Michail Gorbačev Jalta endgültig zu überwinden meinten [CERNAJEV in: 15: CWIHP Nr. 12/13, S. 20]. Dagegen ist auf Abkommen über die weitere Kriegführung in Asien und Europa sowie die Vereinbarung blockübergreifender Prinzipien („Erklärung über das befreite Europa") hingewiesen worden. Wenn man Geschichte nicht im Optativ schreibt, wonach eine erwünschte grundsätzliche Einigung nicht zustande kam oder eine entschiedene Konfrontation mit der Sowjetunion nicht für den Westen bessere Ergebnisse erbracht hätte, dann war auch Jalta nur eine Etappe in der Entfremdung zwischen Ost und West, kein unwiederbringlicher Wendepunkt [749: DÜLFFER]. Konferenz von Jalta

Ähnliches lässt sich auch über die Potsdamer Konferenz sagen. Sie spielte in den nachfolgenden Jahrzehnten insofern eine politisch wichtige Rolle, als die Potsdamer Konferenz

Sowjetunion die – von ihr behaupteten – festen Beschlüsse des „Potsdamer Abkommens", insbesondere die gesellschaftspolitischen Prinzipien für die deutsche Frage, als einzige und verbindliche Grundlage ansah, während die Westmächte die Gültigkeit aller seit 1943 getroffenen Vereinbarungen insgesamt betonten. Sie seien als kurzfristige Vereinbarungen gedacht gewesen und bildeten trotz Widersprüchen die völkerrechtliche Basis für viele Fragen der Nachkriegsordnung. DEUERLEIN lotete die im Westen und Osten unterschiedlichen Deutungen der Verbindlichkeit von Potsdam aus und fragte: „Deklamation oder Ersatzfrieden?" [Köln 1970]. Mit dem Ende des bisherigen Ost-West-Konflikts ist die Frage, welche Seite „Recht" hatte, nicht mehr politisch bedeutsam.

Die Potsdamer Konferenz blieb für ein Jahrzehnt die letzte Gipfelkonferenz; aber der Rat der Außenminister erreichte Übereinkünfte, die zu den Pariser Friedensverträgen vom 10. Februar 1947 mit den kleineren Verbündeten des Deutschen Reiches führten [776: KERTESZ]. KERTESZ hat die gesamten Friedensverhandlungen untersucht, I. POGGIOLINI [Diplomazia della transizione. Gli alleati e il problema del trattato di pace italiano (1945–1947), Florenz 1990] die mit Italien, FÜLÖP die mit Ungarn [754]. Die Umgestaltung der politischen und gesellschaftlichen Verhältnisse wird kontrovers diskutiert. Das betraf frühzeitig die Motivation und Zielgerichtetheit. Mangels freier Forschung in den Staaten Ostmitteleuropas brachte das in der Bundesrepublik unter Leitung von WERNER MARKERT erarbeitete Osteuropa-Handbuch [102] erste gute Länderüberblicke aufgrund der öffentlich zugänglichen Quellen. An einer zielgerichteten Sowjetisierung wurde dabei wenig Zweifel gelassen. In ähnlicher Weise wurde in dem wiederholt aufgelegten zweibändigen Standardwerk von F. FEJTÖ [242] die Entwicklung zu den Volksdemokratien hin als einheitlicher Prozess dargestellt. A. FISCHER [722] für die sowjetische Deutschlandpolitik im Zweiten Weltkrieg und J. HACKER [245] bei seiner Geschichte des Ostblocks bis in die siebziger Jahre gingen von einem eindeutigen Plan Stalins zur Errichtung sowjetischer Herrschaft in den befreiten Ländern aus. Es blieb aber offen, ob die ideologische Ausbreitung des Sowjetkommunismus oder Sicherheitsinteressen die zentrale Rolle spielten (vgl. Kap. B). FEJTÖ formulierte: „Rückblickend, von der Lage im Jahre 1952 aus gesehen, erscheint die Entwicklung der Oststaaten seit 1945 wie die schrittweise Ausführung eines vom Kreml entworfenen strategischen Planes durch die Kommunisten der verschiedenen Länder", differenziert dann aber doch Tendenzen, wonach einige Staaten nur taktisch als Pfänder für eine Vereinbarung mit dem Westen dienen sollten (Bd. I, S. 137).

HILLGRUBER [691] akzentuierte in der sowjetischen Außenpolitik stark den militärgeographischen Begriff des „Glacis", während MASTNY 1979 [768] und 1996 [606] im Sicherheitsstreben eine Mischung von geographisch-territorialer und ideologischer Ausrichtung erkannte. Eine Zusammenarbeit mit bürgerlichen Kräften in antifaschistischen Regierungen, die teils vor, teils nach Kriegsende zu Nationalen Fronten zusammengefasst wurden, war demgemäß eine Frage taktischer Zweckmäßigkeit. Der Schwerpunkt wurde hier und in anderer westlicher Literatur lange Zeit auf die Ausschaltung der bürgerlichen Kräfte, auf ihre Verfolgung und Vertreibung gelegt. LOTH formuliert dagegen jüngst: „Die neuen Quellen unterstreichen aber auch, dass die Errichtung kommunistischer Regime selbst in jenen Teilen Mittel- und Südosteuropas nicht zu Stalins politischen Nahzielen gehörte, die die Sowjetunion als ihre künftige Sicherheitssphäre betrachtete" [603, S. 361].

Die auf Archivquellen gestützte Erforschung zur sowjetischen Durchsetzung in Ostmitteleuropa steckt noch in der ersten Phase einer Feststellung von Sachverhalten und Abläufen. In westlichen Sprachen liegen erst wenige gründliche Länderstudien vor und beschäftigen sich fern der großen Grundtendenzen eher mit der differenzierten Materialaufarbeitung [vgl. 526: ROUSSO mit Überblicken zu Ungarn, Bulgarien, Rumänien, Polen]. Eine gute Sammlung sektoraler Aufsätze zu Einzelfragen sowjetischen Einflusses und Machtdurchsetzung für die meisten Staaten, vornehmlich aber über die Haltung der kommunistischen Parteien in Ost und West liefert der Sammelband von GORI/PONS [595]. Immerhin sind als ältere Monographien zu nennen: für Polen K. KERSTEN [775] und J. COUTOUVIDIS/J. REYNOLDS [Poland 1939–1947, Leicester 1986], für Ungarn C. GATI [370] und für die Tschechoslowakei M. MYANT [352].

Ostmitteleuropa

Einem anderen Ansatz als das Osteuropa-Handbuch ist das seit 1975 erschienene Südosteuropa-Handbuch [85] verpflichtet, das seinen Schwerpunkt in der allgemeinen Landeskunde hat und damit für die Zeitgeschichte relativ knapp gehalten ist. Hier werden durch ausgewiesene Experten in bislang acht Bänden für die gesamte Region Basisüberblicke gegeben, die zum Teil die neue historischen Forschungssituation bereits berücksichtigen konnten. EDUARD MARKS [in: 134: CWIHP, Nr. 31; vgl. PECHATNOV in: CWIHP Nr. 13] vermochte über die Volksfrontstrategie Stalins neues Material beizubringen, ohne die Grundsatzdebatte zu neuen Ergebnissen zu führen.

Die Geschichte Jugoslawiens bildete wegen der starken Partisanenkräfte, die sich im Zweiten Weltkrieg um Tito gebildet hatten, einen Sonderfall der Sowjetisierung: Sie befreiten das Land im Wesentlichen mit eigenen Kräften. Daher konnte Tito in einem eigenen Modell des Sozialismus national, aber auch außenpolitisch gegenüber Stalin seine Unabhängigkeit beweisen. Diese machte sich in einer aggressiv betriebenen Westpolitik vor allem in der Triestfrage fest, die bereits im Sommer 1945 an den Rand eines militärischen Zusammenstoßes zwischen Ost und West führte [593: DUROSELLE]. Nach dem Bruch zwischen Tito und Stalin blieb Triest eine Streitfrage zwischen Jugoslawien und Italien, wurde jedoch im Zug der westlichen und zumal amerikanischen Unterstützung Titos gegenüber der Sowjetunion bis 1954 durch einen Kompromiss entschärft [809: HEUSER; 917: HEINEMANN, S. 11–71]. Jugoslawien betrieb auch eine eigenständige Balkanpolitik, die zu Ansätzen einer Balkanunion mit Bulgarien und Griechenland führte, worin einer der Gründe für den Bruch mit der Sowjetunion lag [in englischer Sprache zur Übersicht mit weiterer Literatur: R. C. NATION in: 602: GORI/PONS, S. 125–143].

Jugoslawien als Sonderfall

*Griechenland*   Wie in Jugoslawien gab es auch in Griechenland starke kommunistische Partisanenkräfte, die bei der Befreiung mit britischen Kräften in Konflikt gerieten. Der daraus in verschiedenen Phasen eskalierende griechische Bürgerkrieg bis 1950 ist vergleichsweise gut untersucht [vgl. das ältere Standardwerk 310: WOODHOUSE]. Jedoch waren über Ausmaß und Motivation kommunistischer Unterstützung von außen wenig verlässliche Aussagen möglich. Es sprach vieles dafür, dass Stalin Griechenland als westliche Einflusssphäre akzeptierte, während Tito eine radikal-revolutionäre Rolle auch innerhalb der kommunistischen Bewegung spielte. STAVRAKIS [766] konnte 1989 zeigen, dass die Sowjetunion seit Kriegsende 1945 mäßigend auf die griechischen Kommunisten einwirkte. Tito hingegen verfolgte auch bei der Unterstützung der griechischen Kommunisten im Bürgerkrieg eigene Ziele. Analog ließ sich zeigen, dass die Sowjetunion gegenüber den skandinavischen Staaten zwar politisch-militärischen Druck ausübte, dennoch aber zum Rückzug bereit war – so im Falle Dänemarks (Bornholm) oder Nord-Norwegens [Überblick bei HOLTSMARK in: 595: GORI/PONS, S. 106–124]. Im finnischen Friedensvertrag 1947 sicherte sich die Sowjetunion territoriale Stützpunkte, beließ es aber bei der politischen Abhängigkeit [597: HANHIMÄKI].

*Sowjetische Sicht*   Die sowjetische Osteuropapolitik ist insgesamt aus russischen wie anderen Ostblockquellen in westlichen Sprachen am besten von MASTNY [605, 606] und ZUBOK/PLESHAKOV [178] dargestellt worden. Beide legten innersowjetische Expertisen für die Nachkriegsordnung aus den Jahren 1944/45 vor, aus denen für die tatsächlich betriebene Politik noch nicht viel folgt. Bei Stalin erkannten diese Autoren einerseits geopolitisches Denken bzw. Sicherheitsstreben und andererseits die Absicht, das sowjetische Gesellschaftssystem zu exportieren – aber vorsichtig und zunächst in Kooperationsbereitschaft gegenüber dem Westen. Die gesellschaftliche Umgestaltung begann zunächst in Ostmitteleuropa und dann erst in Deutschland. Sie wurde in jedem Staat in anderer Form und mit unterschiedlichem Nachdruck durchgeführt.

*Deutsche Frage zentral*   Angesichts der deutschen Kriegführung im Osten hatte in sowjetischer Sicht die deutsche Frage – so die Forschung übereinstimmend – einen zentralen Stellenwert für die gesamte Nachkriegsordnung. Sowjetische Sicherheit in der Zukunft hatte auch mit der Art zu tun, in der das deutsche Potenzial auf allen Ebenen eingebunden wurde. HILLGRUBER ging seit 1972 [279, S. 26 f.] davon aus, dass die Sowjetunion drei Ringe unterschiedlich dichter Abschirmung gegenüber den Anglo-Amerikanern angestrebt hätten. Im innersten Ring sei es im Baltikum und Ostpolen um Annexionen gegangen, daran habe sich ein „strukturell der Sowjetunion weitgehend, aber nicht vollständig angeglichener ‚volksdemokratischer' Gürtel" anlagern sollen. Westlich davon habe die Sowjetunion eine neutrale Pufferzone von Skandinavien bis zum westlichen Balkan errichten wollen. Stalin habe ein sowjetisches Gesamtdeutschland für nicht durchsetzbar gehalten, ein neutrales Deutschland mit sowjetischem Einfluss aber als beste Lösung angesehen. Ein in zwei Staaten geteiltes Deutschland habe ihm als schlechteste Möglichkeit gegolten.

*HILLGRUBER: Abschirmung*

Ähnlich lautete – unter Hinweis auf den erwarteten Rückzug der USA aus Europa – auch das quellengestützte Urteil von ZUBOK/PLESHAKOV: „Als Endspiel [*endgame*] schwebte ihm ein vereinigtes, ‚freundliches' Deutschland vor, das sich an die Sowjetunion anlehnte" [178, S. 79]. Auch MASTNY sah ein wesentlich vorsichtigeres Vorgehen Stalins in der SBZ als sonst im sowjetischen Machtbereich, ohne aber andere Konzeptionen für einen eigenständigen Weg zum Sozialismus zu erkennen. Er hob zusätzlich Stalins Hoffnungen auf den revolutionierenden Einfluss der westeuropäischen Linken hervor. NAIMARK knüpfte nach Einsicht in interne Quellen für die SBZ an HILLGRUBERs Deutung an [738: NAIMARK, S. 584], wenn er drei logische Alternativen und langfristige Ziele sowjetischer Politik unterschied: „die Sowjetisierung der Besatzungszone, die Schaffung eines vereinten, von der Sozialistischen Einheitspartei Deutschlands regierten Deutschland oder die Etablierung eines demilitarisierten, ‚neutralen' Deutschland in Mitteleuropa". NAIMARK: Mehrere Konzepte

Die andauernde Kontroverse zur sowjetischen Deutschlandpolitik wird seit zwei Jahrzehnten am deutlichsten von GERHARD WETTIG [610] und WILFRIED LOTH vertreten, die ihre jeweiligen Urteile zunehmend durch sowjetische Quellen gestützt sehen. WETTIG betonte, die Sowjetunion habe trotz ihres Bedürfnisses nach Kooperation Mitbestimmung im Westen gefordert, ohne diese in ihrer Zone zuzugestehen. Stalin habe bei Übertragung des sowjetischen Unterdrückungsapparates auf seine Zone konkrete Machtziele verfolgt. Die von ihm geforderte „Demokratie" habe als Synonym für Sozialismus gestanden. WETTIG sah so „die sowjetische Weigerung, in der deutschen Frage einen Ausgleich mit dem Westen zu suchen und zu diesem Zweck Abstriche von System- und Machtzielen zu akzeptieren" (S. 326). LOTH unterstrich dagegen – im Anschluss etwa an FOSCHEPOTH u. a. [594, 617] und STEININGER [724] – Stalins Bereitschaft, gerade in der deutschen Frage zu kooperieren. Er habe keinen sozialistischen Staat auf deutschem Boden oder einen Separatstaat der eigenen Zone erstrebt [604, S. 10]. „Stattdessen strebte er eine parlamentarische Demokratie für ganz Deutschland an, die dem Faschismus die gesellschaftlichen Grundlagen entzog und der Sowjetunion den Zugang zu den Ressourcen des Ruhrgebiets eröffnete." Sozialismus – so LOTH 2000 [603, S. 360] – sei „eine vage Zukunftsvorstellung" gemäß Marx'schen Heilserwartungen gewesen. Dennoch habe das Streben nach weitgehender Sicherheit für alle sowjetischen Politiker im Vordergrund gestanden. Dies habe zunächst einem deutschen Wiedererstarken gegolten, später auch gegenüber dauerhaftem anglo-amerikanischem und damit „kapitalistischem" oder „imperialistischem" Einfluss in Deutschland. Die Kontroverse geht weiter um die Frage, welche Gesellschaftsordnung die Sowjetunion und zumal Stalin für ganz Deutschland oder die SBZ zu welcher Zeit anstrebte. Sowjetisierung als Ziel Kooperationsbereitschaft Stalins

Die Einheit der Alliierten driftete bald nach Potsdam auseinander. Welche Rolle Frankreich dabei spielte, wird seit langem diskutiert. Es ging der seit 1944 amtierenden Regierung de Gaulle darum, Frankreich als Großmacht wiederherzustellen. Formal gelang das erstmals auf der Londoner Außenministerkonfe- Großmacht Frankreich renz im September 1945, auf der Frankreich die Umsetzung der – ohne seine Beteiligung zustande gekommenen – Potsdamer Beschlüsse zur Einrichtung zentraler Ämter für Deutschland ablehnte; auch danach verschloss sich Frankreich auf den nachfolgenden Außenministerkonferenzen und im Alliierten Kontrollrat gesamtdeutschen Bestrebungen. Während M. KESSEL [728] die Außenministerkonferenzen untersuchte, hatte GUNTHER MAI [734] die Politik aller vier Mächte im Alliierten Kontrollrat thematisiert. Beide folgerten, dass der früher vorgetragene polemische Befund von Frankreichs Schuld an der deutschen Teilung nicht aufrechterhalten werden kann.

*Französische Besatzungspolitik*

Die französische Besatzungspolitik steht im Ruf, eine „Ausbeutungskolonie" (Eschenburg) errichtet, eine „unbarmherzige Sicherheits- und Separationspolitik" betrieben zu haben (H.-P. Schwarz). Dagegen hat R. HUDEMANN [624] eingewandt, es habe zwar eine harte Wirtschaftspolitik gegeben, die sich aus den Bedürfnissen des französischen Wiederaufbaus wie der strukturellen Behauptung gegenüber dem östlichen Nachbarn erklären lasse. Gleichzeitig habe Frankreich aber in einer „Sicherheitspolitik" werbend auf die eigene Zone gewirkt, um eine langfristige kulturelle Umgestaltung und Demokratisierung zu erreichen. EDGAR WOLFRUM [744] und DIETMAR HÜSER [727] haben quellengesättigte Monographien vorgelegt, welche die widersprüchlichen Komponenten in der französischen Deutschlandpolitik sektoral auffächerten und dabei die These HUDEMANNS differenzierten [vgl. 275: MORSEY, S. 141–145].

*Britische Politik*

Unmittelbar nach Kriegsende wurde die westeuropäische Politik finanziell von amerikanischer Hilfe abhängig, jedoch suchte gerade die britische Regierung in der deutschen Frage ab 1946/47 gegenüber Moskau Abgrenzung: Die Kosten für die Besatzung, und damit das Warten auf eine Kooperation mit der Sowjetunion, waren angesichts der Verelendung in Deutschland nicht mehr zu tragen. Nach früheren Studien über die britische Besatzungspolitik in Deutschland [724: FOSCHEPOTH u. a.] hatte ANNE DEIGHTON den britischen Beitrag zur Verschärfung der Konfrontation betont: „By early 1946 there had emerged in the highest echelons of the Foreign Office what we would now identify as an operational code, a cold-war mentality towards the Soviet Union" [720, S. 224]. Die Autorin hob ferner die Konfliktfelder Naher Osten und Osteuropa hervor, die in London früher als in Washington zu einer Politik der Härte geführt hätten [vgl. 619: GOSSEL].

*US-Deutschlandpolitik*

Die amerikanische Deutschlandpolitik – eng mit der britischen koordiniert – wollte die Deutschen zunächst niederhalten und dann längerfristig zur Demokratie führen. Der viel erwähnte „Morgenthau-Plan", nämlich Deutschland in ein Ackerland zu verwandeln, spukte seit den letzten Monaten der NS-Propaganda über Forschungen der Nachkriegszeit bis in die Gegenwart in vielen Köpfen weiter. Gerade in den letzten Jahren ist die relative Bedeutung der Aktivitäten des US-Finanzministers Morgenthau herausgearbeitet worden, so z. B. von B. GREINER [688] und W. MAUSBACH [698]. Danach traf die Diagnose zu, auch die USA hätten die Deutschen vorerst hart behandeln wollen, wozu völkerpsychologische Stereotype und konkrete Erfahrungen mit der NS-Politik beitrugen; die konkrete Politik sei aber anders verlaufen. Dazu bedurfte es nicht erst der späteren Einsicht in zunehmende Verelendung, vielmehr bahnten sich bereits während der Eroberung und Besetzung nach K.-D. HENKE [621] „pragmatische Stabilisierungsbündnisse" an. Häufig halfen amerikanische Soldaten spontan in Notsituationen und erwarben sich so Ansehen, das den späteren Kurswechsel „von oben" hin zur Vermittlung amerikanischer Lebensweise und demokratischer Werte vorbereitete

Wenn die Ziele Stalins in der deutschen Frage umstritten sind, ist auch nach neuen Quellen nicht eindeutig, wie die konkrete Besatzungspolitik in der sowjetischen Zone bis 1949 von Moskau gelenkt wurde [Forschungsüberblick über die Entwicklung der SBZ/frühen DDR insgesamt: 284: WEBER, S. 148–163]. N. NAIMARK [738] sah in dem bislang gründlichsten Gesamtüberblick eine Vielzahl sich überschneidender und wenig koordinierter Ansätze (S. 584): Ulbricht und der Besatzungsoffizier Tjulpanov hätten zwar ein kommunistisches Gesamtdeutschland vorgezogen, aber keine konkrete Politik zu dessen Verwirklichung betrieben. Das Ziel eines neutralen Gesamtdeutschland sei aber durch die Entwicklung überholt worden; es sei nur die staatliche Konsolidierung der eigenen Zone geblieben. NAIMARK betonte die Vielfalt improvisierter und unfähiger Politik, die sich fallweise werbender, repressiver oder gar terroristischer Methoden bedient habe: „Durch eigenes Handeln machten sich die sowjetischen Stellen aus potenziellen Freunden Feinde" (S. 589).

Sowjetunion: Widersprüchliche Politik

Die gründlichste Darstellung der gesamten Friedensverhandlungen mit Deutschland legte KÜSTERS 2000 vor [154]. Er folgte den diplomatischen Verhandlungen der vier Alliierten vor dem Hintergrund sich wandelnder Konzeptionen der Sieger. Die sowjetische Politik habe sich vor allem auf Vetos und Verzögerungen verlegt; daher sei der Außenministerrat kaum das richtige Instrument für eine Einigung gewesen. „Die zu regelnden deutschen Angelegenheiten stellten aufgrund unterschiedlicher Interessen, Motive und Befürchtungen der einzelnen Mächte ein kaum zu überwindendes Hindernis für eine Verständigung dar" (S. 431). Nur ein schneller Friedensschluss hätte Chancen geboten. Alle Mächte hätten jedoch die Regelung der deutschen Frage hinausgezögert. Der Bruch sei schon im Herbst 1945 unabhängig von der deutschen Frage erfolgt. Als die Westmächte 1947 von einem Straf- auf einen Integrationsfrieden umschalteten, habe die Sowjetunion ihre Einwirkungsmöglichkeiten verloren.

Friedensverhandlungen mit Deutschland

Auch wenn die heutige Forschung über die sowjetischen Ziele kontrovers bleibt, setzte sich in den USA seit 1946 die Deutung durch, dass die Politik Moskaus aggressiv sei, selbst wenn sie sich für Kooperation aussprach. Das führte an unterschiedlichen Punkten zu US-amerikanischen Stabilisierungsversuchen, die wiederum die Konfrontation mit der Sowjetunion verstärkten. Angesichts seiner weltpolitischen Schwäche konnte Großbritannien die Kosten für sein Engagement in Griechenland und der Türkei (Meerengenfrage) nicht mehr tragen, so dass hier mit der Truman-Doktrin Hilfe zugesagt wurde. Eine tiefer greifende

Stabilisierung durch USA

*Marshall-Plan* — Stabilisierung wurde mit dem Marshall-Plan erstrebt. CHARLES MAIER sah in ihm die Antwort auf drei Krisen: „1. die Antwort auf die Schwächung des Britischen Empire, 2. die Gefährdung der innenpolitischen Stabilität in Frankreich und Italien und 3. den Niedergang von Wirtschaft und Moral in Westdeutschland" [in: 735: MAIER/BISCHOF, S. 24]. J. GIMBEL [789] kam zuvor aufgrund der amerikanischen Besatzungsakten zu dem Schluss, mit dem Marshall-Plan habe der französische Widerstand gegen eine Einbeziehung (West-)Deutschlands in den Aufbau gebrochen werden sollen. Damit wurde die erwünschte Folge aber wohl eher zum primären Motiv erklärt. Diese Einwände sind erstmals von M. KNAPP gebündelt vorgetragen worden, der neben der wirtschaftlichen zugleich die politische Bedeutung des Plans hervorhob [in: 740: SCHRÖDER]. Einigung herrscht inzwischen weitgehend darin, dass im Marshall-Plan die Stabilisierung der deutschen Westzonen ein zentrales Motiv dargestellt habe.

Weitere Motive für den Marshall-Plan lagen in der wirtschaftlichen und finanziellen Krise Westeuropas, zumal in Frankreich [670: WALL, 771: YOUNG] und Italien. Vor allem dort gab es soziale Unruhen; mit mehr oder weniger starkem Druck von amerikanischer Seite wurden die kommunistischen Parteien aus der Regierung verdrängt. Insbesondere bei den italienischen Wahlen 1948 gab es starke Sorgen vor einem kommunistischen Sieg in demokratischen Wahlen, die zur US-amerikanischen Hilfe führten [802, 803: WOLLER; 801: VIGEZZI (Hrsg.); 637: DI NOLFO; 669: SMITH]. Den umfassendsten Versuch zur Deutung und Einordnung der amerikanischen Motivation hat M. HOGAN unternommen. Er betonte, dass der US-amerikanische Staat traditionell sehr viel weniger Aufgaben als die europäischen Staaten übernommen habe. Im Zweiten Weltkrieg habe er jedoch seine Tätigkeit neuartig ausgeweitet. Mit der Bedrohungsperzeption durch Moskau sei im Marshall-Plan dieser „warfare state", der Interventionsstaat, im Prinzip weitergeführt worden [645, vgl. 660]. Für HOGAN stellte der Marshall-Plan eine ganz spezifische Reaktion der USA auf eine internationale Krise dar. Sie suchten daher über die bisherige Nothilfe (GARIOA) hinaus im Marshall-Plan eine umfassende Stabilisierung, mit der auf Europa auch Druck ausgeübt wurde, um eine nicht nur wirtschaftliche, sondern auch politische Zusammenarbeit zu sichern.

*HOGAN: Marshall-Plan und US-Staat*

*Wirkung des Marshall-Plans* — Die volkswirtschaftliche Bedeutung des Marshall-Plans in Westeuropa ist wiederholt infrage gestellt worden. ALAN MILWARD antwortete auf die entsprechende Frage: „Was the Marshall Plan Necessary?" [797], dass die Rekonstruktionskräfte der wichtigsten westeuropäischen Volkswirtschaften bereits Ende 1946 gewirkt hätten. Für Westdeutschland hat W. ABELSHAUSER [713] argumentiert, die Kriegszerstörungen seien dort geringer gewesen, als der Augenschein vermuten ließ; es habe primär eine Transport- und sekundär eine Energiekrise gegeben, deren Beseitigung sich bereits vor dem Marshall-Plan abgezeichnet habe. Hierüber entwickelte sich eine wirtschaftswissenschaftliche Debatte, die in den Sammelbänden von SCHRÖDER [740] und MAIER/BISCHOF [735] dokumentiert ist und beachtenswerte Argumente für die unmittelbare wirtschaftliche Bedeutung der Marshall-Plan-Hilfe erbracht hat [v.a. von KINDLEBERGER, aber auch 718: BORCHARDT/BUCHHEIM]. In vergleichender europäischer Perspektive hat G. BOSSUAT [782] den Einfluss des Marshall-Plans auf die einzelnen europäischen Länder näher bestimmt.

In den letzten Jahren ist thematisch und methodisch neu entfaltet worden, dass parallel zur wirtschaftlichen Hilfe auch eine mentale Stabilisierung Europas angestrebt wurde. Eine neuartige US-Auslandspropaganda sollte Hoffnungen wecken [628: SCHUMACHER]. Für den deutschen Fall zeigten mehrere Studien die Bedeutung u. a. des Marshall-Plans gerade auf psychologischem Gebiet. Einige Titel sind dafür charakteristisch: SCHWARTZ [899]: Die Atlantikbrücke, RUPIEPER [930]: Der besetzte Verbündete. Für Westeuropa insgesamt lautete die von GEIR LUNDESTAD bejahte Frage: „Empire by Invitation?" [Journal of Peace Research 23 (1986), S. 263–277; vgl. 218], und CH. MAIER [735] sprach von einer „konsensualen amerikanischen Hegemonie". *Empire by Invitation*

Dennoch blieben die aus marxistischem Ansatz gespeisten Fragen nach den Bedingungen einer kapitalistischen Restauration in Westeuropa bestehen, die sich in dem Band von HABERL/NIETHAMMER [791] niederschlugen. Es konnte hier gezeigt werden, dass es verbreitete Hoffnungen auf eine Überwindung des bisherigen Kapitalismus durch planwirtschaftliche Elemente oder sozialistische Wirtschaftsformen gegeben hatte. Sie traten nach Einrichtung der OEEC in den Hintergrund. Brachte also der Marshall-Plan auch einen „völligen Umschwung in der gesamtgesellschaftlichen Machtverteilung und kulturellen Hegemonie, den totalen Zusammenbruch der linken Aufbruchstimmung" (S. 18) mit sich? Die Breite dieser Bewegung wurde in den siebziger Jahren gelegentlich noch hoch eingeschätzt; im letzten Jahrzehnt ist die Frage selbst kaum noch aufgeworfen worden. *Restauration des Kapitalismus?*

Der Marshall-Plan sollte nach amerikanischer Absicht (West-)Europa stabilisieren. Welche Bedeutung hatte er aber für die Sowjetunion und damit für die Eskalation der Konflikte? Schob er – so die frühen Deutungen – kommunistischer Expansionspolitik einen Riegel vor oder stellte er einen Schritt zur Blockbildung in Europa dar? Eine Annahme der ganz Europa angebotenen Hilfe durch Moskau war in Washington nicht erwünscht [661: HOGAN]; es ging nur um den Westen Europas. Bis in die 1980er Jahre schien es, als ob nur Staaten wie Polen und die Tschechoslowakei unter starkem sowjetischem Druck von einer Teilhabe abgehalten worden seien. Nach Öffnung der Archive ist deutlich geworden, dass auch die Sowjetunion anfangs noch Hoffnungen auf US-Aufbauhilfe ausloten wollte [PARRISH/NARINSKY in: 134: CWIHP Nr. 9]. Ihre Ausgrenzung einerseits, die Einbeziehung der Westzonen in den Marshall-Plan und damit eine Spaltung in Deutschland andererseits bestärkten die sowjetische Führung in ihrer Einschätzung einer konfrontativen Politik der USA. *Marshall-Plan und Kalter Krieg*

Zum Aufbau einer europäischen Organisation durch das *European Recovery Program* gehörte die Bildung eines westdeutschen Staates unter Einschluss der französischen Zone. „The American Decision to Divide Germany" hat CAROLYN

EISENBERG [721] diesen Vorgang in einem Buch genannt und damit die Verantwortung, die zuvor zumeist der Sowjetunion zugesprochen wurde, den USA angelastet. Zur westdeutschen Konsolidierung gehörte die fiskalisch seit Kriegsende überfällige Währungsreform, die von den Westalliierten im Juni 1948 einseitig in ihren Zonen durchgeführt wurde; die Sowjetunion reagierte ihrerseits in der SBZ. Inwieweit die Berliner Blockade und die nachfolgende alliierte Luftbrücke zur Versorgung der Stadt damit direkt zusammenhingen, ist viel diskutiert worden [719: BUFFET; 742: SHLAIM; 817: MILLER]. Wurde das Übergreifen der Sowjetunion auf Berlin und ganz Deutschland durch finanzielle Konsolidierung und organisatorische Transportleistungen verhindert, oder bildete die Blockade den letzte Versuch der Sowjetunion, Mitsprache in der deutschen Frage zu erlangen und die staatliche Spaltung Deutschlands zu verhindern? Neue Funde bringen Quellen für beide Deutungen der Krise bei. Die analoge Einordnung gilt für die Gründung zweier Staaten unterschiedlicher Legitimität in Deutschland: Konsolidierung gegenüber drohendem Kommunismus oder Aufgabe der Einheit statt Kooperation? [Extrempositionen: 610: WETTIG, S. 184 ff.; 604: LOTH, S. 129–160]. Der Forschungsüberblick von MORSEY [276, S. 160 ff.] fächerte die Deutungsmuster im Einzelnen auf.

*Währungsreform und Berliner Blockade*

Die Gründung des Kominform wurde sogleich im Westen als ideologische Offensive gegenüber dem Marshall-Plan angesehen. Die jetzt zugänglichen Quellen machen deutlich, dass hier bloß eine Umgründung der 1943 nur formal aufgelösten Kommunistischen Internationale stattfand [55: PROCACCI; sechs Beiträge in 595: GORI/PONS; G. M. ADIBEKOV, Das Kominform und Stalins Neuordnung Europas, Frankfurt/M. 2002]. Schon ab 1946/47 war westlicher Einfluss in Osteuropa bis auf die ČSR geschwunden. GEIR LUNDESTAD wandte sich bereits 1975 gegen die Anschauung einer gezielten Verdrängung und formulierte einleuchtender: „The American Non-Policy towards Eastern Europe, 1943–1947" [761]. Danach waren die USA 1944/45 anfänglich bereit, eine sowjetische Einflusszone zuzugestehen; als sie jedoch deren Ausmaß und die Methoden zu ihrer Umsetzung erkannten, waren die Einwirkungsmöglichkeiten unterhalb der Schwelle militärischen Eingreifens bereits geschwunden. Auch die Ächtung Titos bedeutete für den sich formierenden Ostblock eine sowjetische Disziplinierungsmaßnahme, bot jedoch westlicher Politik keine Chance für stärkere Einflussnahme [809: HEUSER; vgl. 702: PIKE].

*Kominform*

*Schwindender westlicher Einfluss in Osteuropa*

Der Kalte Krieg wies spätestens 1948 auch Züge militärischer Konfrontation auf. Vorangegangen war der amerikanische Atombombenabwurf auf Hiroshima und Nagasaki im August 1945. Die herkömmliche Interpretation der Motive ging auf den damaligen Außenminister James F. Byrnes 1947 zurück, der unter moralischen Vorwürfen den Einsatz allein mit dem Ziel eines schnellen Kriegsendes in Ostasien begründete, der hohe Verluste und Fortdauer des Krieges bis 1946 bei einer Landung auf den japanischen Hauptinseln verhindert habe.

*US-Atombomben*

Dies wird in jüngerer Forschung infrage gestellt [vorzüglich der Sammelband von 692: HOGAN, darunter zur Forschungsentwicklung die Beiträge von

J. S. WALKER und HOGAN] Bereits 1961 hatte FEIS [750] darauf hingewiesen, dass die Bomben zum Sieg gegenüber Japan nicht erforderlich gewesen seien. Welchen Zweck erfüllten sie aber dann? (WALKER). ALPEROVITZ [674] behauptete 1965 mit neuen Quellen, die Bomben hätten primär als politisches Instrument gegenüber der Sowjetunion gedient, um, auch im Hinblick auf Osteuropa, auf sie Eindruck zu machen. Mit dem Besitz der Atombombe sei für die USA der in Jalta zugesagte und dann erfolgte Kriegseintritt der Sowjetunion in Ostasien unerwünscht geworden. Diesen Wandel zeigte GALLICCHIO [755] für die politisch-militärische Ebene unter dem zugespitzten Titel „The Cold War Begins in Asia". Die These von ALPEROVITZ wurde vielfach bestritten und weiterhin die Notwendigkeit der Bombe im Krieg gegen Japan betont. Jedoch akzeptierten Autoren wie BERNSTEIN [676; 677], GADDIS [140 und öfter], KOLKO [696] unterschiedliche über die Kriegsbeendigung hinaus reichende Motive für Hiroshima. In den achtziger Jahren bildete sich ein wissenschaftlicher Konsens „that the bomb was not needed to avoid an invasion of Japan and to end the war within a relatively short time" [WALKER in: 692: HOGAN, S. 31]. Die von Veteranen und neuem Patriotismus bestimmte offizielle Erinnerungskultur der USA hielt jedoch gerade angesichts einer musealen Präsentation zum 50. Jahrestag im Jahr 1995 an der herkömmlichen Deutung fest.

Motive: Sieg über Japan?

Die Suche nach mehrschichtigen Motivketten für den atomaren Einsatz brachte wenig zeitgenössisches Nachdenken hierüber zutage. Von allen Beteiligten wurde eine starke Wirkung der Bombe erwartet. Für den Abwurf gab es Gründe in der Konkurrenz zwischen Streitkräften, aber auch für die Demonstration des Nutzens in der Zukunft angesichts der hohen Kosten des Programms. Vor allem spielte die Bombe in den Verhandlungen der Siegermächte in Potsdam und danach unterschwellig eine zentrale Rolle. Während sich Hiroshima noch als mehrdeutiges Demonstrationsobjekt auffassen ließ, lag dem Abwurf von Nagasaki angesichts der zwischenzeitlich verkündeten japanischen Bereitschaft zur Kapitulation kein innen- und kriegspolitischer Zweck mehr zugrunde [so BERNSTEIN in: 692 HOGAN, S. 70]. ALPEROVITZ [675, S. 717] hat 1995 in einer umfangreichen Mischung von Forschungsdiskussion, analytischer Darstellung und Quellenbericht bekräftigt, für Washington seien diplomatische Ziele in der Nachkriegsordnung und besonders gegenüber der Sowjetunion zentral gewesen. Dabei habe es eine Kombination politischer, militärischer, finanzieller und rassistischer Erwägungen in der US-amerikanischen Führung gegeben.

Inneramerikanische Gründe

Wirkung auf die Sowjetunion

Stalin wie Molotov zeigten sich bei internationalen Begegnungen öffentlich von den Atombomben unbeeindruckt, so dass in den USA Zweifel über deren Wirkung aufkamen. Mittlerweile hat vor allem HOLLOWAY [631] gezeigt, dass dem bis dahin unbedeutenden sowjetischen Atomprogramm nach Hiroshima höchste Priorität unter Einsatz aller Mittel gegeben wurde. Die Deportation deutscher Forscher und die Ausbeutung von Uranvorkommen in der SBZ bildeten dafür wichtige Hilfsmittel [KARLSCH/ZEMAN: 134: CWIHP Nr. 29]. Darin lagen auch Konsequenzen für die deutsche Frage [738: NAIMARK]. Der amerika-

Sowjetische Perzeption

Ohnmacht der Allmacht

nische und ab 1949 auch der sowjetische Besitz von Atomwaffen waren – das ist Konsens der Forschung – für die wechselseitige Einschätzung von militärischer Stärke und damit politischer Durchsetzungskraft zentral. Das konkrete Ausmaß dieser „Impotence of Omnipotence" wird bis in die Gegenwart hinein unterschiedlich gedeutet: Provozierte das anfängliche Monopol der USA die Sowjetunion zur stärkeren Abkapselung, oder verhinderte es stärkeren Expansionsdrang? Bildeten atomare Rüstungen zunächst in den USA die gesellschaftlich besser durchsetzbare und kostengünstige Variante für militärische Stärke, oder provozierten sie erst das Wettrüsten? Verhinderten sie eine neue militärische Konfrontation durch ihre Zerstörungskraft, oder schufen sie erst die Voraussetzung hierfür? Die (US-amerikanische) *History of the Office of the Secretary of Defense*, die ab 1947 einsetzt [643], gab hier den ausführlichsten offiziösen Überblick über diese Planungen [vgl. auf deutscher Seite: 590, Bd 1, Beiträge WIGGERSHAUS, GREINER; neuerdings: 605: MASTNY/SCHMIDT (Beitrag SCHMIDT)]. Eine beide Seiten einschließende Darstellung des nuklearen Wettrüstens steht noch aus.

# D. PROBLEME DER (WEST-)EUROPÄISCHEN INTEGRATION

### 1. Deutungsmuster

Unter den Bedingungen von Zweitem Weltkrieg und deutscher (und anderer) Besatzungsherrschaft entstanden unterschiedliche Konzeptionen zu einer Neugestaltung Europas. Sie gingen zumeist davon aus, dass der befreite Raum als kommunikativ offen und als politisch befriedet gedacht wurde. Doch schon im Krieg stellte sich heraus, dass dies in den von der Sowjetunion befreiten und besetzten Gebieten anders aussehen würde. Das zeichnete sich 1943 ab, als die Sowjetunion Einspruch gegen Pläne der tschechoslowakischen und polnischen Exilregierungen für eine Föderation ihrer Staaten nach dem Krieg erhob [680: BRANDES]. Mit dem Aufkommen des Ost-West-Gegensatzes entwickelte sich angesichts der Sowjetisierung Ost-Mittel-Europas die Teilung Europas in zwei unterschiedliche politische und gesellschaftliche Ordnungen, die bis 1989/90 bestimmend blieben.

<sub>Teilung Europas</sub>

Nach dem Krieg richteten sich Integrationsbestrebungen somit zwar programmatisch weiter auf den ganzen Kontinent, konnten aber tatsächlich – wie sich bald herausstellte – nur in einigen Teilen wirksam werden. Der im Westen verwandte liberal-demokratische Europabegriff blieb umfassend (z. B. bei Institutionen wie der „Europa-Union"), jedoch hatte er seit den fünfziger Jahren unmittelbar nur noch propagandistischen Wert, entfaltete jedoch langfristig Attraktivität auch gegenüber Osteuropa. Dort entwickelte oder von der Sowjetunion getragene Pläne (z. B. „europäische Sicherheit" ohne Nordamerika) besaßen lange Zeit wenig Anziehungskraft gegenüber dem Westen. Erstmals wurde in der KSZE-Schlussakte von Helsinki 1975 eine gesamteuropäische Basis vereinbart. Dennoch klafften auch danach das gedachte und das gelebte Europa weiterhin auseinander.

Europa: normativer Anspruch und Realität

Aus dieser Teilung ergibt sich der Vorschlag, Europa in der Zeit des Ost-West-Konflikts als zwei Gebiete zu begreifen, in denen sich unterschiedliche Mentalitäten ausprägten und – in noch wenig untersuchter Form – wechselseitig beeinflussten. Ein anderer Europa-Begriff, der die Ausbreitung der westeuropäischen Integration von wenigen Staaten auf immer weitere Teile des Kontinents zum Ausgangspunkt nimmt, argumentiert eher normativ und von Tendenzen der jüngeren Gegenwart her, vernachlässigt dabei aber die genannten Wechselwirkungen. Es gibt eine Erfolgsgeschichte der westeuropäischen Integration, die in diesem Abschnitt behandelt wird; Europa im Ost-West-Konflikt bedeutete jedoch mehr und anderes [vgl. J. DÜLFFER, Der Niedergang Europas im Zeichen der Gewalt, in: H. DUCHHARDT/A. KUNZ, „Europäische Geschichte" als historiographisches Problem, Mainz 1997, S. 105–128].

Die europäische Integration wurde – die Ereignisse vorwegnehmend, begleitend oder nachträglich analysierend – aus der Sicht unterschiedlicher Wissenschaften erklärt [402: LOTH/WESSELS]. Diese Deutungen tragen zumeist präskriptive Züge und wirken als politische Maximen, die für historische Analysen nur bedingt angemessen sind. Dennoch enthalten sie als Modelle auch für die Gegenwart Erklärungswert.

*Funktionalistische These*
1. Die funktionalistische Deutung. Sie wurde von DAVID MITRANY bereits um 1930 entwickelt und 1943 in Buchform publiziert [A Working Peace System. An Argument for the Functional Development of International Organization, London 1943]. Danach sollten die Staaten einzelne Funktionen ihrer Tätigkeit auf „joint government" verlagern, ohne ihre je eigene Rolle zugunsten neuer Überstaaten aufzugeben. Nach den ersten Integrationserfolgen wurde bei ERNEST B. HAAS daraus ein „Neofunktionalimus" [The Uniting of Europe. Political, Social and Economic Forces, 1950-1957, New York 1958]. Er machte auf die Ausbildung einer transnationalen Gesellschaft aufmerksam, auf neue europäische Institutionen und damit auch eine neue europäische Elite. Diese entwickelten eine Eigendynamik hin zu einem europäischen Staat. Die Vorhersagen zur Dynamik haben sich so nicht bewahrheitet; der funktionale Ansatz kann aber weiter die Europäisierung von Politikbereichen beschreiben.

*Föderalistische These*
2. Die föderalistische These sah in der europäischen Einigung viele Analogien zur deutschen Einigung seit dem Deutschen Zollverein von 1834 und erwartete analog das Wachsen eines föderalen europäischen Staates, während zugleich die Nationalstaaten ihre Rolle abgäben oder verlören. Verrechtlichung und Friedenssicherung bildeten dabei zentrale Leistungen der europäischen Ebene.

*Dominanz des Nationalstaats*
3. Gegenüber der in beiden Ansätzen steckenden Dynamik formulierten vor allem britische Historiker wie DONALD C. WATT und ALAN S. MILWARD die These von einer weiter bestehenden Dominanz der Nationalstaaten. Diese hätten aus wohl erwogenen, vor allem ökonomischen Eigeninteressen einige Bereiche traditioneller Staatlichkeit auf europäische Instanzen übertragen, weil sie dort besser, billiger oder politisch zweckmäßiger zu regeln seien. Idealistische Motive spielten gegenüber derartigen Erwägungen keine Rolle, vielmehr seien die Nationalstaaten durch Integration gestärkt worden und könnten sich fallweise zur integrativen Lösung von Problemen entscheiden.

*Supranationalität*
4. Der wachsende supranationale Charakter der europäischen Integration wird von anderen Autoren [458–461: KAELBLE; 902: THIEMEYER] in den Vordergrund gerückt. Durch rechtliche Verpflichtungen und politisches Handeln sei zwischen und über den Vertragsstaaten etwas Neues entstanden, sie hätten – seit der EGKS von 1950/51 – die Ausbildung neuer Formen von Supranationalität bewirkt. Es bilde sich langsam eine europäische Gesellschaft aus, deren völker- und staatsrechtliche Qualität im Einzelnen begrifflich zu bestimmen sei.

*„Liberal intergovernmentalism"*
5. Einen mehrschichtigen Erklärungsansatz wählten verschiedene Autoren. ANDREW MORAVCSIK [405] sprach seit den frühen neunziger Jahren von „liberal intergovernmentalism" und thematisierte damit in „realistischem", d.h. auf Macht bezogenen Ansatz primär im Bereich internationaler Beziehungen die Gründe und Motive, aus denen Staaten Teile ihrer Regierungspraxis beibehalten

bzw. an überstaatliche Instanzen delegieren. Methodisch anspruchsvoll und empirisch reich diskutierte er für mehr als drei Jahrzehnte die Mischung von ökonomischen und „geopolitischen" Motiven der Nationalstaaten. Er gelangte in die Nähe von MILWARDs Deutung eines Primats wirtschaftlicher Motive für die staatliche Delegation von Kompetenzen[neueste verfassungsgeschichtliche Fortschreibung: M. JACHTENFUCHS, Die Konstruktion Europas. Verfassungsideen und konstitutionelle Entwicklung, Baden-Baden 2002].

6. Auf einer anderen Ebene liegen Vorschläge, vom „Regieren im europäischen Mehrebenensystem" zu sprechen. Davon gehen seit Mitte der neunziger Jahre Autoren wie BEATE KOHLER-KOCH [212, 512] oder WOLFGANG WESSELS [Die Öffnung des Staates. Modelle und Wirklichkeit grenzüberschreitender Verwaltungspraxis, Opladen 2000] aus, die sich primär auf politische Prozesse konzentrierten. Verwandt damit ist die Netzwerkanalyse, wie sie etwa ADRIENNE HÉRITIER vorschlägt [Hrsg., Policy-Analyse. Kritik und Neuorientierung, Opladen 1993]. Am anspruchsvollsten erscheint der stark beachtete Governance-Ansatz, der komplexe, sich wechselseitig beeinflussende Steuerungsprozesse in Staaten bearbeitet, der aber auch für das Verhältnis europäischer Integration zu weltweiten wie einzelstaatlichen bzw. regionalen Vorgängen fruchtbar gemacht werden kann [B. KOHLER-KOCH/R. EISING (Hrsg.), The Transformation of Governance in the European Union, London/New York 1999].

Regieren im europäischen Mehrebenensystem

Netzwerkanalyse

Am Anfang der geschichtswissenschaftlichen Beschäftigung mit Europa stand, häufig von engagierten Vertretern vorgetragen, die Untersuchung der Europabewegung. Es ging dabei um den – aus dem Krieg entstandenen – Idealismus des (Grenzen überwindenden) Engagements von Personen und Gruppen. In den Vordergrund traten Organisationen, ihre Tagungen und Programme. Die Europabewegung habe ab 1948 (Haager Kongress) auf europäische Institutionen gezielt und sei der Motor dieses Prozesses gewesen. Das gelte für den Europarat, die EGKS, die (gescheiterte) Europäische Politische Gemeinschaft und EWG/Euratom. KARLHEINZ KOPPE konnte so 1967 in einer historischen Untersuchung verkünden: „Das Grüne E setzt sich durch" [Bonn 1967]. Zum Protagonisten dieser Deutung wurde WALTHER LIPGENS, der sein Lebenswerk diesem Thema widmete. Im Anschluss an die Europabewegung zwischen den beiden Weltkriegen sammelte er Dokumente vor allem zum europäischen Denken vom Zweiten Weltkrieg bis 1949, die in insgesamt vier voluminösen Bänden publiziert wurden [45]. Hier wurden für alle bis in die achtziger Jahren in die europäische Integration einbezogenen Staaten Schlüsseldokumente in ihrer Originalsprache (auf Microfiche) und in Englisch (im Druck) versammelt. Als Darstellung legte LIPGENS nur einen ersten Band vor; mehrere waren geplant [795]. Darin sprach er von der „Geburt Europas aus dem Geist des Widerstandes" und zeigte, „wie aus einer politischen Idee eine organisierte politische Einigungsbewegung wurde und wie es ihr gelang, im größeren westlichen Teil Europas Parteien und Regierungen zu Anfängen konkreter Einigungspolitik zu bewegen." Gegenüber dieser dominierenden Strömung stellte er auch hemmende Tendenzen heraus, wies

Europabewegung

WALTHER LIPGENS

jedoch optimistisch auf Aussichten zu ihrer Überwindung hin. Eine narrative Gesamtdarstellung der Europabewegungen und ihrer Leistungen legte FRANK NIESS [799] von der Formierung im Ersten Weltkrieg bis ca. 1949 vor.

Die wichtigste Gegenposition eines Historikers bezog ALAN MILWARD [797, 798]. Von ökonomischen Gründen ausgehend sah er die Bedeutung der Europabewegung nur im Bereich der Rhetorik. Interdependenz führe nicht automatisch zur Integration. Ebenso existiere kein Gegensatz zwischen nationaler Identität und neuen europäischen Bindungen; das eine werde nicht durch das andere ersetzt. Der Lernprozess, den europabegeisterte Intellektuelle behaupteten, sei nicht vorhanden. LIPGENS habe „only the chronicle of fringe political groups" geleistet [795, S. 17]. MILWARD strebte vielmehr an „(to) trace the way in which some national policies aiming at national reassertion had to be internationalized in order to make them viable" (S. 44 f.). Die europäische Einigung habe die Nationalstaaten gestärkt, darüber hinaus weitere politische Ziele wie die Einbindung Deutschlands erreicht. GILLINGHAM [202] hat kürzlich auf breiter wirtschaftswissenschaftlicher Basis den Vorrang nationalstaatlicher Bedürfnisse der Staaten gegenüber Eigenmächtigkeiten von Brüsseler Bürokratien scharf und polemisch gegenüber der verfehlten Tendenz zu einem „Superstate" zugespitzt.

*Rettung des Nationalstaates*

Seither wird mit beiden Ansätzen gearbeitet und eine Verbindung gesucht. Eine quellengesättigte Gesamtdarstellung von Europabewegungen und -politik hat Wilfried LOTH für die Jahre bis 1958 vorgelegt [665] und darin eine Mittelposition entwickelt: „Unterschiedliche theoretische Vorstellungen vom Weg zur Europäischen Gemeinschaft haben den Prozess nicht wesentlich beeinflusst. Die zeitgenössischen Kontroversen [...] zwischen Funktionalismus und Föderalismus erweisen sich bei näherem Hinsehen als Auseinandersetzungen über die Opportunität bestimmter Integrationsschritte". Gegen MILWARD wendete er ein: „Entscheidend war aber immer, ob die Akteure bereit waren, die nationalstaatlichen Souveränitäten in bestimmten Bereichen zusammenzulegen oder nicht" (S. 139). Anspruchsvolle Gesamtüberblicke über die westeuropäische Integration während des Ost-West-Konflikts finden sich in deutscher Sprache über eher systematisch gliedernde Handbücher hinaus [W. WOYKE, Europäische Integration. Erfolgreiche Krisengemeinschaft, München 1998] noch nicht; knappe Übersichten wie von DIETMAR HERZ [Die europäische Union, München 2002], GERHARD BRUNN [187] oder FRANZ KNIPPING [Rom, 25. April 1957. Die Einigung Europas, München 2004] geben immerhin einen ersten Überblick. Am besten ist derzeit die französische Darstellung von PIERRE GERBET [199] von 1994, freilich aus einer älteren Darstellung der achtziger Jahre fortgeschrieben; an die Seite zu stellen sind ebenfalls nur in französischer bzw. italienischer Sprache vorliegende Überblicke von MARIE-THÉRÈSE BITSCH [Histoire de la Construction européenne de 1945 à nos jours, Brüssel 1996] und BINO OLIVI 1998 [225]. Gute Dienste leistet das derzeit bis 1992 reichende britische Lehrbuch von DEREK URWIN [233]. Die Zeit scheint reif für umfassende Gesamtdarstellungen in deutscher Sprache.

## 2. Europäische Integrationsgeschichte

Die Geschichte der europäischen Integration ist aus unterschiedlichen Perspektiven begonnen worden und entwickelte langsam einen multilateralen Zugriff. Forschungsverbünde aus mehreren Staaten gewannen Bedeutung und stellten ähnliche Fragen, die jeweils national bearbeitet werden konnten. Das ermöglichte oder leistete bereits Vergleiche. In Tagungen werden dabei Sammelbände mit den Erträgen für die Forschung vorbereitet. Der an der Sorbonne/Paris lehrende RENÉ GIRAULT († 2000) regte in den frühen achtziger Jahren einen diachronen Vergleich der vier wichtigsten westeuropäischen Staaten: Frankreich, Großbritannien, Italien und (Bundesrepublik) Deutschland für die Stichjahre 1938, 1948 und 1958 an. Damit sollte der Wandel von realer Macht und deren Wahrnehmung vor und nach dem Zweiten Weltkrieg untersucht werden. Neben den „europäisch" zusammenfassenden Bänden sollten je nationale Bände die Erträge vertiefend auffächern. Nach dem Band für 1938 [R. GIRAULT/R. FRANK (Hrsg.), La Puissance en Europe, 1938–1940, Paris 1984 (vergleichend); F. KNIPPING/K.-J. MÜLLER (Hrsg.), Machtbewußtsein in Deutschland am Vorabend des Zweiten Weltkrieges, Paderborn 1984 (deutsche Perspektive)] erschienen zwei europäisch vergleichende Bände [668] von BECKER/KNIPPING über 1945–1950 und DI NOLFO für 1952–1957 (Bd. II, dort auch S. 575–586 eine Übersicht aller Veröffentlichungen aus dem Projekt; dt. Vertiefung für den ganzen Zeitraum: KNIPPING/MÜLLER [625]. Insgesamt wurde die Frage nach realer Macht und deren Perzeption in sechs Kategorien behandelt: Außenpolitische Entscheidungsträger, Wirtschaft, Militär, Politische Parteien, Öffentliche Meinung/Kultur sowie europäischer Bezug. Dieser sektorale Zugriff machte es komparativ möglich – so GIRAULT in DI NOLFO [668, Bd. II, S. 553–561] –, einerseits den Schwund von militärischer Macht und die Anfänge der Dekolonisation vergleichend zu erkennen, andererseits den neuen wirtschaftlichen Aufschwung und tief gehenden Bewusstseinswandel vom Nationalen zum Europäischen herauszuarbeiten. „Macht in Europa"

Im Zuge der Institutionalisierung wurde – u. a. von Walther Lipgens vorbereitet – 1982 eine „Historiker-Verbindungsgruppe bei der Kommission der Europäischen Gemeinschaften" eingerichtet. H.-P. SCHWARZ formulierte 1983 Leitfragen [408] u. a. nach innenpolitischer Basis, transnationalen Prozessen und deren Einbindung in die Gesamtstrukturen des Kalten Krieges. Erste Ergebnisse des europäischen Projekts wurden 1986 vorgelegt. Die Verbindungsgruppe hat mit der wachsenden Mitgliederzahl der EG/EU auch ihren Untersuchungsraum ausgeweitet; ihrem Leitungsgremium mit zehn Historikern aus sechs Staaten gehörten 2000 von deutscher Seite Wilfried Loth und Klaus Schwabe an. Mittlerweile liegen sieben Bände vor: POIDEVIN [800, für den Zeitraum 1948-1950], SCHWABE [898, für 1950/51], SERRA [900, für 1955–1957]; dann griff man zeitlich zurück mit DUMOULIN [684, für 1940-1947]. Seither ist der Geschichtszeitraum bis 1969 in Sammelbänden dokumentiert: TRAUSCH [903, für 1950-1958], DEIGHTON/MILWARD [867, für 1957-1963], LOTH [980, für 1963-1969]. Das an-  Historikergruppe bei den Europäischen Gemeinschaften

fängliche Sprachengemisch, das auch Beiträge in italienischer und deutscher Sprache einschloss, wurde zugunsten der englischen und französischen Sprache gestrafft. Die Schwerpunkte wurden immer mehr auf die Integrationspolitik gelegt. Im Ansatz gab es mit sektoralen Beiträgen z. B. über Interessengruppen der einzelnen Länder Berührungspunkte mit der Girault-Gruppe; stärker in den Vordergrund traten jedoch die Perspektiven, Verhandlungen und zunehmend Auswirkungen der Integration – etwa der Agrarpolitik oder der Zollsenkungen in den sechziger Jahren. Daneben wurden Einzelfragen – z. B. die deutsche Frage – zum Thema gemacht, auch der Einfluss von außen – so häufig der USA – oder die Wahrnehmung von außen behandelt – so für die sechziger Jahre aus der Sowjetunion und aus Spanien. Mittlerweile liegen etwa einhundert Beiträge vor, die fast alle Archivmaterial erschließen. Die Perspektive auf „Europa" blieb zumeist national, die entstehenden europäischen Institutionen wurden in der Regel nicht gesondert berücksichtigt. Diese Reihe ist als erste Schneise ein unentbehrliches wissenschaftliches Instrument geworden. Dazu dient seit 1995 auch eine vom gleichen Kreis verantwortetes „Journal of the History of European Integration", das sich auf die gesamte Zeit seit 1945 richtet.

*Zeitschrift zur Europäischen Integration*

Ein drittes großes Forschungsprojekt wurde ebenfalls von René Girault 1988 angestoßen und von Robert Frank weitergeführt. In einem Forschungsverbund von etwa 150 europäischen Historikern beschäftigte man sich dort europäisch vergleichend mit Identitäten und damit Bewusstseinslagen im 20. Jahrhundert. Erste Ergebnisse fasste ein von GIRAULT/BOSSUAT 1993 verantworteter Band zusammen [203]; weitere sektorale wie übergreifende Publikationen stehen bevor. Eine deutschsprachige Übersicht über unterschiedliche Ansätze gab ein Sammelband von HUDEMANN/KAELBLE/SCHWABE [456]. Für die europäische Zeitgeschichte insgesamt hat M. GEHLER programmatisch den Ansatz des „dynamischen Mehrebenensystems" vorangetrieben, das auch Tendenzen der Globalisierung in einer komplexen Matrix berücksichtigen will [394].

*Identitäten*

Die militärische Integration Westeuropas zielte seit dem Brüsseler Pakt von 1948 auf die Einbeziehung der Vereinigten Staaten (und Kanadas). Auch hierfür haben Forschungsverbünde aus Tagungen hervorgehende Sammelbände erarbeitet, die Schneisen schlugen, Kommunikation förderten und Monographien vorbereiteten. Das gilt vor allem für Initiativen des Militärgeschichtlichen Forschungsamtes, die – von offiziösen Positionen frei – weitgehend freie Forschung vorantreiben. Hierbei dominierte zunächst die westdeutsche Perspektive, die aber zugleich die Sicht der Partnerstaaten als Kontrast einbezog. So entstanden internationale Sammelbände zur militärischen Integration Westdeutschlands von WIGGERSHAUS/FOERSTER [939] für 1948–1950, VOLKMANN/SCHWENGLER [936] für 1950–1953 sowie THOSS/VOLKMANN [824] für 1953–1956. Hiermit wurden vier umfangreiche Bände „Anfänge westdeutscher Sicherheitspolitik 1949–1956" [590] vorbereitet. Diese leisteten Grundlegendes zum Sektor Militär, für das politische System, für Öffentlichkeit und wirtschaftliche Probleme der Bundesrepublik. Der weit gefasste Sicherheitsbegriff bot darüber hinaus die Mög-

*Militärische Integration*

lichkeit, die Entstehung des westlichen Bündnisses insgesamt und das Eigengewicht von Militärpolitik im Rahmen von EVG und NATO zu untersuchen.

Gerade ein hierarchisch aufgebautes internationales Militärbündnis wie die NATO bedarf bei der üblichen militärischen Geheimhaltung eines multilateralen Zugangs, und so wurde in den achtziger Jahren mit einem „Nuclear History Program" ein Forschungsverbund aus den wichtigsten NATO-Länder geschaffen. Er konnte die selektive Freigabe höchst geheimer Akten für die Forschung erreichen und so international arbeitsteilig eine Fülle von sektoralen Monographien zur militärischen Nuklearpolitik der Einzelstaaten erarbeiten. Für die britische Seite sind etwa zu nennen J. BAYLIS, Ambiguity and Deterrence. British Nuclear Strategy, 1945-1964, Oxford 1995, für Frankreich VAÏSSE [855] bzw. VAÏSSE/BOZO/MELANDRI [295], für die Bundesrepublik HOPPE [920] für 1959 bis 1966, HAFTENDORN [987] zur NATO-Krise 1966/67, GABLIK [915] 1955–1967, TUSCHHOFF [990].

*Nuclear History Program*

Die allgemeine Deklassifizierung von Akten der NATO selbst erweist sich weiterhin als schwierig. Mittlerweile ist aber auch diese Perspektive in der – zumeist militärnahen – Forschung etabliert. W. HEINEMANN [917] konnte so „kleinere" Krisen in der NATO-Organisation zwischen 1951–1956 zum Thema machen, z. B. Triest, Balkan, Zypern, aber auch den Umgang mit Neutralen wie Irland und Spanien untersuchen. Ein weiterer Band, hrsg. von WIGGERSHAUS/HEINEMANN [938] legte im Rahmen der entstehenden Frühgeschichte der NATO einen Überblick über die je nationale Politik der Mitglieder vor; das Ziel des Projekts lautet, auf der Basis auch NATO-interner Quellen: „Westliche Außen- und Sicherheitspolitik, auch westliche Weltwirtschaft, werden als Einheit begriffen" (S. XIII). Hier ist ein neues Großprojekt im Entstehen [vgl. 596: GREINER u. a., 605: MASTNY/SCHMIDT; D. KRÜGER, Sicherheit durch Integration? Die wirtschaftliche und politische Zusammenarbeit Westeuropas, 1947–1957/58, München 2003], das einen transatlantischer Ansatz verfolgt und Einzelstaaten wie die Internationale Organisation gleichberechtigt berücksichtigt.

*Perspektive der NATO*

Gute Forschungen zur NATO-Geschichte hat es schon zuvor gegeben. In einem offiziösen Duktus etwa legte L. KAPLAN zwei Bände über die fünfziger Jahre vor [922, 951]. DI NOLFO [191] gab zum 40. Jahrestag zur Gründungsgeschichte 1948/50 einen facettenreichen Sammelband heraus, dem aus gleichem Anlass ein Band von MAIER/WIGGERSHAUS [219] für die Zeit bis 1956 zur Seite zu stellen ist. Eine neue Qualität hat ein internationales Großunternehmen zum 50. Jahrestag der NATO-Gründung erreicht, über das ein dreibändiger Sammelband von G. SCHMIDT vorliegt [229; vgl. auch 211: L. KAPLAN]. In über 60 Beiträgen wird, häufig archivalisch gestützt, eine Fülle von Sachthemen angesprochen. Zum einen wird der ganze Zeitraum zwischen 1949 und 1999 abgeschritten; das geschieht zum Teil in Überblicken, aber auch in genauen Fallstudien. In SCHMIDTS Zusammenschau zeichnet sich eine Art Neugründung der NATO in den sechziger Jahren ab, als erstmals neben der militärischen Sicherheit auch Entspannung zu den Interessen des Bündnisses gerechnet wurde; eine weitere

*NATO-Geschichte*

Phase setzte in den 1990er Jahren nach dem Ende der Blockkonfrontation ein. Zum anderen wird der Blick über den nordatlantischen Kernbereich hinaus gelenkt („Out of area"), sodann wird auch die Außenwahrnehmung und -politik gegenüber der NATO thematisiert, wenn es um die Rolle von Rüstungen und Militärplanungen geht.

### 3. Sektoral vergleichende Geschichte

*Wirtschafts- und Sozialgeschichte*

Eine vergleichende europäische Wirtschafts- und Sozialgeschichte war mit veröffentlichten Daten schon lange möglich. Im von WOLFRAM FISCHER [442] herausgegebenen Band 6 des „Handbuchs der europäischen Wirtschafts- und Sozialgeschichte" wurde für die Zeit vom Ersten Weltkrieg bis um 1980 ein fundierter Überblick vorgelegt. Die sektoral vergleichende Einleitung des Herausgebers wurde durch ähnlich strukturierte Länderbeiträge vertieft. Es dominierte eine sozialstrukturell, tendenziell auf Quantifizierung ausgerichtete Forschung. Mit einem anderen Ansatz versuchte in einem marxistisch geprägten Großessay der schwedische Soziologe G. THERBORN die Gesellschaften Europas zwischen 1945 und 2000 facettenreich zu analysieren [496].

HARTMUT KAELBLE hat in mehreren Längsschnitten über die Sozialgeschichte hinaus zunehmend auch mentalitätsgeschichtliche Dimensionen einbezogen und vor allem für den deutsch-französischen Vergleich seit dem 19. Jahrhundert Maßstäbe „auf dem Weg zu einer europäischen Gesellschaft" erarbeitet [458–461]. Mobilität und Chancengleichheit bilden einige Kriterien für europäischen Austausch und Verflechtung. In letzter Zeit ist bei KAELBLE auch der Blick von außen auf diese Entwicklungen hinzugekommen [210]. Allerdings nimmt er in seinen Forschungsprogrammen – anders als HENNING – überwiegend westeuropäische Gesellschaften in den Blick, in denen die Forschung schon länger freien Zugang zu Quellen hat. In einem systematisch angelegten, von den Soziologen S. HRADIL und S. IMMERFALL herausgegebenen Reader [Die westeuropäischen Gesellschaften im Vergleich, Opladen 1997] hat KAELBLE 1997 einleitend (S. 27–70) sein Forschungsprogramm fortgeschrieben: „Europäische Vielfalt und der Weg zu einer europäischen Gesellschaft". Es geht um den rapiden Wandel auf allen Ebenen – von den Familienstrukturen über den Wandel der Arbeitswelt, von Geschlechterrollen bis zur Freizeitgesellschaft, von der Medienkultur bis zum Tourismus. Zu manchen Sektoren gibt es bereits vergleichende Ansätze in Monographien – genannt sei exemplarisch eine vergleichende Geschichte des europäischen Kinos 1939–1960 von P. SORLIN [491]. Ähnliche Dienste wie HRADIL/IMMERFALL zur Bereitstellung grundlegender Daten über Geographie und Demographie vermag ein stärker didaktisch angelegtes „Studienhandbuch östliches Europa" zu leisten, für das HARALD ROTH als Herausgeber verantwortlich zeichnet [249]. Dass der Befund einer sich immer stärker angleichenden (west-)europäischen Gesellschaft umstritten ist, vermag – soziologisch und damit eher systematisch und ohne Berücksichtigung der Kategorie „Wandel in der Zeit" – ein Sammelband von MAURIZIO BACH über die „Europäisierung nationaler Gesellschaften" [422] zu zeigen, der u. a. Öffentlichkeit, Migration, Marktbildung kontrovers zum Thema machte.

Von der Demographie ausgehend legte PANAYI [479] einen Überblick über europäische Ethnizität seit 1945 vor. Dabei ging es zumal um ihre Rolle im Verständnis der Staaten, aber auch um die vielfältigen Gemengelagen und die sich daraus ableitenden Tendenzen zu erzwungener oder freiwilliger (Arbeits-)Migration. Eine gute Sammlung von Überblicksbeiträgen für Ostmitteleuropa gibt hierzu die österreichische Autorin V. HEUBERGER [511]. Die Migration war im epochenübergreifenden Essay für die Zeit ab 1800, aber bereits mit klarer Differenzierung für die zweite Hälfte des 20. Jahrhunderts das Thema einer Europa umgreifenden Untersuchung von KLAUS J. BADE [423], der unterschiedliche Wellen und Motive von Migration unterscheidet. Stärker systematisch und mit Blick auf die Gegenwartsfragen argumentierten H. FASSMANN und R. MÜNZ [440]. Die politisch und ökonomisch erzwungene Migration im Zweiten Weltkrieg innerhalb des deutschen Machtbereichs, die Emigration aus dem deutschen Herrschaftsraum gehören zu den Grundbedingungen der Nachkriegsordnung. Zur Remigration in dieser Zeit legte M. KRAUSS [466] einen informativen Überblick vor. Unter den Migrantenländern war Italien eines der ersten und erlangte somit im westeuropäischen Kontext eine besondere Rolle, wie in einem von M. DUMOULIN betreuten Sammelband gezeigt wird [438]. Insbesondere zur Situation der deutschen Ausländerpolitik, die durch die NS-Zwangsarbeit während des Zweiten Weltkrieges große Teile Europa prägte, hat U. HERBERT Vergleiche angeregt und diese selbst gut zusammengefasst [Europa und der „Reichseinsatz", Essen 1991]. Historisch vergleichende Studien für ganze Europa oder auch nur für dessen Westen sind immer noch Mangelware.

Ein großer Essay von GERHARD A. RITTER über die unterschiedlichen Formen in der Herausbildung des Sozialstaates holte weit im 19. Jahrhundert aus und konnte für die Zeit nach dem Zweiten Weltkrieg auch für kleinere (westliche) Staaten knapp den Wandel von Konzepten und Realität bis in die siebziger Jahre zeigen [483, S. 145–204]. Konzepte staatlicher Wohnungsbaupolitik seit dem Ersten Weltkrieg bis in die Jahre um 1960 fasste ein Sammelband von G. SCHULZ anregend zusammen [489].

Vergleichende Parteienforschung ist nicht nur im Zuge der Entwicklung des europäischen Parlaments von den Direktwahlen 1979 bis zu der losen Verankerung von Parteien im Vertrag von Maastricht 1992 zum Thema geworden. Wenn O. NIEDERMAYER 1983 noch kritisch nach der Existenz europäischer Parteien fragte [521], scheinen seither reale Fortschritte zu deren Internationalisierung gemacht zu sein. Sehr gute Überblicke liegen vor allem zu den konservativen bzw. christlich-demokratischen Parteien vor. Das von H.-J. VEEN herausgegebene Handbuch hat bislang in fünf Bänden die meisten Staaten Westeuropas abgedeckt [116]; GEHLER/KAISER/WOHNOUT haben dies in einem umfangreichen

Ethnizität, Migration

Sozialstaat

Parteienforschung

Band im zeitlichen Längsschnitt für das 20. Jahrhundert geleistet [505]. Auch für die Sozialdemokratien bzw. den Sozialismus sind europäisch vergleichende Ansätze zu verzeichnen – etwa von FEATHERSTONE [196] 1988 oder von GRIFFITHS [508] 1993 bzw. PADGETT/PATERSON [524] 1991. Darüber findet das Verhältnis von europäischem Parlament und nationalen Parlamenten im Zuge des oft behaupteten europäischen Demokratiedefizits Berücksichtigung. Diese zumeist gegenwartsbezogenen Arbeiten erhalten gelegentlich zeitliche Tiefe – so in einem Band von MAURER/WESSELS [519] über die Rolle nationaler Parlamente in der europäischen Einigung, in dem ein optimistischer Grundton angeschlagen wird. Kritisch nach den Möglichkeiten und Grenzen von Parteientwicklung im Zuge der Stalinisierung Osteuropas bis 1949 wird in einem Sammelband von CREUTZBERGER/GÖRTEMAKER [503] gefragt. Ganz Europa (und in den Planungen auch die übrige Welt) umfasst ein mehrbändiges Handbuch zur katholischen Kirchengeschichte, das – von ERWIN GATZ organisiert – eine Sammlung von Ländergeschichten bietet [447].

*Vergleichende europäische Geschichte*

In Berlin hat sich an der Humboldt- und Freien Universität eine Forschergruppe „Zentrum für vergleichende Geschichte Europas" um Manfred Hildermeier, Hartmut Kaelble, Jürgen Kocka und Holm Sundhaussen gebildet. Diese Forscher haben sich zum Ziel gesetzt, „Europa als Ganzes zu denken und damit den europäischen Handlungs- und Erfahrungsraum, auch mit Identitäten jenseits von Nationen zu erforschen". Deren erste Ergebnisse reichen ins 19. Jahrhundert zurück, erfassen aber sektoral auch das Europa der Nachkriegszeit. In einem von HILDERMEIER, KOCKA und CONRAD herausgegebenen Band über europäische Zivilgesellschaft [455] heißt es, man wolle „vergleichende Ansätze mit transfergeschichtlichen Fragestellungen" verknüpfen. Zivilgesellschaft wird hier, ausgehend von der Aufklärung, ebenso als Prozess wie als Gegenstand verstanden. Sie bietet somit einen Fluchtpunkt zwischen Staat, Wirtschaft und Gesellschaft. Bei dem von CONRAD und KOCKA edierten Band über Staatsbürgerschaft [502] wird Inklusion und Exklusion nicht nur im Außenverhältnis (Zugangsberechtigung durch einen Pass) analysiert, sondern auch das Binnenverhältnis der Partizipationsmöglichkeiten von Staatsbürgern zum Thema gemacht. Europäische Öffentlichkeit, Nation und gesellschaftliche Identität, politische Herrschaft sowie Bürgerlichkeit und Zivilgesellschaft bilden künftige Schwerpunkte des Zentrums.

*Soziale Bewegungen*

Soziale Bewegungen entwickelten sich in Europa oft in einem national unterschiedlichen Rhythmus. Dazu gehören etwa Friedensbewegungen, die vielfach pazifistisch argumentierten, aber in den Krisen des Ost-West-Konflikts reale Kriegsgefahren diagnostizierten und zu breiten Protesten mobilisierten. Ein französischer Band, von M. VAÏSSE ediert [235], versammelte nur wenige Beiträge über die Zeit nach 1945. APRIL CARTER versuchte eine knappe Zusammenfassung über weltweiten Protest [500]. R. SCHLAGA unternahm es – noch vor der Öffnung von östlichen Archiven –, dem Einfluss von Kommunisten in westlichen Friedensbewegungen differenziert nachzuspüren [527]. Dieses Thema hat mit dem Aktenzugang in der ehemaligen DDR polemische Forschungen angeregt, die Material für die Außenlenkung vor allem in der Bundesrepublik sammelten. Eine weltweit angelegte Darstellung, aber auch für europäische Staaten in West und Ost auf Quellen beruhend, hat sich L. S. WITTNER zum Ziel gesetzt. Seit kurzem liegt das fundamentale Gesamtwerk von drei Bänden für den gesamten hier relevanten Zeitraum vor [530]. Insbesondere der Vietnamkrieg rief weltweite Proteste hervor, die sich im Jahr 1968 zu je nationalen Aktionen verdichteten. I. GILCHER-HOLTEY hat hierüber 1998 einen vergleichenden Sammelband vorgelegt, dem 2001 ein knapper vergleichender Abriss folgte [449, 450]; C. FINK, P. GASSERT und D. JUNKER machten die gleiche Frage zum Thema eines Sammelbandes [986]. Den Jugendprotest im 20. Jahrhundert insgesamt zu erfassen und als Generationenproblem anzusprechen, war das Ziel eines von D. DOWE bereits 1986 erstellten Bandes [436].

Einer sozial- und mentalitätsgeschichtlich vergleichenden Linie ist der aus Anlass des 50. Jahrestages des Kriegsendes erschienene Sammelband von U. HERBERT und A. SCHILDT [453] gewidmet, der erfahrungsgeschichtliche Gemeinsamkeiten und Unterschiede der Krisensituation bündelte. Fremdherrschaft und Kollaboration mit Nationalsozialisten/Faschisten stellten ebenso gesamteuropäische Erfahrungen dar wie die anschließenden politischen Säuberungen. Ein von K.-D. HENKE und H. WOLLER ediertes Buch versuchte hier für ausgewählte Beispiele in ganz Europa Schneisen zu schlagen [452]. Säuberungen bildeten insgesamt ein Mittel zur gesellschaftlichen Umgestaltung, jedoch in Osteuropa speziell zur Durchsetzung sowjetischer (Vor-)Herrschaft. Während Ausgrenzung und Bestrafung von Tätern eine Erscheinung der ersten Nachkriegsjahre war, erwies sich der kulturelle Umgang mit Krieg, Völkermord und Fremdherrschaft als Langzeitphänomen, das bis in die Gegenwart hinein Folgen zeitigte. Insbesondere die Erinnerungskultur um den „Holocaust" genannten Genozid an den europäischen Juden hat seit den siebziger Jahren verstärkt Aufmerksamkeit gefunden. Zwar gibt es eine Fülle je nationaler Publikationen über Erinnerungskultur und -politik, jedoch sind europäisch vergleichende Ansätze noch kaum zu verzeichnen.

Kriegsende 1945

Politische Säuberungen

Erinnerungskultur

Als Beispiele für die deutsche Seite sind die Arbeiten PETER REICHELS zu nennen [Politik mit der Erinnerung. Gedächtnisorte im Streit um die nationalsozialistische Vergangenheit, München/Wien 1995], der dies für die alte Bundesrepublik leistete, aber auch ein Sammelband von J. DANYEL [434], mit dem für die gesamtdeutsche bzw. auf zwei Staaten verteilte Erinnerungskultur Schneisen geschlagen wurden. P. LAGROU [467] überzeugte mit einem europäisch angelegten Vergleich von Erinnerungspolitik. Dass der Holocaust weit über die deutsche Geschichte hinaus konstitutiv in anderen Gedächtniskulturen Eingang gefunden hat, diskutierte für die USA eindrücklich PETER NOVICK [478]. Allgemeine Reflexionen über die Rolle des NS-Genozids in der Weltgeschichte bleiben für Europa nur wenig konkret [z. B. D. LEVY/N. SZNAIDER, Erinnerung im globalen Zeitalter. Der Holocaust, Frankfurt/M. 2001].

Gedächtnisorte/ lieux de mémoires

Von Erinnerungskultur ist auch bei den Gedächtnisorten die Rede. Was PIERRE NORA für Frankreich mit „lieux de mémoires" in den neunziger Jahren angestoßen hatte, nämlich die Sammlung von mehr oder weniger intensiv kodifizierten Formen der kollektiven Vergewisserung der Nation über ihre Identität [477], hat sich in ähnlicher Form auch für andere europäische Staaten als anregend erwiesen. Für Deutschland [446: FRANÇOIS/SCHULZE], die Niederlande [428: DE BOER/FRIJHOFF; 486: VAN SAS], Italien [457: ISNENGHI], Österreich [433: CSÁKY] und Dänemark [441: FELDBAEK] liegen mittlerweile Bearbeitungen vor. Sie unterstreichen – unterschiedlich gelungen – die Bedeutung von bis in die Gegenwart reichenden nationalen Erinnerungskulturen. Für eine gesamteuropäische Erinnerungskultur fehlen noch Untersuchungen. Ein von ANTOINE FLEURY und ROBERT FRANK herausgegebener Band [443] sammelt Material, und das „Jahrbuch für Europäische Geschichte" Nr. 3, 2002 widmete sich in sechs Beiträgen den „Europäischen *lieux de mémoires*". Die entsprechenden Rituale der Erinnerung richteten sich zumeist auf die Jahrestage der Kriegsereignisse beider Weltkriege des 20. Jahrhunderts und wurden zumeist – im Sinne von Patriotismus, verbunden mit Versöhnung – in den Erinnerungsgemeinschaften der damaligen Kriegskoalitionen begangen.

# E. INTEGRATION UND BLOCKBILDUNG IM OSTEN

Die Entstehung des Ostblocks wird bis in die jüngste Zeit hinein nicht so sehr als eine strukturelle Entwicklung erklärt, sondern stark personalisiert mit der Person und Rolle Stalins verbunden; in der Zeit nach seinem Tod wurde das anders. Die zeitgenössischen Deutungen aus der Sowjetunion, der DDR oder anderen „sozialistischen Staaten" über die Integration in Osteuropa können kaum mehr als ernsthafte wissenschaftliche Interpretationen gelten. In ihnen war die Rede von der friedliebenden Politik der Sowjetunion und – lange Zeit zumindest – ihres weisen Führers, sie betonten die defensive Rolle angesichts der aggressiven Politik einzelner oder aller Westmächte. Sie behaupteten, diese hätten eine Politik des Abenteuers und der Provokationen betrieben, die auch das Risiko eines Krieges nicht gescheut habe, eine Ausrichtung, die zumal aus den ökonomischen Interessen des Kapitalismus abgeleitet wurde. Expansive ökonomische Motive der mehr oder weniger bestimmenden Monopole und/oder Staatsmonopole hätten zu aggressivem politischen Verhalten der kapitalistischen Staaten untereinander, vor allem aber zunächst gegenüber dem einzigen sozialistischen Staat, dann der sich ausbildenden sozialistischen Staatengemeinschaft geführt. Diese habe sich dagegen auch militärisch sichern müssen und so den Frieden verteidigt. Voluntaristische Erklärungsmodelle, die der Herrschaftslegitimierung Stalins und anderer Führer im Ostblock dienten, mischten sich mit eher deterministischen Sichtweisen von einer Auseinandersetzung der Gesellschaftsformationen Kapitalismus und Sozialismus im Rahmen des Historischen Materialismus in der Nachfolge von Karl Marx.

Kommunistische Deutungen

Erst Nikita Chruščevs Rede auf dem XX. Parteitag der KPdSU 1956 brachte eine Wende, so dass der Personenkult um Stalin – wenn auch nur begrenzt – kritisiert werden konnte. Es entstand ein eingeschränkter kommunikativer Binnenraum für Kritik und Eingeständnis von „Fehlern". Das galt entsprechend für die Staats- und Parteiführungen der „Bruderländer". Gegen Ende der Ära Brežnev verstärkten sich in der offiziellen Deutung wieder die den bedeutenden Politiker preisenden Züge. In der Kritik am Personenkult steckte potenziell ein Freiraum für wissenschaftliche Kritik, auch für die historische Deutung und für ganz andere politische oder gesellschaftliche Sektoren. Er blieb aber, bei großen Schwankungen nach Land und Zeitraum, begrenzt und bewegte sich immer im welthistorischen Rahmen einer Auseinandersetzung zwischen dem grundsätzlich besseren eigenen Sozialismus und dem im Niedergang begriffenen Kapitalismus. Die Bedeutung der Geschichtsinterpretation zeigte sich auch darin, dass in den einzelnen Staaten oft umfängliche Forschungspläne als Rahmen für Deutungen erarbeitet wurden. Die von Gorbačev seit 1985/86 propagierte und umgesetzte Linie von „Glasnost" öffnete erstmals grundsätzlich kritischer Wissenschaft einen Teil der Archive und gab zugleich den Weg für selbst verantwortete Interpretationen frei.

Offenere Kritik seit 1956

Glasnost

Historische Deutungen hatten bis dahin im Ostblock immer eine wesentlich stärkere Legitimationsfunktion als in westlicher, im Kern freier und pluralistischer Forschung. Das galt besonders für die unmittelbare Zeitgeschichte des Ostblocks, während für ältere Epochen vor der russischen Oktoberrevolution von 1917 offenere Deutungen möglich wurden. Diese Situation forderte die westliche Forschung heraus, die auf begrenzter Quellenbasis frei forschte. Aber gerade in den Hochzeiten des Kalten Krieges wurden auch hier defensiv oder offensiv Gegenpositionen entwickelt, die dann wiederum zum politischen Kampf gegen den Kommunismus beitragen konnten. Dennoch gab es im Westen Ansätze, gerade diese politische Ausrichtung zu überwinden.

*Herrschaft Stalins*

Forschungen zum Ostblock setzten grundsätzlich bei der Vorgeschichte des Sowjetkommunismus, vor allem bei Lenin und Stalin, ein. Terror, Massenmord und Kriegführung erwiesen sich gerade für Stalins Herrschaft als zentral. Die Verfolgung nach innen, die Bündnispolitik nach außen – so zumal der Hitler-Stalin-Pakt zwischen 1939 und 1941 – gehörten zu den wichtigsten Themen. In westlicher Politik und Öffentlichkeit erhielt der sowjetische Diktator jedoch ab 1941 zeitweilig freundlichere Züge von „Väterchen Stalin" oder „Uncle Joe" (so in der nichtöffentlichen Korrespondenz Roosevelt–Churchill); er wurde in den USA von Time Magazine 1944 zum „Man of the Year" erklärt. Im deutschen Machtbereich dagegen dominierte das Feindbild des jüdischen Bolschewismus seit dem deutschen Überfall von 1941. Nach dem Vordringen der Roten Armee bis in die Mitte Europas setzten sich in der Öffentlichkeit der westlichen Siegermächte bald die negativen Bilder vom Stalinismus erneut durch und verbanden sich bisweilen nahtlos mit dem negativen (um die rassenideologische Komponente gekappten) NS-Russlandbild [vgl. H.-E. VOLKMANN (Hrsg.), Das Rußlandbild des Dritten Reiches, Köln 1994]. Zum wichtigsten wissenschaftlichen

*Totalitarismus*

Vehikel dieser Deutung entwickelte sich die These vom Totalitarismus, welche die „braune" und „rote" Diktatur tendenziell gleichsetzte. MERLE FAINSOD etwa lieferte mit „How Russia is ruled" [Cambridge 1963, dt. Köln 1965] eine entsprechende empirisch abgesicherte Untersuchung.

Die historischen Kontroversen zur Entstehung des Sowjetblocks bewegten sich seit den fünfziger Jahren innerhalb einer Matrix von subjektiven und „objektiven" Einschätzungen sowjetischer Politik, von defensiven und offensiven Deutungen der Vorgehensweise Stalins und von Debatten, welche die ideologischen oder die real- und machtpolitischen Antriebskräfte in den Vordergrund rückten. Das galt für viele Einzelthemen wie für die Etappen der Kooperation mit den Westmächten während des Zweiten Weltkrieges, für die Nachkriegskonferenzen bis 1949 und dann vor allem für die deutsche Frage (vgl. Kap. B). ALEXANDER FISCHER erkannte etwa 1975 in den Anfängen sowjetischer Deutschlandpolitik im Zweiten Weltkrieg eindeutig die dominierenden Tendenzen zur Ausbreitung des Sowjetkommunismus [722]; ERNST NOLTE [Deutschland und der Kalte Krieg, München 1974] datierte den ideologischen Gegensatz des Kalten Krieges weit auf die bolschewistische Durchsetzung im und nach dem Ersten

Weltkrieg zurück, als die westliche Angst vor den Schrecken des Bolschewismus entstanden sei. Bis in die jüngste Zeit maß R. C. RAACK [703] der marxistisch-leninistischen Ideologie die wichtigste Rolle in der Expansionspolitik der Sowjetunion zu. Diese Gegensicht einer allein realpolitischen Deutung bildete eine Unterströmung, fand sich aber kürzlich wieder bei GABRIEL GORODETSKY: „Stalin ließ sich in seiner Außenpolitik kaum von Gefühlen oder Ideologie leiten. Als Staatsmann fühlte er sich dem Erbe des zaristischen Rußlands verpflichtet [... Seine] Politik erscheint als durchaus vernünftig und durchdacht, eine skrupellose Realpolitik, die einem klar umrissenen geopolitischen Interesse diente" [687, S. 403]. Betonte man dagegen im Sinne des Revisionismus der WILLIAMS-Schule [177] für die amerikanisch-westliche Seite das Interesse am kapitalistischen Weltmarkt, sah Stalins subjektive Sicht, aber auch die objektive Lage der von den US-Zielen in ihrer Substanz bedrohten (sozialistischen) Sowjetmacht bescheidener und defensiver aus.

Schon frühzeitig wurden vermittelnde Positionen vertreten. HILLGRUBER [691] hob die unauflösliche Verbindung von ideologischen und machtpolitischen Motiven hervor: Der bis in den Zweiten Weltkrieg hinein einzige sozialistische Staat der Welt sah sich danach subjektiv von – der Tendenz nach – zum Kriege drängenden kapitalistischen Staaten umgeben, so dass Stalin nach dem Krieg die Absicherung durch ein weites (geo)strategisches Vorfeld anstrebte. Das habe zu expansivem Vorgehen bei defensiven Motiven geführt. Auch VOJTECH MASTNY betonte in jüngerer Zeit in Kenntnis interner Quellen des Ostblocks stark ein sowjetisches Sicherheitsbedürfnis [606]. „The quest for security by empire" sei für Stalin zentral gewesen. Er habe diese Herrschaft mit Hitler dauerhaft verabreden wollen (S. 16), sei damit aber 1941 gescheitert. Danach seien seine Ziele für eine Nachkriegsordnung schwankend gewesen. „If the methods Stalin employed to assert control in the eastern part of the Continent (Europe) had made the Cold War inevitable, his unfulfilled expectations in the western part made it irreversible" (S. 27). Darin steckte eine fundamentale Schwäche und Unsicherheit. GADDIS zitierte Molotov dementsprechend: „Our ideology stands for offensive operations when possible, and if not, wait" [141, S. 31]. Demgemäß habe Stalin gerade nach Osteuropa expandiert, da dort kein westlicher Widerstand zu erwarten gewesen sei. „What all of this suggests [...], is not that Stalin had limited ambitions, but that he had no timetable for achieving them" (ebda.). Einen Schritt weiter ging LUNDESTAD, wenn er die „American Non-Policy" gegenüber Osteuropa zum Thema machte [761], die somit – anders als die britische Linie – geradezu als Einladung an die Sowjetunion gewirkt habe.

Defensive Momente für Expansion

Diese Interpretationen betrafen zunächst einmal die Zeit bis zu Stalins Tod 1953. Unter Chruščev und Brežnev sind zumindest innerhalb Europas keine größeren territorialen Gewinne für das sozialistische System zu verzeichnen (anders jedoch in der Dritten Welt). Wenn und so weit eine ideologische Deutung für den Ostblock vorherrschte, musste die Rolle der kommunistischen Motivation für diese Zeit neu begründet werden. FRANÇOIS FURET formulierte in seiner

FURET: Das Ende der Illusionen

Geschichte des weltweiten Kommunismus seit 1917 die These: „Seit Stalins Tod hat sich der Kommunismus nicht so sehr von seinen Lügen befreit als vielmehr von der eisernen Faust, die die verschiedenen Nebenzweige fest zusammenhielt" [Das Ende der Illusionen. Der Kommunismus im 20. Jahrhundert, München 1996, S. 585]. Die kommunistische Idee habe ihr Weltzentrum verloren; „der Niedergang des sowjetischen Mythos in seiner harten Version geht einher mit der Verbreitung seiner sanfteren Version" (S. 618), in der die Sowjetunion ihre Vorbildfunktion verloren habe. Damit seien andere Vorstellungen von Kommunismus oder Sozialismus im Westen in die Rolle von Vorbildern gelangt. Die Idee werde „noch allgemeiner verfügbar", verliere aber an Anziehungskraft im Westen, jedoch: „Der Auflösungsprozess der Sowjetunion und nachfolgend ihres Imperiums bleibt ein Rätsel" (S. 619). Gegenüber einer solch differenzierten Gesamtsicht fällt das von NICOLAS WERTH u. a. vorgelegte „Schwarzbuch des Kommunismus" [Ein Staat gegen das Volk. Das Schwarzbuch des Kommunismus, München 2000, SA 2002; frz. 1997] ab. In diesem Werk ging es darum, den ver-

Verbrecherischer Charakter von kommunistischer Herrschaft

brecherischen Charakter von kommunistischer Herrschaft im Weltmaßstab durch die Ermittlung der Opferzahlen zu verdeutlichen. Die analytischen Ansätze zur Erklärung von Kommunismus gehen bei den Autoren des Schwarzbuches unterschiedlich in bloße Entlarvung von Verbrechen über. Allerdings hat auch seriöse Forschung immer wieder auf die zentrale Rolle des physischen Terrors bei der Sowjetisierung und zum Erhalt der etablierten Ordnung hingewiesen. Die durch zahlreiche Dokumente angereicherte, von WEBER/MÄHLERT besorgte Darstellung [499] machte dies in Fallstudien zur Komintern und zumindest zu drei Gesellschaften (Sowjetunion, SBZ/DDR, ČSR) deutlich; HERMANN WEBER zog kürzlich Bilanz [Zehn Jahre vergleichende Kommunismusforschung, in: VfZ 50 (2002), S. 610–633]. Eine Aufsatzsammlung von HENKE/WOLLER [452] über die Säuberungen der Nachkriegszeit zeigt, dass auch antibürgerliche und prosowjetische Umgestaltung im sowjetischen Machtbereich eine zentrale Rolle spielten, wenn von „Antifaschismus" die Rede war. Über die Stalinisierung von Parteisystemen in Ostmitteleuropa bis 1949 informierte ein vergleichender Sammelband von CREUTZBERGER/GÖRTEMAKER [503].

HOBSBAWM: Ökonomische und politische Krise

ERIC HOBSBAWM hob in seiner Deutung des 20. Jahrhunderts [146] insgesamt die Rolle von wirtschaftlichem Leistungsvermögen hervor. Für ihn zeichneten sich seit 1970 die „Krisenjahrzehnte" der Weltwirtschaft auch im sowjetischen System ab. Der Planwirtschaftssozialismus konnte auf die Veränderungen in der Welt mit seinem unflexiblen politischen System nicht angemessen reagieren. „Das Vertrauen in den Sozialismus" schwand durch die Einsicht, er habe nicht die Fähigkeit, „das Leben der Menschen durch größere soziale Gerechtigkeit zu verbessern" (S. 584). Politisch sei der Vertrauensverlust in Osteuropa „die Achillesferse" gewesen, dem sich in der Sowjetunion eine Katastrophe „im Zeitlupentempo" angeschlossen habe. Ökonomische und politische Krise trafen also zusammen. HANNES ADOMEIT [238, vgl. 237], der seine Kategorie des „Imperial Overstretch" von Paul M. Kennedys weltgeschichtlicher Betrachtungsweise bezog, stellte unterschiedliche Erklärungsmodelle nebeneinander, sprach jedoch in einem überzeugenden Ansatz von „rising costs of expansion" (S. 38), welche eine kleine, primär unideologische Elite nicht mehr habe aufbringen können. Hinzu sei äußerer Druck und die Konkurrenz der westlichen Systeme gekommen. Nach Stalins Tod erkannten auch – so ebenfalls WILFRIED LOTH [603, S. 373–378] – die folgenden sowjetischen Führungen aus eigener Einsicht, dass Reformen nötig seien. Gegenüber dem Westen habe seither primär der Wunsch nach Anerkennung und später auch nach Entspannung den Ausschlag gegeben. Dies habe den friedlichen Übergang in den späten achtziger Jahren möglich gemacht.

ADOMEIT: Imperiale Überbeanspruchung

Spätestens seit den 1970er Jahren verlor – so ein Konsens der neueren Forschung – der Ostblock unter Führung der Sowjetunion den Wettbewerb mit dem Westen und die Schere in ökonomischer Produktion, Effektivität und Attraktivität ging weiter auseinander. Das wirkte sich auch auf die soziale Zufriedenheit der Bevölkerung aus, zumal angesichts des Rüstungswettlaufs, der Unsummen verschlang und den Hauptgrund für die fortschreitende Wirtschaftsmisere bildete. Die repressiven Kräfte innerhalb der einzelnen Ostblock-Staaten wie im Zusammenhalt des Blocks blieben dominant, bis sich die Sowjetunion selbst zum Rückzug entschloss. Das geschah unter Gorbačev ab 1985 stufenweise.

Über die Mechanismen der Integration ist wenig neue Forschung vorhanden. Über die wirtschaftliche Zusammenarbeit im Rat für gegenseitige Wirtschaftshilfe gibt es einige ältere Studien [241: DAMUS]; hier finden sich Hinweise, dass die organisierte Abhängigkeit der einzelnen Staaten von der Sowjetunion weniger wichtig war als die tatsächliche Ausrichtung an deren Wirtschafts-Plänen und die gemeinsamen Probleme nicht-konvertibler Währungen und damit ein nur indirekter Zugang zum Weltmarkt. Über die geheimdienstliche Abhängigkeit, die in einigen Staaten zeitweilig zu Nebenregierungen durch die diplomatischen Vertretungen der Sowjetunion führen konnte, ist bislang wenig bekannt, ebenso über die militärische Zusammenarbeit im 1955 gegründeten Warschauer Pakt. Deutlich zeichnet sich im gesamten politischen, gesellschaftlichen und wirtschaftlichen Leben der Ostblockstaaten eine starke Ausrichtung auf das sowjetische Beispiel ab. Das führte in der jeweils gelenkten Öffentlichkeit, aber zum Teil auch für die internen Apparate von Staat und Parteien zu geschönten Analysen und Daten, die – trotz eines weitreichenden Ausbaus interner Geheimdienste (Ministerium für Staatssicherheit in der DDR und Äquivalente in anderen Staaten) – eine Scheinwelt entstehen ließen. Dies ist für die DDR bisher insgesamt empirisch am gründlichsten untersucht worden [284: WEBER, S. 208 f. und passim].

Ostblockintegration: RGW

Vergleichende Arbeiten auf neuer Quellenbasis für die Entwicklung, für Gemeinsamkeiten und Unterschiede des „sozialistischen Weltsystems" liegen kaum vor. R. BIDELEUX gab 1998 in englischer Sprache einen Überblick [240]. „Central Europe", das PAUL G. LEWIS in einem gut komponierten Studienbuch für die Jahre zwischen 1945 und den 1990er Jahren untersuchte [248], umfasste Ostdeutschland/DDR, die Tschechoslowakei, Ungarn und Polen und deckte damit Teile des sowjetischen Herrschaftsbereichs ab. Im Ansatz werden hier neben politischen Entwicklungen auch soziale, wirtschaftliche und kulturelle Bezüge in den jeweiligen Gesellschaften angeschnitten. Für die Sowjetunion bietet HILDERMEIER [359, S. 670–1078] einen vorzüglichen Aufriss zur gesamten Gesellschaft; die Forschungsberichte in den Grundriss-Bänden von HILDERMEIER zur Sowjetunion [360] und WEBER zur DDR [284] leisten für diese Staaten Exemplarisches in der Zusammenfassung der Deutungen.

Die Erforschung der Zeitgeschichte nach dem Zweiten Weltkrieg wird in den Staaten des ehemaligen Ostblocks unterschiedlich intensiv betrieben und steckt insgesamt noch in den Anfängen. JAN FOITZIKS zusammenfassender Eindruck von einer internationalen Tagung über den Stand der „historischen Aufarbeitung kommunistischer Diktaturen", den manche Autoren für einen Kern dieses Themas halten, wird so wiedergegeben: „Durchgehend dominiere der Zeitraum 1944–1948, in Tschechien etwa um die Phase 1953–1957 und in der Slowakei um 1953–1960 erweitert. Nur wenige Projekte thematisieren die siebziger Jahre" [CH. KÜNZEL in: VfZ 50 (2002), S. 323–327, hier 326]. Einen guten Forschungsüberblick über die derzeitige Situation des Teilfachs „Osteuropäische Geschichte", in den auch die Zeitgeschichte einbezogen wird, gab ANDREAS KAPPELER [Osteuropäische Geschichte, in: M. MAURER (Hrsg.), Aufriß der Historischen Wissenschaften, Bd. 2: Räume, Stuttgart 2001, S. 198–265]. Ein international vergleichender Sammelband, von A. IVANISEVIC/A. KAPPELER/W. LUKAN/A. SUPPAN [247, vgl. 243] gibt auch methodisch reflektierte Überblicke für die einzelnen Staaten jeweils von zwei Forschern.

In der Bilanz ist eine sowjetspezifische Form europäischer Integration zunächst in Ostmitteleuropa, dann im ganzen Ostblock gescheitert. Man kann diesen [mit J. HOLZER, Ostmitteleuropäischer Kommunismus als gescheiterter Versuch einer supranationalen Ordnung, in: K. GRAF BALLESTREM u. a. (Hrsg.), Theorie und Praxis, Berlin 1996, S. 279–297] als eine supranationale Form begreifen, die sich wesentlich von der westeuropäischen unterschied. Die Forschungen, welche die strukturbedingten Gemeinsamkeiten erarbeiten, aber die je nationalen Erscheinungsformen zum Thema machen, haben das Stadium überzeugender Synthesen noch nicht erreicht. Die Integrationsmechanismen des Ostblocks sind gleichermaßen noch nicht empirisch dicht untersucht.

# F. EUROPA UND DIE DEKOLONISIERUNG NACH DEM ZWEITEN WELTKRIEG

Die Geschichte der Dekolonisierung wird vornehmlich in den ehemaligen Kolonialstaaten erforscht, aber auch in den USA und in den Staaten des Commonwealth gibt es bedeutende Forschungszentren. Afrikanische, arabische oder asiatische Wissenschaftler haben dieses Thema erst seit den 1960er Jahren stärker behandelt. Deutschsprachige Forschung setzte punktueller an, führte jedoch gleichfalls zu wichtigen Beiträgen. Entscheidend ist die Quellenlage. Die meisten Dokumente entstammen den Beständen der Kolonialmächte, die nicht nur über die Sicht der Kolonisatoren, sondern auch über die Sicht der ehemaligen Kolonien Auskunft geben. Aufgrund klimatischer, politischer und wirtschaftlicher Bedingungen sind zahlreiche historische Quellen vor Ort vernichtet worden bzw. nur schwer zugänglich. Über ein ausgebautes Archivwesen verfügen nur wenige Staaten der entkolonisierten Welt.

Quellenlage

Anders als die meisten europäischen und nordamerikanischen Historiker verfügen Historiker aus afrikanischen, arabischen bzw. asiatischen Ländern jedoch vielfach über breitere regionale Sprachkenntnisse, was einen Perspektivwechsel erleichtert. So geht ein Trend dahin, neben der intraimperialen Betrachtung, also den Beziehungen zwischen „Mutterland" und Kolonie und der supraimperialen Ebene (Weltpolitik, Weltwirtschaft, andere Akteure) auch subimperiale Ebenen (gesellschaftliche Dimensionen kolonisierter Völker und Staaten) einzubeziehen [J. OSTERHAMMEL, Spätkolonialismus und Dekolonisation, NPL 37 (1992), S. 404–426, hier 405].

Seit den 1980er Jahren hat sich ein internationaler Diskurs etabliert, der die bis dahin europazentrische Perspektive um neue inhaltliche und methodische Dimensionen erweitert hat. Postmoderne Kulturtheoretiker (Jacques Derrida, Michel Foucault), kulturalistische Ansätze der Ethnologie (Benedict Anderson, Clifford Geertz) sowie EDWARD SAIDs einflussreiches Buch „Orientalism" [Orientalism. Western Constructions of the Orient, London 1978] gehörten dazu. Insbesondere die These von der Standortgebundenheit von Wissen wurde für die Dekolonisierungsforschung fruchtbar. Darüber hinaus hat besonders die angloamerikanische Forschung in den letzten zehn Jahren die Begriffe Rasse, Klasse und Geschlecht zu zentralen Kategorien auch für die Deutung der Beziehungen zur „Dritten Welt" gemacht.

Methodische Erweiterung

Eine frühe bedeutende Gesamtinterpretation von Dekolonisierung bildete 1966 eine Studie von RUDOLF V. ALBERTINI [534]. Auch wenn er sich auf die Sicht der Metropolen konzentrierte und vor allem öffentliche und programmatische Quellen heranzog, wirkte er in mehrfacher Hinsicht beispielhaft. Zum einen setzte er die Ablösungsprozesse lange vor dem Zweiten Weltkrieg an. Zum anderen bediente er sich einer vergleichenden Perspektive. Vielfach bestätigt wurde später seine These, Großbritanniens „schrittweise Gewährung von *self-govern-*

Sicht der Metropolen

ment" habe sich gegenüber Frankreichs „Integration und Assimilation" langfristig als überlegen erwiesen, weil diese Politik auf Konsens hin orientiert und friedfertiger gewesen sei [zuletzt in: Das Ende des Empire. Bemerkungen zur Britischen Dekolonisation, in: HZ 249 (1989), S. 583–617, hier 612f.]. Gerade weitere deutsche Gesamtdarstellungen schlossen sich im Kern ALBERTINIS Thesen an, erweiterten die Analyse jedoch um die Einbeziehung indigener Nationalismen, aber auch um die internationalen und wirtschaftlichen Rahmenbedingungen [535: ANSPRENGER; umfassend 575: REINHARD]. Eine von W. J. MOMMSEN besorgte Aufsatzsammlung [568] bündelte Regionalstudien für afrikanische, asiatische und lateinamerikanische Fälle, die mit Reflexionen über den Gesamtprozess der Dekolonisierung verbunden wurden. Einen konzisen Überblick über dieses Thema in deutscher Sprache gab – vom indischen Beispiel ausgehend – D. ROTHERMUND [576]. Hier wurde der Gesamtprozess für alle Kontinente, aber auch für alle metropolitanen Mächte vor dem Hintergrund des Weltkrieges und des aufkommenden Ost-West-Konfliktes handbuchartig behandelt. Der zeitlich bis in die Gegenwart anschließende Band von W. BERNECKER [536] zeigte die nach der Unabhängigkeit aufbrechenden sozialen, wirtschaftlichen und kulturellen Probleme und behandelte dabei auch die fortdauernden Einwirkungen der ehemaligen Kolonialmächte sowie der USA. Ohne dass der Begriff „Globalisierung" im Vordergrund stünde, wurden hier doch entscheidende Dimensionen dieses neuen Paradigmas in verschiedenartigen Erscheinungsformen in der „Dritten Welt" und zumal für Afrika umrissen.

Globalisierung

Mit der methodischen Verfeinerung und dem Perspektivwechsel lassen sich gerade für die postkoloniale Situation die indigenen Entwicklungen von Staats- und Nationsbildung besser mit dem fortbestehenden Einfluss der ehemaligen europäischen Kolonialmächte verrechnen. A. WIRZ' vergleichende Darstellung afrikanischer Kriege nach der Unabhängigkeit [589] löste diesen Anspruch ein, aber auch Studien von R. TETZLAFF [493] und A. ECKART [Herrschen und Verwalten. Afrikanische Bürokratien, staatliche Ordnung und Politik in Tanzania, Habilitationsschrift Berlin 2001] – letztere mit einer Längsschnittanalyse für die vormalige Kolonie Tanganyika – vermögen die von Quellenlage und Methode gleichermaßen schwierige Verbindung von innerafrikanischen Entwicklungen und der Rolle Großbritanniens zu schaffen.

Indigener Nationalismus

In der Frage nach den Antriebsquellen für die Dekolonisierung gehen die neueren Autoren, gegründet auf Spezialstudien und Länderberichte, zumeist davon aus, dass wesentliche Momente bereits in der Kolonialherrschaft angelegt waren. Hierzu gehörte besonders die Übernahme westlicher Freiheits- und Nationalismusvorstellungen durch indigene Eliten vor dem Zweiten Weltkrieg. BERNHARD DAHM [542] hat dies für Indonesien und DIETMAR ROTHERMUND [576] für Indien gezeigt. Der entstehende Nationalismus profitierte besonders im arabischen Raum sowie in Asien von der Schwächung Europas durch den Ersten Weltkrieg und seine Folgen. Während der zwanziger Jahre erzwangen nationalistische Gruppierungen vielfach koloniale Reformen. Die Tendenz zur Liberalisierung kolonialer Herrschaft wurde mit Beginn der Weltwirtschaftskrise zumeist vorerst abgebrochen. Die Niederlande reagierten mit verstärkter politischer Repression auf die nationalistische Herausforderung und verbannten führende Köpfe des Widerstands auf entlegene indonesische Inseln. Frankreich schlug 1930 in Vietnam einen bäuerlichen Aufstand nieder, und Belgier beuteten den Kongo aus [D. BRÖTEL, Beiträge zur Dekolonisierung des französischen Empire in Indochina, NPL 34 (1989), S. 229–255; 567: MOLLIN, S. 34–51]. Reformerische Impulse blieben am ehesten auf britischer Seite erhalten, das im Rahmen des *India Act* von 1935 etwa Burma eine weitgehende innere Autonomie konzedierte.

Der Zweite Weltkrieg erscheint in den meisten Darstellungen als wichtiger Katalysator der weltweiten Dekolonisierung. Erstens waren die europäischen Gebiete der Kolonialmächte Frankreich, Belgien und Niederlande besetzt und ihre Exilregierungen nur abgeschwächt in der Lage, die Entwicklungen in den abhängigen Gebieten zu steuern. Zweitens sahen sich lokale Kolonialverwaltungen in Afrika an Dynamik gewinnenden nationalistischen Bewegungen gegenüber. Drittens beraubten die anfängliche Niederlage und die nachfolgende deutsche Besatzung die Kolonialmächte des Nimbus der „weißen" Überlegenheit. Insbesondere in Südostasien heizten die Japaner in der letzten Kriegsphase mit pan-asiatischer Propaganda die anti-europäische Atmosphäre auf. Viertens wurde den Kolonialmächten ihre Abhängigkeit von den USA bei Wiedererlangung und Stabilisierung ihrer Kolonien bewusst, die ihrerseits mit Vorstellungen über Treuhandgebiete und gar einem programmatischen Antikolonialismus andere Ansätze verfolgten [550, 551: GIFFORD/LOUIS; 580: TARLING].

*Katalysator Zweiter Weltkrieg*

Die unmittelbaren Gründe für das Ende kolonialer Herrschaft im dritten Quartal des 20. Jahrhunderts sind weiter umstritten. JOHN DARWIN vertrat die These, der Machttransfer im British Empire sei ein Produkt des Zusammenwirkens innenpolitischer Konflikte, kolonialer Widerstände und Veränderungen im internationalen Staatensystems gewesen. Insgesamt hätten die britischen Ressourcen nach den Anstrengungen des Zweiten Weltkrieges für die Aufrechterhaltung des Empire nicht mehr gereicht [zusammenfassend: Diplomacy and Decolonization, in: Journal of Imperial and Commonwealth History 28.3 (2000), S. 5–24, monografisch: 544].

*Britischer Machttransfer*

Diese Interpretation lud zur Präzisierung ein, da sich die britische Kolonialpolitik nach 1945 nicht gleichmäßig, sondern regional unterschiedlich entwickelte. So betonten P. J. CAIN und A. G. HOPKINS [538] die metropolitane Perspektive sowie die finanzielle Dimension des britischen Kolonialismus. Demnach waren weltwirtschaftliche Veränderungen – vor allem die Magnetfunktion der Vereinigten Staaten für die internationalen Kapitalmärkte – in starkem Maße für das Ende imperialer Herrschaft verantwortlich. Für CAIN und HOPKINS bedeutete Dekolonisierung die Transformation einer bis dahin auf Großbritannien fixierten globalen Finanzwirtschaft im Interesse der Londoner City („gentlemanly capitalism"). Demgegenüber haben DAVID K. FIELDHOUSE [547] und NICHOLAS J. WHITE [588] herausgestellt, dass sich die britischen Regierungen nach 1945 nicht von der Privatwirtschaft leiten ließen. Politische Erwägungen insbesondere im Zusammenhang mit dem Kalten Krieg und zumal Prestigefragen hatten danach Vorrang. Andere, auf die Perspektive der Metropole konzentrierte Arbeiten stellten das politische Denken in Großbritannien in den Mittelpunkt. Bereits 1959 vertrat JOHN STRACHEY [579] die These, nach dem Zweiten Weltkrieg sei das Empire obsolet geworden. Dieser Interpretation schloss sich STEPHEN HOWE [555] an. Seit den späten fünfziger Jahren habe das Empire eine Altlast gebildet, derer sich die britische Politik entledigte.

Indigener Nationalismus

Teilweise vehement wird dieser These von Historikern widersprochen, welche eine außereuropäische Perspektive einnahmen. In einer umfassenden Synthese hatte 1965 HENRI GRIMAL [553] die Bedeutung indigener Nationalismen für die Transformation von Herrschaft betont. Mittelbar bezog sich diese Arbeit auf das 1961 von I. WALLERSTEIN veröffentlichte „The Politics of Independence" [585]. Dieser untersuchte die Entwicklung eines kolonialen Nationalismus als Ideologie, mit dessen Hilfe westlich ausgebildete Kolonialeliten nach und nach die Masse der Bevölkerungen für die Unabhängigkeit mobilisiert hätten. In der Tradition der – vor allem für den „klassischen Imperialismus" des 19. Jahrhunderts entstandenen – „Peripherieforschung" hat z.B. T. HARPER [The End of Empire and the Making of Malaya, Cambridge 1999] für Malaya die Dynamik einer indigenen nationalistischen Bewegung untersucht.

Offenheit der Situation nach 1945

Neben Wahl und Gewichtung der Analyseebenen spielte auch der Zeitpunkt eine wichtige Rolle. Nach dem Zweiten Weltkrieg war nicht allgemein deutlich, dass die Tage der Kolonialherrschaft gezählt waren. Im British Empire lief die Entwicklung Südasiens rasch auf Unabhängigkeit hinaus. Für Südostasien (Malaya, British Borneo, Brunei, Singapore) erwartete man dagegen in Großbritannien die Unabhängigkeit erst zu einem unbestimmten ferneren Zeitpunkt. Eine weitere Möglichkeit zeichnete sich in Afrika ab (gleiches gilt für Französisch-Afrika), wo sich die Kolonialherrschaft in einem solchen Maße erneut festigte, daß zunächst von einer Rekolonisierung gesprochen werden kann [557: KENT]. Für die Dekolonisierung erlangte vor allem die Suez-Krise hohe Bedeutung (vgl. Kap. G).

Für das Britische Empire lässt sich bilanzierend die „Oxford History of the British Empire" [574] heranziehen. Sie besticht durch häufigen Perspektivwechsel und umfassenden Ansatz. Der vierte, von JUDITH M. BROWN betreute Band zum 20. Jahrhundert behandelt neben allen Weltregionen, in denen britischer Einfluss ausgeübt wurde (inkl. China als „informal empire") ein breites Spektrum von Problemen imperialer Ikonographie bis zur Bedeutung der Geschlechterforschung. Der fünfte, von ROBIN W. WINKS herausgegebene Band empfiehlt sich wegen seiner enzyklopädischen Dichte: In über vierzig Beiträgen wird hier der Stand der Forschung, aber auch über Methoden und Theorien referiert. Von ihrem Anspruch, ihrem Umfang und ihrer Qualität her ist die Oxford History beispielhaft.

Eine Reihe von Gesamtdarstellungen zur Dekolonisierung widmen sich dem französischen Kolonialreich. Als Verkettung politischer Fehlentscheidungen interpretierte ALAIN RUSCIO [577] diese Epoche. Ebenfalls aus politikgeschichtlicher Sicht schilderte CHARLES-ROBERT AGERON die Entwicklungen bis 1960 [532]. Konzentriert auf die Perspektive des Mutterlandes, untersuchte er die Haltung der französischen Parteien und gesellschaftlichen Akteure sowie insbesondere die Rolle de Gaulles. Nach AGERON war das Kolonialreich wirtschaftlich unrentabel und habe insgesamt wenig zur französischen kollektiven Identität beigetragen. Bereits zuvor hatten mehrere Autoren die wirtschaftliche Dimension analysiert und gezeigt, dass einzelne Unternehmen und Branchen erheblich von Präferenzzöllen im stark abgeschotteten Kolonialreich profitierten.

Französische Dekolonisierung

Anders als im britischen Empire, wo sich der Machttransfer zumeist friedlich oder erst nach dem Abzug militant vollzog (Palästina, Indien), war die französische Dekolonisierung durch eine Serie von Kriegen gekennzeichnet, die in Indochina 1946 begann und 1962 in Algerien endete. Einen konzisen Überblick hierüber vermittelt ANTHONY CLAYTON [541]. Er verknüpfte militärische, politische und internationale Aspekte. In der besten Darstellung zum Indochinakrieg rechnete JACQUES DALLOZ [543] mit den Politikern und Parteien der vierten Republik ab und warf ihnen versäumte Kompromisse mit den vietnamesischen Nationalisten vor. Den Krieg habe Frankreich bei mangelnden Ressourcen, Unpopularität des Krieges in Frankreich und krassen Führungsdefiziten notwendig verlieren müssen. Zu ähnlichen Ergebnissen kamen MARC FREY [Revolution, War and the Passage of Empire: The United States, France and Indochina, 1945–1960, in: 559: KNIPPING u.a., S. 193–204] bzw. ANTHONY SHORT [The Origins of the Vietnam War, London 1989]. Grundlegende Studien zum Algerienkrieg legten C.-R. AGERON, B. DROZ und E. LEVER [533] sowie PIERRE LE GOYET [562] vor. Offiziöse und seriöse Quelleneditionen zu Indochina und Algerien sind über Anfänge nicht hinausgekommen.

Kriege um Dekolonisierung

Algerienkrieg

Die Forschung zur niederländischen Kolonialherrschaft hat sich auf Indonesien (und nicht auf Surinam) konzentriert. Dies erklärt sich zum einen aus der Bedeutung des südostasiatischen Kolonialbesitzes für das kleinere Mutterland, zum anderen aus der kurzen Zeit, die der Machttransfer in Surinam im Jahr 1975 erst zurückliegt. Kontrovers wird insbesondere die Rolle der niederländischen Politik während der Dekolonisierung bewertet. J. J. P. DE JONG unterschied zwischen „Traditionalisten" und „Revisionisten". Erstere gehen wie LODEWIJK DE JONG [Het Koninkrijk der Nederlanden in de tweede Wereldoorlog, Teil 11c: Nederlands-Indië, 's-Gravenhage 1986, sowie Koninkrijk der Nederlanden, Teil 12.1: Epiloog, 's-Gravenhage 1988], H. W. VAN DEN DOEL [De Afscheid van Indië, Amsterdam 2000] und H. L. WESSELING [587] davon aus, dass die Aussicht auf gleichberechtigte Beziehungen zwischen den Niederlanden und Indonesien als künftigem Commonwealth primär Rhetorik für die anti-kolonialistisch eingestellte amerikanische Öffentlichkeit dargestellt habe. VAN DEN DOEL und WESSELING sahen die niederländische Politik durch parteipolitische Querelen ge-

Niederländische Dekolonisierung

lähmt und demnach unfähig, auf die Herausforderungen der Zeit zu reagieren. Demgegenüber betonten „Revisionisten" mit J. J. P. DE JONG an der Spitze [Diplomatie of Strijd: Een analyse van het Nederlandse beleid tegenover de indonesische Revolutie, 1945-1947, Meppel 1988] den flexiblen Charakter der niederländischen Politik. Sie rechtfertigten eher die Militäraktionen in Indonesien und warfen den indonesischen Nationalisten Vertragsbruch vor. Insgesamt habe die niederländische Politik nach 1945 eine graduelle Dekolonisierung und die Ablösung der wirtschaftlichen Vorrechte angestrebt. Einig sind sich indes die meisten Forscher, dass dritte Akteure einen erheblichen Anteil hatten. Die Briten (1945-47) und Amerikaner (1948-49) hätten die Niederlande zu Verhandlungen mit den Nationalisten gedrängt; die USA drohten 1949 gar mit einer partiellen Stornierung der Marshall-Plan-Hilfe, falls die Niederländer weiterhin Verhandlungen sabotierten [565: MCMAHON; 552: GOUDA]. Ungeachtet der Bedeutung des internationalen Kontextes [supraimperiale Ebene bzw. „exogene Faktoren", so BERNHARD DAHM in Der Dekolonisierungsprozess Indonesiens. Endogene und Exogene Faktoren, in: 568: MOMMSEN] ist zu betonen, dass die Niederlande allein nicht in der Lage waren, den indonesischen Nationalisten Bedingungen zu diktieren. Damit bestätigte die Forschung insgesamt für Indonesien die Bedeutung der „peripheren" Perspektive. Erste Forschungen zur Dekolonisierung Surinams betonten für die sechziger und siebziger Jahre eine stärker zuvorkommende Haltung Den Haags.

Portugal

Die Interaktion dreier Ebenen - Mutterland, Kolonie und weltpolitische Entwicklungen - ließ sich besonders beim Zusammenbruch der portugiesischen Kolonialherrschaft in Angola und Mozambique 1975 beobachten. Zwar hatten in beiden Gebieten nationalistische Guerillabewegungen die koloniale Herrschaft seit langem bekämpft. Doch geringer internationaler Druck, zumal die USA wegen der militärischen Bedeutung der Azoren auf nachhaltigen Protest verzichteten, und die relative Stärke des portugiesischen Repressionsapparates verhinderten Erfolge nationaler Bewegungen. Nach dem Ende der Diktatur im Mutterland gelang die Unabhängigkeit dann schnell, besonders angesichts sowjetischer und chinesischer Unterstützung [564: MACQUEEN].

Der internationale Kontext der Dekolonisierung ist zwar für einzelne Länder - wie Indien oder Indonesien - recht gut untersucht. Doch gerade die inneramerikanische Debatte um die Auflösung der Kolonialreiche ist noch wenig erforscht. Erste Beiträge liegen vor von PENNY VON ESCHEN [583], in der die afroamerikanische Haltung gegenüber dem Kolonialismus analysiert und in den Kontext der inneramerikanischen Rassenfrage gestellt wird. Demgegenüber machen die Autoren eines von DAVID RYAN und VICTOR PUNGONG [578] herausgegebenen Bandes die amerikanische Politik gegenüber einzelnen Dekolonisierungsprozessen zum Thema. Die Dekolonisierung in Südostasien wird in lokaler, regionaler und weltpolitischer Perspektive vergleichend behandelt in einem Sammelband von M. FREY, R. PRUESSEN und T. TAI YONG [549]. In der deutschen Forschung ist die Bedeutung des Präsidentenwechsels in den USA von Roosevelt zu Truman strittig. Während FREY die Kontinuität hervorhob [Amerikanischer Antikolonialismus im Spannungsfeld von transatlantischen Beziehungen und dem Machttransfer in Südostasien, 1945–60, in: R. DIETL/F. KNIPPING (Hrsg.), Begegnung zweier Kontinente. Die Vereinigten Staaten und Europa seit dem Ersten Weltkrieg, Trier 1999, S. 187–210], sah G. MOLLIN [567] stärker einen Wechsel vom „Primat der Freiheit" zum „Primat der Sicherheit". Die Rolle internationaler Organisationen aus dem Bereich der Vereinten Nationen (Ernährung, Entwicklung, Kultur, Kinderhilfe u. a.) ist insgesamt noch wenig mit historischer Tiefenschärfe untersucht worden, zumeist politikwissenschaftliche Studien setzen erst in den siebziger Jahren und damit nach dem offiziellen Ausscheiden der Europäer als Kolonialmächte ein. Für den Dekolonisierungsprozess selbst betonte EVAN LUARD [158] die wichtige Rolle der UNO. Die Untersuchung der von der europäischen Gemeinschaft und sodann den AKP-Staaten betriebenen Politik (Yaoundé, Lomé-Prozess) steht noch aus [vgl. aber 570: MOSER, Kap. 4]. Postkoloniale Studien, welche die Rückwirkungen des Dekolonisierungsprozesses auf Europa diskursanalytisch zum Thema machen, bieten neue konzeptuelle Perspektiven, welcher der empirischen Ausfüllung bedürfen [539: DIPESH CHAKRABARTY].

# G. WESTINTEGRATION, OSTKRISEN UND DIE KONFRONTATION IN DER ZWEITEN BERLINKRISE 1949–1962

Der Ost-West-Konflikt wirkte ebenso auf Ausmaß und Formen der Integration in West- bzw. Osteuropa wie diese umgekehrt die globale Auseinandersetzung beeinflussten. Mit der Gründung beider deutscher Staaten 1949 – als Provisorium gedacht – hatte die Trennung in Europa eine neue Stufe erreicht. Zwei Initiativen des Jahres 1950 sollten zu einer stärkeren Westintegration auch der Bundesrepublik Deutschland führen, was wiederum die Gegensätze zur Sowjetunion verstärken musste. Zum einen war dies der Schuman-Plan, zum anderen der Vorschlag zu einer Europäischen Verteidigungsgemeinschaft.

*Schuman-Plan*     Der Schuman-Plan gehört zu den am besten untersuchten Fragen der europäischen Einigung. Er steht in mehreren Deutungssträngen, die unterschiedlich akzentuiert wurden. Zunächst ging es um die weitere politische Einigung Westeuropas, die durch die Gründung des Europarats im Januar 1949 ein erstes Forum gefunden hatte [45, 46: LIPGENS, 799: NIESS, 665: LOTH]. Über dieses Gremium hinaus wurden vom Schuman-Plan neue Impulse erwartet. Für Robert Schuman und Konrad Adenauer bildete die Aussöhnung von Franzosen und Deutschen nach den vorangegangenen Kriegen ein zentrales Anliegen. Der Gedanke an eine

*Abendlandidee*     hiervon ausstrahlenden Einheit des Abendlandes kam verstärkend hinzu. Diese dominierende Deutung („master narrative") betonte stark den sensationellen Neuanfang und ging gerade auf die Berichte der beteiligten Politiker zurück. Das gilt für Adenauers Memoiren und Biographien [P. WEYMAR, Konrad Adenauer. Die autorisierte Biographie, München 1955; aber auch SCHWARZ sowie KÖHLER] aber auch für R. POIDEVINs Lebensbeschreibung Schumans [Biographien und Memoiren sind in der Internet-Bibliographie unter http://www.internationalegeschichte.historicum.net/daten_texte_quellen.html nachgewiesen].

Später sind die genuin wirtschaftlichen Motive klarer betont worden, denn die Westzonen Deutschlands drohten damals in der Stahlproduktion die französische und übrige westeuropäische Produktion zu überflügeln. In der französischen Initiative lag somit eine letzte Chance, die drohende westdeutsche, von Amerikanern und Briten nicht verhinderte Überlegenheit durch Integration einzubinden [451: GILLINGHAM, 798: MILWARD]. Die europäische Einbindung des westdeutschen Potenzials war zuvor bereits ein wichtiges Motiv für die USA ge-

*Druck der USA*     wesen [898: SCHWABE, 623: HERBST/BÜHRER/SOWADE; ähnlich auch zahlreiche Monnet-Biographien]. Hinzu kam auf westdeutscher Seite das von Adenauer verfolgte und innenpolitisch umstrittene Konzept, durch die Westbindung und supranationale Strukturen zugleich einen Ausbau von Souveränität der Bundesrepublik zu erlangen.

*Europäische Verteidigungsgemeinschaft*     Noch wichtiger war dieses Motiv bei einer europäischen Verteidigungsinitiative. Adenauer hatte dies im August 1950 mit zwei Memoranden an die Westalliierten angestoßen, wie er – auch für die Geschichtswissenschaft prägend – in seinen Erinnerungen mit Dokumentenauszügen dargelegt hat. Die Verbindung der westeuropäischen Verteidigung mit dem Koreakrieg und der Furcht vor einem neuen Weltkrieg ist früh untersucht worden [734: MAI].

Die öffentliche Wahrnehmung entsprach den internen Bedrohungsszenarios vor allem der US-Militärs, die über den Brüsseler Pakt [939: WIGGERSHAUS/ FOERSTER] und die Gründung der NATO in der Direktive des National Security Councils 68 [mehrere Versionen aus dem Jahr 1950 vor dem Koreakrieg, 816: MAY], dem wohl wichtigsten (internen) westlichen Manifest des Kalten Krieges, immer wieder neben dem strategischen amerikanischen Potenzial die Frage nach der Selbstverteidigung Westeuropas stellten. Die bis dahin unvorstellbare erneute Aufstellung deutscher Soldaten folgte daraus [936: VOLKMANN/SCHWENGLER; 590: Anfänge, Bd. 2]. Dass das Projekt einer Europäischen Verteidigungsgemeinschaft ein „nächster Schritt nach der Methode supranationaler Teil-Integration" [LIPGENS in 936: VOLKMANN/SCHWENGLER, S. 20] gewesen sei, kann man wohl nur aus der Perspektive des generellen Wunsches nach Integration sagen; vielmehr waren westdeutsche Soldaten aus anglo-amerikanischer Sicht in der akuten Krise erforderlich. Die französische Initiative war aus dem Wunsch geboren, diese Soldaten in möglichst untergeordneter und von Frankreich abhängiger Rolle supranational einzubinden und so die Bundesrepublik nicht unmittelbar in die vergleichsweise locker strukturierte NATO gelangen zu lassen [GUILLEN bzw. RIOUX, ebda.; vgl. 901: STEININGER].

In diesen Kontext sind auch die vier sowjetisch-westlichen Notenwechsel des Jahres 1952 mit dem Angebot Stalins zu einer deutschen Vereinigung zu stellen. Sie wurden bereits zeitgenössisch, verstärkt seit einer publizistischen Kampagne durch Paul Sethe ab 1952/1956 und einer erregten Bundestagsdebatte vom Januar 1958 zum Standardthema [M. KITTEL, Genesis einer Legende. Die Diskussion um die Stalin-Noten in der Bundesrepublik 1952-1958, in.: VfZ 41 (1998), S. 355-389]. Die Frage nach einer verpassten Möglichkeit zur Wiedervereinigung Deutschlands hat sich seither – so H.-P. SCHWARZ 1981 [281] – tief in das kollektive Unterbewusstsein der Deutschen eingegraben. *Stalin-Noten*

Die Motive der beteiligten Staaten – gemeint sind die vier Großmächte und die Bundesrepublik – konnten bis zur Öffnung von sowjetischen Archiven nur für die westlichen Staaten ermittelt werden. Dabei zeigte sich eine unterschiedlich große Skepsis der drei Westmächte, aber auch der Bundesregierung unter Adenauer, der intern ablehnend war. Ferner entstand kein größerer öffentlicher Druck auf die nationale Frage. Als sicher kann gelten, dass die sowjetische Initiative die bevorstehende Unterzeichnung des EVG-Vertrages verhindern sollte [vgl. die Nachzeichnung bei 275: MORSEY, S. 175-179 mit der bestreitbaren Folgerung „Ende des Spekulationen"; vgl. 826: ZARUSKY, S. 7-17]. *Wirkung auf EVG-Vertrag*

ZARUSKY versammelte zum 50. Jahrestag der Stalin-Noten drei der wichtigsten Diskutanten in eine Band [826]. LOTH folgerte aus ernsthaften internen sowjetischen Vorbereitungen für Viermächte-Verhandlungen zur ersten Note: Es könne kein Zweifel mehr sein, „dass Stalin wirklich wollte, was er sagte: ein *Grundpositionen der heutigen Forschung* vereintes Deutschland außerhalb des westlichen Blocks, das die historische Entwicklungsstufe der sozialistischen Revolution noch nicht erreicht haben würde" (S. 62). GRAML schloss sich tendenziell dem russischen Historiker A. FILITOW an (russ., zit. n. ZARUSKY, S. 15), wonach die Note primär Geschlossenheit im Ostblock herstellen sollte. Für ihn war, in Absprache von Moskau und Ost-Berlin, die Note vom 10. März 1952 „lediglich als begrenztes Unternehmen im Propagandakrieg zwischen Ost und West gedacht" (S. 137). WETTIG dagegen folgerte für die sowjetische Führung im Zuge ihrer langfristig seit 1944 betriebenen Politik, sie „gab, wenn sie vor die Wahl gestellt war, dem Ziel sozialistischer Transformation den Vorrang vor dem Postulat eines gesamtdeutschen Staates" (S. 192f.). Die Begriffe „demokratisch" und „friedliebend" hätten nur auf die Bundesrepublik werbend wirken sollen; in Wirklichkeit hätten sie die erstrebte kommunistische Umgestaltung verschleiern sollen. Ob 1952 tatsächlich eine Chance zur Vereinigung der beiden deutschen Staaten bestand, wie sie dann 1989/90 in anderer Form vollzogen wurde, bleibt von der Deutung des Gegenstandes des gesamten Ost-West-Konfliktes und der Zielsetzungen der Mächte abhängig (vgl. oben Kap. B).

*Scheitern der EVG*

Die beiden Verträge über die EVG und Deutschland („Generalvertrag") wurden im Mai 1952 unterzeichnet, traten aber nicht in Kraft. Eine supranationale Verteidigung war für viele Politiker an eine supranationale politische Gemeinschaft (EPG) gebunden. Dieses Ziel war schon lange von der Europabewegung erstrebt worden, die nunmehr eine zusätzliche Begründung für ihr Anliegen bekam. LOTH hat hierzu argumentiert, dass die EVG nicht an einem Zuviel, sondern einem Zuwenig an Integration gescheitert sei [in: 456: HUDEMANN u.a., S. 191–201]. KIM [885] hat demgegenüber auf die begrenzten Chancen zur Durchsetzung von supranationalen Formen in einer europäischen Verfassung der EPG hingewiesen. Jedenfalls stellte die in der französischen Nationalversammlung am 30. 8. 1954 fallengelassene EVG bereits für die Zeitgenossen eine aufsehenerregendes Ereignis dar [927: NOACK]. Ausgehend von zeitgenössischen Gerüchten ist seither vermutet worden, die Sowjetunion habe Frankreich dieses Vorgehen als Gegenleistung für einen glimpflichen Rückzug aus Indochina in einem „marchandage planetaire" nahegelegt. Dafür haben sich bislang keine Belege finden lassen [vgl. aber 605: MASTNY]. Vielmehr war das Scheitern der militärisch unerwünschten supranationalen Organisation aus parteipolitischen Motiven in Frankreich absehbar. Daher war die britische Regierung vorbereitet, eine andere Einbindung der westdeutschen Aufrüstung durchzusetzen, die zu einer direkten NATO-Integration führte und zugleich britische Truppen langfristig auf dem Kontinent band [892: MAGER].

Stalins Tod im März 1953 bildete den Ausgangspunkt für eine Herrschaftskrise im Ostblock. Ihren nachhaltigsten Ausdruck fand sie im Aufstand um den *17. Juni 1953* 17. Juni 1953 in der DDR. Mehrere Forschungskontroversen ranken sich darum.

*Westliche Subversion?*

1. Der Aufstand wurde in der DDR selbst durchweg als Ausdruck westlicher Agitation und Subversion gedeutet; die These von der Außensteuerung diente

zur Rechtfertigung der Stabilität des eigenen Systems. Nach dem Ende der DDR fand diese Deutung in seriöser Forschung keine Vertreter mehr. In der Zwischenzeit hatte jedoch westliche Archivforschung das Ausmaß von US-amerikanischer Propaganda und Einfluss auf die Staaten des Ostblocks näher bestimmt. Es zeigte sich vor allem in den Forschungen BERND STÖVERS [470], dass die Eisenhower-Administration – in Umsetzung der 1952 im Wahlkampf propagierten Roll-Back-Strategie – wohl die Befreiung Osteuropas von kommunistischer Herrschaft erstrebte. Sie wollte dazu nicht militärisch intervenieren, unternahm aber vieles, um durch direkte und indirekte Beeinflussung die Selbstbefreiung in den Staaten des Ostblocks in Gang zu setzen. Dazu gehörte die Kooperation mit Exilgruppen bis hin zur Planung von militärisch einsetzbaren Legionen. Hierin lag jedoch weder Ursache noch Anstoß für den Aufstand in der DDR.

2. Im Westen ist früh von einem „Volksaufstand" die Rede gewesen. ARNULF BARING [828] hat dagegen schon in den fünfziger Jahren die sozialen Forderungen vornehmlich unter Arbeitern empirisch belegt. Fortan wurden im westlichen Diskurs mit der Bezeichnung „Arbeiteraufstand" primär die sozialen und wirtschaftlichen Motive angesprochen, während mit „Volksaufstand" nationale Motive betont wurden. Nach Öffnung der Archive hat v.a. ARMIN MITTER die Verbreitung von Systemprotest gegen die DDR-Regierung und SED seit 1949 gezeigt, der auch noch nach der Niederschlagung des Aufstands angedauert habe [818]. Damit liegt die Bezeichnung „Volksaufstand" als analytische Kategorie wieder näher.

<small>Volksaufstand</small>

<small>Arbeiteraufstand</small>

3. Der Aufstand erwuchs aus dem nach Stalins Tod von der kollektiven Führung proklamierten „Neuen Kurs". Er sah die Verlangsamung des – gerade in der DDR – seit 1952 proklamierten härteren Kurses beim Aufbau des Sozialismus vor. Die Rücknahme von Normerhöhungen, als Schwäche gedeutet, diente im Juni 1953 als Auslöser des Aufstandes. Inwieweit sich zuvor ein entschlossener Reformkurs, eine Ablösung Ulbrichts, ja sogar eine gesamtdeutsche Chance anbahnte, bleibt strittig. Insbesondere die Ablösung, Verurteilung und Hinrichtung des sowjetischen Innenministers Lavrentij Berija ist damit in Zusammenhang gebracht worden. ZUBOK und WETTIG [in: 835: KLESSMANN/STÖVER] haben hierfür keine Beweise in sowjetischen Quellen gefunden. CH. F. OSTERMANN publizierte im Rahmen des CWIHP nach einem Arbeitspapier zur US-Politik [134, Nr. 11] einen Band mit Quellen über den Reformprozess im Ostblock nach Stalins Tod [52]; WILFRIED LOTH konnte ferner eine interne Rede Malenkovs vom 2. Juni 1953 vorlegen und kommentieren, in der dieser eine deutsche Vereinigung nach dem Muster der Weimarer Demokratie anstrebte [Der 17. Juni 1953 im internationalen Kontext, in: M. GRESCHAT/J. C. KAISER (Hrsgg.), Die Kirchen im Umfeld des 17. Juni 1953, Stuttgart 2003, S. 15–52].

<small>Neuer Kurs</small>

4. Der Aufstand in der DDR stellte keine isolierte Krise im sowjetischen Teil Deutschlands dar. Ein Sammelband von KLESSMANN/STÖVER [835] zeigt die Dimensionen einer innersowjetischen Krise, aber auch einer „Krise des kommunistischen Systems in Osteuropa" insgesamt [ähnlich 134: CWIHP Nr. 35: MASTNY;

<small>Krise im Ostblock</small>

vgl. 606: Mastny] – mit Fallstudien für Ungarn [vgl. 134: CWIHP Nr. 38: RAINER] und die Tschechoslowakei. Danach wurde der Neue Kurs nicht als Abkehr vom Sozialismus, sondern als dessen Reform konzipiert und sollte die Auswüchse des stalinistischen Systems beseitigen [vgl. einen dreiteiligen Aufsatz von 859: KRAMER]. Die Zeit zwischen dem Tod Stalins und 1956 lässt sich dann insgesamt als Entstalinisierungskrise begreifen. Erstmals wird dieser Blickwinkel in einem von J. FOITZIK verantworteten Sammelband [830] komparativ aufgenommen. Der Umgang mit dem 17. Juni 1953 in der Erinnerungskultur der folgenden Jahrzehnte insgesamt ist als Schlüsselereignis des deutschen Selbstverständnisses gedeutet worden [285: WOLFRUM].

*Zweite Krise 1956*    Eine zweite Herrschaftskrise im Ostblock brachte das Jahr 1956 mit Ansätzen zu einem Reformen bewirkenden Aufstand in Polen sowie in Ungarn, wo der Volksaufstand von der Roten Armee militärisch niedergeschlagen wurde. Hier setzte nach Öffnung von Archiven und frei geführten historische Debatten die intensivste Diskussion in den Staaten Ostmitteleuropas ein. In westlichen Sprachen sind im *Cold War International History Project Bulletin* [13] mehrfach einzelne Quellen veröffentlicht worden. Zwei Sammelbände von HAHN/OLSCHOWSKY [831] und HEINEMANN/WIGGERSHAUS [833] bündeln die je nationalen Wahrnehmungen und Folgen. G. ALFÖLDY lieferte für Ungarn einen knappen Überblick [827]. Entgegen zeitgenössischen sowjetischen Vorwürfen wurde auch hier deutlich, dass die westliche Einmischung nur durch indirekte Unterstützung in Medien und Propaganda stattfand. Direkte militärische Intervention war fortan nicht zu erwarten; die beiden Weltmächte anerkannten trotz aller fortbestehenden aggressiven Rhetorik implizit ihre wechselseitigen Einflusssphären an [CH. OSTERMANN und G. SCHMIDT bei 833: HEINEMANN/WIGGERSHAUS]. Deutlich wird in mehreren Beiträgen die Wirkung auf den ganzen Ostblock. Schließlich ergab der Vergleich von unterschiedlichen Ergebnissen in Polen und Ungarn auch die Möglichkeit, über Handlungsspielräume sozialistischer Staaten nachzudenken, da die Sowjetführung selbst im ungarischen Fall lange mit einer Intervention zögerte. Auch die Konflikte innerhalb der sowjetischen Führung zeichnen sich deutlicher als zuvor erkennbar ab.

*Integration Westeuropas*    Die westeuropäische Integration bildete seit den sechziger Jahren einen Schwerpunkt der Forschung; KÜSTERS fasste 1982 die Kenntnisse zur Entstehung der EWG zusammen [887]. Der Forschungsstand zur europäischen Integration der fünfziger Jahre wurde nuanciert in Forschungsberichten von BOSSUAT [78] und GERBET [84] wie in der Einleitung der Arbeit von RÖNDIGS [897, S. 11–65] erörtert. Seit den neunziger Jahren entstanden Monographien über einzelne Sektoren der Integration. RÖNDIGS beschäftigte sich – nach den Pionierarbeiten von MILWARD [796, 798] und Studien mit Schwerpunkt auf der Stahlproduktion [451: GILLINGHAM; vgl. 202; 615: BÜHRER, vgl. 623] – mit dem gesamten Energiesektor

*Engergiepolitik*    in der EGKS ab 1951. Die Erwartungen der ersten Nachkriegsjahre, dass Energie eine knappe Ware bleibe, erfüllten sich zunächst nicht, da zum einen mit der Atomenergie eine neue, vermeintlich unerschöpfliche Quelle zur Verfügung stand, tatsächlich aber zum anderen Erdöl zur wichtigsten Energiequelle wurde, wie anhand der Kommissionsakten mit Statistiken gezeigt wird. P. WEILEMANN hatte schon in den achtziger Jahren die Erwartungen an die zivile Nutzung von Atomenergie zumal in Frankreich aufgezeigt und ermittelt, warum es neben dem EWG-Vertrag einen gesonderten Euratom-Vertrag gab.

Für den Agrarsektor war bis in die frühen fünfziger Jahre der durch die OEEC geschaffene Rahmen maßgeblich. G. THIEMEYER [902] konnte zeigen, dass der säkulare Rückgang des Agrarsektors in allen Staaten im EWG-Vertrag vor allem nach französischen Vorstellungen gebremst wurde. Dagegen setzte Adenauer für die BRD die Zustimmung zum EWG-Vertrag aus politischen Gründen (Integration zur Stärkung Europas gegenüber der Sowjetunion und den USA) durch [vgl. mehrere Arbeiten von G. NOEL, hier: 894]. Kaum untersucht wurde bis vor kurzem auch die Frage eines europäischen Entwicklungsfonds für die damaligen Kolonien vor allem Frankreichs und Belgiens. Hier zeigte MOSER [570] in einer ersten Annäherung, wie das in Frankreich seit den 1920er Jahren entwickelte Konzept „Eurafrique" in den Römischen Verträgen bedingt europäisiert wurde. Agrarpolitik

Europäischer Entwicklungsfonds

In den Herbst 1956 fiel, zeitgleich mit der Ungarn-Krise, der spätimperialistische Versuch Großbritanniens und Frankreichs, Ägypten durch militärische Aggression zur Rückgabe des Suezkanals an die (westlichen) Aktionäre zu zwingen. Der unterschiedlich motivierte US-amerikanische und sowjetische Druck, der in einer UN-Resolution kulminierte, zwang Briten, Franzosen (und Israelis), vor der politischen Beseitigung des Ägypters Nasser den Krieg abzubrechen [563: LOUIS/OWEN; 561: KYLE; 836: LUCAS – vgl. Kap. I.F]. Die Wechselwirkungen zwischen Ost- und Westkrise sind nun auch wissenschaftlich erforscht, so dass die Weltkrise bei begrenzter Eskalationsbereitschaft der Mächte Konturen gewinnt. Zumal von Chruščevs Atomkriegsdrohungen ausgehende Gefahren werden eher gering geschätzt [833: HEINEMANN/WIGGERSHAUS; vgl. DÜLFFER, Die Suez- und Ungarnkrise, in: 169: SALEWSKI, S. 95–119]. Die Unterzeichnung der Römischen Verträge folgte wenige Monate nach der Suezkrise. Beschleunigte diese die Verhandlungen? Während lange die Demütigung französischer Politik in Ägypten und die uneingeschränkte Solidarität von Kanzler Adenauer als entscheidende Faktoren für die Kompromisse der Römischen Verträge galten, hat THIEMEYER [902, S. 127 ff.] gezeigt, dass entscheidende Absprachen zwischen Frankreich und der Bundesrepublik bereits zuvor in La Celle-St.-Cloud getroffen worden waren. Suez-Krise

Großbritannien war von 1954 (Pariser Verträge zur Einbindung der Bundesrepublik) bis zum Wiederbeginn von Integrationsverhandlungen in Messina im Juni 1955 beteiligt, jedoch nicht mehr am folgenden Weg zu den Römischen Verträgen. Es stellte nach einigen Zwischenstufen 1961 einen Aufnahmeantrag, der im Frühjahr 1963 abgelehnt wurde. Großbritannien und die EWG

Diesen verschlungenen Pfad hat M. CAMPS [Britain and the European Community, London 1964] erstmals entwirrt. Einer der Gründe lag darin, dass Großbritannien aufgrund seiner Commonwealth-Bindungen keine supranationalen Ansätze verfolgen wollte. Der Ausweg wurde zunächst in einer die EWG und Großbritannien (sowie weitere westliche Staaten) umgreifenden Freihandelszone gesehen. Die dann begründete EFTA umfasste jedoch nicht die EWG-Staaten. Das untersuchte K. KAISER [881] bereits 1963, R.T. GRIFFITHS [875, 876] folgte mit zwei Büchern zur Errichtung und ersten Entwicklung der EFTA. Mittlerweile ist der erste, bis 1963 gescheiterte Versuch Großbritanniens, doch noch der EWG beizutreten, mehrfach untersucht worden [891: LUDLOW; vgl. 932: SCHMIDT]. W. KAISER fasste den Ablauf unter dem treffenden Titel „Von Messina nach Canossa" [882] zusammen; mehrere Beiträge im Band von DEIGHTON/MILWARD [867] widmeten sich den wirtschaftlichen Commonwealth- und USA-Bindungen Großbritanniens; MILWARD [396] hat jetzt eine umfassende Studie publiziert.

De Gaulle: V. Republik

Die Ursachen für das Scheitern des britischen EWG-Beitritts lagen auch in Paris. Das Ende der vierten Republik angesichts der Dekolonisierung, zumal in Algerien, und bürgerkriegsähnlichen Situationen im Mutterland, die erneute Regierung de Gaulles (1958–1969) mit der Schaffung einer präsidialen V. Republik sind vielfach dargestellt worden [z. B. 294: RÉMOND, 290: LOTH U.A.]. Seine Politik prägte für über ein Jahrzehnt die gesamte europäische Politik. Nach der großen Biographie LACOUTURES hat vor allem ein Kolloquium, aus dem ein fünfbändiges Konvolut „De Gaulle en son siècle" hervorging, für ziemlich alle Politikbereiche Enzyklopädisches geleistet [dt. Beiträge: 291: LOTH/PICHT]. Auf interne Quellen zu de Gaulle gestützt hat M. VAÏSSE 1998 seine Außenpolitik untersucht [297]. Danach war sein zentrales Ziel die Festigung der Großmachtrolle Frankreichs. Die Abgrenzung von den USA und Großbritannien als nicht zum engeren Kreis Europas gehörende Mächte stellte dabei eine wichtige Prämisse dar. Die Kooperation mit der Bundesrepublik unter französischer Führung spielte in diesem Konzept eine positive Rolle. Der französische Anspruch beruhte auf dem Besitz von Atomwaffen [296: VAÏSSE] und wollte die durch kommunistische Herrschaft in Osteuropa bedingte Teilung Europas überwinden.

De Gaulles politische Sprache entzieht sich häufig gedanklicher Präzision. Wenn er etwa „l'Europe européenne" als Ziel proklamierte [vgl. 984: BOZO], war damit die Ausgrenzung der USA und Einbeziehung der Sowjetunion nur ungenau anvisiert. W. LOTH [889] hat gegen eine den nationalen Egoismus betonende Deutung eingewandt, de Gaulle habe weitreichende Integrationsvorschläge insbesondere gegenüber der Bundesrepublik Deutschland gemacht. Im Mittelpunkt der europäischen Politik der Ära de Gaulle stehen hier die Fouchetpläne für eine Reform der EWG, welche auf eine Stärkung der Regierungszusammenarbeit gegenüber den supranationalen Zielen der Römischen Verträge hinausliefen. SOUTOU hat sie in den Zusammenhang der deutsch-französischen Beziehungen gerückt [230], aber auch in mehreren Aufsätzen genauer analysiert [vgl. Beiträge in 867: DEIGHTON/MILWARD, vor allem die Beiträge von SOUTOU, LOTH, STELANDRE].

Fouchet-Pläne

Zu den erfolgreichen Vereinbarungen zwischen Ost und West in den fünfziger Jahren gehörte der Abschluss des österreichischen Staatsvertrags 1955, der die Viermächtebesatzung durch Souveränität bei Zusicherung militärischer Neutralität brachte. Ausgehend von einer historischen Analyse und dem staatsrechtlichen Ansatz von G. STOURZH [Geschichte des Staatsvertrages 1945–1955. Österreichs Weg zur Neutralität, 3. Aufl., Graz/Wien 1985] sind seit den 70er Jahren immer wieder Versuche unternommen worden, die sowjetische „Freigabe" Österreichs mit der deutschen Frage parallel zu setzen. Deutlicher treten in der jüngeren Forschung die Unterschiede beider Probleme hervor: einheitliche Regierung in Österreich seit 1945, unterschiedliche Größe, militärische und ökonomische Bedeutung [vgl. 324: BISCHOF; 821: RATHKOLB und vor allem 613: PAPE]. Österreichischer Staatsvertrag

Die 1955 vereinbarte österreichische Neutralität bildete eine schillernde Konstruktion, die militärische, ökonomische und politische Chancen und Grenzen aufwies. Das Thema Neutralität verspricht ein eigenes vergleichendes Forschungsfeld vergleichender europäischer Geschichte zu werden. Nach einem Band über die österreichische Neutralität und Europa [326] von GEHLER/STEININGER umriss ein komparativer Band derselben Herausgeber [198] deren Dimensionen auch in der Sicht der anderen Staaten. GEHLER fragte 2001 historisch vergleichend „Finis Neutralität?" und reflektierte zugleich die neu entstandenen Bedingungen für europäische Supranationalität [197]. Inwieweit der Befund eines „Kleinstaaten-Kontinent(s) Europa" – so ein von R. KIRT/A. WASCHKUHN hrsg. Sammelband [Baden-Baden 2001] – angesichts von (im Jahr 2000) 38 Kleinstaaten unter 53 OSZE-Staaten verlockende komparative Perspektiven für politisches Verhalten, soziale, kulturelle und wirtschaftliche Aspekte bietet, bleibt vorerst offen. Neutralität als Forschungsfeld

Zwischen der Festigung des deutschen Status quo Mitte 1955 und dem Herbst 1958 öffneten sich – trotz der Weltkrise 1956 – Ansätze zur Entspannung (Rapacki-Pläne, Disengagement-Vorstellungen), die zu keinen Erfolgen führten. Sie wurden ab 1958 durch die zweite Berlin-Krise 1958–1962 abgebrochen. Die Forschung hat hier – dank der Publikation US-amerikanischer und französischer Quellen, aber auch ersten Einblicken in östliche Motive – in den letzten Jahren einen neuen Schwerpunkt entwickelt. Nach Darstellungen aufgrund von gedrucktem Material [v.a. 842: CATUDAL] sind nunmehr erneut die sowjetischen Motive strittig. Im Frühjahr/Sommer 1958 gab es Viermächteverhandlungen über eine neue Gipfelkonferenz, die von westlicher Seite abgebrochen wurden. Dass Chruščev den Prestigeerfolg eines „Gipfels" anstrebte, bildete sicher ein Motiv [vgl. 847: JOCHUM]. Seine konkreten Ziele in der Deutschlandfrage sind schwerer zu fassen. Die Mischung von defensiven (Stabilisierung der DDR auf deren Drängen hin) und offensiven Überlegungen (gestiegenes Selbstbewusstsein durch den ersten Satelliten „Sputnik" im Oktober 1957) werden unterschiedlich gesehen. Das liegt auch an der Einschätzung der Rolle Ulbrichts und der DDR. Die Anerkennung zweier deutscher Staaten und ein Friedensvertrag stellten Maximalziele dar [862: RICHTER], deren Durchsetzung unsicher war. Ob Berlin-Krise: Chruščev-Ultimatum

Sowjetische Ziele

die Umwandlung West-Berlins zu einer freien Stadt mit geschwächter oder gar keiner westlichen Präsenz („entmilitarisiert") ebenfalls erwartet wurde, bleibt unklar; einige Autoren nehmen an, es sei dem sowjetischen Führer auf ein neutrales Gesamtdeutschland mit der Hauptstadt Berlin angekommen [154: KUSTERS]. Vor allem M. TRACHTENBERG hat seit 1991 mehrmals auf die sowjetische Sorge vor einem militärischen Erstarken der Bundesrepublik, insbesondere auf deren Ausrüstung mit atomaren Trägerwaffen angesichts des erst 13 Jahre zurückliegenden Weltkrieges hingewiesen [zuletzt 609: TRACHTENBERG; vgl. 849: MAUER]; die Bedeutung eines solchen Motivs ist jedoch aus den Quellen nicht eindeutig zu rekonstruieren.

*Westliche Reaktionen*  Die westlichen Reaktionen sind mittlerweile umfassend untersucht. Die britischen Motive hat nach S. LEE [925] auch J. P. S. GEARSON [845] zum Thema gemacht. Erkennbar wird die Bereitschaft zu weitreichender Nachgiebigkeit, die vor allem Premierminister Macmillan im Dienst einer eigenständigen britischen Großmachtrolle (ähnlich wie Churchill 1953 – vgl. dazu LARRES [627] – und Eden 1956 vor Suez) abzusichern suchte. Dass es auch in der US-amerikanischen Administration unterschiedliche Motive bei Eisenhower, Dulles und anderen Machtträgern für Konzessionen in der Frage des Berlin-Status gab, konnte CH. BREMEN [841] umfassend darlegen. R. STEININGER hat die Politik der Westmächte breit untersucht und formulierte mit nationalen deutschen Untertönen: „Die Sieger – alle vier – waren sich in einem Punkt einig: Die Deutschen durften [...] keinen Finger am Atomknopf haben. Sie waren sich auch darin einig, dass Deutschland in zwei Staaten geteilt und an eine Wiedervereinigung in absehbarer Zeit nicht zu denken war[... Das ist] aber auch aus heutiger Sicht noch ein Skandal" [854, S. 360]. Anders als Briten und Amerikaner trat de Gaulle für Unnachgiebigkeit gegenüber der Sowjetunion ein und stützte hierin Adenauer nachdrücklich [888: LAPPENKÜPER; vgl. die Adenauer Biographie von H.-P. SCHWARZ in der Internet-Bibliographie]. Danach glaubte der französische Staatspräsident nicht an ein einseitiges und gefährliches Vorgehen der Sowjetunion. Gegenläufig argumentierte K. STIBORA FULCHER, dass die Bundesrepublik gerade während der Berlin-Krise erstmals ihre Eigenständigkeit gegenüber den USA unter Beweis stellte und durchsetzte, was erst im folgenden Jahrzehnt voll zum Tragen gekommen sei [823].

*Deutsche Frage und Entspannung*  Im Verlauf der zweiten Berlinkrise zeigten sich die westlichen Siegermächte einerseits weitgehend einig, die bundesdeutsche Regierung durch Bekenntnisse zum Ziel Wiedervereinigung zu stabilisieren. Andererseits setzte sich – so nach heute zugänglichen Quellen – die Überzeugung durch, das Ost-West-Verhältnis dürfe nicht durch einen Primat der deutschen Frage beherrscht werden, man müsse auch davon unabhängig nach einem Ausgleich mit dem Ostblock suchen. Die Genfer Außenministerkonferenz und Chruščevs USA-Besuch im Herbst 1959 unterstrichen diese Ambivalenz. Warum dennoch die Konferenz der Vierergipfel Mitte Mai 1960 von Chruščev vor dem offiziellen Beginn demonstrativ gesprengt wurde, ist angesichts (heute bekannter) westlicher Konzessionsbereitschaft (UN-Mandat für West-Berlin) noch nicht hinreichend geklärt. Nach seiner Sicht reichten dem sowjetischen Parteiführer angesichts innersowjetischer Opposition die erwarteten westlichen Konzessionen nicht weit genug [so 244: GRINEVSKIJ]; wichtiger waren aber wohl der Druck von Militärs und die Spannungen mit der Volksrepublik China [173: SOUTOU, S. 364f.], die jedem Abschluss mit dem Westen entgegen standen. Und schließlich könnte Chruščev auf einen neuen US-Präsidenten gesetzt haben [171: SCHÖLLGEN, S. 150].

Einen Neuansatz brachte John F. Kennedy seit Januar 1961. Er erstrebte Entspannung, definierte jedoch die Grenzen von Kompromissen gerade in der Berlin-Frage (drei „Essentials") und setzte zur Abschreckung einen massiven Ausbau der amerikanischen konventionellen Stärke in Europa durch [populärwissenschaftlich: 850: BESCHLOSS]. Das war die Folge des ergebnislosen, von Kriegsdrohungen begleiteten Treffens Kennedys und Chruščevs in Wien vom Mai 1961. Weswegen es trotz weiter reichender sowjetischer Ziele „nur" zum Bau einer Mauer in Berlin kam, lässt sich aus östlichen Quellen deutlicher fassen. HOPE HARRISON [in: 134: CWIHP Nr. 5; jetzt ausführlich in: Driving the Soviets up the Wall, Princeton/Oxford 2003] glaubte zeigen zu können, dass die DDR-Führung unter Ulbricht die instabile Lage im Lande (Wirtschaftskrise, Fluchtbewegungen) noch anheizte, um Chruščev unter Druck zu setzen; M. LEMKE hat vorsichtiger von einer wechselseitigen Angewiesenheit gesprochen [848] – aber gleichfalls die Schwäche der DDR betont, die nach längerem Vorlauf das Zugeständnis zur Abriegelung ergab.

In Erwartung weiterer sowjetischer Maßnahmen nach dem Mauerbau – wie dem Abschluss eines Separatfriedensvertrages – eskalierte die Krise bis zur Konfrontation von Panzern in Berlin im Oktober 1961. Während STEININGER [857] auf die zum Teil an Adenauer vorbei entwickelten Konzessionen der USA hinwies, betonte LOTH stärker die Bereitschaft der USA zu militärischen Reaktionen einschließlich der Drohung mit Atomwaffen [1010]. Die Westmächte sorgten sich ihrerseits – das zeigt LEMKE [848] –, es könne der Sowjetunion gelingen, bei mangelnder Unterstützung des Westens Adenauer zu einer Hinwendung zum Osten zu bewegen.

*Neuansatz Kennedys*

*Krise der DDR*

# H. VON DEN ANFÄNGEN DER ENTSPANNUNG BIS ZUR KSZE 1962–1975

Die Berlinkrise versandete im Frühjahr 1962 ohne eine neue Regelung der Frage. Auch nach der Kubakrise im Herbst 1962 [855: VAÏSSE] wurde das Thema zwischen den Großmächten nicht mehr ernsthaft wieder aufgegriffen. Pragmatische Lösungen vor Ort (Passierscheine) milderten die Folgen des Mauerbaus nur bedingt. Die Gründe für das sowjetische Zurückweichen lagen in der vorerst erreichten Stabilisierung der DDR durch Abgrenzung [134: CWIHP Nr. 6: ZUBOK; 848: LEMKE], sodann in der Furcht vor militärischer Konfrontation, vor allem aber in der Sorge vor einem wirtschaftlichen Embargo gegenüber der DDR oder dem ganzen Ostblock [SELVAGE in: 13 Nr. 11, S. 218]. Entspannungspolitik zwischen Ost und West fand nunmehr unabhängig von der deutschen Frage statt. Für die Westmächte waren zwei Dinge zentral: einerseits musste die Bundesrepublik gleichberechtigt behandelt werden, um sie nicht in die Arme der Sowjetunion zu treiben, andererseits sollte sie aber auch – hier im Sinne von TRACHTENBERG [609] – nicht direkt an Atomwaffen (über den bisherigen Besitz von Trägerwaffen hinaus) gelangen. Sowohl der Atom-Teststopp-Vertrag von 1963 [zu den amerikanisch-britischen Positionen: 812: KENDRICK] als auch der Nichtverbreitungsvertrag von 1968 spielten trotz allgemeiner Geltung eine wichtige Rolle für die Begrenzung gerade der Bundesrepublik auf diesem Sektor [935: SCHRAFSTETTER; 934: SCHMITT; 987: HAFTENDORN]. Darüber herrschte auch im westlichen Bündnis Konsens. Inwieweit die Regierungen Adenauer, Erhard oder Kiesinger eine nationale Verfügung auch über Kernwaffen anstrebten – sei es taktisch gemeint, sei es als ernsthaftes Machtmittel nationaler Politik – ist umstritten. KÜNTZEL [923] meinte diese Frage positiv beantworten zu können, fand aber keine allgemeine Zustimmung, auch wenn andere Autoren zeigen konnten, dass das damals öffentlich bekundete Desinteresse der Bundesrepublik am Besitz von Kernwaffen mehrere Motive hatte [920: HOPPE; 915: GABLIK; 274: KRIEGER; 990: TUSCHHOFF].

<small>Nukleare Begrenzungsabkommen</small>

Die nuklearen Begrenzungsabkommen der sechziger Jahre standen im Zusammenhang mit einem Wechsel zunächst der US-amerikanischen Verteidigungsdoktrin, dann auch der NATO von der „massive retaliation" zur „flexible response" [966: STROMSETH]. Sie lösten in der (nicht-nuklearen) Bundesrepublik Sorgen vor einem Status geringerer Sicherheit aus. Man befürchtete hier, bei einer „flexibleren" Reaktion der westlichen Atommächte würden diese die Bundesrepublik nicht mehr bis zur nuklearen Eskalation verteidigen. Den Ausweg bildeten Pläne zu einer *Multilateral Force* (MLF), dann zu einer *Atlantic Nuclear Force* (ANF), die spezielle britische Wünsche berücksichtigte. Nach HAFTENDORN bildete die MLF nur scheinbar „das Ei des Kolumbus" [987, S. 112], da die auf politische Wirkung zielenden Pläne militärisch wenig zweckmäßig waren und nur von der Bundesrepublik ernsthaft betrieben wurden. Das schürte wie-

<small>Neue westliche Verteidigungsdoktrin</small>

<small>„Multilateral Force"</small>

derum sowjetische Ängste. „The Johnson administration's efforts to contain Germany ran into competition from de Gaulle, who also wanted to limit the Germans and end the Cold War", formulierte F. COSTIGLIOLA [in: 946: COHEN/ BERENKOPF TUCKER, S. 175; vgl. erstmals selektiv auf US-Quellen gestützt: 851: SCHERTZ]. Es gelang stattdessen 1965, die Teilhabe auch nichtnuklearer Mitglieder durch eine Nukleare Planungsgruppe der NATO zu sichern, die mit dem Harmel-Report 1967 ihr Selbstverständnis auch auf Entspannung ausdehnte. Hierzu liegt mit Sinn für nationale Differenzierungen und Optionen in den multilateralen Verhandlungen eine mustergültige Studie vor [987: HAFTENDORN].

Harmel-Report

Die wirtschaftlichen Beziehungen zwischen Westeuropa und den Vereinigten Staaten gestalteten sich in den sechziger Jahren schwieriger. Mit den ersten ökonomischen Erfolgen der Integration [vgl. insgesamt den Sammelband 980: LOTH] entwickelten sich Ansätze zur Konkurrenz mit den USA, die u. a. wegen ihres zunehmenden Engagements in Vietnam finanzielle Entlastung suchte. Die wechselseitige Verzahnung von Zahlungsproblemen und Kompensationsgeschäften im Dreieck Washington–London–Bonn ist von H. ZIMMERMANN entwirrt worden [908].

Der Sturz Chruščevs 1964 und der Übergang zu einer kollektiven Führung, in der sich Brežnev später die unbestrittene Vorrangstellung sicherte, lässt sich noch nicht im Einzelnen einschätzen. Immerhin hat D. SELVAGE Material v.a. aus polnischen Archiven beigebracht [134: CWIHP, Nr. 32], mit dem er als Grund für den Sturz des Parteichefs neben der sprunghaften und letztlich erfolglosen Politik dessen Konzessionsbereitschaft gegenüber der Bundesrepublik anführte. Diese Zusammenhänge von Werben um die Bundesrepublik in West und Ost, im Westen gepaart mit dem Bestreben, ihr Potenzial durch Einbindung zu entschärfen, während östliche Propaganda zugleich deren angeblichen Kriegskurs bekämpfte, bedürfen noch quellengestützter Analysen.

Sturz Chruščevs

Bereits jetzt wird deutlich, dass von der CDU/FDP-Regierung unter Ludwig Erhard (1963–1966) Versuche zu einem eigenständigen Ausgleich gegenüber der Sowjetunion unternommen wurden, die von der Großen Koalition Kiesinger/ Brandt zwischen 1966 und 1969 weitergeführt wurden. Für die Westpolitik vermochte R. MARCOWITZ – im Anschluss an LAPPENKÜPER [888] – die relative Kontinuität gegenüber Frankreich zu zeigen [893]. HILDEBRAND schuf bereits 1984 für die gesamte Außenpolitik zwischen 1963 und 1969 eine quellengestützte Grundlage [268], die (für das Jahr des Wechsels von Adenauer zu Erhard 1963) u. a. R. A. BLASIUS [943] weiter vertiefte. T. OPPELLAND erfasste in einer umfassenden Biographie des unter Erhard amtierenden Außenministers Gerhard Schröder (Biographie nachgewiesen unter http://www.internationale-geschichte.historicum.net/daten_texte_quellen.html) die neuen Ansätze in der Deutschland- und Ostpolitik. D. KROEGEL widmete sich Kanzler Kiesinger und der Großen Koalition [952]. Zur Frage eines sowjetischen Umdenkens in der Deutschlandfrage vor der sozialliberalen Koalition vom Herbst 1969 lässt sich auf den Budapester Appell des Warschauer Paktes und Verhandlungsbereitschaft im

BRD: Ansätze zu neuer Ostpolitik

Sommer 1969 hinweisen. Zuletzt hat HAFTENDORN [266] die neuen Elemente der bereits 1966 unter Erhard vorgedachten Gewaltverzichtspolitik Brandt/Scheels herausgestellt. W. LINK betonte, dass „der konzeptionelle ostpolitische Gesamtrahmen" bereits während der Großen Koalition geschaffen wurde [954, S. 299].

"Zweite Ostpolitik"
Die „zweite Ostpolitik" (nach der Adenauers ab 1955), welche die sozialliberale Koalition Brandt/Scheel betrieb, ist schon als Begriff umstritten. Sie wurde unter innenpolitischen Vorzeichen mit privilegiertem Zugang zu Quellen 1982 von A. BARING erstmals dargestellt [909]; WERNER LINK hat sodann die Außenpolitik dieser Jahre auf Quellenbasis untersucht [in: 261]. Die meisten Darstellungen beruhen derzeit primär auf den Selbstzeugnissen der Protagonisten – zunächst Brandt, Bahr, Scheel, dann Schmidt und Genscher. Der damals von Bahr vertretenen Linie folgte A. VOGTMEIER weitgehend [968]. Über die Verhandlungen zum Moskauer Vertrag von 1970 hat W. LINK [als einer der Herausgeber von 1: AAPD] nuanciert darlegen können, welche Verhandlungsspielräume bestanden bzw. unterschätzt wurden [954]. Von „begrenzter Annäherung", aber auch „Grenzen der Annäherung" sprach G. NIEDHART [959]. Deutlicher treten neuerdings die wirtschaftspolitischen Elemente hervor, aber auch die Erwartung der sozialliberalen Regierung, nach bisher innenpolitisch schwer durchsetzbaren Vorleistungen in der deutschen Frage einen Wandel der sowjetischen Politik anzustoßen, der langfristig die innerdeutschen Beziehungen verbessern sollte.

Die Kontinuität westdeutscher wirtschaftlicher Interessen an einer Osteuropapolitik hat A. STENT für die Jahre von 1955 bis 1980 zum Thema gemacht [964]. Daraus ergaben sich Hinweise für einen langsam wachsenden Spielraum, der auch gegenüber der bisherigen Deutschlandpolitik und angesichts von Restriktionen der Westalliierten u. a. in den Ostverträgen genutzt wurde. Stark dem zeitgenössischen Streit verhaftet sind historische Urteile darüber, ob die Regierung Brandt/Scheel leichtfertig hergebrachte Grundsätze durch Vorleistungen aufgegeben habe oder ob sie sich dadurch erst den erforderlichen Spielraum verschafft habe.

US-Entspannungspolitik
Strittig ist das Verhältnis von bundesdeutscher Initiative zum gesamten Trend westlicher und zumal US-amerikanischer Entspannungspolitik. Die meisten Untersuchungen betonten das nachdrückliche Interesse der Nixon-Administration an besseren Kontakten zur Sowjetunion (und der VR China). Vor allem Kissinger hat durch seine Memoiren und eigene wissenschaftliche Auseinandersetzung auch mit seiner Amtszeit bekräftigt, dass das Ausmaß von Entspannungspolitik durch die USA kontrolliert werden sollte [vgl. 950: GARTHOFF]. So gab es zumindest anfänglich Misstrauen gegenüber den Absichten und Vorgehensweisen E. Bahrs als Unterhändler. Auch in Frankreich und Großbritannien zeigte sich Skepsis gegenüber eigenständigem westdeutschen Vorgehen [zum deutsch-französischen Verhältnis dieser Zeit: 949: FUCHS; 975: BERNATH; vgl. 230: SOUTOU, S. 314 ff.; M. VAÏSSE, La France et le traité de Moscou (1957–1963), in: Revue d'histoire diplomatique 107 (1993), S. 41–53]. In neuer Form pflegte die sozialliberale Regierung keine Konsultationen der Verbündeten, aber BAHR selbst

[E. BAHR, Zu meiner Zeit, München 1996] legte dar, er habe die Bündnispartner informiert und darüber hinaus eine feste Einbindung in die westliche Welt als Voraussetzung der Ostpolitik angesehen. „Die Westverträge der frühen fünfziger Jahre und die Ostverträge der frühen siebziger Jahre waren zwei bedeutende Schritte zur Emanzipation der Bundesrepublik" [1002: GARTON ASH, S. 53]. KLAUS SCHWABE fasste ca. 20 unterschiedliche Kurzessays zusammen [in: 209: JUNKER u. a., Bd. 2, S. 13]: Die Bundesrepublik habe die endgültige Teilung innenpolitisch nicht sanktionieren können, „richtete sich aber auf eine fortdauernde sowjetische Vorherrschaft" in Osteuropa ein (genau dies wird von Anhängern der Bahrschen Linie mit Hinweis auf sein belegbares Konzept einer mittelfristigen Überwölbung und Auflösung der Blöcke bezweifelt). Die USA dagegen hätten sich intern längst mit der fortdauernden Teilung Deutschlands und der Abtretung der Ostgebiete an Polen abgefunden; „auf der anderen Seite hatten sie sich aber mit der Unterwerfung Osteuropas weniger abgefunden als die deutschen Ostpolitiker." S. FUCHS [949] versuchte das „Dreiecksverhältnis" Bahr und Kissinger gegenüber der Sowjetunion in den Blick zu nehmen, ohne in den strittigen Fragen neue Ergebnisse präsentieren zu können. F. HARBUTT argumentierte dagegen: „It was Brandt who blazed the trail for Nixon and Kissinger in 1970" [145, S. 228], fügte aber hinzu, der eigentlich spannende Vorgang liege in einem weltpolitischen Umdenken in Ost und West bei Nixon, Kissinger, Brandt, Brežnev und dem Chinesen Tschou Enlai.

*Weltpolitisches Umdenken*

Über die Kooperation im Ostblock, deren Grenzen und sich daraus ergebenden Differenzen sind wir bislang schlecht unterrichtet. Für das Verhältnis DDR und Sowjetunion gilt, dass Honecker misstrauisch eine Destabilisierung der DDR befürchtete, während Brežnev offensiv das Erfordernis von Stabilisierung betonte und sich dabei auch von Hoffnungen auf sozialistische Entwicklungen im Westen tragen ließ [266: HAFTENDORN, S. 156ff; 942: BENDER; vorzüglich mit sektoralen Beiträgen zur Außenpolitik der DDR, zumeist bis Anfang der siebziger Jahre reichend: 276: PFEIL]. Die VR Polen strebte bessere Beziehungen zum Westen v.a. aus ökonomischen Gründen an; angesichts eines wachsenden Selbstbewusstseins der polnischen Führung schon in den sechziger Jahren unter Gomulka [134: CWIHP Nr. 32: SELVAGE] wurde der Primat von sowjetisch-westdeutschen Verhandlungen vor polnisch-westdeutschen 1970 bedauert, brachte Polen aber in der Folge insgesamt größeren Spielraum ein. D. BINGEN [127] hat die beste zeitlich übergreifende Studie zur Westpolitik Polens vorgelegt. Ein rumänischer Sonderweg gegenüber dem Westen setzte bereits Ende der fünfziger Jahre ein und verband diktatorische Härte nach innen mit begrenzter Loslösung aus der Solidarität des Ostblocks [134: CWIHP Nr. 37: TISMANEANU].

*Kooperation im Osten*

Die Vorgeschichte der Konferenz für Sicherheit und Zusammenarbeit in Europa bis 1975 ist noch kaum mit internen Quellen untersucht worden. Immerhin liegen Sonderbände der Documents on British Policy Overseas [22] vor; die US-amerikanischen wie bundesdeutschen Editionen erreichen gerade die siebziger Jahre, so dass bald bessere Grundlagen zu erwarten sind. Die Studie von LOTH

*KSZE*

[1010] nimmt die Unterzeichnung der Schlussakte 1975 zum Ausgang für einen Überblick der letzten dreißig Jahre des Ost-West-Konflikts, wie sie auch bei SCHÖLLGEN [171] oder SOUTOU [173] vorliegt. Der 30. Jahrestag der Deklaration von Helsinki lässt eine Serie von Konferenzen und nachfolgenden Publikationen erwarten.

Die Sowjetunion forderte seit der Viermächte-Außenministerkonferenz von 1954 eine Sicherheitskonferenz für Europa, die seit 1955 für den Westen unannehmbar war, da sie die deutsche Frage nicht thematisierte [vgl. etwa 154: KÜSTERS]. Anfänglich sollten europäische Verhandlungen auch ohne die USA und Kanada geführt werden. Der Prozess sowjetischen Umdenkens bis zum Budapester Appell des Warschauer Paktes vom 17. März 1969 ist wissenschaftlich noch nicht untersucht. Insbesondere wäre dabei zu prüfen, welche Rolle die Notwendigkeit wirtschaftlicher Kooperation mit dem Westen spielte. Sicher bestand ein Interesse an Intensivierung der Westbeziehungen nach der sowjetischen Invasion zur Niederschlagung des „Prager Frühlings". Der tschechoslowakische Reformprozess ist von K. WILLIAMS [973] untersucht worden; zur Rolle des Warschauer Paktes und der NATO bilden zwei Aufsätze den Ausgangspunkt für weitere Forschungen [M. KRAMER in: 986: FINK u. a. (Hrsg.) bzw. J. G. MCGINN in 229: SCHMIDT (Hrsg.), Bd. II, S. 197–208]. Gerade über die politischen und kulturellen Aspekte der Annäherung zwischen Ost und West stehen gründliche Forschungen noch aus.

*Prager Frühling 1968*

Für die USA kamen neue Motive zur Entspannung hinzu, als Ende der sechziger Jahre versucht wurde, Auswirkungen des Vietnam-Krieges nicht auf Europa durchschlagen zu lassen [über die begrenzte Loyalität in der Politik der Bundesrepublik gegenüber den USA im Vietnamkrieg insgesamt 904: TROCHE; Ansätze zur europäischen Dimension: 983: ARENTH; gut zwei Sammelbände: C. GOSCHA/M. VAÏSSE (Hrsg.), L'Europe et la guerre de Vietnam, 1963–1973, Brüssel 2003, bzw. A. DAUM/L. C. GARDNER/W. MAUSBACH (Hrsgg.), America, the Vietnam War, and the World, Cambridge 2003], ja gerade wegen der erhöhten Kriegskosten in Asien zur Rüstungsbegrenzung zu gelangen. Schon bei einem Gipfel in Glassboro 1967 zwischen Präsident Johnson und Ministerpräsident Kosygin schien ein Durchbruch bei strategischen Rüstungen möglich zu sein [958: NEWHOUSE], ließ sich jedoch wegen der Belastungen um Vietnam nicht verwirklichen. Erst während des bis 1975 stufenweise vollzogenen Rückzugs der USA aus Vietnam wurde der Weg 1972 frei für das erste Abkommen zur realen Rüstungsbegrenzung, SALT I, sowie zu einem Vertrag zum Verzicht auf Raketenverteidigung (ABM). Er war verbunden mit einer sowjetisch-amerikanischen Grundsatzerklärung, die verbal das Ende der Konfrontation einleitete und ein Sicherheitsabkommen ankündigte [950: GARTHOFF, 958: NEWHOUSE]. Das wiederum geschah parallel zu den Viermächteverhandlungen über ein befriedigendes Berlin-Abkommen der vier Siegermächte und stand in innerem Zusammenhang mit der Entspannung. Während GÖRTEMAKER [W. WOYKE u. a, Sicherheit für Europa? Opladen 1974] die sowjetischen Berlin-Konzessionen 1974 zeitge-

*Berlin-Abkommen*

nössisch als Erfüllung von Vorbedingungen für deren Wünsche nach Sicherung des eigenen Machtbereichs sah, erkannte R. SEIDELMANN einen Übersprungseffekt („spillover") von sich steigernden Erfolgen in der Entspannung [Der KSZE-Prozeß, Bonn 1989].

Die eigentliche Vorgeschichte der Konferenz für Sicherheit und Zusammenarbeit in Europa setzte Ende 1972 nach einer Veränderung des Klimas zwischen den USA und der Sowjetunion und nach Entschärfung der deutschen Frage ein. Die Zeit zuvor wurde 1985 nach öffentlichen Quellen von J. J. MARESCA [956] dargestellt, für die Bundesrepublik leistete PETER BECKER [941] Ähnliches. Die meisten politikwissenschaftlichen Darstellungen beginnen mit der Schlussakte und haben den nachfolgenden „Helsinki-Prozess" zum Thema, der sich in Nachfolgekonferenzen und einer Fülle von sektoralen Expertenkonferenzen niederschlug. Zu nennen ist hierzu W. v. BREDOWs knapper Abriss [993] und P. SCHLOTTERS umfassende Studie über die Implementierung der Jahre 1972–1990 [1020]; knapp auch M. R. LUCAS [in: 209: JUNKER u. a., Bd. 2, S. 66 ff.]. Darin wird die Entwicklung von einem Verhandlungsforum zu einem verstetigten Prozess verfolgt. S. LEHNE hat die letzte Phase der KSZE vor dem Umbruch in Wien 1986–1989 faktenreich untersucht [1009]. <sub>Helsinki-Prozess</sub>

Wie bei der „zweiten Ostpolitik" der Ära Brandt/Scheel lässt sich auch für die anschließenden KSZE-Verhandlungen diskutieren, ob und wieweit der Westen – so die eine Seite – bislang undenkbare „Vorleistungen" an sowjetisches Sicherheitsdenken und damit zur Garantie des territorialen Status quo in Europa machte. Andererseits steht die Nachgiebigkeit des „sozialistischen Lagers" in Sachen individueller Menschenrechte („Korb 3") zur Debatte, welche zwar „weiche" Themen berührten, aber ebenfalls neuartige Konzessionen enthielten. Noch wenig ist die Rolle der nicht an einen der Militärblöcke gebundenen Staaten behandelt worden, die wichtige Vermittlerdienste leisten konnten. Zudem führte der KSZE-Rahmen vor und nach Helsinki zunehmend zu bislang ungekannten multilateralen Gremien in den Verhandlungen, durch welche sich der Stil internationaler Politik in Europa änderte.

Stilwandel internationaler Politik

Angesichts von „Erwartungsüberspannung und Enttäuschung" sah v. BREDOW die Bedeutung der KSZE langfristig in der positiven Entfaltung einer zuvor unterschätzten „Sprengkraft" [993, S. 71]. Die KSZE als historisches Ereignis, als Prozess, als Organisation ist gerade wegen der Ausweitung ihrer Tätigkeit, ihres Wandels zur Organisation für Sicherheit und Zusammenarbeit in Europa (OSZE), die (2002) 55 Staaten von „Vancouver bis Wladiwostok" – aber in östlicher Richtung gesehen – umfasst, zu einer dauerhaft analysierten Einrichtung geworden. Bereits 1993 zählte HENRIK HOLTERMANN [81] ca. 6000 Untersuchungen zum Thema. Ein am Hamburger Institut für Friedensforschung und Sicherheitspolitik angesiedeltes OSZE-Jahrbuch lieferte seit 1995 annalistisch einen Überblick über die Entwicklung des Prozesses im abgelaufenen Jahr.

# I. VON DER NACHRÜSTUNGSKRISE ZUM ENDE DES OSTBLOCKS UND ZUR EUROPÄISCHEN VEREINIGUNG
## 1976–1991

Außereuropäische Krisen
Während die KSZE und der nachfolgende „Helsinki-Prozess" auf Entspannung abzielten (vgl. Kap. H), eskalierten Konflikte auf anderen Feldern und mobilisierten erneut Kriegsängste. Wesentliche Gründe dafür lagen außerhalb Europas: einerseits das verstärkte Engagement der Sowjetunion gegenüber Befreiungsbewegungen in der Dritten Welt, zumal in Afrika, sowie ihr militärischer Einmarsch in Afghanistan Ende 1979, andererseits die verstärkte Menschenrechtspolitik der Carter-Administration. Hinzu kam die Demütigung der USA durch den Iran mit der Besetzung ihrer Botschaft in Teheran, bei der über 60 Geiseln genommen wurden. Ein Nobel-Symposium, das O. A. WESTAD unter dem Titel „The Fall of Detente" [969] ediert hat, umriss erstmals diese Dimensionen im Zusammenhang.

Ende der Entspannung?

Rüstungsbegrenzung: SALT II
Auf die vorläufigen Regelungen von SALT I 1972 sollte SALT II folgen. Der Vertrag wurde 1979 tatsächlich unterzeichnet, aber nicht ratifiziert. Den Umschwung in der US-amerikanischen Öffentlichkeit hat TALBOTT mit privilegiertem Zugang zu internen US-Quellen untersucht [1025]; die inneramerikanische Debatte ist von CALDWELL [945] dargestellt worden. Neben den Vereinbarungen der siebziger Jahre über strategische Rüstungen durch die USA und die Sowjetunion blieb das Interesse aller Staaten an ausgewogener Reduzierung (MBFR) der Streitkräfte beider Seiten im Ost-West-Konflikt erhalten. Das galt zumal für die Bundesrepublik, welche einen einseitigen US-amerikanischen Abzug befürchtete. Diese langwierigen und komplexen Verhandlungen wurden in Wien von 1973 bis – in Ausläufern – 1989 multilateral ohne Abschluss geführt. Eine zusammenfassende Studie liegt noch nicht vor [vgl. aber zur Vorgeschichte 957: MUTZ, vgl. 105].

MBFR

Mittelstreckenraketen SS-20
Zu SALT und MBFR traten zwei Sonderprobleme, welche die Rüstungsdynamik beeinflussten: Die USA kündigten 1977 eine Neutronenwaffe an, deren Entwicklung Carter zwei Jahre später ohne Absprache mit den europäischen Verbündeten aufgab. Sodann modernisierte und verbesserte die Sowjetunion in der gleichen Zeit ihre Mittelstreckenraketen, eine Kategorie, über welche es keine Vereinbarungen gab und die auch nicht in die laufenden Verhandlungen fielen. Welche Intentionen hinter der Aufstellung dieser SS-20 steckten, bedarf noch der Aufklärung. ANDERSON [971] ging in einer Untersuchung zur Außenpolitik der Brežnev-Ära von starken Gegensätzen zwischen Militärs und zivilen Kräften in der Führung aus. Jedenfalls erklärte die sowjetische Führung, erst durch diese Raketen annähernd Parität mit dem Westen herzustellen. Im Westen machte dagegen Bundeskanzler Schmidt 1977 als erster auf neue Gefährdungen aufmerksam, und die weitere öffentliche Diskussion richtete sich auf die im Westen perzipierte Erfordernis einer „Nachrüstung" gegenüber drohender sowjetischer

Überlegenheit. Auch die westliche Vorstellung einer neuartigen Bedrohung, verbunden mit der Sorge vor einer Abkoppelung der USA von Europa bedürfen über die Sicht der Zeitgenossen hinaus wissenschaftlicher Bearbeitung. Bislang liegt die – mit Insiderkenntnissen erstellte – Studie des damaligen Journalisten (später Staatssekretärs im Verteidigungsministerium) L. RÜHL von 1987 [1019] als Einstieg vor [vgl. aber auch 961: RISSE-KAPPEN].

Was in dieser Darstellung als dritte Phase des Kalten Krieges bezeichnet wird, findet sich vor allem in britischen oder amerikanischen Arbeiten zunehmend als „second cold war" tituliert (indem die Zeit zwischen 1945 bis 1962 als erster Kalter Krieg verstanden wird). Angesichts der Verhärtung des Ost-West-Klimas und von drohenden neuen Rüstungen bildeten sich in ganz Westeuropa, besonders aber in der Bundesrepublik Deutschland starke neue Friedensbewegungen, die hier auch große Teile der SPD umfassten. Diese Bewegung mit ihren Aktionen ist früh wissenschaftlich von WASMUTH [529] bzw. in ihren Analysen und Organisationsmustern von HAUSWEDELL [509] untersucht worden; kritisch betrachtete HERF diese Bewegung unter dem Titel „War by other means" 1991 als eine „Kulturrevolution" [510], der WERNER LINK [FAZ 20. 7. 1991, S. 27] starke „Einseitigkeiten" in der Zuordnung von Verantwortlichkeiten in Ost und West bescheinigte. International vergleichende Studien, die auch Politik und Gesellschaft in anderen europäischen Staaten einbeziehen, in denen neue Raketen aufgestellt werden sollten, stehen noch aus [vgl. aber immerhin: 490: SMITH]. Eine umfassende weltweite Einordnung fand sich jüngst im dritten Band von L. S. WITTNERS Weltgeschichte des Atomprotests [530].

Friedensbewegungen

In vielen westlichen Gesellschaften wurde die Aufstellung neuer Raketen, auch im Westen, als Bedrohung empfunden. Angesichts des fortdauernden Wunsches nach Entspannung sah der „NATO-Doppelbeschluss" von 1979 vor, erst nach dem Fehlschlag von Verhandlungen neue Raketen zu stationieren [vgl. bereits 1033: LAYRITZ]. Zusätzlich betrieb die Regierung Reagan programmatisch mit SDI eine kostspielige, unsichere und wahrscheinlich Europa sicherheitspolitisch abkapselnde Initiative [998: FITZGERALD]. Die Auseinandersetzung der beiden Supermächte über Mittelstreckenraketen erfasste in den frühen achtziger Jahren ganz Westeuropa und strahlte auch auf den Ostblock aus. Sie richtete sich besonders an die Öffentlichkeit und zwar besonders in der BRD, in der starke Ängste und neue Feindbilder die Vision eines unmittelbar bevorstehenden Dritten Weltkrieges aufkommen ließen. Zwar wurden sowjetisch-amerikanische Verhandlungen geführt, und ein Genfer „Waldspaziergang" der Unterhändler P. Nitze und J. Kwizinsky führte bereits 1982 an den Rand einer Einigung [1026: TUSCHHOFF]; letztlich scheiterten die Unterredungen jedoch. Die gesamten Verhandlungen konnten noch nicht mit internen Quellen untersucht werden. Vorerst sind gute Gesamtdarstellungen zu größeren Bereichen von Außenpolitik und internationalen Beziehungen wie die von R. GARTHOFF [950], für die deutsche Seite v.a. HAFTENDORN [266] und HACKE [265], heranzuziehen. HANRIEDER [267] versuchte, die mehrschichtigen Dimensionen des Vorgangs zu gewichten.

SDI

Handelte es sich von sowjetischer Seite wirklich um „illusions of nuclear blackmail" [so 120: ALLIN, S. 81 ff.]? Oder verließ die Reagan-Administration mit SDI die im Atomzeitalter gültige Grundlage „defensiv organisierter Abschreckung" und wurde erst durch die zunehmenden Friedensbewegungen an den Verhandlungstisch gebracht [121: BALD, S. 195 ff.]?

Über die einzelne Rüstungsfrage hinaus ist ansatzweise die Frage nach den Ursachen für das sowjetische Umdenken insgesamt bei Militärausgaben seit 1985 beantwortet worden. Handelte es sich um die Überprüfung der Kosten des Wettrüstens, oder war die Einsicht in die Sinnlosigkeit einer Sicherheitspolitik wichtig, die in der Konsequenz eine weitgehende Vernichtung der Menschheit androhte? In den Aktivitäten der Friedensbewegungen von den Pugwash-Konferenzen der fünfziger Jahre bis zu den achtziger Jahren erkannte EVANGELISTA [504] einen entscheidenden Beitrag zum Ende des Kalten Krieges. Zumindest kann derzeit gezeigt werden, wie alternative Denkmodelle des Westens auch von der sowjetischen Führung um Gorbačev wahrgenommen wurden. Inwieweit sich westliche Regierungen vom Druck der Friedensbewegungen als solchen zur Verhandlungsbereitschaft beeinflusst oder gar gezwungen sahen, steht dahin. Diese These wurde u. a. in einem Sammelband von SUMMY betont [1051]. Die Gegenmeinung, wonach die Sowjetunion gehofft habe, unterstützt von Friedensbewegung und durch ihre Unterstützung für Friedensbewegungen, den Westen zu einseitigem Nachgeben zu bewegen, hat über die zeitgenössische Publizistik hinaus noch keine wissenschaftliche Vertiefung gefunden.

Seit der Unterzeichnung der KSZE-Schlussakte in Helsinki 1975 sahen sich die meisten Regierungen im Ostblock neuen Problemen ausgesetzt, als auch in ihren Gesellschaften in Auswirkung von „Korb 3" der Vereinbarungen Menschen- und Bürgerrechte unmittelbar eingefordert wurden und die Destabilisierung ihrer Herrschaft drohte. Zu den nationalen und internationalen Bürgerrechtsgruppen (Helsinki-Gruppen) gibt es noch keine wissenschaftlich befriedigenden Studien – trotz des Bestrebens zu ihrer internationalen Vernetzung und damit neuartiger Internationalität. Systemgefährdend wurden Bürgerbewegungen erstmals in Polen 1980/81. Auf nationalen oppositionellen Traditionen, katholischem Glauben (polnischer Papst ab 1978) und ökonomischen Krisen beruhend [vgl. 330: LEFTWICH CURRY], entstand die freie Gewerkschaft „Solidarność". Mit ihrem Verbot rief der zum Staatspräsidenten aufgestiegene General Jaruzelski im Dezember 1981 das Kriegsrecht aus. Zeitgenössisch verbreitet, im Westen geglaubt und in seinen Memoiren kanonisiert, hatte der General dadurch als polnischer Patriot den militärischen Einmarsch und die Besetzung durch sowjetische Truppen verhindert. Die u. a. im Rahmen des CWIHP-Bulletins [13] in englischer Sprache zugänglich gemachten Quellen zeigen ein anderes Bild: 1980 gab es eine starke Neigung, dem anscheinenden Chaos in Polen durch militärische Besetzung/Einmarsch ein Ende zu machen. Polnische Einsprüche trugen zur Vertagung bei. 1981 sah sich die Sowjetunion jedoch trotz weiter prekärer öffentlicher Stimmung in Polen nicht mehr zu einen solchen Einmarsch in der Lage. Jaruzelski stilisierte sich in dieser Situation selbst öffentlich zum angeblich zum nationalen Retter – und schuf so eine nationale Legitimation für Unterdrückung und eigene Herrschaft bis zum Ende des Ostblocks [134: CWIHP Nr. 23: MASTNY, vgl. ebda. Nr. 21: PACZKOWSKI/WERBLAN]. Unklar bleiben die sowjetischen Motive und Ansätze. War es imperiale Schwäche, die hier rückblickend den Anfang vom „End of the Cold War" (MASTNY) erkennen lassen?

Zur Einordnung des sich in der ersten Hälfte der achtziger Jahre zuspitzenden Kalten Krieges sind mehrere (scheinbare) Paradoxa zu erklären: Einerseits initiierte Bundeskanzler Schmidt (SPD) 1977 die „Nachrüstung" des Westens, bemühte sich aber dennoch um gute Sonderbeziehungen zur DDR. Andererseits suchte eine CDU-geführte Regierung unter Helmut Kohl die Nachrüstung im internationalen Rahmen gegen heftige innenpolitische Kritik und Angriffe aus dem Ostblock umzusetzen, stabilisierte aber gleichfalls die deutsch-deutschen Beziehungen gegen den weltpolitischen Trend. Die Außenpolitik der DDR ist von B.-E. SIEBS für die Zeit von 1976 bis 1989 untersucht worden [1023]. Er betonte die relative Kontinuität von „Strategien und Grenzen", aber auch die andauernden ungelösten ökonomischen Probleme, welche nur eine begrenzte Eigenständigkeit Honeckers gegenüber Brežnev zuließen. A. PITTMAN hat mit öffentlich zugänglichen Quellen die andere Seite, die relative Kontinuität der Ostpolitik der Bundesrepublik, untersucht [1015], M. ZIMMER leistete Ähnliches für die Deutschlandpolitik Kohls [1029]; die UNO-Politik [626: KÖSTER] bzw. die Beziehungen zu Polen [1008: KORGER] sind schon Gegenstand selbstständiger Arbeiten geworden. S. FRÖHLICH wagte sich 2001 bereits an eine erste Gesamtdarstellung der Außenpolitik der Ära Kohl heran [999]. In der Enquete-Kommission des Deutschen Bundestages [16] sind gerade die deutschlandpolitischen Fragen mit politischer und wissenschaftlicher Expertise behandelt worden.

Die wichtigste Kontroverse entstand in der Bundesrepublik über den Umgang mit dem Wandel in Osteuropa, der die dortigen sozialistischen Regierungen zunehmend unter Reformdruck setzte. Der britische Historiker T. GARTON ASH hat hierzu 1993 eine wegweisende Studie vorgelegt, die wegen ihrer öffentlichen Verbreitung auch die wissenschaftliche Debatte anregte. Zugleich verstand er es hierin, Quellenstudium mit eigenen Reiseerfahrungen zu kombinieren [1002]. „Im Namen Europas" deutete bereits im Titel an, die westdeutschen Regierungen hätten im Gewande gesamteuropäischer Interessenvertretung und Werte letztlich nationale Politik betrieben. Es ging ihm ferner um die mangelnde Akzeptanz östlicher Bürgerbewegungen in der westlichen Politik. GARTON ASH warf der Politik in der Bundesrepublik vor, stärker auf die Reformbereitschaft der etablierten Regimes gesetzt zu haben als auf dortige Bürgerbewegungen. Das gelte zumal für die SPD und gerade für deren Haltung seit 1982 in der Opposition, als deren Versuche zur Fortsetzung der Entspannungspolitik die neuen Bewegungen entmutigt habe. „Anstatt Liberalisierung durch Stabilisierung fand

GARTON ASH: Im Namen Europas

in der DDR Stabilisierung ohne Liberalisierung statt" (S. 538) [vgl. die kritische Debatte zwischen Akteuren und Wissenschaftern: D. DOWE (Hrsg.), Die Ost- und Deutschlandpolitik der SPD in der Opposition 1982–1989, Bonn 1993].

Unter dieser Herausforderung wurden – nachdem DDR-Archivquellen über die offiziellen Westkontakte zugänglich waren – zunächst die internen Niederschriften der Gesprächskontakte aus Ost und West, zumal von SPD-Politikern, durch H. POTTHOFF veröffentlicht. Er bewertete die „gleichberechtigte" Politik von Oppositionspartei und Regierungen kritisch und vertiefte dies in einer Gesamtdarstellung der deutsch-deutschen Beziehungen [277]. Darin zeigte er – an GARTON ASH anknüpfend – einen in einigen Aspekten ähnlichen Umgang der Regierung Kohl und der Opposition mit der DDR-Führung. Mit privilegiertem Zugang zu den Akten des Kanzleramtes hat K.-R. KORTE Kohls Deutschlandpolitik zwischen 1982 und 1989 behandelt [1045]. Sein Schwerpunkt lag beim innenpolitischen und vor allem internen Entscheidungsprozess, er hob aber auch die Reserven Kohls gegenüber der Legitimität von DDR-Vertretern hervor. F. FISCHER erweiterte auf breiter Grundlage von internen Papieren die Vorwürfe an die Ostpolitik der SPD von 1969 bis 1989 [997]. Im – vorgeblich – „deutschen Interesse" habe die SPD in der Opposition eine staatsrechtlich ungewöhnliche Neben-Außenpolitik betrieben und sich dabei auf der Suche nach „Sicherheitspartnern" zum nützlichen Handlanger der Sowjetunion und der DDR gegen die sonstige westliche Politik gemacht. „Im Osten war den Sozialdemokraten mit den Kommunisten der Anlass, Inhalt und Sinn ihrer ‚zweiten Ostpolitik' abhanden gekommen, im Westen das Vertrauen der Bündnispartner" (S. 375). Dagegen lässt sich einwenden, dass gerade Reformen in der Sowjetunion unter Gorbačev durch das wachsende Vertrauen in westliche Zurückhaltung konzeptuell angeregt und politisch durchsetzbar wurden.

Verfügte die Sowjetunion über andere Mittel, als sich friedlich ihrem Untergang zu fügen? Diese Frage ist angesichts ihrer Hochrüstungen der Jahre gerade bis 1985 und des damit verfügbaren militärischen Drohpotenzials positiv zu beantworten. Daraus ergibt sich die Suche nach Motiven für die betriebene Politik, aber auch die erwogenen oder gar parallel oder zeitweilig verfolgten Alternativen im Führungsapparat (vgl. Kap. E). Wie setzten sich Reformen in der Zeit nach Brežnev und vor allem unter Gorbačev durch? Mit ADOMEIT [237, S. 133ff.] wird man von einer „comprehensive crisis of empire" sprechen können, die in dieser Weise auch in der Sowjetunion perzipiert wurde. Es ging um die Ideologie, die militärische Rüstung [vgl. dazu 1021: SCHRÖDER], wirtschaftliche Leistungsfähigkeit im Zuge neuer Technologien mit zunehmenden (auch nicht-materiellen) „costs of empire" und damit „decline of the will to empire". Schließlich sei eine wachsende innenpolitische Krise entstanden. Diese Faktoren zusammen hätten unter Gorbačev pragmatisch und tastend zu Reformen geführt. Sie sollten zunächst das sowjetische System reformieren, erwiesen sich aber in der Sowjetunion selbst und dann auch bei entsprechenden Freiheiten für den „Ostblock" als systemsprengend. Hier ist über die Selbstzeugnisse Gorbačevs und seiner

Mitarbeiter (z. B. Černayaev und Dašičev) hinaus auf der intentionalen wie auf der strukturellen Ebene noch vieles zu klären. In CWIHP Bulletin Nr. 13 [13] wurden für alle Ostblockländer selektiv Quellen zu den Vorgängen, die zu den – überwiegend – friedlichen Revolution von 1989 führten, publiziert; gründliche Auswertungen stehen zumindest in westlichen Sprachen noch aus. M. HUBER [1007] vermochte anschaulich das Ensemble von Krisen und Anpassung in der späten Sowjetunion um 1989 zu verdeutlichen. Einen Überblick gab – in Fortsetzung früherer Arbeiten über die Entstehung der Volksdemokratien – F. FEJTÖ [995] sowie G. STOKES [1050]. A. STENT legte im zeitlich weiter ausgreifenden Überblick besonderes Augenmerk auf die Rolle wirtschaftlicher Fragen und insbesondere der westdeutschen Wirtschaft für die Sowjetunion [1049]. SHUMAKER [1022] und R. BIERMANN [992] untersuchten gleichfalls zeitlich ausholend die kurzfristige Vorgeschichte von 1989. Die „unbeabsichtigte Selbstauflösung der DDR" als Folge des Falls der Berliner Mauer wurde von H.-H. HERTLE aus Sicht der DDR-Führung genau untersucht [1040].

Die USA behielten innerhalb des Westens in der letzten Phase des Ost-West-Konflikts eine Schlüsselrolle, wofür gerade ihre strategische Partnerschaft mit der Sowjetunion entscheidend war. Die Gründe dafür, dass eine so demonstrativ als „Hardliner" auftretende Administration wie die von Präsident Reagan doch zu weitreichenden Verhandlungslösungen bereit war, sind vielfältig und werden in den Strukturen – auch finanziellen – des US-Systems gesehen, aber auch in den Persönlichkeiten. CH. HACKE [374] vermochte für Reagan (wie seine Vorgänger) die strukturellen wie personellen Ansatzpunkte für Verhandlungen differenziert zu entfalten, die auch in E.-O. CZEMPIELS Analyse der gesellschaftspolitischen sowjetischen wie US-amerikanischen Voraussetzungen klar zutage treten [Machtprobe. Die USA und die Sowjetunion in den achtziger Jahren, München 1996]. FITZGERALD suchte 2000 in ihrer Geschichte der Außenpolitik Reagans die nicht erwartete Entwicklung von „Star Wars" zu einer tragfähigen Entspannung „out of the blue" [998] einsichtig zu machen; OBERDORFER thematisierte die letzten acht Jahre der Konfrontation von 1983–1991 [167; vgl. auch 996: FISCHER zum „Reagan reversal"].

*US-Politik der Entspannung*

Das zentrale Element in der Konfrontation, aber auch bei den nachfolgenden Verhandlungen bildeten die Rüstungen. Nach Überwindung des Misstrauens waren in diesen Fragen weitreichende, zuvor für unmöglich gehaltene Abkommen auf mehreren Ebenen möglich. Der äußere Verlauf der Verhandlungen ist z.T. noch vor den dramatischen Schilderungen in den Memoiren der beteiligten Politiker – wissenschaftlich begleitend untersucht worden: die strategischen Rüstungen von dem Historiker (und nachmaligen stellvertretenden Außenminister) S. TALBOTT [1025; s. auch 991: BESCHLOSS/TALBOTT über die bilateralen Verhandlungen USA–Sowjetunion in der Umbruchskrise von 1989/90]. Bei TH. RISSE-KAPPEN [961] waren es 1987 die lang dauernden Verhandlungen über die Aufstellung der Mittelstreckenraketen und der kurze Weg zu ihrer Abschaffung. M. BROER fasste 1993 das gesamte Spektrum der Abrüstung von Raketen zusam-

*Abrüstungsabkommen*

men [994]. Von T. E. HALVERSON gibt es eine Untersuchung über die Kurzstreckenraketen [1003], von C. MCARDLE KELLEHER über sich bis in die neunziger Jahre hinziehenden Verhandlungen über die Reduzierung konventioneller Streitkräfte [1013].

<small>Deutsche Vereinigung</small>

Der Fall der Berliner Mauer und der daraus entstehende, sich beschleunigende Prozess zur Vereinigung der beiden deutschen Staaten hat bereits ungewöhnlich breite und gute historische Bearbeitung gefunden. Wegen der von den Miterlebenden als außerordentlich empfundenen Vorgänge haben viele Akteure frühzeitig ihre Erinnerungen publiziert. Parallel dazu gab es ein publizistisch-wissenschaftliches Interesse, in den schnellen Ablauf der Vorgänge Ordnung zu bringen. Und schließlich machte die Öffnung der Archive in der DDR, die einen Teil des Umbruchprozesses bildeten, frühe historische Untersuchungen möglich [284: WEBER, S. 209–213]. Zwei Schwerpunkte sind dabei früh zu erkennen [vgl. z. B. den Literaturbericht J. DÜLFFER, Unification in the European Context, in German Historical Institute London Bulletin, No. 3, November 1994, S. 3–17]:

<small>Bürgerbewegungen in der DDR</small>

auf der einen Seite die Geschichte des politischen Wandels in der DDR mit Bürgerbewegungen, Demonstrationen, der Neubildung und der Reform von Parteien, den Reformbestrebungen für eine erneuerte DDR und schließlich den Verhandlungen über eine Wirtschafts- und Währungsunion bis zum Beitritt zur Bundesrepublik Deutschland. Exemplarisch seien hier die erst in englischer, dann in deutscher Sprache erschienenen Monographien von K. JARAUSCH [1043] und CH. MAIER [1046] genannt. Auf der anderen Seite ist die internationale Di-

<small>Internationale Dimension</small>

mension zu nennen: die Verhältnisse und Verhandlungen zwischen den vier Siegermächten und den beiden deutschen Staaten, die Bedeutung wirtschaftlicher, politischer, militärischer und auch völkerrechtlicher Faktoren. Hinzu kommen die innerwestlichen Positionen und Debatten, die Rolle der ostmitteleuropäischen Staaten (zumal Polens) und die Wechselbeziehungen der Reformprozesse untereinander. Wie sich der revolutionäre Prozess „von unten" und die internationale Durchführung „von oben" in der deutschen Frage zueinander verhielten, bedürfte wissenschaftlicher Erörterungen, die über die salomonische Formel hinaus reichen, dass sich beide Faktoren wechselseitig bedingten.

Die gezielte Freigabe der Akten des Bonner Kanzleramtes für die Jahre 1989/90 nutzte H. J. KÜSTERS zu einer monographieähnlichen Einleitung dieser Edition [29 Sonderband], in welcher besonders die Verdienste von H. Kohl und G. Bush hervortraten [154: KÜSTERS, in knapperer Form zu den gleichen Vorgängen]. Darüber hinaus erhielt eine Forschergruppe privilegierten Zugang zu den Quellen des Kanzleramts in den achtziger Jahren, die durch eine Fülle von Interviews zusätzliche Materialien für künftige Forschungen bereitstellten. Die vier

<small>Geschichte der deutschen Einheit</small>

umfänglichen Monographien dieser „Geschichte der deutschen Einheit" umfassen im Einzelnen: K.-R. KORTE zum Deutschlandpolitik Kohls von 1982–1989 [1045, s. o.], W. JÄGER (und Mitarbeiter) zum innen- und parteipolitischen Vereinigungsprozess zumal auf dem Gebiet der DDR [1042], D. GROSSER über die wirtschaftlichen Aspekte [1039] und W. WEIDENFELD (und Mitarbeiter) über die internationale Dimension [1052]. Dabei dominierte die Sicht der Akteure aus den freigegebenen Akten, die aber auch wissenschaftlich kritisch analysiert werden. Eine Untersuchung der Verhandlungsstränge unter Einbeziehung der gesamten Regierungsakten wird daher zum Desiderat. Es zeichnet sich ab, dass Kanzler Kohl gelegentlich ohne Konsultationen zumal des Auswärtigen Amtes handelte. Damit wird die Rolle von dessen Außenminister H.-D. Genscher angesprochen, die zu Spannungen führte. Die Sicht Genschers wird – neben seinen Memoiren – verständnisvoll interpretiert in einem von H. D. LUCAS edierten Band [Genscher, Deutschland und Europa, Baden-Baden 2002], insbesondere von CH. HACKE, der die 2+4-Verhandlungen untersuchte [vgl. auch 374: HACKE].

Die gründlichste Darstellung des gesamten internationalen Kontextes und zumal der Einschätzungen und der Politik der USA stammte von den US-Insidern und Historikern P. ZELIKOW und – der nachmaligen Sicherheitsberaterin unter G. W. Bush – C. RICE. Sie vermochten in diesen „Sternstunden der Diplomatie" interne Quellen zu zitieren [1053], welche die Kontroversen zwischen Ost und West, aber auch die Schwierigkeiten vieler europäischer Staaten mit dem Tempo und Ausmaß des deutschen Vereinigungsprozesses deutlich machen. Manche dieser Quellen wurden im CWIHP-Bulletin 12/13 [13] gedruckt und machen eine Überprüfung möglich. Gerade die britische und französische Skepsis über eine deutsche Vereinigung bedarf über die Memoirenliteratur hinaus der Erklärungen. Für die französische Seite bot T. SCHABERT [1047] eine verständnisvolle Deutung, für die britische Seite legte N. HIMMLER [1041] eine erste Übersicht vor. Die Einbettung des deutschen Vereinigungsprozesses in die westeuropäische Integration (Erklärung von Paris Dezember 1990), der Weg zum Vertrag von Maastricht 1992, aber auch die Auflösung der Einheit des Ostblocks, der zunehmenden Selbstständigkeit der Staaten der Sowjetunion und schließlich ihre stillschweigende Auflösung mit dem Rücktritt Gorbačevs bedürfen über die Aussagen der Zeitzeugen und Lehrbücher hinaus der späteren gründlichen historischen Einordnung.

*Internationaler Kontext*

# III. Quellen und Literatur

Biographien und Memoiren sind in der ausführlichen Internet-Bibliographie unter: http://www.internationale-geschichte.historicum.net/daten_texte_quellen.html nachgewiesen. Sie sind in einer etwa doppelt so umfänglichen Bibliografie enthalten, die ursprünglich aus der Arbeit an diesem Abschnitt entstanden ist.

## A. ALLGEMEINE QUELLEN

1. Akten zur Auswärtigen Politik der Bundesrepublik Deutschland. Im Auftrag des Auswärtigen Amts
   - Hauptreihe: Haupthrsg. H.-P. SCHWARZ u.a., wiss. Leitung: 1995–2000: R. A. BLASIUS, 2001–: I. D. PAUTSCH: bisher 1949–1953, 4 Bde., München 1997–2001; 1963–1973, jeweils jährlich 2 bis 3 Teilbände, München 1995–2004;
   - Adenauer und die Hohen Kommissare 1949–1951, hrsg. v. H.-P. SCHWARZ, 2 Bde., München 1989/90.

2. Akten zur Vorgeschichte der Bundesrepublik Deutschland 1945–1949, hrsg. vom Bundesarchiv und Institut für Zeitgeschichte, München 1976–1981. 6 Bde., Sonderausgabe München 1989.

3. L'Année Politique, 1945 ff., Paris 1945 ff.

4. Arab-Israeli relations. A collection of contending perspectives and recent research, hrsg. v. I. S. LUSTICK, 10 Bde., New York 1994.

5. Archiv der Gegenwart, Bd. 15 (1945) (fortlaufend). www.adg-archiv.de.

6. C. BÉKÉS/M. BYRNE/CH. F. OSTERMANN (Hrsg.), Hungary and the World 1956. (Budapest 1996) The Hidden History of Hungary 1956. A compendium of declassified documents, Washington 1996.

7. The Berlin Crisis, 1958–1962. Project Director: William Burr. Washington/Alexandria, VA 1991. 460 fiches.

8. W. BORODZIEJ/H. LEMBERG (Hrsg.), „Unsere Heimat ist uns ein fremdes Land geworden..." Die Deutschen östlich von Oder und Neiße 1945–1950.

Dokumente aus polnischen Archiven. 4 Bde. in polnischer Sprache: Warschau 2000; dt.: bisher Bd. 1 u. 2., Marburg 2000–2003.

9. Britain and Europe since 1945, Brighton 1973–[1998]. [1–842, 1546–1877] microfiches.
http://sun3.lib.uci.edu/~slca/microform/resources/b/b_066.htm
http://lcweb.loc.gov/rr/microform/guide/b.html

10. British Documents on the End of Empire (BDEE).
Series A: General Volumes; 4 Bde. mit mehreren Teilbänden, für 1925–1964, London 1996–2000.
Series B: Country Volumes, bisher 7 Bde. mit mehreren Teilbänden für Einzelstaaten, London 1982–2001.
Series C: Sources for Colonial Studies in the Public Record Office,
Vol. 1: A. THURSTON, Records of the Colonial Office, Dominions Office, Commonwealth Relations Office and Commonwealth Office, London 1995,
Vol. 2: A. THURSTON, Records of the Cabinet, Foreign Office, Treasury and Other Records. A revised and expanded Version of Public Record Office Handbook no. 3: Records of the Colonial and Dominions Offices by R. B. PUGH, London 1998. (ausführliche Inhaltsangabe unter: www.sas.ac.uk/commonwealthstudies/british.htm.)

11. Die Bundesrepublik Deutschland und Frankreich. Dokumente 1949–1963, hrsg. v. H. MÖLLER u. K. HILDEBRAND, 4 Bde., München 1997–1999.

12. Cabinet papers: Series Three: Cabinet Conclusions & Cabinet Memoranda, 1945 and following (Public Record Office Class CAB 128 & CAB 129). Bisher 6 Teile für 1945–1970, Marlborough 1997–2000 [Großbritannien].

13. Cold War International History Project Bulletin, hrsg. v. Woodrow Wilson International Centre for Scholars, Washington, 1992 ff. (Volltext unter: http://wwics.si.edu/index.cfm?topic_id=1409&fuseaction=topics.intro)
1: ohne Titel, Spring 1992
2: Inside the Warsaw Pact, Fall 1992
3: From the Russian Archives, Fall 1993
4: Soviet Nuclear History, Fall 1994
5: Cold War Crises, Spring 1995
6–7: The Cold War in Asia, Winter 1995/6
8–9: The Cold War in the Third World and the Collapse of Détente in the 1970s, Winter 1996/7
10: Leadership Transition in a Fractured Bloc, March 1998
11: Cold War Flashpoints, Winter 1998
12/13: The End of the Cold War, Fall / Winter 2001
Dort auch seither laufend erweitert: Virtual Archive unter:
http://wwics.si.edu/index.cfm?topic_id=1409&fuseaction=library.Collection

14. The Conference on Security and Cooperation in Europe. Analysis and Basic Documents, 1972–1993, Dortrecht 1993.

15. Confidential US State Department Central Files/ Department of State, 54 Begleitbde. mit insgesamt 1496 Mikrofilmen, Frederick 1984–1992 (jeweils Länderbände zu einzelnen europäischen Staaten) und Begleitband.

16. Deutscher Bundestag (Hrsg.), Materialien der Enquete-Kommission „Aufarbeitung von Geschichte und Folgen der SED-Diktatur in Deutschland". 8 Bde. mit z.T. mehreren Teilbänden, Baden-Baden 1995–1999.
 – Getrennte Vergangenheit, gemeinsame Zukunft. Ausgewählte Dokumente, Zeitzeugenberichte und Diskussionen der Enquete-Kommission „Aufarbeitung von Geschichte und Folgen der SED-Diktatur in Deutschland" des Deutschen Bundestages 1992–1994, hrsg. v. I. DRECHSLER u. a., 4 Bde., München 1997.

17. The Digital National Security Archive.
 http://nsarchive.chadwyck.com/introx.htm.
 Presidential Directives on National Security from Truman to Clinton;
 The Soviet Estimate: U.S. Analysis of the Soviet Union, 1947–1991;
 The Berlin Crisis, 1958–1962;
 The U.S. Intelligence Community: Organization, Operations and Management, 1947–1989;
 U.S. Military Uses of Space, 1945–1991;
 U.S. Nuclear Non-Proliferation Policy, 1945–1991 [vgl. 49].

18. Documenti Diplomatici Italiani. Hrsg. vom Ministero degli Affari Esteri, Commissione per la Publicazione dei Documenti Diplomatici.
 Serie X: 1943–1948. Bd. 1–7, Rom 1992–2000 (abgeschlossen)
 Serie XI: 1948–1953. 9 Bde. in Vorbereitung
 Serie XII: 1953–1958. 10 Bde. in Vorbereitung. (Online-Inhaltsverzeichnis unter: www.esteri.it/archivi/crpddi).

19. Documents Diplomatiques Français. Hrsg.: Ministère des Affaires Etrangères., 1944-; bisher 7 Bde.: bis 1946, Paris 1996 -2003; 1954 ff., bisher bis 1965, Paris 1987–2003.

20. Documents Diplomatiques Suisses – Diplomatische Dokumente der Schweiz – Documenti diplomatici Svizzeri. Nouvelle Série: 1946–1961, Bern, dann Zürich 1993–2001, bisher Bd. 14, 1941, – 18, 1952. www.dodis.ch/d/datenbank.asp.

21. Documents on Australian Foreign Policy, 1937–1949. Hrsg. vom Department of Foreign Affairs and Trade, Bd. 8, 1945–16, 1948/49, Canberra 1989–2001. http://www.dfat.gov.au/historical/hist_pubs.html.

22. Documents on British Policy Overseas (DBPO). Hrsg. von R. BULLEN u. M. E. PELLY u. a. www.thestationeryoffice.com/site.asp?FO=30635.
 Series I: 1945–1950, bisher Bd. I–VII mit Einzelthemen und Mikrofiches, London 1984–1995.
 Series II: 1950–1955, bisher Bd. I–IV mit Einzelthemen und Mikrofiches, London 1986–1991;
 Series III: bisher Bd. I: Britain and the Soviet Union, 1968–1972, Bd. II: The

Conference on Security and Cooperation in Europe, 1972–75, London 1997; Bd. III: Detente in Europe, 1972–1976, London 1997–2001.
23. Documents on Canadian External Relations (DCER), Bd. 11, 1944/45, – 24, 1958, Ottawa 1990–2003. www.dfait-maeci.gc.ca/department/history/documents-en.asp.
24. Documents on the Foreign Policy of Israel, Vol. I-XIV, 1948–1960, Jerusalem 1981–1997.
25. Documents sur la Stratégie de l'OTAN, 1949–1969, hrsg.v. G. W. PEDLOW, Brüssel 1998.
26. Dokumentation zur Abrüstung und Sicherheit. Zusammengestellt von H. v. SIEGLER, Bd. 1: 1943–1959, Bonn 1960; Bd. 2: 1960–1963, Bonn 1965.
27. Dokumente aus dem Archiv für Außenpolitik der Russischen Föderation, Die UdSSR und die Deutsche Frage, 1941–1949. Moskau 2000.
28. Dokumente zur Berlin-Frage. Hrsg. vom Forschungsinstitut der Deutschen Gesellschaft für Auswärtige Politik, 1944–1966, 4. Aufl. 1967–1986, beide München 1987.
29. Dokumente zur Deutschlandpolitik. Hrsg. vom Bundesministerium für gesamtdeutsche Beziehungen ab 1961 bzw. Bundesministerium für innerdeutsche Beziehungen ab 1971 und ab 1991 vom Bundesministerium des Innern unter Mitwirkung des Bundesarchivs. Wissenschaftl. Leitung: K. HILDEBRAND und H.-P. SCHWARZ. Bundesarchiv: bis 1999 F. P. KAHLENBERG, seit 1999 H. WEBER
I. Reihe (3. 9. 1939 – 8. 5. 1945): bisher Bd. 1–5. 1984–2003 (je zwei Bände zur britischen und amerikanischen Deutschlandpolitik; ein Band zur Europäischen Beratenden Kommission).
II. Reihe (9. 5. 1945 – 4. 5. 1955): bisher Bd. 1–3, Frankfurt bzw. München 1992–2001 (zur Potsdamer Konferenz, 1949–1950), Bd. 4: Die Außenminister-Konferenzen von Brüssel, London und Paris 1954, bearb. von H. J. KÜSTERS, München 2003.
III. Reihe (5. 5. 1955 – 9. 11. 1958 abgeschlossen): 4 Bde., Frankfurt a. M. 1961–1969.
IV. Reihe (10. 11. 1958 – 30. 11. 1966 abgeschlossen): 12 Bde., Frankfurt a. M. 1971–1981.
V. Reihe (1. 12. 1966 – 20. 10. 1969): bisher 2 Bde. bis Ende 1968, Frankfurt a. M. 1984–1987.
VI. Reihe (21. 10. 1969 – 15. 5. 1974):
Bd. 1: 21. 10. 1969 – 31. 12. 1970, bearb. v. D. HOFMANN, München 2002.
Bd. 2: 1.1. – 31. 12. 1972, Die Bahr-Kohl-Gespräche 1970–1973. bearb. v. H. J. KÜSTERS u. a., München 2004.
Sonderband: Deutsche Einheit. Sonderedition aus den Akten des Bundeskanzleramtes 1989/90, bearb. v. H. J. KÜSTERS und D. HOFMANN, München 1998.
30. Europa-Archiv 1 (1946) ff. Dokumenten-Teil, hrsg. von W. CORNIDES u. a.,

Oberursel / Frankfurt a. M. / Bonn 1946 ff.; weiter seit 1995 als: Internationale Politik, hrsg. von W. WEIDENFELD, Bonn 1995 ff. http://www.dgap.org/IP/ip.htm.

31. Europa. Dokumente zur Frage der Europäischen Einigung. Dokumente und Berichte des Forschungsinstituts der Deutschen Gesellschaft für Auswärtige Politik e. V., Bonn, 3 Bde., München 1962.

32. U. FASTENRATH (Hrsg.), Dokumente der Konferenz über Sicherheit und Zusammenarbeit in Europa, Berlin 1995.

33. Foreign Relations of the United States (FRUS), Washington
Jahrgänge 1939–1951, jeweils mehrere Bände pro Jahr; Washington 1956–1985; 1952–1954: 16 Bde., 1979–1988; 1955–1957: 27 Bde., 1986–1998; 1958–1960: 19 Bde. mit Ergänzungen, 1986–1996; 1961–1963: 25 Bde. mit Ergänzungen, 1992–1998; 1964–1968 im Erscheinen seit 1995, geplant 34 Bde.; 1969–1972 im Erscheinen seit 2002, geplant 40 Bde. bis 1970 [die Bände stehen ab der Kennedy-Administration (1961–1963) überwiegend online im Volltext: http://www.state.gov/r/pa/ho/frus/].
Dazu noch folgende unnummerierte Supplementbände:
The Conferences at Malta and Yalta, 1945, 1955; The Conference of Berlin (The Potsdam Conference), 1945, 2 Bde., 1960;
Arms Control. National Security Policy. Foreign Economic Policy. Microfiche supplement, hrsg. u. a. v. E. GERAKAS, 1997;
Emergence of the Intelligence Establishment, 1945–1950, 1996;
International Development and Economic Defense Policy. Commodities, hrsg. v. D. S. PATTERSON, 1997.

34. C. GASTEYGER, Europa zwischen Spaltung und Einigung 1945–1990, 2. Aufl. Bonn 1997.

35. J. M. HANHIMÄKI/O. A. WESTAD (Hrsg.), The Cold War. A History in Documents and Eyewitness Accounts, Oxford 2003.

36. E. HARASZTI-TAYLOR (Hrsg.), The Hungarian Revolution of 1956: A Collection of Documents from the British Foreign Office, Cotgrave 1995.

37. P. HEUMOS, Die Konferenzen der sozialistischen Parteien Zentral- und Osteuropas in Prag und Budapest 1946 und 1947. Darstellung und Dokumentation, Stuttgart 1985.

38. Historical Records of the High Authority of the European Coal and Steel Community (1952–1967), part I: 1952–1956 (9 875 Microfiches und Indices); part II: 1957–1961 (9 875 Microfiches and Indices), Cambridge 1991–1995.

39. International Security Management and the United Nations, hrsg. v. M. ALAGAPPA u. T. INOGUCHI, Tokyo 1999.

40. H. A. JACOBSEN/W. MALLMANN/CH. MEIER (Hrsg.), Sicherheit und Zusammenarbeit in Europa. Analyse und Dokumente, 2 Bde., Köln/Bonn 1973/78.

41. Die Kabinettsprotokolle der Bundesregierung. Hrsg. für das Bundesarchiv

von H. BOOMS bis 1989, von F. KAHLENBERG bis 1998, seitdem von H. WEBER, bisher Bd. 1, 1949- Bd. 12, 1959, Boppard bzw. München 1982-2003.
– Kabinettsausschuss für Wirtschaft 1951-1957, 3 Bde., bearb. v. U. ENDERS/M. HOLLMANN/R. BEHRENDT/U. RÖSSEL, München 1999-2001.
– Ministerausschuss für die Sozialreform 1955-1960, bearb. von B. MARTIN-WEBER, München 1999

42. P. KESARIS (Hrsg.), Documents of the National Security Council, 1947-1977, hrsg. für das State Department/NSC, 42 Mikrofilmrollen und 8 Begleitbände, Washington, DC 1980-1995.

43. D. R. KOENKER/R.D. BACHMANN (Hrsg.), Revelations from the Russian Archives. Documents in English Translation, Washington, DC 1997.

44. G.P. KYNIN/J. LAUFER (Hrsg.), SSSR i germanskij vopros 1941-1949. (Die UdSSR und die deutsche Frage 1941-1949. Dokumente aus dem Archiv für Außenpolitik der Russischen Föderation), Moskau 2000-2003, bisher 3 Bde. für 1945-1948, russisch mit deutscher Einführung (dt. Übersetzung in Vorbereitung).

45. W. LIPGENS (Hrsg.), Documents on the History of European Integration, Berlin/New York. Vol. 1: Continental Plans for European Union 1939-1945, 1985; Vol. 2: Plans for European Union in Great Britain and in Exile 1939-1945, 1986; W. LIPGENS/W. LOTH (Hrsg.), Vol. 3: The Struggle for European Union by Political Parties and Pressure Groups in Western European Countries 1945-1950, 1988; Vol. 4: Transnational Organizations of Political Parties and Pressure Groups in the Struggle for European Union 1945-1950, Berlin 1991.

46. W. LIPGENS (Hrsg.), Europa-Föderationspläne der Widerstandsbewegungen 1940-1945, München 1968.

47. W. LIPGENS (Hrsg.), 45 Jahre Ringen um die europäische Verfassung. Dokumente 1939-1984. Von den Schriften der Widerstandsbewegung bis zum Verfassungsentwurf des Europäischen Parlaments, Bonn 1986.

48. V. MASTNY, Helsinki, Human Rights, and European Security: Analysis and Documentation, 2 Bde., London 1986/1992.

49. The National Security Archive Document Collections, Washington, DC [Dokumentationen auf Microfiches mit Begleitbänden], Alexandria, VA/ Cambridge,
The Making of U.S. Policy Series: The Berlin Crisis, 1958-1962, 1992; The Cuban Missile Crisis, 1962, 1990; The U.S. Intelligence Community: Organization, Operations and Management, 1947-1989, 1990; U.S. Military Uses of Space, 1945-1991, 1992; U.S. Nuclear Non-Proliferation Policy, 1945-1991, 1992; The Special Collections: Presidential Directives on National Security from Truman to Clinton; Iraqgate: Saddam Hussein, U.S. Policy and the Prelude to the Persian Gulf War, 1980-1994, 1995; The Soviet Estimate: U.S. Analysis of the Soviet Union, 1947-1991; 1995; U.S. Espionage and Intelligence, 1947-1995 (in Vorbereitung) [vgl. 17].

50. Officiele Bescheiden betreffende de Nederlands-Indonesische Betrekkingen 1945–1950, hrsg. v. S.L. VAN DER WAL u. a., Den Haag 1971–1996, 20 Bde.
51. OSCE. Documents 1973–1997, hrsg. v. Organization for Security and Cooperation in Europe, Prag 1998. 1 CD-Rom.
52. CH. F. OSTERMANN, Uprising in East Germany 1953. The Cold War, the German Question and the First Major Upheaval behind the Iron Curtain. Budapest/New York 2001.
53. Der Parlamentarische Rat 1948–1949. Akten und Protokolle. Hrsg. Bd. 1–4 v. K. G. WERNICKE u. H. BOOMS, Bd. 4–10 v. R. SCHICK u. F. P. KAHLENBERG, seit Bd. 11 v. H.-J. STELZL, bisher 14 Bde., Boppard bzw. München 1975–2003.
54. The Prague Spring 1968. A National Security Archive Documents Reader, hrsg. v. J. NAVRÁTIL u. a., Budapest 1998.
55. G. PROCACCI (Hrsg.), The Cominform: Minutes of Three Conferences 1947, 1948, 1949, Mailand 1994 [Texte in Russisch und Englisch].
56. Der Prozess gegen die Hauptkriegsverbrecher vor dem Internationalen Militärgerichtshof, Nürnberg 1949–1949, 42 Bde. (ND der Verhandlungsniederschriften in 13 Bänden: München/Zürich 1984).
57. Radio Free Europe. 144 Microfiches and Guide, 13 Vols., Leiden 1990.
58. Radio Liberty, München. Microfiches and Guide, 5 Vols,. Leiden 1982–1988.
59. F. K. SCHRAMM/W. RIGGERT/A. RIEDEL (Hrsg.), Sicherheitskonferenz in Europa. Dokumentation 1954–1972, Frankfurt a. M. 1972.
60. W. SCHUMANN (Hrsg.), Europa unterm Hakenkreuz. Die Okkupationspolitik des deutschen Faschismus 1938–1945, 8 Länderbände. u. 2 Erg.-Bde. Köln bzw. Heidelberg 1989–1996; Bände 1–4 zuvor auch u. d. T.: „Nacht über Europa", Berlin (DDR) 1989 ff.[Darstellungen der Reihe Nr. 685].
61. J. SCHWARZ (Hrsg.), Der Aufbau Europas. Pläne und Dokumente 1945–1980. Bonn 1980.
62. H. v. SIEGLER (Hrsg.), Europäische politische Einigung 1949–1968. Dokumentation von Vorschlägen und Stellungnahmen, 3 Bde., Bonn/Wien/Zürich 1968.
63. Die Sowjetunion auf internationalen Konferenzen während des Großen Vaterländischen Krieges 1941 bis 1945 / Ministerium für Auswärtige Angelegenheiten d. UdSSR, Hauptred.-Komm. A. A. GROMYKO, bisher 4 Bde., Moskau 1988;
    Bd. 1: Moskauer Konferenz der Außenminister der UdSSR, der USA und Großbritanniens (19.–30. Oktober 1943), Moskau 1988;
    Bd. 3: Die Konferenz der Repräsentanten der UdSSR, der USA und Großbritanniens in Dumbarton Oaks (21. August – 28. Sept. 1944), Moskau 1988
    Bd. 5: Die Konferenz der Vereinten Nationen von San Francisco (25. April – 26. Juni 1945), Moskau 1988;
    Bd. 6: Potsdamer Konferenz (17. Juli – 2. Aug. 1945), Moskau/Berlin 1986.

64. R. STEININGER, Eine Chance zur Wiedervereinigung? Die Stalin-Note vom 10. März 1952. Darstellung und Dokumentation auf der Grundlage unveröffentlichter britischer und amerikanischer Akten, Bonn 1985.
65. Survey of International Affairs. 1947/48–1963, London 1951–1977 [damit Erscheinen eingestellt].
66. Teheran, Jalta, Potsdam. Hrsg. v. Ministerium für auswärtige Angelegenheiten der Sowjetunion. Konferenzdokumente der Sowjetunion, 3 Bde., Köln 1986 (frühere Auswahledition: A. FISCHER (Hrsg.), Teheran, Jalta, Potsdam. Die sowjetischen Protokolle der „Großen Drei", 2. Aufl., Köln 1973).
67. The United States in World Affairs. 1945 ff., New York 1946 ff.
68. Upravlenie propagandy (informatsii) i S. I. TIUL'PANOV. 1945–1949: Sbornik dokumentov [SVAG: The Directorate of Propaganda (Information) and S.F. TIUL'PANOV, 1945–1949: A Collection of Documents], hrsg. v. N. NAIMARK u.a., Moskau 1994.
69. Ursachen und Folgen. Vom deutschen Zusammenbruch 1918 und 1945 bis zur staatlichen Neuordnung Deutschlands in der Gegenwart. Eine Urkunden- und Dokumentensammlung zur Zeitgeschichte. Hrsg. und bearb. von H. MICHAELIS und E. SCHRAEPLER, Bd. 17, Das Dritte Reich, bis Bd. 26, Die staatliche Neuordnung Deutschlands, Berlin 1972–1978.
70. Vnesjnepolititsjeskoja i diplomatitsjeskoja dejatelnost SSSR (notjabr 1989g. – dekabr 1990g.), Russia: Ministry of Foreign Affairs, Moskau 1991.
71. H. VOLLE/W. WAGNER (Hrsg.), Beiträge und Dokumente aus dem Europa-Archiv, 3 Bde. (1974–1983), Bonn 1976–1984.
72. V. VOLOKITINA u.a. (Hrsg.),Vostocnaja Evropa v dokumentah rossijskih arhivov: 1944–1953 gg. (Osteuropa in Dokumenten aus russischen Archiven), Moskau/Novosibirsk 1997f., 2 Bde.: 1: 1944–1948, 2: 1949–1953.

## B. HILFSMITTEL, HANDBÜCHER UND LITERATURBERICHTE

73. Agenturen im Nachrichtenmarkt. Reuters, AFP, VWD/dpa, dpa-fwt, KNA, epd, Reuters Television, Worldwide Television News, Dritte Welt-Agenturen, hrsg. von J. WILKE, Köln 1993.
74. Akten der britischen Militärregierung in Deutschland. Sachinventar 1945–1955. Control Comission for Germany, British Element. Inventory 1945–1955. Hrsg. von A. BIRKE/H. BOOMS/O. MERKER unter Mitwirkung von: Deutsches Historisches Institut London, Niedersächsisches Hauptstaatsarchiv Hannover. Bearbeitet von A. BUES/U. JORDAN, 11 Bde., München 1993.

75. Les Archives dans L'Union européenne. Rapport du groupe d'experts sur les problèmes de coordination en matière d'archives, Luxemburg 1994.

76. Archivführer der Außenministerien der EG-Mitgliedstaaten, der europäischen Gemeinschaften und der Europäischen Politischen Zusammenarbeit, Luxemburg 1990. (s. auch Archivführer der Außenministerien der Mitgliedstaaten und der Institutionen der Europäischen Union / Europäische Kommission, Generalsekretariat; Koord.: F. PEEMANS, 2. überarb. u. erw. Aufl., Luxemburg 1997).

77. Bibliographie zur Zeitgeschichte, begr. von TH. VOGELSANG, München 1953–1995, München 1982–1997, fortgeführt mit Jahresbänden als Beilage der VfZ 1996ff.

78. G. BOSSUAT, Histoire des constructions européennes au XXe siècle. Bibliographie thématique commentée des travaux français, Bern, 1994.

79. G. BUCHSTAB (Hrsg.), Das Gedächtnis der Parteien. Parteiarchive in Europa. Tagung der Sektion der Archive und Archivare der Parlamente und politischen Parteien im Internationalen Archivrat, Sankt Augustin 1996.

80. The Complete Catalogue of EC Publications and Documents. Published by the Office for Official Publications of the European Communities 1985–1993. CD-ROM.

81. CSCE. From Idea to Institution. A Bibliography, hrsg. v. H. HOLTERMANN, Kopenhagen 1993

82. P. FLORA u. a., State, Economy and Society in Western Europe 1815–1975. A Data Handbook.
Vol. 1: The Growth of Mass Democracies and Welfare States, Frankfurt a. M./London 1983.
Vol. 2: The Growth of Industrial Societies and Capitalist Economies, Frankfurt a. M./London/Chicago 1987.

83. K. J. GANTZEL, Die Kriege nach dem Zweiten Weltkrieg 1945 bis 1992. Daten und Tendenzen, Münster 1997.

84. P. GERBET, La France et l'intégration européenne. Essai d'historiographie, Bern 1995.

85. K.-D. GROTHUSEN (Hrsg.), Südosteuropa-Handbuch; Bd. I: Jugoslawien; Bd. II: Rumänien; Bd. III: Griechenland; Bd. IV: Türkei; Bd.V: Ungarn; Bd. VI: Bulgarien; Bd. VII: Albanien; Bd. VIII: Zypern, Göttingen 1975–1998.

86. Guide to the Historical Archives of the European Communities, hrsg. v. European University Institute, 4. Aufl., Florenz 1993.

87. Historiographie des constructions européennes. Actes du colloque de Louvain-la-Neuve des 11 et 12 septembre 1991 réunis par M. DUMOULIN et G. TRAUSCH, in: Lettre d'information des Historiens de l'Europe Contemporaine, Vol. 7, Juin 1992.

88. M. J. HOGAN (Hrsg.), America in the World. The Historiography of American Foreign Relations since 1941, Cambridge 1995.

89. International Institute for Strategic Studies (Hrsg.), The Military Balance, Bd. 1: 1959/60- (fortlaufend), London 1959-.

90. Die Internationale Politik. Jahrbücher des Forschungsinstituts der Deutschen Gesellschaft für Auswärtige Politik e. V., München 1955– (fortlaufend).

91. Jahrbuch der Europäischen Integration, hrsg. von W. WEIDENFELD/W. WESSELS. Institut für europäische Politik 1–, Bonn 1980– (fortlaufend).

92. Jahresbibliographien der Bibliothek für Zeitgeschichte Stuttgart. Bd. 32 ff., 1960 ff., Frankfurt a. M. 1961 ff., Bd. 63–73, Essen 1991–2000 (eingestellt).

93. C. D. KERNIG (Hrsg.), Sowjetsystem und demokratische Gesellschaft. Eine vergleichende Enzyklopädie, 6 Bde., Freiburg i. Br. 1966–1972.

94. G. KOPPER, Medien- und Kommunikationspolitik in der Bundesrepublik Deutschland. Ein chronologisches Handbuch 1944–1988, München 1992.

95. Kriege der Welt. Ein systematisches Register der kriegerischen Konflikte 1985 bis 1990. Bearb. von K. J. GANTZEL und J. SIEGELBERG. Zsgest. von der Arbeitsgemeinschaft Kriegsursachenforschung Hamburg, Bonn–Bad Godesberg 1990.

96. M. KRÖGER/R. THIMME, Das politische Archiv des Auswärtigen Amtes im Zweiten Weltkrieg. Sicherung, Flucht, Verlust, Rückführung, in: VfZ 47 (1999), S. 242–264.

97. A. LAWATY/W. MINCER (Hrsg.), Deutsch-polnische Beziehungen in Geschichte und Gegenwart. Bibliographie 1900–1998, 4 Bde., Wiesbaden 2000.

98. H. LEMBERG (Hrsg.), Sowjetisches Modell und nationale Prägung. Kontinuität und Wandel in Ostmitteleuroa nach dem Zweiten Weltkrieg, Marburg 1991.

99. R. B. LEVERING/V. O. PECHATNOV/V. BOTZENHART-VIEHE/C. E. EDMONSON, Debating the Origins of the Cold War, London 2002.

100. W. LIPGENS (Hrsg.), Sources for the History of European Integration (1945–1955). A Guide to Archives in the Countries of the Community, Leyden 1980.

101. F. S. LITTEN, Mikroverfilmte Archivalien zu Rußland in der Bayerischen Staatsbibliothek, in: Osteuropa 49 (1999), S. 718–722.

102. W. MARKERT/D. GEYER (Hrsg.), Osteuropa Handbuch. Bd. Polen; Bd. Jugoslawien, Bd. Sowjetunion, Wirtschaft, Bd. Sowjetunion, Verträge und Abkommen, Bd. Sowjetunion, Außenpolitik I: 1917–1955, Bd. Sowjetunion, Außenpolitik II: 1955–1973, Bd. Außenpolitik III: Völkerrechtstheorie und Vertragspolitik, Köln/Graz 1959–1976; Bd. 7: Albanien, hrsg. v. K.-D. GROTHUSEN, Göttingen 1993.

103. A. S. MILWARD, Economic Warfare in the Cold War: The First Historical Research, in: Historik Tidsschrift Oslo, 71 (1992), S. 420–440.
104. B. R. MITCHELL, European Historical Statistics, 1750–1988, London 1992.
105. R. MUTZ, Die Wiener Verhandlungen über Truppenreduzierungen in Mitteleuropa (MBFR). Chronik, Glossar, Dokumentation. Bibliographie 1973–1982, Baden-Baden 1982.
106. National Inventory of Documentary Sources in the United States. Federal Records, Alexandria 1988.
Vol. 1: National Archives;
Vol. 2: National Archives: Hoover Library. Roosevelt Library;
Vol. 3: Roosevelt Library. Truman Library;
Vol. 4: Truman Library. Eisenhower Library. Kennedy Library. Johnson Library. Ford Library;
Vol. 5: Ford Library. Smithsonian institution Archives;
Vol. 6: Herbert Clark Hoover Presidential Library. Franklin Delano Roosevelt Library. Harry S. Truman Library. Dwight D. Eisenhower Library. John Fitzgerald Kennedy Library. Lyndon Baines Johnson Library. Gerald R. Ford Library.
107. D. NOHLEN (Hrsg.), Lexikon der Politik, 7 Bde., München 1992–1997.
108. D. NOHLEN/F. NUSCHELER (Hrsg.), Handbuch der Dritten Welt, 3., überarb. Aufl., 8 Bde., Bonn 1992–1994.
109. OSZE-Jahrbuch, hrsg. vom Institut für Friedensforschung und Sicherheitspolitik an der Universität Hamburg, 1–, Baden-Baden 1995– (fortlaufend).
110. F. PFETSCH (Hrsg.), Europa. Konflikte seit 1945. Daten, Fakten, Hintergründe, Freiburg/Würzburg 1991.
111. D. REYNOLDS (Hrsg.), The Origins of the Cold War in Europe: International Perspectives, New Haven 1994.
112. SBZ-Handbuch. Staatliche Verwaltungen, Parteien, gesellschaftliche Organisationen und ihre Führungskräfte in der sowjetischen Besatzungszone Deutschlands 1945–1949, München 1990.
113. TH. SCHIEDER (Hrsg.), Handbuch der europäischen Geschichte, Bd. 7, 1 und 2: Europa im Zeitalter der Weltmächte, Stuttgart 1979.
114. The Soviet World 1948–1989: A Bibliography of Articles From the Soviet and the Western Press, 612 Microfiches und zwei Begleitbände, Leiden 1991–1994.
115. D. W. URWIN, A Dictionary of European History and Politics, 1945–1995, London 1996.
116. H.-J. VEEN (Hrsg.), Christlich-demokratische und konservative Parteien in Westeuropa. Bd. 1: P. HAUNGS, Bundesrepublik Deutschland, A. PELINKA, Österreich, Paderborn 1983; Bd. 2: M. PINTO-DUSCHINSKI, Großbritannien, U. KEMPF, Frankreich, Paderborn 1983; Bd. 3: R. LILL/S. WEGENER, Italien, H. KORISIS/N. LEPSZY, Griechenland, Paderborn 1991; Bd. 4: B. HENNING-

SEN, Schweden, L. SVASAND, Norwegen, D. ARTER, Finnland, M. EYSELI., Dänemark, Paderborn 1994; Bd. 5: Schweiz, Niederlande, Belgien, Luxemburg, Europäische Demokratische Union (EDU), Europäische Volkspartei (EVP), Paderborn 2000.

117. CH. WEISZ, OMGUS-Handbuch. Die amerikanische Militärregierung in Deutschland 1945-1949, München 1994.

118. J. WILKE (Hrsg.), Mediengeschichte der Bundesrepublik Deutschland, Bonn u. a. 1999.

119. J. W. YOUNG, The Longman Companion to America, Russia and the Cold War, 1941-1998, 2. Aufl., London 1999.

## C. ALLGEMEINE LITERATUR ZUR EPOCHE

### 1. EUROPA, KALTER KRIEG, WELTWIRTSCHAFT

120. D. H. ALLIN, Cold War Illusions. America, Europe, and Soviet Power, 1969-1989, Basingstoke/London 1995.

121. D. BALD, Hiroshima, 6. August 1945. Die nukleare Bedrohung, München 1999.

122. W. BENZ/H. GRAML (Hrsg.), Europa nach dem Zweiten Weltkrieg 1945-1982, Frankfurt a. M. 1983.

123. W. BENZ/H. GRAML (Hrsg.), Weltprobleme zwischen den Machtblöcken, Frankfurt a. M. 1981.

124. M. BERDAL, The United States, Norway, and the Cold War, 1954-1960, Oslo 1997.

125. R. K. BETTS, Nuclear Blackmail and Nuclear Balance, Washington 1987.

126. R. BIDELEUX/R. TAYLOR (Hrsg.), European Integration and Disintegration. East and West, London/New York 1996.

127. D. BINGEN/J. J. WEC, Die Deutschlandpolitik Polens 1945-1991. Von der Status-Quo-Orientierung bis zum Paradigmenwechsel, Krakau 1993.

128. D. BINGEN, Die Polenpolitik der Bonner Republik von Adenauer bis Kohl 1949-1991, Baden-Baden 1998.

129. TH. BITTNER, Das westeuropäische Wirtschaftswachstum nach dem Zweiten Weltkrieg. Eine Analyse unter besonderer Berücksichtigung der Planification und der Sozialen Marktwirtschaft, Münster 2001.

130. L. L. BOGLE (Hrsg.), The Cold War. Vol. 1: Origins of the Cold War: The Great Historical Debate; Vol. 2: National Security Policy Planning from Truman to Reagan and from Stalin to Gorbachev; Vol. 3: Hot Wars of the

Cold Wars; Vol. 4: Cold War espionage and Spying; Vol. 5: Cold War Culture and Society [Reader von bereits gedruckten Aufsätzen], London 2001

131. J. M. BOUGHTON, Silent Revolution. The International Monetary Fund 1979-1989, Washington 2001.

132. K. D. BRACHER, Die Krise Europas 1917-1975, Berlin 1976.

133. M. BUNDY, Danger and Survival. Choices about the Bomb in the first Fifty Years, New York 1988.

134. Cold War International History Project, hrsg. v. Woodrow Wilson International Center for Scholars, Washington 1991 ff.; zumeist im Volltext unter: http://cwihp.si.edu. Auf Europa bezogen:
2: P. J. SIMMONS, Archival Research on the Cold War Era: A Report from Budapest, Prague and Warsaw;
3: J. RICHTER, Reexamining Soviet Policy towards Germany during the Beria Interregnum;
4: V. M. ZUBOK, Soviet Intelligence and the Cold War: The ‚Small' Committee of Information, 1952-3;
5: H. M. HARRISON, Ulbricht and the Concrete ‚Rose': New Archival Evidence on the Dynamics of Soviet-East German Relations and the Berlin Crisis, 1958-1961;
6: V. M. ZUBOK, Khrushchev and the Berlin Crisis (1958-1962);
9: S. D. PARRISH/M. M. NARINSKY, New Evidence on the Soviet Rejection of the Marshall Plan, 1947: Two Reports;
10: N. NAIMARK, ‚To Know Everything and To Report Everything Worth Knowing': Building the East German Police State, 1945-1949;
11: CH. F. OSTERMANN, The United States, the East German Uprising of 1953, and the Limits of Rollback;
13: V. O. PECHATNOV, The Big Three After World War II: New Documents on Soviet Thinking about Post-War Relations with the United States and Great Britain;
14: R. VAN DIJK, The 1952 Stalin Note Debate: Myth or Missed Opportunity for German Unification?;
15: N. I. YEGOROVA, The „Iran crisis" of 1945-1946. A View from the Russian Archives;
16: C. BEKES, The 1956 Hungarian Revolution and World Politics;
17: L. W. GLUCHOWSKI, The Soviet-Polish Confrontation of October 1956: The Situation in the Polish International Security Corps;
19: M. EVANGELISTA, „Why Keep such an Army?". Khrushchev's Troop Reductions;
21: A. PACZKOWSKI/A. WERBLAN, On the Decision to Introduce Martial Law in Poland in 1981: Two Historians Report to the Commission on Constitutional Oversight of the SEJM of the Republic of Poland;
23: V. MASTNY, The Soviet Non-Invasion of Poland in 1980-1981 and the End of the Cold War;

24: J. P. C. Matthews, Majales: The Abortive Student Revolt in Czechoslovakia;
28: L. G. Borhi, The Merchants of the Kremlin – The Economic Roots of Soviet Expansion in Hungary;
29: R. Karlsch/Z. Zeman, The End of the Soviet Uranium Gap: The Soviet Uranium Agreements with Czechoslovakia and East Germany (1945/1953);
31: E. Mark, Revolution By Degrees: Stalin's National-Front Strategy for Europe, 1941–1947;
32: D. Selvage, The Warsaw Pact and Nuclear Nonproliferation, 1963–1965;
33: E. Pollock, Conversations with Stalin on Questions of Political Economy;
35: V. Mastny, NATO in the Beholder's Eye: Soviet Perceptions and Policies, 1949–1956;
37: V. Tismaneanu: Georgiu Dej and the Romanina Workers' Party: From De-Sovietization to the Emergence of National Communism;
38: J. Rainer, The New Course in Hungary in 1953;
39: K. Weathersby, „Should We Fear This?" Stalin and the Danger of War with America;
40: V. Mitrokhin: The KGB in Afghanistan.

135. G. A. Craig/F. L. Loewenheim (Hrsg.), The Diplomats, 1939–1979, Princeton, NJ 1994.

136. J. P. D. Dunbabin, International Relations since 1945: A History in Two Volumes, I: The Cold War: The Great Powers and their Allies; II: The Post-Imperial Age: The Great Powers and the Wider World, London/New York 1994.

137. W.-D. Eberwein/B. Kerski (Hrsg.), Die deutsch-polnischen Beziehungen 1949–2000. Eine Wert- und Interessengemeinschaft?, Opladen 2001.

138. D. Fischer, History of the International Atomic Energy Agency. The first Forty years, Wien 1997.

139. J. L. Gaddis, Strategies of Containment. A Critical Appraisal of Postwar American National Security Policy, New York/Oxford 1982.

140. J. L. Gaddis, The Long Peace. Inquiries into the History of the Cold War, New York 1987.

141. J. L. Gaddis, We Now Know: Rethinking Cold-War-History, Oxford 1997.

142. J. L. Gaddis/P. H. Gordon/E. R. May/J. Rosenberg (Hrsg.), Cold War Statesmen Confront the Bomb: Nuclear Diplomacy Since 1945, Oxford 1999.

143. J. Gjelstad/O. Njølstad (Hrsg.), Nuclear Rivalry and International Order, London/Thousand Oaks/New Delphi 1996.

144. R. T. Griffiths (Hrsg.), Explorations in OEEC History, Paris 1997.

145. F. J. HARBUTT, The Cold War Era, Malden, MA/Oxford 2002.
146. E. J. HOBSBAWM, Age of Extremes. The Short Twentieth Century 1914–1991, London 1994 (dt.: Das Zeitalter der Extreme. Weltgeschichte des 20. Jahrhunderts, München 1995).
147. D. HOROWITZ, Kalter Krieg. Hintergründe der US-Außenpolitik von Jalta bis Vietnam, 2 Bde., Berlin 1969.
148. H. JAMES, International Monetary Cooperation since Bretton Woods, New York 1996
149. H. JAMES, Rambouillet, 15. November 1975. Die Globalisierung der Wirtschaft, München 1997.
150. D. KAPUR/J. P. LEWIS/R. WEBB, The World Bank. Its first Half Century, 2 Bde., Washington 1997.
151. P. KENNEDY, Aufstieg und Fall der großen Mächte. Ökonomischer Wandel und militärischer Konflikt von 1500–2000, 2. Aufl. Frankfurt a. M. 1991 (engl.: The Rise and Fall of the Great Powers, London 1988).
152. H. A. KISSINGER, Die Vernunft der Nationen. Über das Wesen der Außenpolitik, Berlin 1994 (engl.: Diplomacy, New York 1993).
153. G. KOLKO, Das Jahrhundert der Kriege, Frankfurt a. M. 1999 (engl.: Century of War, New York 1994).
154. H. J. KÜSTERS, Der Integrationsfriede. Viermächte-Verhandlungen über eine Friedensregelung mit Deutschland 1945–1990, München 2000.
155. W. LAFEBER, America, Russia and the Cold War, 1945–1969, 9. Aufl., Boston 2002.
156. W. Z. LAQUEUR, Europa aus der Asche. Geschichte seit 1945, München/Zürich/Wien 1970. Erw. Neuausg.: Europa auf dem Weg zur Weltmacht 1945–1992, München 1992.
157. W. LOTH, Overcoming the Cold War: A History of Détente, 1950–1991, Basingstoke 2002 (engl. Übersetzung von Nr. 1010).
158. E. LUARD, A History of the United Nations, Bd. 1: The Years of Western Domination, 1945–1955, New York 1982; Bd. 2: The Age of Decolonization, 1955–1965, New York 1989.
159. G. LUNDESTAD, East, West, North, South. Major Developments in International Politics since 1945, 4. Aufl., Oslo 1999.
160. G. LUNDESTAD, The United States and Western Europe since 1945: From „Empire" by Invitation to Transatlantic Drift, Oxford 2003.
161. M. MASTANDUNO, Economic Containment: Cocom and the Politics of East-West-Trade, Ithaca 1992.
162. M. MAZOWER, Der dunkle Kontinent. Europa im 20. Jahrhundert, Berlin 2000 (engl.: Dark Continent. Europe's Twentieth Century, London 1998).
163. G. MÜLLER (Hrsg.), Deutschland und der Westen. Internationale Beziehun-

gen im 20. Jahrhundert. Festschrift für Klaus Schwabe zum 65. Geburtstag, Stuttgart 1998.

164. J. NEWHOUSE, Krieg und Frieden im Atomzeitalter. Von Los Alamos bis Salt, München 1990.

165. G. NIEDHART (Hrsg.), Der Westen und die Sowjetunion. Einstellungen und Politik gegenüber der UdSSR in Europa und in den USA seit 1917, Paderborn 1983.

166. G. NIEDHART/D. JUNKER/M. W. RICHTER (Hrsg.), Deutschland in Europa. Nationale Interessen und internationale Ordnung im 20. Jahrhundert, Mannheim 1997.

167. D. OBERDORFER, From the Cold War to a New Era. The United States and the Soviet Union, 1983–1991, verb. Aufl., Baltimore 1998.

168. D. REYNOLDS, One World Divisible: A Global History sind 1945, New York 2000.

169. M. SALEWSKI (Hrsg.), Das Zeitalter der Bombe. Die Geschichte der atomaren Bedrohung von Hiroshima bis heute, München 1995.

170. G. SCHMIDT (Hrsg.), Ost-West-Beziehungen: Konfrontation und Détente 1949–1989. 3 Bde., Bochum 1993–1995.

171. G. SCHÖLLGEN, Geschichte der Weltpolitik von Hitler bis Gorbatschow 1941–1991, München 1992.

172. W. R. SMYSER, From Yalta to Berlin. The Cold War Struggle over Germany, London u. a. 1999.

173. G.-H. SOUTOU, La Guerre de Cinquante Ans. Les relations Est-Ouest 1943–1990, Paris 2001.

174. R. STEININGER, Der Kalte Krieg, Frankfurt a. M. 2003.

175. B. STÖVER, Der Kalte Krieg, München 2003.

176. R. TAMNES, The Unites States and the Cold War in the High North, Brookfield, VT u. a. 1991.

177. W. A. WILLIAMS, The Tragedy of American Diplomacy, 2. Aufl., New York 1962 (dt.: Die Tragödie der amerikanischen Diplomatie, Frankfurt a. M. 1973).

178. V. ZUBOK/C. PLESHAKOV, Inside the Kremlin's Cold War: From Stalin to Khrushchev, Cambridge, MA 1996 (dt.: W. SUBOK/K. PLESCHAKOW, Der Kreml im Kalten Krieg. Von 1945 bis zur Kubakrise, Hildesheim 1997).

2. WESTEUROPA UND TRANSATLANTISCHE BEZIEHUNGEN

179. R. AHMANN/A. M. BIRKE/M. HOWARD (Hrsg.), The Quest for Stability. Problems of West European Security 1918–1957, Oxford 1993.

180. P. M. H. BELL, France and Britain 1940–1994. The Long Separation, London/New York 1997.
181. M. BERDAL, Forging a Maritime Alliance: Norway and the Evolution of American Maritime Strategy 1945–1960, Oslo 1993.
182. E. BIRK, Der Funktionswandel der Westeuropäischen Union (WEU) im europäischen Integrationsprozeß, Würzburg 1999.
183. M.-T. BITSCH (Hrsg.), Le couple franco-allemand et les institutions européennes, Paris 2002.
184. M.-T. BITSCH/W. LOTH/R. POIDEVIN (Hrsg.), Institutions européennes et identités européennes, Brüssel 1998.
185. C. BLUTH, Britain, Germany, and Western Nuclear Strategy, Oxford 1995.
186. G. BRUNN (Hrsg.), Region und Regionsbildung in Europa. Konzeptionen der Forschung und empirische Befunde, Baden-Baden 1996.
187. G. BRUNN, Die europäische Einigung, Stuttgart 2002.
188. M. CATALA (Hrsg.), Histoire de la Construction Européenne. Cinquante ans après la déclaration Schuman (Colloque international de Nantes 11, 12 et 13 mai 2000), Nantes 2001.
189. F. COSTIGLIOLA, France and the United States. Cold Alliance since World War II, New York 1992.
190. A. DEIGHTON (Hrsg.), Western European Union 1954–1997. Defence, Security, Integration, Oxford 1997.
191. E. DI NOLFO (Hrsg.), The Atlantic Pact Forty Years Later. A Historical Reappraisal, Berlin 1991.
192. P. DUIGNAN/L. H. GANN, The United States and the New Europe 1945–1993, Cambridge 1994.
193. M. DUMOULIN, La Communauté Européenne de Défense, leçons pour demain?, Brüssel 2000.
194. M. DUMOULIN/A.-M. DUTRIEUE, La ligue européenne de coopération économique (1946–1981), Bern u.a 1993
195. B. EICHENGREEN, „Vom Goldstandard zum EURO". Die Geschichte des internationalen Währungssystems, Berlin 2000.
196. K. FEATHERSTONE, Socialist Parties and European Integration. A Comparative History, Manchester 1988.
197. M. GEHLER, Finis Neutralität? Historische und politische Aspekte im europäischen Vergleich: Irland, Finnland, Schweden, Schweiz und Österreich, Bonn 2001.
198. M. GEHLER/R. STEININGER (Hrsg.), Die Neutralen und die Europäische Integration. The Neutrals and the European Integration 1945–1995, Wien u. a. 2000.
199. P. GERBET, La construction de l'Europe, Paris 1994

200. J. GERKRATH, L'émergence d'un droit constitutionnel pour l'Éurope. Modes de formation et sources d'inspiration de la constitution des Communautés et de l'Union européenne, Brüssel 1997.

201. M. GILBERT, Surpassing realism: The Politics of European Integration since 1945. Lanham 2003.

202. J. R. GILLINGHAM, European Integration 1950–2003. Superstate or New Market Economy?, Cambridge 2003.

203. R. GIRAULT/G. BOSSUAT (Hrsg.), Les Europe des Européens, Paris 1993.

204. PH. H. GORDON, France, Germany, and the Western Alliance, Boulder 1995.

205. F. H. HELLER/J. R. GILLINGHAM (Hrsg.), The United States and the Integration of Europe. Legacies of the Postwar Era, New York 1996.

206. B. HEUSER, Nuclear Mentalities? Strategies and Belief Systems in Britain, France, and the FRG, Basingstoke 1998.

207. B. HEUSER, NATO, Britain, France, and the FRG: Nuclear Strategies and Forces for Europe, 1949–2000, London/New York 1997.

208. U. HOLTZ (Hrsg.), 50 Jahre Europarat, Baden-Baden 2000.

209. D. JUNKER/P. GASSERT/W. MAUSBACH (Hrsg.), Die USA und Deutschland im Zeitalter des Kalten Krieges 1945–1990. Ein Handbuch, 2 Bde., Stuttgart/München 2001.

210. H. KAELBLE, Europäer über Europa. Die Entstehung des europäischen Selbstverständnisses im 19. und 20. Jahrhundert, Frankfurt a. M./New York 2001

211. L. S. KAPLAN, The Long Entanglement. NATO's First Fifty years, Westport 1999.

212. M. KNODT/B. KOHLER-KOCH (Hrsg.), Deutschland zwischen Europäisierung und Selbstbehauptung, Frankfurt a. M./New York 2000

213. ST. A. KOCS, Autonomy or Power? The Franco-German Relationship and Europe's Strategic Choices, 1955–1995, Westport, CT/London 1996.

214. W. KRIEGER, US Military Forces in Europe: The Early Years, 1945–1970, Boulder 1993.

215. K. LARRES/T. OPPELLAND (Hrsg.), Deutschland und die USA im 20. Jahrhundert. Geschichte der politischen Beziehungen, Darmstadt 1997.

216. K. LARRES/E. MEEHAN (Hrsg.), Uneasy Allies. British-German Relations and European Integration since 1945, Oxford 2000.

217. S. LEE, Victory in Europe? Britain and Germany since 1945, Harlow 2001.

218. G. LUNDESTAD, „Empire" by Integration. The United States and European Integration, 1945–1997, Oxford 1998.

219. K. A. MAIER/N. WIGGERSHAUS (Hrsg.), Das Nordatlantische Bündnis 1949–1956, München 1993.

220. J. T. MCNAY, Acheson and Empire. The British Accent in American Foreign Policy, Columbia 2001.

221. J.-P. MOUSSON-LESTANG, La Scandinavie et l'Europe de 1945 à nos jours, Paris 1990.

222. B. NEUSS, Geburtshelfer Europas? Die Rolle der Vereinigten Staaten im europäischen Integrationsprozeß 1945–1958, Baden-Baden 2000.

223. F. NINKOVICH, Germany and the United States. The Transformation of the German Question since 1945, Boston 1988.

224. G. NOEL, France, Allemagne et „Europe Verte", Bern u. a. 1995.

225. B. OLIVI, L'Europa difficile. Storia politica della Comunità Europea, Bologna 1993 (erw. franz. Ausgabe: L'Europe difficile. Histoire politique de la Communauté Européenne, Paris 1998).

226. G. B. OSTROWER, The United Nations and the United States, New York 1998.

227. R. POIDEVIN/J. BARIÉTY, Les relations franco-allemandes 1815–1975, Paris 1977 (dt.: Frankreich und Deutschland. Die Geschichte ihrer Beziehungen 1815–1975, München 1982).

228. T. RISSE-KAPPEN, Cooperation among Democracies: The European Influence on U.S. Foreign Policy, Princeton 1995.

229. G. SCHMIDT (Hrsg.), A History of NATO. The first Fifty Years, 3 Bde., Basingstoke 2001.

230. G.-H. SOUTOU, L'alliance incertaine. Les rapports politico-stratégiques franco-allemands 1954–1996, Paris 1996.

231. D. SPIERENBURG/R. POIDEVIN, The History of the High Authority of the European Coal and Steel Community. Supranationality in Operation, London 1994 (franz.: Histoire de la haute autorité de la communauté européenne du charbon et de l'acier, Brüssel 1993).

232. G. TRAUSCH (Hrsg.), Europa in seinen Institutionen. Identifizierung und Strukturierung. Identification et structuration de l'Europe á travers les institutions. Beiträge eines Kolloquiums in Luxemburg, Baden-Baden 2000.

233. D. W. URWIN, The Community of Europe: A History of European Integration since 1945, 2. Aufl., London 1995.

234. D. W. URWIN, A Political History of Western Europe since 1945, 5. Aufl., London 1997.

235. M. VAÏSSE (Hrsg.), Le pacifisme en Europe. Des années 1920 aux années 1950, Bruxelles 1993.

236. G. ZIEBURA, Die deutsch-französischen Beziehungen seit 1945. Mythos und Realitäten (überarb. u. aktualisierte Neuausg.), Stuttgart 1997.

## 3. Osteuropa und Ostintegration

237. H. Adomeit, Die Sowjetmacht in internationalen Krisen und Konflikten. Verhaltensmuster, Handlungsprinzipien, Bestimmungsfaktoren, Baden-Baden 1983.

238. H. Adomeit, Imperial Overstretch: Germany in Soviet Policy from Stalin to Gorbachev. An Analysis Based on New Archival Evidence, Memoirs, and Interviews, Baden-Baden 1998.

239. H. Altrichter, „Offene Großbaustelle Russland". Reflexionen über das „Schwarzbuch des Kommunismus", in: VfZ 47 (1999), S. 321–361.

240. R. Bideleux, A History of Eastern Europe. Crisis and Change, London 1998.

241. R. Damus, RGW. Wirtschaftliche Zusammenarbeit in Osteuropa, Opladen 1979.

242. F. Fejtö, Geschichte der Volksdemokratien, 2 Bde., erw. Neuausg. hrsg. v. H. Paetzke, Frankfurt a. M. 1988.

243. C. Goehrke/S. Gilly (Hrsg.), Transformation und historisches Erbe in den Staaten des europäischen Ostens, Bern/Berlin u. a. 2000.

244. O. Grinevskij, Tauwetter, Entspannung, Krisen und neue Eiszeit, Berlin 1996.

245. J. Hacker, Der Ostblock. Entstehung, Entwicklung und Struktur 1939–1980, Baden-Baden 1983.

246. J. K. Hoensch, Sowjetische Osteuropa-Politik 1945–1975, Kronberg i. Taunus/Düsseldorf 1977.

247. A. Ivanisevic/A. Kappeler/W. Lukan/A. Suppan, (Hrsg.), Klio ohne Fesseln? Historiographie im östlichen Europa nach dem Zusammenbruch des Kommunismus, Frankfurt a. M. 2003.

248. P. G. Lewis, Central Europe since 1945, London/New York 1994.

249. Studienhandbuch östliches Europa, Bd. 1: Geschichte Ostmittel- und Südosteuropas, hrsg. v. H. Roth; Bd. 2. Geschichte Rußlands, hrsg. v. Th. Bohn/D. Neutatz, Köln 1999/2002.

250. G. Swain/N. Swain, Eastern Europe since 1945, 3. Aufl., Basingstoke u. a. 2003.

251. O. A. Westad/S. Holtsmark/I. B. Neumann (Hrsg.), The Soviet Union in Eastern Europe 1945–89, London 1994.

## 4. Einzelstaaten

*Albanien*

252. P. R. PRIFTI, Socialist Albania since 1944. Domestic and Foreign Developments, Cambridge, MA/London 1978.

*Baltische Staaten*

253. H. HIDEN/P. SALMON, The Baltic Nations and Europe. Estonia, Latvia and Lithuania in the Twentieth Century, London 1991.
254. D. A. LOEBER/V. S. VARDYS/L. P. A. KITCHING (Hrsg.), Regional Identity under Soviet Rule. The Case of the Three Baltic States, Hacklettstown 1990.

*Bulgarien*

255. J. MCINTYRE, Bulgaria: Politics, Economics and Society, London 1988.

*Deutschland*

256. W. ABELSHAUSER, Wirtschaftsgeschichte der Bundesrepublik Deutschland (1945–1980), Frankfurt a.M. 1983.
257. W. ABELSHAUSER, Die Langen Fünfziger Jahre. Wirtschaft und Gesellschaft der Bundesrepublik Deutschland 1949–1966, Düsseldorf 1986.
258. D. L. BARK/D. R. GRESS, A History of West Germany, Bd. 1: From Shadow to Substance 1945–1963; Bd. 2: Democracy and its Discontents 1963–1988, Oxford 1989.
259. P. BENDER, Episode oder Epoche? Zur Zeitgeschichte des geteilten Deutschland, München 1996.
260. C. BLUTH, The Two Germanys and Military Security in Europe, Basingstoke u. a. 2002
261. K. D. BRACHER/W. JÄGER/W. LINK, Republik im Wandel 1969–1974. Die Ära Brandt, Stuttgart/Mannheim 1983.
262. M. BROSZAT (Hrsg.), Zäsuren nach 1945. Essays zur Periodisierung der deutschen Nachkriegsgeschichte, München 1990.
263. M. FULBROOK, Anatomy of a Dictatorship. Inside the GDR, 1949–1989, Oxford 1995.
264. M. GÖRTEMAKER, Geschichte der Bundesrepublik Deutschland. Von der Gründung bis zur Gegenwart, München 1999.
265. CH. HACKE, Weltmacht wider Willen. Die Außenpolitik der Bundesrepu-

blik Deutschland, Stuttgart 1988, 2. erw. Aufl., Frankfurt a. M. 1993, erw. NA Frankfurt a. M. 2003.

266. H. HAFTENDORN, Deutsche Außenpolitik zwischen Selbstbeschränkung und Selbstbehauptung, 1945–2000, Stuttgart 2001.

267. W. F. HANRIEDER, Germany, America, Europe. Forty Years of German Foreign Policy, New Haven 1989 (dt.: Deutschland, Europa, Amerika. Die Außenpolitik der Bundesrepublik Deutschland 1949–1989, Paderborn 1991; erw. u. gestrafft: Deutschland, Europa, Amerika. Die Außenpolitik der Bundesrepublik Deutschland 1949–1994, Paderborn u. a. 1995).

268. K. HILDEBRAND, Von Erhard zur Großen Koalition: 1963–1969. Mit einem einleitenden Essay von K. D. BRACHER, Stuttgart/Wiesbaden 1984.

269. A. HILLGRUBER, Deutsche Geschichte 1945–1986. Die „Deutsche Frage" in der Weltpolitik, 7. erw. Aufl., Stuttgart u. a. 1989.

270. H. G. HOCKERTS, Wiedergutmachung in Deutschland. Eine historische Bilanz 1945–2000, VfZ 49 (2001), S. 167–214.

271. H. HOFF, Großbritannien und die DDR 1955–1973, München 2003.

272. W. JÄGER/W. LINK, Republik im Wandel 1974–1982. Die Ära Schmidt. Mit einem abschließenden Essay von J. C. FEST, Stuttgart/Mannheim 1987.

273. CH. KLESSMANN, Deutsche Geschichte 1945–1955. Die doppelte Staatsgründung; 1955–1970: Zwei Staaten, eine Nation, 2 Bde., Göttingen bzw. Bonn 1982/88 (laufende Neuauflagen).

274. W. KRIEGER, The Germans and the Nuclear Question. German Historical Institute, Washington D.C., Occasional Paper No. 14, Washington, DC 1995.

275. R. MORSEY, Die Bundesrepublik Deutschland. Entstehung und Entwicklung bis 1969, 4. erw. Aufl., München 2000.

276. U. PFEIL (Hrsg.), Die DDR und der Westen. Transnationale Beziehungen 1949–1989, Berlin 2001 (umfassendere franz. Ausg.: La République Démocratique Allemande et l'occident. Colloque International Paris – Novembre 1999, Paris 2000).

277. H. POTTHOFF, Im Schatten der Mauer. Deutschlandpolitik 1961 bis 1990, Berlin 1999.

278. A. RÖDDER, Die Bundesrepublik Deutschland 1969–1990, München 2004.

279. A. H. Schneider, Die Kunst des Kompromisses. Helmut Schmidt und die Große Koalition 1966–1969, Paderborn 1999.

280. G. SCHÖLLGEN, Die Außenpolitik der Bundesrepublik Deutschland. Von den Anfängen bis zur Gegenwart, München 1999.

281. H.-P. SCHWARZ, Die Ära Adenauer 1949–1957. Gründerjahre der Republik; Die Ära Adenauer 1957–1963. Epochenwechsel, 2 Bde., Stuttgart/Wiesbaden 1981–1983.

282. D. STARITZ, Geschichte der DDR 1949–1990, erw. Neuausg., Frankfurt a. M. 1996.
283. B. STÖVER, Liberation Policy. Entstehung, Karriere, Wahrnehmung und Wirkung eines offensiven außenpolitischen Konzepts im Kalten Krieg 1947 bis 1996, Köln/Wien 2002.
284. H. WEBER, Die DDR 1945–1990, 3. erw. Aufl., München 2000.
285. E. WOLFRUM, Geschichtspolitik in der Bundesrepublik Deutschland. Der Weg zur bundesrepublikanischen Erinnerung 1948–1990, Darmstadt 1999.

*Frankreich*

286. S. BERSTEIN, La France de l'expansion. La République gaullienne 1958–1969, Paris 1989.
287. S. BERSTEIN, The Pompidou Years, 1969–1974, Cambridge 2000.
288. G. HECHT, The Radiance of France. Nuclear Power and National Identity after World War II, Cambridge 2000.
289. P.-M. DE LA GORCE, La Politique Etrangère de la Ve République, Paris 1992.
290. W. LOTH, Geschichte Frankreichs im 20. Jahrhundert, Stuttgart/Berlin/Köln/Mainz 1987 (als Taschenbuch Frankfurt a. M. 1992).
291. W. LOTH/R. PICHT (Hrsg.), De Gaulle, Deutschland und Europa, Opladen 1991.
292. F. M. B. LYNCH, France and the International Economy. From Vichy to the Treaty of Rome. London 1997
293. P. MAILLARD, De Gaulle et l'Europe entre la nation et Maastricht, Paris 1995.
294. R. RÉMOND, Frankreich im 20. Jahrhundert, 2 Bde., Stuttgart 1995.
295. M. VAÏSSE/F. BOZO/P. MELANDRI (Hrsg.), La France et l'OTAN 1949–1996, Paris 1996.
296. M. VAÏSSE (Hrsg.), La France et l'atome: études d'histoire nucléaire, Brüssel 1994.
297. M. VAÏSSE, La Grandeur. Politique étrangère du général de Gaulle 1958–1969, Paris 1998.

*Großbritannien*

298. B. BRIVATI/H. JONES (Hrsg.), From Reconstruction to Integration: Britain and Europe since 1945, Leicester/London/New York 1993.
299. M. CARVER, Tightrope Walking: British Defense Policy since 1945, London 1992.
300. M. L. DOCKRILL, British Defence since 1945, Oxford 1988.

301. S. Greenwood (Hrsg.), Britain and European Integration Since the Second World War, Manchester 1996.
302. S. Greenwood (Hrsg.), Britain and the Cold War, 1945–1991, Basingstoke u. a. 2000.
303. D. Keohane, Security in British Politics, 1945–1999, Basingstoke 2000.
304. A. May, Britain and Europe since 1945, London 1998.
305. K. Middlemas, Power, Competition and the State, Bd. 1: Britain in Search of Balance 1940–61, Basingstoke u. a. 1986; Bd. 2: Threats to the Post-war Settlement in Britain 1961–74, Basingstoke u. a. 1990; Bd. 3: The End of the Postwar Era: Britain since 1974, Basingstoke u. a. 1991.
306. A. S. Milward, The Rise and Fall of a National Strategy 1945–1963, London/Portland, OR 2002
307. D. Reynolds, Britannia Overruled. British Policy and World Power in the Twentieth Century, 2. Aufl., London 2000.
308. G. Schmidt (Hrsg.), Großbritannien und Europa – Großbritannien in Europa. Sicherheitsbelange und Wirtschaftsfragen in der britischen Europapolitik nach dem Zweiten Weltkrieg, Bochum 1989.

*Griechenland*

309. Y. A. Kourvetasis/B. A. Dobratz, A Profile of Modern Greece, Oxford 1987.
310. C. M. Woodhouse, The Struggle for Greece 1941–1949, London 1976.
311. C. M. Woodhouse, The Rise and Fall of the Greek Colonels, London 1985.

*Irland*

312. P. Arthur/K. Jeffrey, Northern Ireland Since 1968, 2. Aufl., Oxford 1996.
313. D. Keogh, Ireland and Europe 1919–1989, Dublin/Cork 1989.
314. S. Wichert, Northern Ireland since 1945, London 1992.

*Italien*

315. A. Brogi, L'Italia e l'Egemonia Americana nel Mediterraneo, Florenz 1996.
316. G. Laschi, L'Agricoltura Italiana e l'Integrazione Europea, Bern u. a. 1999.
317. S. Pistone, L'Italia e l'unità europea dalle premesse storiche all'elezione del parlamento europeo, Turin 1982.
318. A. Varsori, L'Italia nelle relazioni internazionali dal 1943 al 1992, Rom 1998.

## Jugoslawien

319. I. REUTER-HENDRICHS, Jugoslawiens Osteuropapolitik in den Krisen des sowjetischen Hegemonialsystems. Eine Fallstudie zu den Entwicklungen in Ungarn/Polen (1956), der ČSSR (1968) und Polen (1980/81), Baden-Baden 1985.
320. J. PRUNK, A Short History of Slovenia, Ljubljana 1994.
321. H. SUNDHAUSSEN, Geschichte Jugoslawiens 1918–1980, Stuttgart 1982.

## Luxemburg

322. G. TRAUSCH/E. CROISÉ-SCHIRTZ/M. NIES-BERCHEM/J.-M. MAJERUS/CH. BARTHEL, Le Luxembourg face à la construction européenne – Luxemburg und die europäische Einigung, Luxemburg 1996.

## Österreich

323. G. BISCHOF/D. STIEFEL, „80 Dollar". 50 Jahre ERP-Fonds und Marshall-Plan in Österreich 1948–1998, Wien 1999.
324. G. BISCHOF, Austria in the First Cold War, 1945–1955. The Leverage of the Weak, Basingstoke 1999.
325. G. BISCHOF (Hrsg.), Austrian Historical Memory and National Identity, New Brunswick 1997.
326. M. GEHLER/R. STEININGER (Hrsg.), Österreich und die europäische Integration 1945–1993. Aspekte einer wechselvollen Entwicklung, Wien/Köln/Weimar 1994.
327. E. HANISCH, Österreichische Geschichte 1890–1990. Der lange Schatten des Staates. Österreichische Gesellschaftsgeschichte im 20. Jahrhundert, Wien 1994.
328. R. STEININGER, Österreich im 20. Jahrhundert. Bd. 2: Vom Zweiten Weltkrieg bis zur Gegenwart, Wien/Köln/Weimar 1997.

## Polen

329. J. K. HOENSCH, Geschichte Polens, 3. Aufl., Stuttgart 1998.
330. J. LEFTWICH CURRY (Hrsg.), Poland's Permanent Revolution: People vs. Elites, 1956 to the Present, Washington 1996.
331. P. MADAJCZYK, Niemcy polscy 1944–1989 [Die polnischen Deutschen 1944–1989], Warschau 2001.
332. H. ROOS, Geschichte der polnischen Nation 1916–1985. Von der Staatsgründung im Ersten Weltkrieg bis zur Gegenwart, fortgeführt v. M. ALEXANDER, 4. Aufl., Stuttgart u. a. 1986.

333. H. Sjursen, The United States, Western Europe and the Polish Crisis, Basingstoke u. a. 2002

*Portugal*

334. J. Marcadé, Le Portugal au XXe siècle 1910–1985, Paris 1988.

*Schweiz*

335. Ch. Dejung, Schweizer Geschichte seit 1945, Frauenfeld 1984.
336. J. M. Gabriel/Th. Fischer, Swiss Foreign Policy, 1945–2002, Basingstoke u. a. 2003
337. M. Linke, Schweizerische Außenpolitik der Nachkriegszeit, Chur 1995.

*Skandinavien*

338. R. Bohn/J. Elvert/K. Ch. Lammers (Hrsg.), Deutsch-skandinavische Beziehungen nach 1945, Stuttgart 2001.
339. H. Branner/M. Kelstrup (Hrsg.), Denmark's Policy Towards Europe after 1945: History, Theory and Options, Odense 2000.
340. C. Due-Nielson/N. Petersen (Hrsg.), Adaptation and Activism: The Foreign Policy of Denmark 1967–1993, Copenhagen 1995.
341. J. M. Hanhimäki, Scandinavia and the United States. An Insecure Friendship, Twayne 1997.
342. B. Henningsen, Der Wohlfahrtsstaat Schweden, Baden-Baden 1986.
343. J. J. Holst/K. Hunt/A. C. Sjaastad (Hrsg.), Deterrence and Defense in the North, Oslo 1985.
344. L. Miles, Sweden and European Integration, Aldershot 1997.
345. O. Riste, Norway's Foreign Relations. A History, Oslo 2001.
346. F. Singleton, The Economy of Finland in the Twentieth Century, Bradford 1986.

*Spanien*

347. W. L. Bernecker, Spaniens Geschichte seit dem Bürgerkrieg, München 1984.
348. R. Gunther/G. Sani/G. Shabad, Spain after Franco, Berkeley, CA 1986.
349. K. Hommel, Spanien und die Europäische Wirtschaftsgemeinschaft. Geschichte einer Integration, Baden-Baden 1992.
350. S. G. Payne, The Franco Regime 1936–1975. Madison, WI 1987.

*Tschechoslowakei*

351. J. K. HOENSCH, Geschichte der Tschechoslowakei, Stuttgart/Berlin/Köln 1992.
352. M. R. MYANT, Socialism and Democracy in Czechoslovakia, 1945–1948, Cambridge 1981.
353. M. R. MYANT, The Czechoslovak Economy 1948–1988. The Battle for Economic Reform, Cambridge 1989.

*Türkei*

354. U. STEINBACH, Die Türkei im 20. Jahrhundert. Schwieriger Partner Europas, Bergisch Gladbach 1996.

*UdSSR/Russland*

355. A. BROWN/M. KASER/G. S. SMITH (Hrsg.), The Cambridge Encyclopedia of Russia and the Former Soviet Union, Cambridge 1994.
356. Y. M. BRUDNY, Reinventing Russia. Russian Nationalism and the Soviet State, 1953–1991, Cambridge 1998.
357. F. J. FLERON/E. P. HOFFMANN/R. F. LAIRD (Hrsg.), Soviet Foreign Policy. Classic and Contemporary Issues, New York 1991.
358. Handbuch der Geschichte Rußlands, Bd. 5: 1945–1991. Vom Ende des Zweiten Weltkriegs bis zum Zusammenbruch der Sowjetunion, hrsg. v. S. PLAGGENBORG, Lief. 1–14, Stuttgart 2001.
359. M. HILDERMEIER, Geschichte der Sowjetunion 1917–1991. Entstehung und Niedergang des ersten sozialistischen Staates, München 1998.
360. M. HILDERMEIER, Die Sowjetunion 1917–1991, München 2001.
361. A. KAPPELER/G. SIMON/G. BRUNNER (Hrsg.), Die Muslime in der Sowjetunion und in Jugoslawien. Identität – Politik – Widerstand, Köln 1989.
362. A. KAPPELER, Russland als Vielvölkerreich. Entstehung, Geschichte, Verfall, München 1992.
363. A. KAPPELER, Kleine Geschichte der Ukraine, München 1994.
364. J. L. KEEP, Last of the Empires: A History of the Soviet Union, 1945–1991, Oxford u. a. 1995.
365. T. H. RIGBY, Political Elites in the USSR. Central Leaders and Local Cadres from Lenin to Gorbatchev, Aldershot 1990.
366. G. STÖKL, Russische Geschichte. Von den Anfängen bis zur Gegenwart, 4. erw. Aufl., Stuttgart 1983.
367. O. SUBTELNY, Ukraine. A History. Toronto/Buffalo/London 1988; 2. Aufl. Toronto 1994.

368. A. S. Tuminez, Russian Nationalism since 1856: Ideology and the Making of Foreign Policy, Lanham 2000.

*Ungarn*

369. I. T. Berend, The Hungarian Economic Reforms 1953–1988 (A magyar gazdasagi reform utja), Cambridge 1990.
370. C. Gati, Hungary and the Soviet Bloc, Durham 1986.
371. J. K. Hoensch, Geschichte Ungarns 1867–1983, Stuttgart u. a. 1984.

*USA*

372. E. Angermann, Die Vereinigten Staaten von Amerika seit 1917, 9. Aufl., München 1993.
373. The Cambridge History of American Foreign Relations, Vol. 4: W. I. Cohen, America in the Age of Soviet Power, 1945–1991, Cambridge 1993.
374. Ch. Hacke, Zur Weltmacht verdammt. Die amerikanische Außenpolitik von Kennedy bis Clinton, Berlin 1997, erw.: Die amerikanische Außenpolitik von Kennedy bis G. W. Bush, München u. a. 2001.
375. R. D. Johnson, Washington, 20. Januar 1961. Der amerikanische Traum, München 1999.
376. D. B. Kunz, Butter and Guns. America's Cold War Economic Diplomacy, New York 1997.
377. M. Medick-Krakau, Amerikanische Außenhandelspolitik im Wandel. Handelsgesetzgebung und GATT-Politik 1945–1988, Berlin 1995.
378. St. Muller/G. Schweigler (Hrsg.), From Occupation to Cooperation. The United States in a Changing World Order, New York 1992.
379. G. Smith, The Last Years of the Monroe Doctrine, 1945–1993, London 1994.
380. A. Stephanson, Manifest Destiny: American Expansionism and the Empire of Right, New York 1995.

*Vatikan*

381. H. Stehle, Geheimdiplomatie im Vatikan. Die Päpste und die Kommunisten, Zürich 1993.

## 5. Methodische Fragen und Grundsatzdiskussion

382. The American Century. A Roundtable, in: DH 23 (1999), No. 2, S. 157–370, No. 3, S. 391–538 (16 Beiträge).

383. D. BEYRAU, Schlachtfeld der Diktatoren, Göttingen 2000.
384. D. BEYRAU, Nationalsozialistisches Regime und Stalin-System. Ein riskanter Vergleich, in: Osteuropa 50 (2000), S. 709–720.
385. C. BUFFET/B. HEUSER (Hrsg.), Haunted by History. Myths in International Relations, Providence/Oxford 1998.
386. M. BUNDY, Danger and Survival: Choices about the Bomb in the first Fifty Years, New York 1988.
387. The Cold War. A Roundtable, in: DH 16 (1992), S. 45–113, 223–318 (20 Beiträge).
388. E. CONZE, Konfrontation und Détente. Überlegungen zur historischen Analyse des Ost-West-Konflikts, in: VfZ 46 (1998), S. 269–282.
389. A. DOERING-MANTEUFFEL, Wie westlich sind die Deutschen? Amerikanisierung und Westernisierung im 20. Jahrhundert, Göttingen 1999.
390. J. DÜLFFER, Europäische Integration zwischen integrativer und dialektischer Betrachtungsweise, in: AfS 42 (2002), S. 521–543.
391. J. DÜLFFER, Europäische Zeitgeschichte – Narrative und historiographische Perspektiven, in: Zeithistorische Forschungen 1 (2004), S. 51–71 (auch: www.zeithistorische-forschungen.de/16126041-Duelffer-1-2004).
392. R. FRANK (Hrsg.), Les identités européennes au XXe siècle. Diversités, convergences et solidarités. Programme international de recherche, 2. Aufl., Paris 1998.
393. J. L. GADDIS, The Emerging Post-Revisionist Synthesis on the Origins of the Cold War, in: DH 7 (1983), S. 171–204.
394. M. GEHLER, Zeitgeschichte im dynamischen Mehrebenensystem. Zwischen Regionalisierung, Nationalstaat, Europäisierung, internationaler Arena und Globalisierung, Bochum 2001.
395. B. HEUSER, The Bomb. Nuclear Weapons in their Historical, Strategic and Ethical Context, Harlow 1999.
396. M. HOGAN/TH. G. PATERSON (Hrsg.), Explaining the History of American Foreign Relations, Cambridge u. a. 1991.
397. A. IRIYE, Cultural Internationalism and World Order, Baltimore 1997 (Neuaufl. 2001).
398. M. JACHTENFUCHS, Die Konstruktion Europas. Verfassungsideen und institutionelle Entwicklung, Baden-Baden 2002.
399. I. KERSHAW/M. LEWIN (Hrsg.), Stalinism and Nazism. Dictatorships in Comparison, Cambridge 1997.
400. W. LINK, Der Ost-West-Konflikt. Die Organisation der internationalen Beziehungen im 20. Jahrhundert, Stuttgart/Berlin/Köln/Mainz 1988.
401. W. LOTH/J. OSTERHAMMEL (Hrsg.), Internationale Geschichte. Themen – Ergebnisse – Aussichten, München 2000.

402. W. LOTH/W. WESSELS (Hrsg.), Theorien europäischer Integration, Opladen 2001.

403. G. LUNDESTAD/O. A. WESTAD (Hrsg.), Beyond the Cold War. New Dimensions in International Relations. 90th Anniversary Nobel Jubilee Symposium, Oslo 1993.

404. A. S. MILWARD/F. M. B. LYNCH/F. ROMERO/R. RANIERI/V. SØRENSEN, The Frontier of National Sovereignty. History and Theory 1945–1992, London 1993.

405. A. MORAVCSIK, The Choice for Europe: Social Purpose and State Power from Messina to Maastricht, Ithaca, NY 1998.

406. P. MORGAN/K. NELSON (Hrsg.), Re-Viewing the Cold War: Domestic Factors and Foreign Policy in the East-West Confrontation, New York 2000.

407. Le Nucléaire dans les Relations internationales (12 Beiträge), in: Relations internationales 1991, S. 323–423, 1992, S. 3–84.

408. H.-P. SCHWARZ, Die europäische Integration als Aufgabe der Zeitgeschichtsforschung. Forschungsstand und Perspektiven, in: VfZ 31 (1983), S. 555–572.

409. G. STOURZH (Hrsg.), Annäherungen an eine europäische Geschichtsschreibung, Wien 2002.

410. G. THIEMEYER, Supranationalität als Novum in der Geschichte der internationalen Politik der fünfziger Jahre, in: Journal of European Integration History 4,2 (1998), S. 5–21.

411. O. A. WESTAD (Hrsg.), Reviewing the Cold War. Approaches, Interpretations, Theory, London 2000.

412. H. A.WINKLER/H. KAELBLE (Hrsg.), Nationalismus – Nationalitäten – Supranationalismus, Stuttgart 1993.

## D. KULTUR, WIRTSCHAFT UND SOZIALE FRAGEN

413. J. ALBER, Vom Armenhaus zum Wohlfahrtsstaat. Analysen zur Entwicklung der Sozialversicherung in Westeuropa, Frankfurt a.M./New York 1982.

414. U. ALBRECHT (Hrsg.), Technikkontrolle und Internationale Politik. Die internationale Steuerung von Technologietransfers und ihre Folgen, Opladen 1989.

415. D. H. ALDCROFT/M. J. OLIVER, Exchange Rate Regimes in the Twentieth Century, Cheltenham 1998.

416. D. H. ALDCROFT, The European Economy, 1914–1990, 3. Aufl., London 1993.
417. G. AMBROSIUS, Wirtschaftsraum Europa. Vom Ende der Nationalökonomien, Frankfurt a. M. 1996.
418. G. AMBROSIUS/W. H. HUBBARD, Sozial- und Wirtschaftsgeschichte Europas im 20. Jahrhundert, München 1986.
419. CH. J. ANDERSON/K. C. KALTENTHALER, The Dynamics of Public Opinion towards European Integration, 1973–93, in: European Journal of International Relations 2 (1996), S. 175–199.
420. B. VAN ARK/N. CRAFTS (Hrsg.), Quantitative Aspects of Post-War European Economic Growth, Cambridge 1999.
421. D. E. ASHFORD/E. W. KELLEY (Hrsg.), Nationalizing Social Security in Europe and America, Greenwich/London 1986.
422. M. BACH (Hrsg.), Die Europäisierung nationaler Gesellschaften, Wiesbaden 2000.
423. K. J. BADE, Europa in Bewegung. Migration vom späten 18. Jahrhundert bis zur Gegenwart, München 2000.
424. K. J. BADE (Hrsg.), Deutsche im Ausland – Fremde in Deutschland. Migration in Geschichte und Gegenwart, München 1992.
425. P. BAIROCH, Europe's Gross National Product 1800–1975, in: JEEH 5 (1976), S. 273–340.
426. P. BAIROCH, International Industrialisation Levels from 1750–1980, in: JEEH 11 (1982), S. 269–310.
427. H. BALL, Prosecuting War Crimes and Genocide. The Twentieth-Century Experience, Lawrence, KS 1999.
428. P. DE BOER/W. FRIJHOFF (Hrsg.), Lieux de mémoire et identités nationales, Amsterdam 1993.
429. D. BRANDES/S. IVANIĆKOVA/J. PESEK (Hrsg.), Erzwungene Trennung: Vertreibungen und Aussiedlungen aus der Tschechoslowakei 1938–1947 im Vergleich mit Polen, Ungarn und Jugoslawien, Essen 2000.
430. F.-J. BRÜGGEMEIER, Tschernobyl, 26. April 1986. Die ökologische Herausforderung, München 1998.
431. G. E. BUGOS, The Airbus Matrix: The Business Structures of Technical Transactions, Cambridge 1994.
432. C. M. CIPOLLA (Hrsg.), The Fontana Economic History of Europe, Bd 5: The Twentieth Century. (Part1+2); Bd. 6: Contemporary Economies (Part1+2), London/Glasgow 1976 (dt.: K. BORCHARDT (Hrsg.), Europäische Wirtschaftsgeschichte, Bd. 5: Die europäischen Volkswirtschaften im zwanzigsten Jahrhundert, Stuttgart/New York 1980).
433. M. CSÁKY (Hrsg.), Orte des Gedächtnisses, Wien 2000.

434. J. Danyel (Hrsg.), Die geteilte Vergangenheit. Zum Umgang mit Nationalsozialismus und Widerstand in beiden deutschen Staaten, Berlin 1995.
435. R. J. Donovan, Unsilent Revolution: Television News and American Public Life 1948–1991, Cambridge 1992.
436. D. Dowe (Hrsg.), Jugendprotest und Generationenkonflikt in Europa im 20. Jahrhundert, Bonn 1986.
437. M. Dumoulin/F. Dassetto (Hrsg.), Naissance et développement de l'information européenne, Bern u. a. 1993.
438. M. Dumoulin (Hrsg.), Mouvements et Politiques Migratoires en Europe. Le cas italien. Actes du Colloque de Louvain la Neuve des 24 et 25 Mai 1988, Brüssel 1989.
439. C. Engeli/Ch. Matzerath (Hrsg.), Moderne Stadtgeschichtsforschung in Europa, USA und Japan, Stuttgart/Berlin/Köln/Mainz 1989.
440. H. Fassmann/R. Münz (Hrsg.), Migration in Europa 1945–2000. Aktuelle Trends, soziale Folgen, politische Reaktionen, Frankfurt a. M. 1996.
441. O. Feldbaek (Hrsg.), Dansk identitetshistorie, Kopenhagen 1991/92.
442. W. Fischer (Hrsg.), Europäische Wirtschafts- und Sozialgeschichte vom Ersten Weltkrieg bis zur Gegenwart, Stuttgart 1987.
443. A. Fleury/R. Frank (Hrsg.), Le rôle des guerres dans le mémoire des Européens. Leurs effet sur la conscience d'être européen, Bern u. a. 1997.
444. A. Fleury/C. Fink/L. Jilek (Hrsg.) Les droits de l'homme en Europe depuis 1945 – Human Rights in Europe since 1945, Bern 2003.
445. P. Flora (Hrsg.), Growth to Limits. The Western European Welfare States Since World War II. (Von den geplanten fünf Bänden sind die Bände 1, 2 und 4 erschienen.)
Bd. 1: Sweden, Norway, Finland, Denmark, Berlin/New York 1986;
Bd. 2: Germany, United Kingdom, Ireland, Italy, Berlin/New York 1986;
Bd. 4: Appendix (Synopsis, bibliographies, tables); Berlin/New York 1987.
446. E. François/H. Schulze (Hrsg.), Deutsche Erinnerungsorte, 3 Bde., München 2000/01.
447. E. Gatz (Hrsg.), Kirche und Katholizismus seit 1945, Paderborn (geplant sind 7 Bde.):
I: Mittel- West- und Nordeuropa, 1999;
II: Ostmittel-, Ost- und Südosteuropa, 1999;
III: Südeuropa, 2003;
IV: Die Britischen Inseln und Nordamerika. Großbritannien – Irland – Kanada – Die Vereinigten Staaten, 2002.
V. Die Länder Asiens, 2003.
448. G. Gemelli (Hrsg.), The Ford Foundation and Europe (1950's–1970's). Cross-fertilization of Learning in Social Science and Management, Brüssel 1998.

449. I. GILCHER-HOLTEY, Die 68er Bewegung. Deutschland – Westeuropa – USA, München 2001.
450. I. GILCHER-HOLTEY (Hrsg.), 1968, Göttingen 1998.
451. J. GILLINGHAM, Coal, Steel, and the Rebirth of Europe, 1945–1955. The Germans and French from Ruhr Conflict to Economic Community, Cambridge/New York/Port Chester 1991.
452. K.-D. HENKE/H. WOLLER (Hrsg.), Politische Säuberung in Europa. Die Abrechnung mit Faschismus und Kollaboration nach dem Zweiten Weltkrieg, München 1991.
453. U. HERBERT/A. SCHILDT (Hrsg.), Kriegsende in Europa. Vom Beginn des deutschen Machtzerfalls bis zur Stabilisierung der Nachkriegsordnung 1944–1948, Hamburg 1996.
454. E. V. HEYEN (Hrsg.), Jahrbuch für europäische Verwaltungsgeschichte, Baden-Baden 1989–1992:
Bd. 1: Formation und Transformation des Verwaltungswissens in Frankreich und Deutschland;
Bd. 2: Konfrontation und Assimilation nationalen Verwaltungsrechts in Europa (19./20. Jh.);
Bd. 3: Beamtensyndikalismus in Frankreich, Deutschland und Italien;
Bd. 4: Die Anfänge der Verwaltung der Europäischen Gemeinschaft.
455. M. HILDERMEIER/J. KOCKA/C. CONRAD (Hrsg.), Europäische Zivilgesellschaft in Ost und West. Begriff, Geschichte, Chancen, Frankfurt a. M./New York 2000.
456. R. HUDEMANN/H. KAELBLE/K. SCHWABE (Hrsg.), Europa im Blick der Historiker. Europäische Integration im 20. Jahrhundert: Bewusstsein und Institutionen, München 1995
457. M. ISNENGHI (Hrsg.), I luoghi della memoria, 3 Bde., Rom / Bari 1987/97.
458. H. KAELBLE, Auf dem Wege zu einer europäischen Gesellschaft. Eine Sozialgeschichte Westeuropas 1880–1980, München 1987.
459. H. KAELBLE, Nachbarn am Rhein. Entfremdung und Annäherung der französischen und deutschen Gesellschaft seit 1880, München 1991.
460. H. KAELBLE, Soziale Mobilität und Chancengleichheit im 19. und 20. Jahrhundert im internationalen Vergleich, Göttingen 1983.
461. H. KAELBLE, Der Boom 1948–1973. Gesellschaftliche und wirtschaftliche Folgen in der Bundesrepublik Deutschland und in Europa, Opladen 1992.
462. C. KINDLEBERGER, A Financial History of Western Europe, London 1984.
463. J. KOCKA (Hrsg.), Sozialgeschichte im internationalen Überblick. Ergebnisse und Tendenzen der Forschung, Darmstadt 1989.
464. W. KÖNIG, Geschichte der Konsumgesellschaft, Stuttgart 2000.
465. G. KOOPMANN/K. MATTHIES/B. RESZAT, Oil and International Economy. Lessons from Two Price Shocks, New Brunswick 1989.

466. M. KRAUSS, Rückkehr in ein fremdes Land. Geschichte der Remigration nach 1945, München 2001.

467. P. LAGROU, The Legacy of Nazi Occupation in Western Europe, 1945–1965. Patriotic Memory and National Recovery, Cambridge 2000.

468. S. LEIBFRIED/W. VOGES (Hrsg.), Armut im modernen Wohlfahrtsstaat, Opladen 1992.

469. W. MADERTHANER/H. SCHAFRANEK/B. UNFRIED (Hrsg.), „Ich habe den Tod verdient." Schauprozesse und politische Verfolgung in Mittel- und Osteuropa 1945- 1956, Wien 1991.

470. C. S. MAIER, The Two Postwar Eras and the Conditions for Stability in Twentieth Century Western Europe, in: AHR 87 (1982), S. 327–367.

471. M. AF MALMBORG/B. STRATH (Hrsg.), The Meaning of Europe: Variety and Contention within and among Nations, Oxford 2002.

472. K. MANFRASS, Türken in der Bundesrepublik Deutschland – Nordafrikaner in Frankreich. Ausländerproblematik im deutsch-französischen Vergleich, Bonn 1991.

473. A. MARWICK, The Sixties: Cultural Revolution in Britain, France, Italy and the United States, 1958–1974, Oxford 1998

474. D. S. MASON/J. R. KLUEGEL (Hrsg.), Marketing Democracy. Changing Opinion about Inequality and Politics in East Central Europe, Oxford 2000.

475. N. M. NAIMARK, Fires of Hatred: Ethnic Cleansing in the Twentieth Century, Boston 2001.

476. M. NELSON, War of the Black Heavens. The Battles of Western Broadcasting in the Cold War, London 1997.

477. P. NORA (Hrsg.), Les lieux de mémoire, 5 Bde., Paris 1986–1992.

478. P. NOVICK, The Holocaust in American Life, Boston u. a. 2000 (dt.: Nach dem Holocaust. Umgang mit dem Massenmord, Stuttgart 2001).

479. P. PANAYI, An Ethnic History of Europe since 1945. Nations, States and Minorities, Harlow/Singapore 2000.

480. D. PETZINA (Hrsg.), Ordnungspolitische Weichenstellungen nach dem Zweiten Weltkrieg, Berlin 1991.

481. G. D. RAWNSLEY (Hrsg.), Cold War Propaganda in the 1950s, New York 1999.

482. G. D. RAWNSLEY, Radio Diplomacy and Propaganda: the BBC and VOA in International Politics, 1956–64, Basingstoke 1996.

483. G. A. RITTER, Der Sozialstaat. Entstehung und Entwicklung im internationalen Vergleich. 2. überarb. u. erw. Ausg., München 1991.

484. B. RÖTHLEIN, Mare Tranquillitatis, 20. Juli 1969. Die wissenschaftlich-technische Revolution, München 1997.

485. K. SALOMON, Refugees in the Cold War. Toward a New International Refugee Regime in the Early Postwar Era, Lund 1991.
486. N. C. F. VAN SAS (Hrsg.), War de blanke top der duinen; en andere vaderlandse herinneringen, Amsterdam 1995.
487. F. S. SAUNDERS, Wer die Zeche zahlt ... Der CIA und die Kultur im Kalten Krieg, Berlin 2001.
488. A. SCHILDT, Ankunft im Westen: Ein Essay zur Erfolgsgeschichte der Bundesrepublik, Frankfurt a. M. 1999.
489. G. SCHULZ (Hrsg.), Wohnungspolitik im Sozialstaat. Deutsche und europäische Lösungen, 1918-1960, Düsseldorf 1993.
490. E. T. SMITH, Opposition beyond the Water's Edge. Liberal Internationalists, Pacifists, and Containment, Westport 1999.
491. P. SORLIN, European Cinemas, European Societies 1939-1990, New York 1991.
492. A. SUTCLIFFE, An Economic and Social History of Western Europe since 1945, London 1996.
493. R. TETZLAFF, Weltbank und Währungsfonds – Gestalter der Bretton-Woods-Ära. Kooperations- und Integrationsregime in einer sich dynamisch entwickelnden Weltgesellschaft, Opladen 1996.
494. P. THER/A. SILJAK (Hrsg.), Redrawing Nations: Ethnic Cleansing in East-Central Europe, 1944-1948, Oxford/Lanham 2001.
495. P. THER, Deutsche und polnische Vertriebene. Gesellschaft und Vertriebenenpolitik in der SBZ/DDR und in Polen 1945-1956, Göttingen 1998.
496. G. THERBORN, Die Gesellschaften Europas 1945-2000. Ein soziologischer Vergleich, Frankfurt a. M. 2000.
497. H. UNGERER, A Concise History of European Monetary Integration. From EPU to EMU, Westport 1997.
498. B. WASSERSTEIN, Vanishing Diaspora: The Jews in Europe since 1945, London 1996.
499. H. WEBER/U. MÄHLERT (Hrsg.), Terror. Stalinistische Parteisäuberungen 1936-1953, Paderborn u. a. 1998 (2. erw. Aufl. 2001).

# E. INNERSTAATLICHE POLITIK UND VERFASSUNG

500. A. CARTER, Peace Movements. International Protest and World Politics since 1945, London/New York 1992.
501. L. CHELES/R. FERGUSON/M. VAUGHAN (Hrsg.), The Far Right in Western and Eastern Europe, 2. Aufl., London 1995.

502. C. Conrad/J. Kocka (Hrsg.), Staatsbürgerschaft in Europa. Historische Erfahrungen und aktuelle Debatten, Hamburg 2001.

503. S. Creutzberger/M. Görtemaker (Hrsg.), Gleichschaltung unter Stalin? Die Entwicklung der Parteien im östlichen Europa 1944–1949, Paderborn 2002.

504. M. Evangelista, Unarmed Forces. The Transnational Movement to End the Cold War, Ithaca 1999.

505. M. Gehler/W. Kaiser/H. Wohnout (Hrsg.), Christdemokratie in Europa im 20. Jahrhundert, Wien 2001.

506. Y. V. Ghebali, The Conferences of the Inter-Parliamentary Union on European Cooperation and Security, 1973–1991. The Contribution of Parliamentary Diplomacy to East-West Détente, Aldershot 1993.

507. R. Girault (Hrsg.), Les Europe des Européens, Paris 1993.

508. R. T. Griffiths, (Hrsg.), Socialist Parties and the Question of Europe in the 1950's, Leiden/New York/Köln 1993.

509. C. Hauswedell, Friedenswissenschaften im Kalten Krieg. Friedensforschung und friedenswissenschaftliche Initiativen in der Bundesrepublik Deutschland in den achtziger Jahren, Baden-Baden 1997.

510. J. Herf, War by Other Means. Soviet Power, West German Resistance and the Battle of the Euromissiles, New York 1991.

511. V. Heuberger (Hrsg.), Nationen, Nationalitäten, Minderheiten. Probleme in Jugoslawien, Ungarn, Rumänien, der Tschechoslowakei, Bulgarien, Polen, der Ukraine, Italien und Österreich 1945–1990, Wien 1994.

512. M. Jachtenfuchs/B. Kohler-Koch (Hrsg.), Europäische Integration, Opladen 1996.

513. Th. Janssen, The European People's Party: Origins and Development, Basingstoke 1998.

514. E. J. Kirchner (Hrsg.), Liberal Parties in Western Europe, Cambridge 1988.

515. E. Kuper, Transnationale Parteienbünde zwischen Partei- und Weltpolitik, Frankfurt a. M. u. a. 1995.

516. R. Ladrech, Social Democracy and the Challenge of European Union, Boulder 2000.

517. E. Lamberts (Hrsg.), Christian Democracy in the European Union [1945/1995], Leuwen 1997.

518. U. Liebert/M. Cotta, Parliament and Democratic Consolidation in Southern Europe. Greece, Italy, Portugal, Spain and Turkey, London/New York 1990.

519. A. Maurer/W. Wessels (Hrsg.), National Parliaments on their Ways to Europe: Losers or Latecomers?, Baden-Baden 2001.

520. F. MÜLLER, Grüne Parteien in Westeuropa. Entwicklungsphasen und Erfolgsbedingungen, Opladen 1993.

521. O. NIEDERMAYER, Europäische Parteien? Zur grenzüberschreitenden Interaktion politischer Parteien im Rahmen der EG, Frankfurt a. M. 1983.

522. G. NIEDHART/D. RIESENBERGER (Hrsg.), Lernen aus dem Krieg? Deutsche Nachkriegszeiten 1918 und 1945, München 1992.

523. D. ORLOW, Common Destiny: A Comparative History of the Dutch, French, and German Social Democratic Parties, 1945–1969, New York u. a. 2000.

524. S. PADGETT/W. E. PATERSON, A History of Social Democracy in Postwar Europe, London/New York 1991.

525. D. RICHARDSON/C. ROOTES (Hrsg.), The Green Challenge. The Development of Green Parties in Europe, London 1995.

526. H. ROUSSO (Hrsg.), Stalinisme et nazisme: histoire et mémoire comparées, Brüssel 1999.

527. R. SCHLAGA, Die Kommunisten in der Friedensbewegung – erfolglos? Die Politik des Weltfriedensrates im Verhältnis zur Außenpolitik der Sowjetunion und zu unabhängigen Friedensbewegungen im Westen (1950–1979), Münster 1991.

528. H. WASCHKE, Arbeitsbeziehungen und politische Strukturen im westlichen Ausland. Ein Überblick über Parteipräferenzen und Staatseinfluß von: Belgien, Dänemark, Frankreich, Großbritannien, Italien, den Niederlanden, Norwegen, Österreich, Schweden, der Schweiz und den Vereinigten Staaten, Köln 1984.

529. U. C. WASMUTH, Friedensbewegungen der 80er Jahre... Ein Vergleich, Giessen 1987.

530. L. S. WITTNER, A History of the World Nuclear Disarmament Movement [1945 to the Present], 3 Bde., Stanford 1993/2003.

# F. DEKOLONISIERUNG

531. C. R. AGERON/M. MICHEL, L'ère des décolonisations. Sélection de textes du colloque „Décolonisations comparées", Aix-en-Provence, 30 septembre – 3 octobre 1993, Paris 1995.

532. C. R. AGERON (Hrsg.), Les Chemins de la décolonisation de l'Empire colonial français, Paris 1986.

533. C. R. AGERON/B. DROZ/E. LEVER, Histoire de la guerre d'Algérie, 1954–1962, Paris 1982.

534. R. von Albertini, Dekolonisation. Die Diskussion über Verwaltung und Zukunft der Kolonien, 1919–1960, Köln 1966.
535. F. Ansprenger, Auflösung der Kolonialreiche, München 1966.
536. W. Bernecker, Port Harcourt, 10. November 1995. Aufbruch und Elend in der Dritten Welt, München 1997.
537. R. F. Betts, Decolonization, London/New York 1998.
538. P. J. Cain/A. G. Hopkins, British Imperialism, Crisis and Deconstruction, 1914–1990, London 1994.
539. D. Chakrabarty, Provincializing Europe. Postcolonial Thought and Historical Difference, Princeton 2000.
540. M. E. Chamberlain, Decolonization. The Fall of the European Empires, 2. Aufl., Oxford 1989.
541. A. Clayton, The Wars of French Decolonization, London 1994.
542. B. Dahm, Sukarnos Kampf um Indonesiens Unabhängigkeit, Frankfurt a. M. 1966.
543. J. Dalloz, The Indochina War, 1945–54, Dublin 1990.
544. J. Darwin, Britain and Decolonisation. The Retreat from Empire in the Post-War World, Basingstoke/London 1988.
545. S. Dockrill, Britain's Retreat from East of Suez: The Choice between Europe and the World?, Basingstoke/New York 2002.
546. R. Emerson, From Empire to Nation: The Rise of Self-Assertion of Asian and African Peoples, Cambridge, MA 1962.
547. D. K. Fieldhouse, Merchant Capital and Economic Decolonization. The United Africa Company 1929–1987, Oxford 1994.
548. J. Fisch, Die europäische Expansion und das Völkerrecht. Die Auseinandersetzungen um den Status der überseeischen Gebiete vom 15. Jahrhundert bis zur Gegenwart, Stuttgart 1984.
549. M. Frey/R. W. Pruessen/T. T. Yong (Hrsg.), The Transformation of South East Asia. International Perspectives on Decolonization, Armonk, NY 2003.
550. P. Gifford/W. R. Louis (Hrsg.), The Transfer of Power in Africa. Decolonization 1940–1960, New Haven/London 1982.
551. P. Gifford/W. R. Louis (Hrsg.), Decolonisation and African Independence: The Transfer of Power, 1960–1980, New Haven/London 1988.
552. F. Gouda, American Visions of the Netherlands East Indies/Indonesia, Amsterdam 2002.
553. H. Grimal, La décolonisation de 1919 à nos jours, Brüssel 1965.
554. J. D. Hargreaves, Decolonization in Africa, London 1988.
555. St. Howe, Anti-Colonialism in British Politics. The Left and the End of Empire, 1919–1964, Oxford 1993.

556. A. JAMES, Britain and the Congo Crisis, 1960–63, Basingstoke 1996.
557. J. KENT, British Imperial Strategy and the Origins of the Cold War, 1944–49, Leicester 1993.
558. M. KETTLE, De Gaulle and Algeria 1940–1960. From Mers El-Kébir to the Algiers Barricades, London 1993.
559. F. KNIPPING u. a. (Hrsg.), Europe and South East Asia in the Contemporary World, Baden-Baden 1999.
560. J. KRAUSE, Sowjetische Militärhilfepolitik gegenüber Entwicklungsländern, Baden-Baden 1985.
561. K. KYLE, Suez, London 1991.
562. P. LE GOYET, La guerre d'Algérie, Paris 1989.
563. W. R. LOUIS/R. OWEN (Hrsg.), Suez 1956. The Crisis and its Consequences, Oxford 1991.
564. N. MACQUEEN, The Decolonization of Portuguese Africa. Metropolitan Revolution and the Dissolution of Empire, London 1997.
565. R. J. MCMAHON, Colonialism and Cold War. The United States and the Struggle for Indonesian Independence 1945–1949, Ithaca, NY 1981.
566. H. MEJCHER, Sinai, 5. Juni 1967. Krisenherd Naher und Mittlerer Osten, München 1998.
567. G. TH. MOLLIN, Die USA und der Kolonialismus. Amerika als Partner und Nachfolger der belgischen Macht in Afrika 1939–1965, Berlin 1996.
568. W. J. MOMMSEN (Hrsg.), Das Ende der Kolonialreiche. Dekolonisation und die Politik der Großmächte, Frankfurt a. M. 1990.
569. J. DE MOOR, Westling's Oorlog, Indonesien 1945–1950, Amsterdam 1999.
570. T. MOSER, Europäische Integration, Dekolonisation, Eurafrika. Eine historische Analyse über die Entstehungsbedingungen der Eurafrikanischen Gemeinschaft von der Weltwirtschaftskrise bis zum Jaunde-Vertrag, 1929–1963, Baden-Baden 2000.
571. K.-J. MÜLLER/J.-P. CAHN (Hrsg.), L'Allemagne et la décolonisation française. Actes du colloque de l'Université de Paris XII, Créteil 18 au 20 mars 1999, Stransbourg 1999.
572. P. C. NAYLOR, France and Algeria: A History of Decolonization and Transformation, Gainesville 2000.
573. R. OVENDALE, Britain, the United States and the End of the Palestine Mandate 1942–1948, London 1989.
574. The Oxford History of the British Empire, Bd. 4: The Twentieth Centruy, hrsg. von J. M. BROWN u. W. R. LOUIS, Bd. 5: Historiography, hrsg. von R. WINKS, Oxford/New York 1999.
575. W. REINHARD, Geschichte der europäischen Expansion, Stuttgart/Berlin/

Köln 1990, 4 Bde., Stuttgart 1983-1990, hier bes. Bde. 3 u. 4: Dritte Welt, Afrika.

576. D. ROTHERMUND, Delhi, 15. August 1947. Das Ende kolonialer Herrschaft, München 1998.

577. A. RUSCIO, La Décolonisation tragique: Une histoire de la décolonization française 1945-1962, Paris 1987.

578. D. RYAN/V. PUNGONG (Hrsg.), The United States and Decolonization. Power and Freedom, New York 2000.

579. J. STRACHEY, The End of Empire, London 1959.

580. N. TARLING, Britain, Southeast Asia and the Onset of the Cold War, 1945-1950, Cambridge 1998.

581. N. TARLING, A Sudden Rampage. The Japanese Expansion of Southeast Asia 1941-1945, Honolulu 2001.

582. M. THOMAS, The French North African Crisis: Colonial Breakdown and Anglo-French Relations, 1945-1962, Basingstoke 2000.

583. P. VON ESCHEN, Race Against Empire. Black Americans and Anticolonialism, 1937-1957, Ithaca, NY 1997.

584. I. M. WALL, France, the United States and the Algerian War, Berkeley/Los Angeles/London 2001.

585. I. WALLERSTEIN, Africa. The Politics of Independence, New York 1961.

586. K. W. WATRIN, Machtwechsel im Nahen Osten. Großbritanniens Niedergang und der Aufstieg der Vereinigten Staaten 1941-1947, Frankfurt a.M. 1992.

587. H. L. WESSELING, Indie verloren, rampspoed geboren, Amsterdam 1995.

588. N. J. WHITE, Decolonisation. The British Experience since 1945, London u.a. 1999.

589. A. WIRZ, Kriege in Afrika. Die nachkolonialen Konflikte in Nigeria, Sudan, Tschad und Kongo, Wiesbaden 1982.

## G. DIE ESKALATION DES OST-WEST-KONFLIKTES 1943-1962

### 1. ZU DEN VIERZIGER UND FÜNFZIGER JAHREN

*a) Zum Ost-West-Konflikt allgemein*

590. Anfänge westdeutscher Sicherheitspolitik 1945-1956. Hrsg. v. Militärgeschichtlichen Forschungsamt, 4 Bde. München/Wien 1982-1997.

591. M. J. COHEN, Fighting World War Three from the Middle East: Allied Contingency Plans, 1945–1954, London 1997.
592. M. L. DOCKRILL, The Cold War 1945–1963, London 1988.
593. J. B. DUROSELLE, Le conflit de Trieste, 1943–1954, Brüssel 1966.
594. J. FOSCHEPOTH (Hrsg.), Kalter Krieg und Deutsche Frage. Deutschland im Widerstreit der Mächte 1945–1952, Paderborn 1985.
595. F. GORI/S. PONS (Hrsg.), The Soviet Union and Europe in the Cold War, 1943–53, Basingstoke 1996.
596. C. GREINER/K. A. MAIER/H. REBHAN, Die NATO als Militärallianz, München 2003.
597. J. M. Hanhimäki, Containing Coexistence. America, Russia, and the „Finnish Solution", 1945–1956, Kent 1996.
598. E. W. HAZARD, Cold War Crucible: United States Foreign Policy and the Conflict in Romania, 1943–1953, Boulder, CO 1996.
599. A. HILLGRUBER, Europa in der Weltpolitik der Nachkriegszeit, 1945–1963, (1979), 4. Aufl. erg. u. überarb. v. J. DÜLFFER, München 1993.
600. P. KARBER/J. P. COMBS, The United States, NATO and the Soviet Threat to Western Europe. Military Estimates and Policy Options, 1945–1963, in: DH 22 (1998), S. 399–429.
601. C. KENNEDY-PIPE, Stalin's Cold War. Soviet Strategies in Europe, 1943 to 1956, Manchester 1995.
602. J. u. G. KOLKO, The Limits of Power. The World and the United States Foreign Policy 1945–1954, New York 1972.
603. W. LOTH, Die Teilung der Welt. Geschichte des Kalten Krieges 1941–1955, (1980), 8. Aufl., München 2000.
604. W. LOTH, Stalins ungeliebtes Kind. Warum Moskau die DDR nicht mochte, Berlin 1994.
605. V. MASTNY/G. SCHMIDT, Konfrontationsmuster des Kalten Krieges 1946–1956, München 2003.
606. V. MASTNY, The Cold War and Soviet Insecurity: The Stalin Years, New York 1996.
607. A. OFFNER, Another such Victory. President Truman and the Cold War, 1945–1953, Stanford 2002
608. E. A. SCHMIDL (Hrsg.), Österreich im frühen Kalten Krieg 1945–1958. Spione, Partisanen, Kriegspläne, Wien 2000.
609. M. TRACHTENBERG, A Constructed Peace. The Making of the European Settlement 1945–1963, Princeton 1999.
610. G. WETTIG, Bereitschaft zu Einheit in Freiheit? Die sowjetische Deutschlandpolitik 1945–1955, München 1999.

*b) Beide deutsche Staaten*

611. H. HERZFELD, Berlin in der Weltpolitik, 1945–1970, Berlin 1973.
612. C. ÖZREN, Die Beziehungen der beiden deutschen Staaten zur Türkei (1945/49–1963). Politische und ökonomische Interessen im Zeichen der deutschen Teilung, Hamburg 1999.
613. M. PAPE, Ungleiche Brüder. Österreich und Deutschland 1945–1965, Köln u. a. 2000.

*c) Bundesrepublik Deutschland*

614. CH. BUCHHEIM, Die Wiedereingliederung Westdeutschlands in die Weltwirtschaft 1945–1958, München 1990.
615. W. BÜHRER, Westdeutschland in der OEEC. Eingliederung, Krise, Bewährung 1947–1961, München 1997.
616. A. DOERING-MANTEUFFEL (Hrsg.), Adenauerzeit. Stand, Perspektiven und methodische Aufgaben der Zeitgeschichtsforschung (1945–1967), Bonn 1993.
617. J. FOSCHEPOTH (Hrsg.), Adenauer und die Deutsche Frage, Göttingen 1988.
618. J. E. GIENOW-HECHT, Transmission Impossible: American Journalism as Cultural Diplomacy in Postwar Germany 1945–1955, Baton Rouge 1999.
619. D. GOSSEL, Briten, Deutsche und Europa. Die Deutsche Frage in der britischen Außenpolitik 1945–1962, Stuttgart 1999.
620. G. HARDACH, Der Marshall-Plan. Auslandshilfe und Wiederaufbau in Westdeutschland 1948–1952, München 1994.
621. K. D. HENKE, Die amerikanische Besetzung Deutschlands, München 1995.
622. L. HERBST, Option für den Westen. Vom Marshallplan bis zum deutsch-französischen Vertrag, München 1989.
623. L. HERBST/W. BÜHRER/H. SOWADE (Hrsg.), Vom Marshallplan zur EWG. Die Eingliederung der Bundesrepublik in die westliche Welt, München 1990.
624. R. HUDEMANN, Sozialpolitik im deutschen Südwesten zwischen Tradition und Neuordnung 1945–1953. Sozialversicherung und Kriegsopferversorgung im Rahmen französischer Besatzungspolitik, Mainz 1988.
625. F. KNIPPING/K.-J. MÜLLER, Aus der Ohnmacht zur Bündnismacht. Das Machtproblem in der Bundesrepublik Deutschland 1945–1960, Paderborn 1995.
626. K. KÖSTER, Bundesrepublik Deutschland und Vereinte Nationen: 1949 bis 1963, Frankfurt a. M. u. a. 2000.
627. K. LARRES, Politik der Illusionen: Churchill, Eisenhower und die deutsche Frage 1945–1955, Göttingen 1995.

628. F. Schumacher, Kalter Krieg und Propaganda. Die USA, der Kampf um die Weltmeinung und die ideelle Westbindung der Bundesrepublik Deutschland, 1945–1955, Trier 2000.

*d) Sowjetunion, DDR und das übrige Ostmitteleuropa*

629. S. R. Anderson, A Cold War in the Soviet Bloc: Polish-East German Relations, 1945–1962, Boulder 2001.

630. P. Danylow, Die außenpolitischen Beziehungen Albaniens zu Jugoslawien und zur UdSSR 1944–1961, München/Wien 1982.

631. D. Holloway, Stalin and the Bomb. The Soviet Union and Atomic Energy, 1939–1956, New Haven, CT/London 1994.

632. J. Kucera, „Der Hai wird nie wieder so stark sein". Tschechoslowakische Deutschlandpolitik 1945–1948, Dresden 2001.

633. M. Parrish, The Lesser Terror. Soviet State Security, 1939–1953, London 1996.

634. B. Thoss, Volksarmee schaffen – ohne Geschrei! Studien zu den Anfängen einer „verdeckten Aufrüstung" in der SBZ/DDR 1947–1952, München 1994.

*e) Einzelne Staaten Westeuropas*

635. G. Bossuat, La France, l'aide américaine et la construction européenne, 1944–1954, 2 Bde., Paris 1992/97.

636. K. Botsiou, Griechenlands Weg nach Europa. Von der Truman-Doktrin bis zur Assoziierung mit der Europäischen Wirtschaftsgemeinschaft, 1947–1961, Frankfurt a. M. u. a. 1999.

637. E. Di Nolfo (Hrsg.), Von Mussolini zu De Gasperi. Italien zwischen Angst und Hoffnung 1943–1953, Paderborn/München/Zürich/Wien 1993.

638. M. Dumoulin (Hrsg.), La Belgique et les débuts de la construction européenne. De la guerre aux traités de Rome, Louvain-la-Neuve 1987.

639. J. Gerard-Libois/R. Lewin, La Belgique entre dans la guerre froide et l'Europe (1947–1953), Brüssel 1992.

640. R. T. Griffiths (Hrsg.), The Netherlands and the Integration of Europe 1945–1957, Amsterdam 1990.

641. F. Guirao, Spain and the Reconstruction of Western Europe 1945–57, Basingstoke u. a. 1998.

642. M. Hederman, The Road to Europe. Irish Attitudes 1948–61, Dublin 1983.

643. History of the Office of the Secretary of Defense, hrsg. v. Alfred Goldberg, 4 Bde., Washington 1988–1997.

644. W. I. HITCHCOCK, France Restored. Cold War Diplomacy and the Quest fo Leadership in Europe 1944–1954. Chapel Hill/London 1998.
645. W. L. HIXSON, Parting the Curtain: Propaganda, Culture, and the Cold War, 1945–1962, Basingstoke 1998.
646. M. J. HOGAN, A Cross of Iron. Harry S. Truman and the Origins of the National Security State, 1945–1954, Cambridge 1998.
647. D. MONGIN, La bombe atomique française 1945–1958, Bruxelles 1997.
648. F. S. NORTHEDGE, Descent From Power. British Foreign Policy, 1945–1973, London 1974.
649. R. REUTHER, Die ambivalente Normalisierung. Deutschlanddiskurs und Deutschlandbilder in den USA, 1941–1955, Stuttgart 2000.
650. D. A. ROSENBERG, The Origins of Overkill: Nuclear Weapons and American Strategy, 1945–1960, in: International Security 7,4 (1983), S. 3–71.
651. D. A. ROSENBERG, American Atomic Strategy and the Hydrogen Bomb Decision, in: JAH 66 (1979/80), S. 62–87.
652. B. WHELAN, Ireland and the Marshall Plan 1947–1957, London/Dublin 2000.

*f) Bilaterale und multilaterale Beziehungen in Westeuropa und transatlantische Beziehungen*

653. B. ASCHMANN, „Treue Freunde ...?" Westdeutschland und Spanien 1945–1963, Stuttgart 1999.
654. E. BLOEMEN, Het Benelux-Effect. België, Nederland en Luxemburg en de Europese Integratie, 1945–1957, Amsterdam 1992.
655. G. BOSSUAT, Les fondateurs de l'Europe, Paris 1994.
656. A. BROGI, A Question of Self-Esteem. The United States and the Cold War. Choices in France and Italy, 1944–1958, New York 2002.
657. J. M. DIEFENDORF/A. FROHN/H.-J. RUPIEPER (Hrsg.), American Policy and the Reconstruction of Western Germany, 1945–1955, Cambridge/New York 1993.
658. J. B. DUROSELLE/E. SERRA (Hrsg.), Italia e Francia 1946–1954, Mailand 1987.
659. P. L. HAHN, The United States, Great Britain and Egypt 1945–1956. Strategy and Diplomacy in the early Cold War, Chapel Hill 1991.
660. B. HEUSER/R. O'NEILL (Hrsg.), Securing Peace in Europe, 1945–1962. Thoughts for the Post-Cold War Era, Basingstoke/London 1992.
661. M. J. HOGAN, The Marshall Plan. America, Britain, and the Reconstruction of Western Europe, 1947–1952, Cambridge, MA 1987.
662. J. KILLICK, The United States and European Reconstruction, 1945–1960, Edinburgh 1997.

663. B. KUNIHOLM, The Near East Connection: Greece and Turkey in the Reconstruction and Security of Europe, 1946–1952, Princeton 1984.

664. S. LEFEVRE, Les relations économiques franco-allemandes de 1945 à 1955. De l'occupation à la coopération, Paris 1998.

665. W. LOTH, Der Weg nach Europa. Geschichte der europäischen Integration 1939–1957, Göttingen 1990.

666. T. B. OLESEN, Interdependence versus Integration. Denmark, Scandinavia and Western Europe, 1945–1960, Odense 1995

667. R. PERRON, Le Marché du Charbon, un enjeu entre l'Europe et les Etats-Unis de 1945 à 1958, Paris 1996.

668. Power in Europe? Bd. I: Great Britain, France, Italy and Germany in a Postwar World, 1945–1950, hrsg. von J. BECKER u. F. KNIPPING, Berlin/New York 1986; Bd. II: Great Britain, France, Germany and Italy and the Origins of the EEC 1952–1957, hrsg. von E. DI NOLFO, Berlin/New York 1992.

669. E. T. SMITH, The United States, Italy and NATO, 1947–52, New York 1991.

670. I. M. WALL, The United States and the Making of Postwar France 1945–1954, Cambridge/New York 1991.

671. A. WILKENS (Hrsg.), Die deutsch-französischen Wirtschaftsbeziehungen 1945–1960 / Les relations économiques franco-allemandes 1945–1960. Kolloquium des Deutschen Historischen Instituts Paris 8.–10. Dezember 1994, Sigmaringen 1997.

672. S. R. WILLIAMSON/S. L. REARDEN, The Origins of U.S. Nuclear Strategy 1945–1953, New York 1993.

673. C. WURM (Hrsg.), Western Europe and Germany. The Beginning of European Integration 1945–1960, Oxford 1995.

2. ZWEITER WELTKRIEG UND ERSTE NACHKRIEGSZEIT BIS 1948/49

*a) Zweiter Weltkrieg und Kriegsende*

674. G. ALPEROVITZ, Atomic Diplomacy. Hiroshima and Potsdam. The Use of the Atomic Bomb and the American Confrontation with Soviet Power, 2. Aufl., New York 1987, 3. Aufl. 1994 (dt.: Atomare Diplomatie – Hiroshima und Potsdam, München 1966).

675. G. ALPEROVITZ, The Decision to Use the Atomic Bomb and the Architecture of an American Myth, London 1995 (dt.: Hiroshima. Die Entscheidung für den Abwurf der Bombe, Hamburg 1995).

676. B. J. BERNSTEIN, The Atomic Bomb. The Critical Issue, Boston/Toronto 1978.

677. B. J. BERNSTEIN, Seizing the Contested Terrain of early Nuclear History:

Stimson, Conant, and their Allies Explain the Decision to Use the Atomic Bomb, in: DH 17 (1993), S. 35–72.

678. G. BISCHOF/W. KRIEGER (Hrsg.), Die Invasion in der Normandie 1944. Internationale Perspektiven), Innsbruck/Wien/München/Bozen 2001.

679. W. BORODZIEJ, Der Warschauer Aufstand 1944, Frankfurt a. M. 2001.

680. D. BRANDES, Großbritannien und seine osteuropäischen Alliierten 1939–1943. Die Regierungen Polens, der Tschechoslowakei und Jugoslawiens im Londoner Exil vom Kriegsausbruch bis zur Konferenz von Teheran, München 1988.

681. M. BROSZAT/K. D. HENKE/H. WOLLER (Hrsg.), Von Stalingrad zur Währungsreform. Zur Sozialgeschichte des Umbruchs in Deutschland, München 1988.

682. D. S. CLEMENS, Yalta, New York 1970 (dt.: Jalta, Stuttgart 1972).

683. Das Deutsche Reich und der Zweite Weltkrieg, hrsg. vom Militärgeschichtlichen Forschungsamt, Stuttgart 1979 ff., geplant 10 Bände, bisher 7 Bände (mit Teilbänden).

684. M. DUMOULIN (Hrsg.), Plans des temps de Guerre pour l'Europe d'après-guerre 1940–1947. Wartime Plans for Postwar Europe 1940–1947, Brüssel/Mailand/Paris/Baden-Baden 1995.

685. Europa unterm Hakenkreuz. Die Okkupationspolitik des deutschen Faschismus 1938–1945, 7 Bde. und 2 Erg.-Bde., Berlin 1989–1996;
Erg.-Bd. 1: Okkupation und Kollaboration (1938–1945). Beiträge zu Konzepten und Praxis der Kollaboration in der deutschen Okkupationspolitik, zsgest. u. eingl. v. W. RÖHR, Berlin 1994;
Erg.-Bd. 2: Analysen, Quellen, Register. 47 Tabellen und Schemata, zsgest. u. eingel. v. W. RÖHR, Berlin 1996 [Bde. 1–7 s. Quellen, Nr. 60].

686. J. L. GADDIS, The United States and the Origins of the Cold War 1941–1947, New York/London 1972, 2. Aufl. 1976, Neuaufl. 2001.

687. G. GORODETSKY, Die große Täuschung. Hitler, Stalin und das Unternehmen Barbarossa, Berlin u. a. 2001.

688. B. GREINER, Die Morgenthau-Legende: Zur Geschichte eines umstrittenen Plans, Hamburg 1995.

689. G. C. HERRING, Aid to Russia. Strategy, Diplomacy, and the Origins of the Cold War, New York 1973.

690. R. C. HILDERBRAND, Dumbarton Oaks. The Origins of the United Nations and the Search for Power Security, Chapel Hill 1990.

691. A. HILLGRUBER, Der Zweite Weltkrieg 1939–1945. Kriegsziele und Strategie der großen Mächte, 6. Aufl., hrsg. v. B. MARTIN, Stuttgart u. a. 1996.

692. M. J. HOGAN (Hrsg.), Hiroshima in History and Memory, Cambridge/New York/Melbourne 1996.

693. T. JUDT (Hrsg.), Resistance and Revolution in Mediterranean Europe 1939–1948, New York 1989.
694. L. KETTENACKER, Krieg zur Friedenssicherung. Die Deutschlandplanung der britischen Regierung während des Zweiten Weltkrieges, Göttingen 1989.
695. W. F. KIMBALL, Forged in War. Roosevelt, Churchill, and the Second World War, New York 1997.
696. G. KOLKO, The Politics of War. The World and United States Foreign Policy, 1943–1945, 2. Aufl., New York 1990.
697. B. MARTIN/S. LEWANDOWSKA (Hrsg.), Der Warschauer Aufstand 1944, Warschau 1999.
698. W. MAUSBACH, Zwischen Morgenthau und Marshall. Das wirtschaftspolitische Deutschlandkonzept der USA 1944–1947, Düsseldorf 1996.
699. H. MEJCHER, Die Politik und das Öl im Nahen Osten. Bd. 2: Die Teilung der Welt 1938–1950, Stuttgart 1990.
700. G. NIEDHART, Internationale Beziehungen 1917–1947, Paderborn 1989.
701. A. A. OFFNER/T. A. WILSON (Hrsg.), Victory in Europe 1945: From World War to Cold War, Kansas 2000.
702. D. W. PIKE (Hrsg.), The Closing of the Second World War. Twilight of a Totalitarianism, New York/Frankfurt a. M. u. a. 2001.
703. R. C. RAACK, Stalin's Drive to the West, 1938–1945: The Origins of the Cold War, Stanford, CA 1995.
704. D. REYNOLDS, Rich Relations: The American Occupation of Britain, 1942–1945, London 1995.
705. D. REYNOLDS/W. KIMBALL/A. CHUBARIAN (Hrsg.), Allies at War: The Soviets, American, and British Experience, 1939–1945, Basingstoke 1994.
706. R. RHODES, The Making of the Atomic Bomb, New York 1986.
707. K. SAINSBURY, The Turning Point. The Cairo, Moscow and Teheran Conferences, London 1985.
708. L. SALU, The Great Powers and Rumania 1944 to 1946. A Study of the Early Cold War, New York 1992.
709. J. TUSELL, Franco, España y la II guerra mundial: entre el eje y la neutralidad, Madrid 1995.
710. H.-E. VOLKMANN (Hrsg.), Ende des Dritten Reiches – Ende des Zweiten Weltkrieges. Eine perspektivische Rückschau, München 1995.
711. G. L. WEINBERG, A World at Arms. A Global History of World War II, Cambridge 1994 (dt.: Eine Welt in Waffen. Die globale Geschichte des Zweiten Weltkriegs, Stuttgart 1995).
712. L. WOODWARD, British Foreign Policy in the Second World War, 5 Bde., London 1971–1975.

*b) Deutsche Frage*

713. W. ABELSHAUSER, Wirtschaft in Westdeutschland 1945-1948. Rekonstruktion und Wachstumsbedingungen in der amerikanischen und britischen Zone, Stuttgart 1975.

714. G. AMBROSIUS, Die Durchsetzung der Sozialen Marktwirtschaft in Westdeutschland 1945-1949, Stuttgart 1977.

715. J. H. BACKER, The Decision to Divide Germany. American Foreign Policy in Transition, Durham, NC 1978 (dt.: Die Entscheidung zur Teilung Deutschlands, München 1981).

716. W. BENZ, Die Gründung der Bundesrepublik. Von der Bizone zum souveränen Staat, München 1984

717. W. BENZ, Von der Besatzungsherrschaft zur Bundesrepublik. Stationen einer Staatsgründung 1946-1949, Frankfurt a. M. 1985.

718. K. BORCHARDT/CH. BUCHHEIM, Die Wirkung der Marshallplan-Hilfe in Schlüsselbranchen der deutschen Wirtschaft, in: VfZ 35 (1987), S. 317-347.

719. C. BUFFET, Mourir pour Berlin. La France et l'Allemagne 1945-1949, Paris 1991.

720. A. DEIGHTON, The Impossible Peace. Britain, the Division of Germany and the Origins of the Cold War, Oxford 1990.

721. C. W. EISENBERG, Drawing the Line: The American Decision to Divide Germany, 1944-1949, Cambridge/New York/Melbourne 1996.

722. A. FISCHER, Sowjetische Deutschlandpolitik im Zweiten Weltkrieg 1941-1945, Stuttgart 1975.

723. J. FOITZIK, Sowjetische Militäradministration in Deutschland (SMAD) 1945-1949. Struktur und Funktion, Berlin / München 1999.

724. J. FOSCHEPOTH/R. STEININGER (Hrsg.), Die britische Deutschland- und Besatzungspolitik 1945-1949, Paderborn 1985.

725. J. GIMBEL, The American Occupation of Germany. Politics and the Military 1945-1949, Stanford, CA 1968 (dt.: Amerikanische Besatzungspolitik in Deutschland 1945-1949, Frankfurt a. M. 1971).

726. H. GRAML, Die Alliierten und die Teilung Deutschlands. Konflikte und Entscheidungen 1941-1948, Frankfurt a. M. 1985.

727. D. HÜSER, Frankreichs „doppelte Deutschlandpolitik": Dynamik aus der Defensive – Planen, Entscheiden, Umsetzen in gesellschaftlichen und wirtschaftlichen, innen- und außenpolitischen Krisenzeiten, 1944-1950, Berlin 1996.

728. M. KESSEL, Westeuropa und die deutsche Teilung. Englische und französische Deutschlandpolitik auf den Außenministerkonferenzen von 1945 bis 1947, München 1989.

729. V. Koop, Kein Kampf um Berlin? Deutsche Politik zur Zeit der Berlin-Blockade 1948/49, Bonn 1998.

730. E. Kraus, Ministerien für das ganze Deutschland? Der Alliierte Kontrollrat und die Frage gesamtdeutscher Zentralverwaltungen, München 1990.

731. W. Krieger, Lucius D. Clay und die amerikanische Deutschlandpolitik 1945–1949, Stuttgart 1987.

732. B. Kuklick, American Policy and the Division of Germany. The Clash with Russia over Reparations, Ithaca/New York/London 1972.

733. M. P. Leffler, The Struggle for Germany and the Origins of the Cold War, Washington 1996.

734. G. Mai, Der Alliierte Kontrollrat in Deutschland 1945–1948. Alliierte Einheit – deutsche Teilung?, München 1995.

735. C. S. Maier/G. Bischof (Hrsg.), Deutschland und der Marshall-Plan, Baden-Baden 1992.

736. H. Mehringer/M. Schwartz/H. Wentker (Hrsg.), Erobert oder befreit? Deutschland im internationalen Kräftefeld und die sowjetische Besatzungszone (1945/46), München 1998.

737. R. L. Merritt, Democracy Imposed: U.S. Occupation Policy and the German Public, 1945–1949, New Haven, CT, 1995.

738. N. Naimark, Die Russen in Deutschland. Die sowjetische Besatzungszone 1945 bis 1949, Berlin 1997 (Originalausg.: The Russians in Germany. A History of the Soviet Zone of Occupation, 1945–1949, Cambridge, MA/London 1995).

739. H.-J. Rupieper, Die Wurzeln der westdeutschen Nachkriegsdemokratie. Der amerikanische Beitrag 1945–1952, Opladen 1993.

740. H.-J. Schröder (Hrsg.), Marshallplan und westdeutscher Wiederaufstieg, Positionen – Kontroversen, Stuttgart 1990.

741. H.-P. Schwarz, Vom Reich zur Bundesrepublik. Deutschland im Widerstreit der außenpolitischen Konzeptionen in den Jahren der Besatzungsherrschaft 1945–1949, Neuwied/Berlin 1966; 2. erw. Aufl. Stuttgart 1980.

742. A. Shlaim, The United States and the Berlin Blockade, 1948–1949. A Study in Crisis Decision-Making, Berkeley/Los Angeles/London 1983.

743. D. Staritz, Die Gründung der DDR. Von der sowjetischen Besatzungsherrschaft zum sozialistischen Staat, München 1984.

744. E. Wolfrum, Französische Besatzungspolitik und deutsche Sozialdemokratie. Politische Neuansätze in der „vergessenen Zone" bis zur Bildung des Südweststaates, Düsseldorf 1991.

*c) Ost-West-Kooperation und -Konflikt*

745. T. ANDERSON, The United States, Great Britain and the Cold War 1944–1947, Columbia/London 1981.
746. B. ARCHIDIACONO, Alle origini della divisione europea. Armistizi e Commissionia di controlle alleate in Europa orientale, 1944–1946, Florenz 1993.
747. R. BOHN/J. ELVERT (Hrsg.), Kriegsende im Norden. Vom heißen zum kalten Krieg, Stuttgart 1995.
748. D. H. CLOSE, The Origins of the Greek Civil War, London 1995.
749. J. DÜLFFER, Jalta, 4. Februar 1945. Der Zweite Weltkrieg und die Entstehung der bipolaren Welt, München 1998, 2. Aufl. 1999.
750. H. FEIS, Between War and Peace. The Potsdam Conference, Princeton 1960 (dt: Zwischen Krieg und Frieden. Das Potsdamer Abkommen, Frankfurt a. M. 1962).
751. H. FEIS, Churchill, Roosevelt, Stalin. The War They Waged and the Peace They Sought, Princeton 1957.
752. H. FEIS, From Trust to Terror. The Onset of the Cold War 1945–1950, New York 1970.
753. J. FISCH, Reparationen nach dem Zweiten Weltkrieg, München 1992.
754. M. FÜLÖP, La paix inachevée. Le Conseil des ministres des Affaires étrangères et le traité de paix avec la Hongrie en 1947, Budapest 1998.
755. M. GALLICCHIO, The Cold War begins in Asia. American East-Asian Policy and the Fall of the Japanese Empire, New York 1988.
756. F. KOFSKY, Harry S. Truman and the War Scare of 1948: A Successful Campaign to Deceive the Nation, New York 1993.
757. B. R. KUNIHOLM, The Origins of the Cold War in the Near East: Great Power Conflict and Diplomacy in Iran, Turkey and Greece, Princeton 1994.
758. A. LACROIX-RIZ, L'économie suédoise entre l'Est et l'Ouest 1944–1949: neutralité et embargo, de la guerre au Pacte Atlantique, Paris 1991.
759. M. P. LEFFLER, A Preponderance of Power. National Security, the Truman Administration and the Cold War, Stanford 1992 (=610).
760. G. LUNDESTAD, America, Scandinavia and the Cold War 1945–1949, New York 1980.
761. G. LUNDESTAD, The American Non-Policy Towards Eastern Europe 1943–1947. Universalism in an Area not of Essential Interest to the United States, Toronto/Oslo/Bergen 1975.
762. V. MASTNY, Russia's Road to the Cold War. Diplomacy Warfare and the Politics of Communism, 1941–1945, New York 1979 (dt.: Moskaus Weg zum Kalten Krieg. Von der Kriegsallianz zur sowjetischen Vormachtstellung in Osteuropa, München/Wien 1980).

763. CH. L. MEE JR., Die Teilung der Beute. Die Potsdamer Konferenz 1945, München/Zürich/Innsbruck 1977.
764. T. J. PATERSON/R. J. MCMAHON (Hrsg.), The Origins of the Cold War, Lexington 1991.
765. S. L. SALE, The Shaping of Containment. Harry S. Truman, the National Security Council, and the Cold War, Brandywine 1998.
766. P. J. STAVRAKIS, Moscow and Greek Communism, Ithaca 1989.
767. W. TAUBMAN, Stalin's American Policy: From Entente to Detente to Cold War, New York 1982.
768. H. TIMMERMANN (Hrsg.), Potsdam 1945. Konzept, Taktik, Irrtum?, Berlin 1999.
769. A. VARSORI/E. CALANDRI (Hrsg.), The Failure of Peace in Europe, 1943–48, Basingstoke 2002.
770. D. YERGIN, Shattered Peace. The Origins of the Cold War and the National Security State, Boston 1977 (dt.: Der zerbrochene Frieden. Der Ursprung des Kalten Krieges und die Teilung Europas, Frankfurt a. M. 1979).
771. J. W. YOUNG, France, the Cold War and the Western Alliance, 1944–49. French Foreign Policy and Post-War Europe, Leicester 1990.

*d) Sowjetunion und Ostmitteleuropa*

772. T. HAMMOND (Hrsg.), The Anatomy of Communist Takeovers, New Haven/London 1975.
773. M. A. HATSCHIKJAN, Tradition und Neuorientierung der bulgarischen Außenpolitik 1944–1948. Die „nationale" Außenpolitik der Bulgarischen Arbeiterpartei (Kommunisten), München 1988.
774. P. HEUMOS (Hrsg.), Die Tschechoslowakei und Ostmitteleuropa 1945–1948, München 2002.
775. K. KERSTEN, The Establishment of Communist Rule in Poland, 1943–1948, Berkeley 1991.
776. S. KERTESZ, Between Russia and the West: Hungary and the Illusion of Peacemaking 1945–1947, Notre Dame, IN 1986.
777. N. NAIMARK/L. GIBIANSKIJ (Hrsg.), The Establishment of Communist Regimes in Eastern Europe, 1944–1949, Boulder 1997.
778. A. PACZKOWSKI (Hrsg.), Poland and the USSR: Structures of Dependence, 1944–1949, Warschau 1995.

*e) Westeuropa, USA und neutrale Staaten*

779. B. BAGNATO, Storia di una illusione europea. Il progetto di unione doganale italo-francese, London 1995.

780. C. BARNETT, The Lost Victory: British Dreams, British Realities 1945-1950, Basingstoke 1995.
781. J. BAYLIS, The Diplomacy of Pragmatism: Britain and the Formation of NATO, 1942-1949, Basingstoke 1993.
782. G. BOSSUAT, L'Europe occidentale à l'heure américaine. Le Plan Marshall et l'unité européenne, Brüssel 1992.
783. K. BRETSCHER-SPINDLER, Vom heißen zum Kalten Krieg. Vorgeschichte und Geschichte der Schweiz im Kalten Krieg 1943-1948, Zürich 1997.
784. A. CLESSE/A. P. EPPS (Hrsg.), Present at the Creation. The Fortieth Anniversary of the Marshall Plan, New York 1990.
785. I. DEÁK/J. T. GROSS/T. JUDT (Hrsg.), The Politics of Retribution in Europe. World War II and its Aftermath, Princeton 2000.
786. A. DEIGHTON (Hrsg.), Britain and the First Cold War, Basingstoke/London 1990.
787. CH. ESPOSITO, America's Feeble Weapon. Funding the Marshall Plan in France and Italy, 1948-1950, Westport/London 1994.
788. J. FOUSEK, To Lead the Free World: American Nationalism and the Cultural Roots of the Cold War, Chapel Hill u. a. 2000.
789. J. GIMBEL, The Origins of the Marshall Plan, Stanford, CA 1976.
790. R. GIRAULT/R. FRANK (Hrsg.), La Puissance Française en question 1945-1949, Paris 1988.
791. O. N. HABERL/L. NIETHAMMER (Hrsg.), Der Marshall-Plan und die europäische Linke, Frankfurt a. M. 1986.
792. V. INGIMUNDARSON, Security Contigencies versus Strategic Certainties: Iceland, the United States, and NATO during the Early Cold War, Oslo 1999.
793. H.-U. JOST, Europa und die Schweiz 1945-1950. Europarat, Supranationalität und schweizerische Unabhängigkeit, Zürich 1999.
794. G. KREIS (Hrsg.), Die Schweiz im internationalen System der Nachkriegszeit 1943-1950, Basel 1996.
795. W. LIPGENS, Die Anfänge der europäischen Einigungspolitik 1945-1950. Erster Teil: 1945-1947, Stuttgart 1977 (weitere Bände nicht erschienen).
796. A. S. MILWARD, The European Rescue of the Nation-State, London 1992.
797. A. S. MILWARD, Was the Marshall Plan Necessary? in: DH 13 (1989), S. 231-253.
798. A. S. MILWARD, The Reconstruction of Western Europe 1945-1951, 2. Aufl., London 1987.
799. F. NIESS, Die europäische Idee aus dem Geist des Widerstands, Frankfurt a. M. 2001.
800. R. POIDEVIN (Hrsg.), Origins of the European Integration (March 1948 – May 1950), Brüssel u. a. 1986.

801. B. VIGEZZI (Hrsg.), La dimensione atlantica e le relazioni internazionali nel dopoguerra 1947–1949, Mailand 1987.
802. H. WOLLER, Die Abrechnung mit dem Faschismus in Italien 1943 bis 1948, München 1996.
803. H. WOLLER (Hrsg.), Italien und die Großmächte 1943–1949, München 1988.

### 3. DER OST-WEST-KONFLIKT ZWISCHEN ZWEI KRISEN 1948/49–1962

*a) Zum Ost-West-Konflikt allgemein*

804. G. BISCHOF/S. DOCKRILL (Hrsg.), Cold War Respite: The Geneva Summit of 1955, Baton Rouge 2000.
805. M. BOSE, Shaping and Signalling Presidential Policy. The National Security Decision-Making of Eisenhower and Kennedy, College Station 1998.
806. R. R. BOWIE/R. H. IMMERMAN, Waging Peace: How Eisenhower Shaped an Enduring Cold War Strategy, Oxford 1998.
807. R. A. DIVINE, Eisenhower and the Cold War, New York/Oxford 1981.
808. R. A. DIVINE, The Sputnik Challenge. Eisenhower's Response to the Soviet Satellite, New York 1993.
809. B. HEUSER, Western „Containment" Policies in the Cold War: The Yugoslav Case, 1948–1953, London / New York 1988.
810. R. H. IMMERMAN (Hrsg.), John Foster Dulles and the Diplomacy of Cold War, Princeton 1991.
811. R. H. IMMERMAN, John Foster Dulles. Piety, Pragmatism, and Power in U.S. Foreign Policy, Wilmington 1999.
812. O. KENDRICK, Kennedy, Macmillan and the Nuclear Test-Ban Debate, 1961–63, Basingstoke 1998.
813. L. M. LEES, Keeping Tito Afloat. The United States, Yugoslavia, and the Cold War, University Park, PA 1997.
814. M. LEMKE, Einheit oder Sozialismus? Die Deutschlandpolitik der SED 1949–1961, Köln u. a. 2001.
815. M. DE LEONARDIS, La Diplomazia Atlantica e la Soluzione del Problema di Trieste (1952–1954), Neapel 1992.
816. E. R. MAY (Hrsg.), American Cold War Strategy: Interpreting NSC 68, Boston, MA 1993.
817. R. G. MILLER, To Save a City: The Berlin Airlift, 1948–1949, College Station 2000.
818. A. MITTER/S. WOLLE, Untergang auf Raten. Unbekannte Kapitel der DDR-Geschichte, München 1995.

819. P. NASH, The Other Missiles of October. Eisenhower, Kennedy, and the Jupiters in Europe, 1957–1963, Columbus, OH 1994.

820. P. F. I. PHARO, A Precondition for Peace: Transparency and the Test-Ban Negotiations, 1958–1963, in: International History Review 22 (2000), S. 557–582.

821. O. RATHKOLB, Washington ruft Wien: US-Großmachtpolitik und Österreich 1953–1963, Wien 1997.

822. R. STEININGER, Eine vertane Chance. Die Stalin-Note vom 10. März 1952 und die Wiedervereinigung. Eine Studie auf der Grundlage unveröffentlichter britischer und amerikanischer Akten, Berlin / Bonn 1985.

823. K. STIBORA FULCHER, A Sustainable Position? The United States, the Federal Republic, and the Ossification of Allied Policy on Germany, 1958–1962, in: DH 26 (2002), S. 283–308.

824. B. THOSS/H.-E. VOLKMANN (Hrsg.), Zwischen kaltem Krieg und Entspannung. Sicherheits- und Deutschlandpolitik der Bundesrepublik im Mächtesystem der Jahre 1953–1956, Boppard 1988.

825. J. W. YOUNG, Winston Churchill's Last Campaign: Britain and the Cold War 1951–1955, Oxford 1996.

826. J. ZARUSKY (Hrsg.), Die Stalin-Note vom 10. März 1952. Neue Quellen und Dokumente, München 2002.

*b) Krisen 1953–1956*

827. G. ALFÖLDY, Ungarn 1956. Aufstand, Revolution, Freiheitskampf, Heidelberg 1997.

828. A. BARING, Der 17. Juni, mit einem Vorwort v. R. LÖWENTHAL, 3. Aufl., Köln/Berlin 1966.

829. T. COX (Hrsg.), Hungary 1956 – Forty Years on, London 1997.

830. J. FOITZIK (Hrsg.), Entstalinisierungskrise in Ostmitteleuropa 1953–1956. Vom 17. Juni bis zum ungarischen Volksaufstand. Politische, militärische, soziale und nationale Dimensionen, Paderborn 2001.

831. H. H. HAHN/H. OLSCHOWSKY (Hrsg.), Das Jahr 1956 in Ostmitteleuropa, Berlin 1996.

832. A. B. HEGEDÜS/M. WILKE (Hrsg.), Satelliten nach Stalins Tod. Der „Neue Kurs". 17. Juni 1953 in der DDR. Ungarische Revolution 1956, Berlin 2000.

833. W. HEINEMANN/N. WIGGERSHAUS (Hrsg.), Das internationale Krisenjahr 1956. Polen, Ungarn, Suez, München 1999.

834. B. KIRALY/B. LOTZE/N. F. DREISZIGER (Hrsg.), The First War between Socialist States: The Hungarian Revolution of 1956 and its Impact, New York 1984.

835. CH. KLESSMANN/B. STÖVER (Hrsg.), 1953 – Krisenjahr des Kalten Krieges in Europa, Köln/Weimar/Wien 1999.
836. W. S. LUCAS, Divided We Stand. Britain, the US and the Suez Crisis, London 1991.
837. B. MCCAULEY, Hungary and Suez, 1956: The Limits of Soviet and American Power, in: JContH 16 (1981), S. 770–800.

*c) Berlin- und Kuba-Krisen 1958–1962*

838. G. T. ALLISON/P. D. ZELIKOW, Essence of Decision. Explaining the Cuban Missile Crisis, 2. Aufl., New York 1999.
839. M. R. BESCHLOSS, The Crisis Years. Kennedy and Khrushchev 1960–1963, New York 1991 (dt.: JFK. Die Kennedyjahre 1960–1963, Düsseldorf 1992).
840. H. BIERMANN, John F. Kennedy und der kalte Krieg: die Außenpolitik der USA und die Grenzen der Glaubwürdigkeit, Paderborn 1997.
841. CH. BREMEN, Die Eisenhower-Administration und die zweite Berlin-Krise 1958–1961, Berlin/New York 1998.
842. H. M. CATUDAL, Kennedy and the Berlin Wall Crisis, Berlin 1980 (dt.: Kennedy in der Mauer-Krise. Eine Fallstudie zur Entscheidungsfindung in den USA, Berlin 1981).
843. L. FREEDMAN, Kennedy's Wars: Berlin, Cuba, Laos, and Vietnam, New York 2000.
844. A. FURSENKO/T. NAFTALI, „One Hell of a Gamble". Khrushchev, Castro, Kennedy, and the Cuban Missile Crisis, London 1997.
845. J. P. S. GEARSON, Harold Macmillan and the Berlin Wall Crisis, 1958–62: The Limits of Interest and Force, Basingstoke 1998.
846. J. P. S. GEARSON/K. SCHAKE, The Berlin Wall Crisis, London 2002.
847. M. JOCHUM, Eisenhower und Chruschtschow: Gipfeldiplomatie im Kalten Krieg 1955–1960, Paderborn 1996.
848. M. LEMKE, Die Berlinkrise 1958 bis 1963: Interessen und Handlungsspielräume der SED im Ost-West-Konflikt, Berlin 1995.
849. V. MAUER, Macmillan und die Berlin-Krise 1958/59, in: VfZ 44 (1996), S. 229–256.
850. CH. MÜNGER, Ich bin ein West-Berliner. Der Wandel der amerikanischen Berlinpolitik während der Präsidentschaft John F. Kennedys, Zürich 1999.
851. A. W. SCHERTZ, Die Deutschlandpolitik Kennedys und Johnsons. Unterschiedliche Ansätze innerhalb der amerikanischen Regierung, Köln/Weimar/Wien 1992.
852. L. V. SCOTT, Macmillan, Kennedy and the Cuban Missile Crisis. Political, Military and Intelligence Aspects, Basingstoke 1999.
853. R. M. SLUSSER, The Berlin Crisis of 1961. Soviet-American Relations and

the Struggle for Power in the Kremlin, June-November 1961, Baltimore 1973.
854. R. STEININGER, Der Mauerbau. Die Westmächte und Adenauer in der Berlinkrise 1958-1963, München 2001.
855. M. VAÏSSE (Hrsg.), L'Europe et la Crise de Cuba, Paris 1993.

*d) Zur Sowjetunion und Integration im Ostblock*

856. H. AMOS, Die Westpolitik der SED 1948/49-1961, Berlin 1999.
857. D. A. FILTZER, The Khrushchev Era: De-Stalinization and the Limits of Reform in the USSR, 1953-64, Basingstoke 1993.
858. S. N. KHRUSHCHEV, Nikita Khrushchev and the Creation of a Superpower, University Park, PA 2000.
859. M. KRAMER, The Early Post-Stalin Succession Struggle and Upheavals in East-Central Europe: Internal – External Linkages in Soviet Policy-Making. In: Journal of Cold War Studies 1, No 1-3, 1999.
860. H. LEMBERG (Hrsg.), Zwischen „Tauwetter" und neuem Frost, Ostmitteleuropa 1956-1970, Marburg 1993.
861. M. MCCAULEY, The Khrushchev Era 1953-1964, London 1995.
862. J. G. RICHTER, Khrushchev's Double Bind: International Pressures and Domestic Coalition Politics, Baltimore/London 1994.
863. J. WÜSTENHAGEN, „Blick durch den Vorhang". Die SBZ/DDR und die Integration Westeuropas (1946-1972), Baden-Baden 2001.

*e) Westeuropäische und transatlantische Beziehungen*

Wirtschaft und Politik

864. D. BRINKLEY/R. T. GRIFFITHS (Hrsg.), John F. Kennedy and Europe, London 1999.
865. P. CHENAUX, Une Europe vaticane? Entre le Plan Marshall et Traités de Rome, Brüssel 1990.
866. E. CONZE, Die gaullistische Herausforderung. Die deutsch-französischen Beziehungen in der amerikanischen Europapolitik 1958-1963, München 1995.
867. A. DEIGHTON/A. S. MILWARD (Hrsg.), Widening, Deepening and Acceleration: the European Economic Community 1957-1963, Baden-Baden u. a. 1999.
868. A. DEIGHTON (Hrsg.), Building Postwar Europe: National Decision-Makers and European Institutions, 1948-1963, Basingstoke/London 1995.
869. E. DELL, The Schuman Plan and the British Abdication of Leadership in Europe, Oxford 1995.

870. J. ELLISON, Threatening Europe: Britain and the Creation of the European Community, 1955–1958, Basingstoke 2000.

871. L. G. FELDMAN, The Special Relationship between West-Germany and Israel. Boston, London, Sydney 1984.

872. A. FROHN (Hrsg.), Holocaust und Shilumim. The Policy of Wiedergutmachung in the Early 1950s, Washington 1991.

873. J. G. GIAUQUE, Grand Designs and Visions of Unity: The Atlantic Powers and the Reorganisation of Western Europe 1958–1963, Chapel Hill 2002.

874. R. GIRAULT (HRSG.), Pierre Mendès France et le role de la France dans le monde. Colloque organisé par l'Institut Pierre Mendès France à l'Assemblée Nationale les 10 et 11 janvier 1991, Grenoble 1991.

875. R. T. GRIFFITHS/S. WARD. Courting the Common Market. The First Attempt to Enlarge the European Community 1961–1963, London 1996.

876. R. T. GRIFFITHS, The Creation of EFTA, Florenz 1991.

877. R. T. GRIFFITHS/F. M. B. LYNCH, L'échec de la „Petit Europe". Les négotiations Fritalux/Finebel, 1949–1950, in: RH 274 (1985), S. 159–193.

878. E. B. HAAS, The Uniting of Europe. Political, Social, and Economic Forces 1950–1957, 2. Aufl., Stanford, CA 1968.

879. C. P. HACKETT (Hrsg.), Monnet and the Americans. The Father of a United Europe and his U.S. Supporters, Washington, DC 1995.

880. L. HERBST/K. GOSCHLER (Hrsg.), Wiedergutmachung in der Bundesrepublik Deutschland, München 1989.

881. K. KAISER, EWG und Freihandelszone. England und der Kontinent in der europäischen Integration, Leiden 1963.

882. W. KAISER, Großbritannien und die Europäische Wirtschaftsgemeinschaft 1955–1961: Von Messina nach Canossa, Berlin 1996.

883. W. KAISER/G. STAERCK (Hrsg.), British Foreign Policy, 1955–64: Contracting Options, Basingstoke 2000.

884. J. J. KAPLAN/G. SCHLEIMINGER, The European Payments Union. Financial Diplomacy in the 1950s, Oxford 1989.

885. S.-R. KIM, Der Fehlschlag des ersten Versuches zu einer politischen Integration Westeuropas von 1951 bis 1954, Frankfurt a.M. u.a. 2000.

886. M. KOOPMANN, Das schwierige Bündnis. Die deutsch-französischen Beziehungen und die Außenpolitik der Bundesrepublik Deutschland 1958–1965, Baden-Baden 2000.

887. H. J. KÜSTERS, Die Gründung der Europäischen Wirtschaftsgemeinschaft, Baden-Baden 1982.

888. U. LAPPENKÜPER, Die deutsch-französischen Beziehungen 1949–1963. Von der „Erbfeindschaft" zur „Entente élémentaire", München 2001, 2 Bde.

889. W. LOTH, De Gaulle und Europa. Eine Revision, in: HZ 253 (1991), S. 629–660.

890. CH. LORD, Absent at the Creation: Britain and the Formation of the European Community, 1950–1952, Aldershot 1996.

891. P. LUDLOW, Dealing with Britain: The Six and the First UK Application to the EEC, Cambridge 1997.

892. O. MAGER, Die Stationierung der britischen Rheinarmee: Großbritanniens EVG-Alternative, Baden-Baden 1990.

893. R. MARCOWITZ, Option für Paris? Unionsparteien, SPD und Charles de Gaulle 1958–1969, München 1996.

894. G. NOEL, Du Pool Vert à la politique agricole commune. Les tentatives de Communauté agricole européenne entre 1945 et 1955, Paris 1989.

895. S. PISTONE (Hrsg.), I Movimenti per l'unità europea 1954–1969. Atti del Convegno internazionale Genova 5–6–7 novembre 1992, Mailand 1996.

896. B. ROCHARD, La Commission et l'identité européenne (janvier 1958 – décembre 1969). Etudes et travaux, Studies and Working Papers, Genf 1997.

897. U. RÖNDIGS, Globalisierung und europäische Integration. Der Strukturwandel des Energiesektors und die Politik der Montanunion 1952–1962, Baden-Baden 2000.

898. K. SCHWABE (Hrsg.), Die Anfänge des Schuman-Plans 1950/51, Brüssel/Mailand/Paris/Baden-Baden 1988.

899. TH. A. SCHWARTZ, America's Germany. John J. Mc Cloy and the Federal Republic of Germany, Cambridge, MA/London 1991 (dt.: Die Atlantikbrücke. John McCloy und das Nachkriegsdeutschland, Frankfurt a. M. u. a. 1992).

900. E. SERRA (Hrsg.), Il rilancio dell'Europa e i Trattati di Roma, Brüssel/Mailand/Paris/Baden-Baden 1989.

901. R. STEININGER, Wiederbewaffnung. Die Entscheidung für einen westdeutschen Verteidigungsbeitrag: Adenauer und die Westmächte 1950, Erlangen/Bonn/Wien 1989.

902. G. THIEMEYER, Vom „Pool Vert" zur Europäischen Wirtschaftsgemeinschaft. Europäische Integration, Kalter Krieg und die Anfänge der Gemeinsamen Europäischen Agrarpolitik 1950–1957, München 1999.

903. G. TRAUSCH (Hrsg.), Die Europäische Integration vom Schuman-Plan bis zu den Verträgen von Rom. Beiträge des Kolloquiums in Luxemburg, Paris/Brüssel/Baden-Baden 1993.

904. A. TROCHE, „Berlin wird am Mekong verteidigt". Die Ostasienpolitik der Bundesrepbulik in China, Taiwan und Süd-Vietnam, 1954–1966, Düsseldorf 2001.

905. CH. VORDEMANN, Deutschland-Italien 1949–1961. Die diplomatischen Beziehungen, Frankfurt a. M./Berlin/Bern 1994.

906. G. WILKER, Britain's Failure to Enter the European Community 1961–1963. The Enlargement Negotiation and Crises in European Atlantic and Commonwealth Relations, London u. a. 1997.
907. P. WINAND, Eisenhower, Kennedy, and the United States of Europe, Basingstoke 1993.
908. H. ZIMMERMANN, Money and Security. Troops and Monetary Policy in Germany's Relations to the United States and the United Kingdom, 1950–1971, Cambridge/New York 2002.

Sicherheit und Politik

909. A. BARING, Außenpolitik in Adenauers Kanzlerdemokratie. Bonns Beitrag zur Europäischen Verteidigungsgemeinschaft, München 1969.
910. I. CLARK, Nuclear Diplomacy and the Special Relationship. Britain's Deterrent and America 1957–1962, London 1994.
911. E. DI NOLFO/R. RAINERO/B. VIGEZZI (Hrsg.), L'Italia e la politica di potenza in Europa (1950–1960), Mailand 1992.
912. S. DOCKRILL, Britain's Policy for West-German Rearmament 1950–1955, Cambridge 1991.
913. S. DOCKRILL, Eisenhower's New-Look National Security Policy, 1953–61, Basingstoke 1996.
914. CH. DUGGAN/CH. WAGSTAFF (Hrsg.), Italy in the Cold War: Politics, Culture and Society, 1948–1958, Oxford 1995.
915. A. GABLIK, Strategische Planungen in der Bundesrepublik Deutschland 1955–1967. Politische Kontrolle oder militärische Notwendigkeit?, Baden-Baden 1996.
916. H.-J. HARDER (Hrsg.), Von Truman bis Harmel. Die Bundesrepublik Deutschland im Spannungsfeld von NATO und europäischer Integration, München 2000.
917. W. HEINEMANN, Vom Zusammenwachsen des Bündnisses. Die Funktionsweise der NATO in ausgewählten Krisenfällen 1951–1956, München 1998.
918. F. H. HELLER/J. R. GILLINGHAM (Hrsg.), NATO: The Founding of the Atlantic Alliance and the Integration of Europe, New York 1992.
919. R. HEWLETT/J. HOLL, Atoms for Peace and War, 1953–1961: Eisenhower and the Atomic Energy Commission, Berkeley, CA 1989.
920. C. HOPPE, Zwischen Teilhabe und Mitsprache: Die Nuklearfrage in der Allianzpolitik Deutschlands 1959–1966, Baden-Baden 1993.
921. L. S. KAPLAN/D. ARTAUD/M. R. RUBIN (Hrsg.), Dien Bien Phu and the Crisis of Franco-American Relations 1954–1955, Wilmington 1990.
922. L. S. KAPLAN, The United States and NATO. The Formative Years, Lexington 1984.

923. M. KÜNTZEL, Bonn und die Bombe. Deutsche Atomwaffenpolitik von Adenauer bis Brandt, Frankfurt a. M./New York 1992.

924. D. C. LARGE, Germans to the Front: West German Rearmament in the Adenauer Era, Chapel Hill, NC 1996.

925. S. LEE, An Uneasy Partnership. British-German Relations between 1955 and 1961, Bochum 1996.

926. E. R. MAY, Die Grenzen des „Overkill". Die amerikanische Nachrüstung von Truman zu Johnson, in: VfZ 36 (1988), S. 1–40.

927. P. NOACK, Das Scheitern der Europäischen Verteidigungsgemeinschaft. Entscheidungsprozesse vor und nach dem 30. August 1954, Düsseldorf 1977.

928. C. A. PAGEDAS, Anglo-American Strategic Relations and the French Problem 1960–1963: A Troubled Partnership, London 2000.

929. R. RHODES, Dark Sun. The Making of the Hydrogen Bomb, New York 1995.

930. H.-J. RUPIEPER, Der besetzte Verbündete. Die amerikanische Deutschlandpolitik 1949–1955, Opladen 1991.

931. M. P. C. SCHAAD, Bullying Bonn. Anglo-German Diplomacy on European Integration, 1955–1961, London 2000.

932. G. SCHMIDT (Hrsg.), Zwischen Bündnissicherung und privilegierter Partnerschaft. Die deutsch-britischen Beziehungen und die Vereinigten Staaten von Amerika 1955–1963, Bochum 1995.

933. W. SCHMIDT, Kalter Krieg, Koexistenz und kleine Schritte. Willy Brandt und die Deutschlandpolitik 1948–1963, Wiesbaden 2001.

934. B. SCHMITT, Frankreich und die Nukleardebatte der Atlantischen Allianz 1956 bis 1966, München 1998.

935. S. SCHRAFSTETTER, Die dritte Atommacht. Britische Nichtverbreitungspolitik im Dienst von Statussicherung und Deutschlandpolitik 1952–1968, München 1999.

936. H.-E. VOLKMANN/W. SCHWENGLER (Hrsg.), Die Europäische Verteidigungsgemeinschaft, Boppard 1985.

937. A. WENGER, Living with the Peril. Eisenhower, Kennedy and Nuclear Weapons, Oxford 1997.

938. N. WIGGERSHAUS/W. HEINEMANN (Hrsg.), Nationale Außen- und Bündnispolitik der NATO-Mitgliedstaaten, München 2000.

939. N. WIGGERSHAUS/R. G. FOERSTER (Hrsg.), Die westliche Sicherheitsgemeinschaft 1948–1950. Gemeinsame Probleme und gegesätzliche Nationalinteressen in der Gründungsphase der Nordatlantischen Allianz, Boppard 1988.

## H. ENTSPANNUNG UND SICHERHEIT 1962–1975

### 1. Ost-West-Beziehungen

940. A. Baring, Machtwechsel. Die Ära Brandt-Scheel, 4. Aufl., Stuttgart 1993.
941. P. Becker, Die frühe KSZE-Politik der Bundesrepublik Deutschland, Hamburg/Münster 1992.
942. P. Bender, Die „Neue Ostpolitik" und ihre Folgen. Vom Mauerbau bis zur Wiedervereinigung, 3. überarb. u. erw. Aufl., München 1995.
943. R. A. Blasius (Hrsg.), Von Adenauer zu Erhard. Studien zur Auswärtigen Politik der Bundesrepublik Deutschland, München 1994.
944. C. Bluth, Soviet Strategic Arms Policy before SALT, Cambridge 1992.
945. D. Caldwell, The Dynamics of Domestic Politics and Arms Control: The SALT II Ratification Debate, Columbia, SC 1991.
946. W. I. Cohen/N. Berenkopf Tucker (Hrsg.), Lyndon Johnson Confronts the World. American Foreign Policy, 1963–1968, Cambridge 1994.
947. R. A. Divine (Hrsg.), The Johnson Years, 3 Bde., Lawrence, KA 1987–1994.
948. F. Eibl, Politik der Bewegung. Gerhard Schröder als Außenminister 1961–1966, München 2001.
949. S. Fuchs, „Dreiecksverhältnisse sind immer kompliziert". Kissinger, Bahr und die Ostpolitik, Hamburg 1999.
950. R. Garthoff, Détente and Confrontation: American Soviet Relations from Nixon to Reagan, Washington 1985; 2. Aufl. 1994.
951. L. S. Kaplan, NATO and the United States. The Enduring Alliance, 2. Aufl., New York 1994.
952. D. Kroegel, Einen Anfang finden! Kurt Georg Kiesinger in der Außen- und Deutschlandpolitik der großen Koalition, München 1997.
953. R. N. Lebow/J. G. Stein, We All Lost the Cold War, Princeton 1994 [über die Nahostkrise 1973].
954. W. Link, Die Entstehung des Moskauer Vertrages im Lichte neuer Archivalien, in: VfZ 49 (2001), S. 295–316.
955. R. Löwenthal, Vom Kalten Krieg zur Ostpolitik, Stuttgart 1974.
956. J. J. Maresca, To Helsinki. The Conference on Security and Cooperation in Europe, 1973–1975, Durham, NC 1985.
957. R. Mutz, Konventionelle Abrüstung in Europa. Die Bundesrepublik Deutschland und MBFR, Baden-Baden 1984.
958. J. Newhouse, Cold Dawn. The Story of SALT, Washington u. a. 1972, 2. Aufl. 1989.

959. G. NIEDHART, Revisionistische Elemente und die Initiierung friedlichen Wandels in der neuen Ostpolitik 1967-1974, in: GG 28 (2002), S. 233-266.
960. A. O'MALLEY/I. CRAIG, The Cyprus Conspiracy. America, Espionage and the Turkish Invasion, London 1999.
961. TH. RISSE-KAPPEN, Null-Lösung. Entscheidungsprozesse zu den Mittelstreckenwaffen 1970-1987, Frankfurt a.M. 1988.
962. M. E. SAROTTE, Dealing with the Devil. East Germany, Détente, and Ostpolitik, 1969-1973, London 2001.
963. K. H. SCHMIDT, Dialog über Deutschland. Studien zur Deutschlandpolitik von KPdSU und SED (1960-1979), Baden-Baden 1998.
964. A. STENT, From Embargo to Ostpolitik: The Political Economy of West-German Soviet Relations, 1955-1980, Cambridge 1981.
965. O. STORBERG, A Multilateral Farce? The United States and the NATO Multilateral Force (MLF) 1960-1966, Oslo 1998.
966. J. E. STROMSETH, The Origins of Flexible Response. NATO's Debate over the Strategy in the 1960s, London/Oxford 1988.
967. S. TALBOTT, Raketenschach, München/Zürich 1984 (Originalausg.: Endgame. The Inside Story of SALT II, London 1979).
968. A. VOGTMEIER, Egon Bahr und die deutsche Frage. Zur Entwicklung der sozialdemokratischen Ost- und Deutschlandpolitik vom Kriegsende bis zur Vereinigung, Bonn 1996.
969. O. A. WESTAD (Hrsg.), The Fall of Detente. Soviet-American Relations during the Carter Years, Oslo 1997.

## 2. BEZIEHUNGEN INNERHALB DES „OSTBLOCKS"

970. R. AHRENS, Gegenseitige Wirtschaftshilfe? Die DDR im RGW. Strukturen und handelspolitische Strategien, 1963-1976, Köln 2000.
971. R. D. ANDERSON, Public Politics in an Authoritarian State. Making Foreign Policy in the Brezhnev Years, Ithaca/London, 1993.
972. L. PRIESS/V. KURAL/M. WILKE, Die SED und der „Prager Frühling" 1968. Politik gegen einen „Sozialismus mit menschlichem Antlitz", Berlin 1996.
973. K. WILLIAMS, The Prague Spring and its Aftermath: Czechoslovak Politics, 1968-1970, Cambridge 1997.

## 3. WESTLICHE INTEGRATION

*a) Wirtschaft und Politik*

974. O. BANGE, The EEC Crisis of 1963: Kennedy, Macmillan, de Gaulle and Adenauer in Conflict, Basingstoke u.a. 2000.

975. M. BERNATH, Wandel ohne Annäherung. Die SPD und Frankreich in der Phase der Neuen Ostpolitik 1969–1974, Baden-Baden 2001.

976. M. DUMOULIN/R. GIRAULT/G. TRAUSCH (Hrsg.), L'Europe du Patronat. De la Guerre Froide aux années soixante, Bern u. a. 1993.

977. R. FENNELL, The Common Agricultural Policy. Continuity and Change, Oxford 1997.

978. J. HOHENSEE, Der erste Ölpreisschock 1973/74. Die politischen und gesellschaftlichen Auswirkungen der arabischen Erdölpolitik auf die Bundesrepublik Deutschland und Westeuropa, Stuttgart 1996.

979. CH. LORD, British Entry to the European Community Under the Heath Government of 1970–4, Aldershot 1993.

980. W. LOTH (Hrsg.), Crises and Compromises: The European Project 1963–1969, Baden-Baden 2001.

981. C. MASALA, Italia und Germania. Die deutsch-italienischen Beziehungen 1963–1969, Vierow b. Greifswald 1997.

982. M. MEIMETH, Frankreichs Entspannungspolitik der 70er Jahre: Zwischen Status quo und friedlichem Wandel. Die Ära Georges Pompidou und Valery Giscard d'Estaing. Mit einem Nachw. v. W. LINK: Frankreichs Ostpolitik in den 80er Jahren, Baden-Baden 1990.

*b) Sicherheit und Politik*

983. J. ARENTH, Johnson, Vietnam und der Westen. Transatlantische Belastungen 1963–1969, München 1994.

984. F. BOZO, Two Strategies for Europe: de Gaulle, the United States, and the Atlantic Alliance, Oxford 2000/Lanham 2001 (Originalausg.: Deux stratégies pour l'Europe: de Gaulle, les États-Unis et l'Alliance atlantique 1958–1969, Paris 1996).

985. P. BUTEUX, The Politics of Nuclear Consultation in NATO 1965–1980, Cambridge 1986.

986. C. FINK/P. GASSERT/D. JUNKER (Hrsg.), 1968: The World Transformed, Cambridge 1998.

987. H. HAFTENDORN, Kernwaffen und die Glaubwürdigkeit der Allianz: Die NATO-Krise von 1966/67, Baden-Baden 1994 (engl.: NATO and the Nuclear Revolution. A Crisis of Credibility, 1966–1967, Oxford 1996).

988. D. G. HAGLUND, Alliance within the Alliance? Franco-German Military Cooperation and the European Pillar of Defense, Boulder/San Francisco/Oxford 1991.

989. J. JOFFE, The Limited Partnership. Europe, the United States and the Burdens of Alliance, Cambridge, MA 1987.

990. Ch. Tuschhoff, Deutschland, Kernwaffen und die NATO 1949–1967, Baden-Baden 2002.

## I. NEUE KRISE UND ENDE DES OSTBLOCKS 1976–1990

### 1. Ost-West-Beziehungen zwischen Konfrontation und Entspannung

991. M. R. Beschloss/S. Talbott, At the Highest Levels. The Inside Story of the End of the Cold War, Boston 1993 dt.: Auf höchster Ebene. Das Ende des Kalten Krieges und die Geheimdiplomatie der Supermächte 1989–1991, Düsseldorf 1993).
992. R. Biermann, Zwischen Kreml und Kanzleramt. Wie Moskau mit der deutschen Einheit rang, Paderborn 1997.
993. W. von Bredow, Der KSZE-Prozeß, Darmstadt 1992.
994. M. Broer, Die nuklearen Kurzstreckenwaffen in Europa. Eine Analyse des deutsch-amerikanischen Streits über die Einbeziehung der SRINF in den INF-Vertrag und der SNF-Kontroverse, Frankfurt a. M. 1993.
995. F. Fejtö, La Fin des Démocraties populaires. Les Chemins du Post-Communisme, Paris 1992.
996. B. A. Fischer, The Reagan Reversal. Foreign Policy and the End of the Cold War, Columbia 1997.
997. F. Fischer, „Im deutschen Interesse". Die Ostpolitik der SPD von 1969–1989, Husum 2001.
998. F. Fitzgerald, Way out there in the Blue: Reagan, Star Wars and the End of the Cold War, New York 2000.
999. S. Fröhlich, „Auf den Kanzler kommt es an". Helmut Kohl und die deutsche Außenpolitik, Paderborn 2001.
1000. J. L. Gaddis, The Unites States and the End of the Cold War. Implications, Reconsiderations, Provocations, Oxford 1992.
1001. R. Garthoff, The Great Transition. American-Soviet Relations and the End of the Cold War, Washington 1994.
1002. T. Garton Ash, Im Namen Europas. Deutschland und der geteilte Kontinent, München/Wien 1993.
1003. T. E. Halverson, The Last Great Nuclear Debate: NATO and Short-Range Nuclear Weapons in the 1980s, Basingstoke 1995.
1004. R. Hartmann/W. Heydrich, Der Vertrag über den Offenen Himmel. Entwicklung und Inhalt des Vertragswerks, Kommentar, Dokumentation, Baden-Baden 2000.

1005. H. Hoffmann, Die Atompartner Washington-Bonn und die Modernisierung der taktischen Kernwaffen. Vorgeschichte und Management der Neutronenwaffe und des Doppelbeschlusses der NATO, Koblenz 1986.

1006. H. Hubel, Das Ende des kalten Kriegs im Orient. Die USA, die Sowjetunion und die Konflikte in Afghanistan, am Golf und im Nahen Osten, 1979–1991, München 1995.

1007. M. Huber, Moskau, 11. März 1985. Die Auflösung des sowjetischen Imperiums, München 2002.

1008. D. Korger, Die Polenpolitik der deutschen Bundesregierung von 1982–1991, Bonn 1993.

1009. S. Lehne, The Vienna Meeting of the Conference on Security and Cooperation in Europe, 1986–1989. A Turning Point in East West Relations, Boulder 1991.

1010. W. Loth, Helsinki, 1. August 1975. Entspannung und Abrüstung, München 1998 (engl. Fassung Nr. 157).

1011. G. Lundestad, ‚Imperial Overstretch'. Mikhail Gorbatchev, and the End of the Cold War, in: Cold War History 1 (2000), S. 1–20.

1012. A. Magas, The Destruction of Yougoslavia. Tracking the Break-Up 1980–1992, London 1993.

1013. C. McArdle Kelleher/J. M. O. Sharp (Hrsg.), The Treaty on Conventional Armed Forces in Europe: The Politics of Post-Wall Arms Control, Baden-Baden 1996.

1014. O. Njölstad, Peacekeeper and Troublemaker. The Containment Policy of Jimmy Carter 1977/78, Oslo 1995.

1015. A. Pittman, From Ostpolitik to Unification: West German-Soviet Political Relations since 1974, Cambridge 1992.

1016. M. Ploetz, Wie die Sowjetunion den Kalten Krieg verlor. Von der Nachrüstung zum Mauerfall, Berlin/München 2000.

1017. S. P. Ramet, Balkan Babel: The Disintegration of Yugoslavia from the Death of Tito to Ethnic War, 2. Aufl., Boulder, CO 1996.

1018. R. Roloff, Auf dem Weg zur Neuordnung Europas. Die Regierungen Kohl/Genscher und die KSZE-Politik der Bundesrepublik Deutschland von 1986–1992, Köln 1994.

1019. L. Rühl, Mittelstreckenraketen in Europa: Ihre Bedeutung in Strategie, Rüstungskontrolle und Bündnispolitik, Baden-Baden 1987.

1020. P. Schlotter, Die KSZE im Ost-West-Konflikt: Wirkung einer internationalen Institution, Frankfurt a. M. u. a. 1999.

1021. H.-H. Schröder, Sowjetische Rüstungs- und Sicherheitspolitik zwischen „Stagnation" und „Perestrojka". Eine Untersuchung der Wechselbeziehung von auswärtiger Politik und innerem Wandel in der UdSSR (1979–1991), Baden-Baden 1995.

1022. D. H. SHUMAKER, Gorbachev and the German Question: Soviet-West German Relations, 1985–1990, Westport, CT 1995.

1023. B.-E. SIEBS, Die Außenpolitik der DDR 1976–1989. Strategien und Grenzen, Paderborn/München/Wien 1999.

1024. D. SKIDMORE, Reversing Course: Carter's Foreign Policy, Domestic Politics, and the Failure of Reform, Nashville, TN 1996.

1025. S. TALBOTT, Reagan and Gorbachev: The Chances for a Breakthrough in US-Soviet Relations, New York 1987.

1026. CH. TUSCHHOFF, Der Genfer „Waldspaziergang" 1982. Paul Nitzes Initiative in den amerikanisch-sowjetischen Abrüstungsgesprächen, in: VfZ 38 (1990), S. 289 ff.

1027. J. WINIK, On the Brink: The Dramatic Saga of How the Reagan Administration Changed the Course of History and Won the Cold War, New York 1996.

1028. W. ZELLNER, Die Verhandlungen über konventionelle Streitkräfte in Europa, Baden-Baden 1994.

1029. M. ZIMMER, Nationales Interesse und Staatsräson. Zur Deutschlandpolitik der Regierung Kohl 1982–1989, Paderborn 1992.

## 2. INTEGRATION IN WESTEUROPA UND IN DEN TRANSATLANTISCHEN BEZIEHUNGEN

1030. J. BULLER, National Statecraft and European Integration: The Conservative Government and the European Union, 1979–1997, London 2000.

1031. F. DREYFUS/J. MORIZET/M. PEYRARD (Hrsg.), France and the EC Membership Evaluated, London 1993.

1032. E. GADDUM, Die deutsche Europapolitik in den 80er Jahren. Interesse, Konflikte und Entscheidungen der Regierung Kohl, Paderborn 1994.

1033. ST. LAYRITZ, Der NATO-Doppelbeschluß. Westliche Sicherheitspolitik im Spannungsverhältnis von Innen-, Bündnis- und Außenpolitik, Frankfurt a. M. 1992.

1034. U. LEIMBACHER, Die unverzichtbare Allianz. Deutsch-französische sicherheitspolitische Zusammenarbeit 1982–1989, Baden-Baden 1992.

1035. CH. LIND, Die deutsch-französischen Gipfeltreffen der Ära Kohl-Mitterrand 1982–1994, Baden-Baden 1998.

1036. A. MENON, France, NATO and the Limits of Independence, 1981–1997: The Politics of Ambivalence, London 1999.

1037. D. ROMETSCH, Die Rolle und Funktionsweise der Europäischen Kommission in der Ära Delors, Frankfurt a. M./Berlin/Bern/Brüssel/New York/Wien 1999.

1038. H. WYATT-WALTER, The European Community and the Security Dilemma 1979–92, Basingstoke 1997.

### 3. UMBRUCH IN EUROPA 1989/90

1039. D. GROSSER, Das Wagnis der Währungs-, Wirtschafts- und Sozialunion. Politische Zwänge im Konflikt mit ökonomischen Regeln, Stuttgart 1998.
1040. H.-H. HERTLE, Der Fall der Mauer. Die unbeabsichtigte Selbstauflösung der SED-Staates, Opladen 1996.
1041. N. HIMMLER, Zwischen Macht und Mittelmaß. Großbritanniens Außenpolitik und das Ende des Kalten Krieges. Akteure, Interessen und Entscheidungsprozesse der britischen Regierung 1989/90, Berlin 2001.
1042. W. JÄGER (in Zusammenarbeit mit M. WALTER), Die Überwindung der Teilung. Der innerdeutsche Prozeß der Vereinigung 1989/90, Stuttgart 1998.
1043. K. JARAUSCH, Die unverhoffte Einheit, Frankfurt a. M. 1995 (engl.: The Rush to German Unity, New York 1994).
1044. K. JARAUSCH/M. SABROW, Weg in den Untergang. Der innere Zerfall der DDR, Göttingen 1999.
1045. K.-R. KORTE, Deutschlandpolitik in Helmut Kohls Kanzlerschaft. Regierungsstil und Entscheidungen 1982–1989, Stuttgart 1998.
1046. CH. S. MAIER, Das Verschwinden der DDR und der Untergang des Kommunismus, Frankfurt a. M. 2000 (engl.: Dissolution. The Crisis of Communism and the End of East Germany, Princeton, NJ 1997).
1047. T. SCHABERT, Wie Weltgeschichte gemacht wird. Frankreich und die deutsche Einheit, Stuttgart 2002.
1048. W. SCHMIESE, Fremde Freunde: Deutschland und die USA zwischen Mauerfall und Golfkrieg, Paderborn u. a. 2000.
1049. A. STENT, Russia and Germany Reborn. Unification, the Soviet Collapse, and the New Europe, Princeton 1999.
1050. G. STOKES, The Walls Came Tumbling Down. The Collapse of Communism in Eastern Europe, New York 1993.
1051. R. SUMMY/M. E. SALLA (Hrsg.), Why the Cold War Ended. A Range of Interpretations, Westport, CT/London 1995.
1052. W. WEIDENFELD, Außenpolitik für die deutsche Einheit. Die Entscheidungsjahre 1989/90, unt. Mitarb. v. P. M. WAGNER u. E. BRUCK, Stuttgart 1998.
1053. P. ZELIKOW/C. RICE, Sternstunde der Diplomatie. Die deutsche Einheit und das Ende der Spaltung Europas, Berlin 1997.

# Anhang

## ABKÜRZUNGEN

| | |
|---|---|
| AfS | Archiv für Sozialgeschichte |
| AHR | American Historical Review |
| AKP | Staaten Afrikas, der Karibik und des Pazifiks |
| CWIHP | Cold War International History Project |
| DH | Diplomatic History |
| EAC | European Advisory Commission |
| EPG | Europäische Politische Gemeinschaft |
| FAZ | Frankfurter Allgemeine Zeitung |
| GG | Geschichte und Gesellschaft |
| HZ | Historische Zeitschrift |
| INF | Intermediate Nuclear Forces |
| JAH | Journal of American History |
| JcontH | Journal of Contemporary History |
| JEEH | Journal for European Economic History |
| KSZE | Konferenz für Sicherheit und Zusammenarbeit in Europa |
| MBFR | Mutual Balanced Force Reduction |
| MLF | Multilateral Force |
| MOE | Mittelosteuropa |
| NATO | North Atlantic Treaty Organisation |
| OEEC | Organisation of European Economic Cooperation |
| OSZE | Organisation für Sicherheit und Zusammenarbeit in Europa |
| RH | Revue Historique |
| SDI | Strategic Defense Initiative |
| SALT | Strategic Arms Limitation Talks |
| START | Strategic Arms Reduction Talks |
| VfZ | Vierteljahrshefte für Zeitgeschichte |

# ZEITTAFEL

**1945**

| | |
|---|---|
| 4.–11. 2. | Konferenz der „Großen Drei" (Stalin, Churchill, Roosevelt) in Jalta („Krim-Konferenz") |
| 12. 4. | Tod des US-Präsidenten F. D. Roosevelt; Nachfolger: H. S. Truman |
| 7./9. 5. | Bedingungslose Kapitulation der deutschen Wehrmacht in Reims bzw. Berlin-Karlshorst |
| 5. 6. | Übernahme der obersten Regierungsgewalt in Deutschland durch die vier Hauptsiegermächte |
| 17. 7.–2. 8. | Potsdamer Konferenz der Regierungschefs der USA (Truman), Großbritanniens (Churchill, dann Attlee) und der Sowjetunion (Stalin) |
| 6. 8. | Abwurf der ersten amerikanischen Atombombe auf Hiroshima (9. 8. zweiter Abwurf auf Nagasaki) |
| 2. 9. | Unterzeichnung der japanischen Kapitulation |
| 10. 9.–2. 10. | Außenministerkonferenz der fünf Hauptsiegermächte (einschließlich Chinas) in London |
| 16.–26. 12. | Außenministerkonferenz der USA, Großbritanniens und der Sowjetunion in Moskau |

**1946**

| | |
|---|---|
| 16. 1. | Rücktritt de Gaulles als Chef der Provisorischen Regierung Frankreichs |
| 5. 3. | Rede Churchills in Fulton/Missouri |
| 22. 4. | Zwangszusammenschluss von KPD und SPD in der sowjetischen Besatzungszone zur SED |
| 25. 4.–16. 5. | 1. Session der Viermächteaußenministerkonferenz in Paris |
| 15. 6.–12. 7. | 2. Session der Viermächteaußenministerkonferenz in Paris |
| 29. 7.–15. 10. | Friedenskonferenz über die Abschlüsse mit den Verbündeten des Deutschen Reiches |
| 6. 9. | Programmatische Rede des US-Außenministers Byrnes in Stuttgart |
| 19. 9. | Rede Churchills in Zürich: Aufruf zum Zusammenschluss Europas |
| 4. 11.–11. 12. | Viermächteaußenministerkonferenz in New York |

**1947**

| | |
|---|---|
| 10. 2. | Unterzeichnung der Friedensverträge mit Italien, Finnland, Ungarn, Rumänien und Bulgarien in Paris |
| 12. 3. | Verkündung der „Truman-Doktrin" |

| | |
|---|---|
| 10. 3.–24. 4. | Viermächteaußenministerkonferenz in Moskau |
| 5. 6. | Rede des US-Außenministers Marshall in Harvard: „Marshall-Plan" |
| 30. 9. | Gründung des „Kommunistischen Informationsbüros" (KOMINFORM) in Belgrad, dem außer den kommunistischen Parteien des Ostblocks auch die KPs Frankreichs und Italiens angehören |
| 25. 11.–15. 12. | Viermächteaußenministerkonferenz in London |

**1948**

| | |
|---|---|
| 23. 2.–2. 6. | Sechsmächteaußenministerkonferenz in London zur Weststaatsgründung in Deutschland (USA, Großbritannien, Frankreich, Benelux) |
| 23. 2. | Kommunistischer Umsturz in der Tschechoslowakei |
| 17. 3. | Brüsseler Fünfmächtepakt (Militärpakt: „Westunion"): Großbritannien, Frankreich, Benelux |
| 20. 6. | Währungsreform in den drei Westzonen Deutschlands |
| 24. 6. | Beginn der Blockade Berlins (bis 12. 5. 1949) |
| 28. 6. | Ausschluss der KP Jugoslawiens aus dem „Kominform" |
| 1. 7. | Übergabe der „Empfehlungen" zur Gründung eines deutschen Weststaates an die Regierungschefs der westdeutschen Länder und Berlins durch die drei westlichen Militärgouverneure |

**1949**

| | |
|---|---|
| 25. 1. | Gründung eines „Rats für gegenseitige Wirtschaftshilfe" (RGW oder COMECON) in Warschau durch die Sowjetunion, Polen, die Tschechoslowakei, Ungarn, Rumänien und Bulgarien |
| 4. 4. | Gründung des „Nordatlantikpakts" (NATO) |
| 23. 5. | Inkrafttreten des „Bonner Grundgesetzes" für die Bundesrepublik Deutschland |
| 23. 5.–20. 6. | Viermächteaußenministerkonferenz in Paris |
| 29. 8. | Bekanntgabe eines ersten sowjetischen Atomwaffenversuchs |
| 20. 9. | Regierungserklärung Adenauers als erster Bundeskanzler der Bundesrepublik Deutschland |
| 1. 10. | Gründung der Volksrepublik China |
| 7. 10. | Gründung der Deutschen Demokratischen Republik |

**1950**

| | |
|---|---|
| 9. 5. | Vorschlag des französischen Außenministers R. Schuman zur Gründung einer „Montan-Union" („Schuman-Plan") |
| 25. 6. | Beginn des Korea-Krieges |
| 19. 9. | Vereinbarung der Außenminister der drei Westmächte in New York, unter Beteiligung deutscher Kontingente eine „Europa-Armee" aufzustellen |

## 1951
18. 4.     Unterzeichnung des Vertrages über die Gründung der „Europäischen Gemeinschaft für Kohle und Stahl" (Montan-Union, EGKS) in Paris durch die Vertreter Frankreichs, Italiens, der Bundesrepublik Deutschland und der Benelux-Länder

## 1952
20.–25. 2.     NATO-Konferenz in Lissabon: Aufnahme Griechenlands und der Türkei in die NATO
10. 3.     Note Stalins an die Regierungen der drei Westmächte: Vorschlag zur „Neutralisierung" eines verkleinerten Gesamtdeutschlands
26. 5.     Unterzeichnung des (1.) „Deutschland-Vertrages" („Generalvertrag") in Bonn
27. 5.     Unterzeichnung des Vertrages über die „Europäische Verteidigungsgemeinschaft" (EVG) in Paris
3. 10.     Erster britischer Atomversuch
1. 11.     USA zünden die erste Wasserstoffbombe (auf dem Eniwetok-Atoll/Marshallinseln)

## 1953
10. 1.     D. D. Eisenhower neuer Präsident der USA; Außenminister J. F. Dulles
5. 3.     Tod Stalins; G. M. Malenkov neuer sowjetischer Ministerpräsident
17. 6.     Volksaufstand in der DDR
27. 7.     Waffenstillstand in Korea
9. 8.     Malenkov verkündet die Zündung der ersten sowjetischen Wasserstoffbombe

## 1954
25. 1.–18. 2.     Viermächteaußenministerkonferenz in Berlin
26. 4.–20. 7.     Fünfmächtekonferenz (einschließlich der Volksrepublik China) in Genf über den Indochina-Krieg
20. 7.     Waffenstillstand in Indochina: Teilung Vietnams
30. 8.     Ablehnung des EVG-Vertrages durch die französische Nationalversammlung
28. 9.–3. 10.     Neunmächtekonferenz in London zur Vereinbarung einer Ersatzlösung für die EVG
19.–23. 10.     Konferenz der drei Westmächte und der Bundesrepublik Deutschland: (2.) „Deutschlandvertrag"; Beitritt der Bundesrepublik zur NATO und – zusammen mit Italien – zu dem erweiterten Brüsseler Pakt (WEU); „Saar-Statut" („Pariser Verträge")
1. 11.     Beginn des Algerien-Krieges

**1955**

| | |
|---|---|
| 8. 2. | Sturz Malenkovs; N. A. Bulganin neuer sowjetischer Ministerpräsident |
| 5. 5. | Inkrafttreten der „Pariser Verträge"; Souveränitätserklärung der Bundesrepublik Deutschland |
| 14. 5. | Unterzeichnung des „Warschauer Pakts": Militärallianz der Sowjetunion mit Polen, der DDR, der Tschechoslowakei, Ungarn, Rumänien, Bulgarien und Albanien |
| 15. 5. | Unterzeichnung des „Staatsvertrages" für Österreich in Wien durch die Außenminister der vier Großmächte |
| 18.–23. 7. | „Gipfelkonferenz" der vier Großmächte in Genf |
| 9.–13. 9. | Besuch Bundeskanzler Adenauers in Moskau: Aufnahme diplomatischer Beziehungen zwischen der Bundesrepublik und der Sowjetunion |
| 20. 9. | Vertrag über die Beziehungen zwischen der DDR und der Sowjetunion während eines Besuchs von Ministerpräsident Grotewohl in Moskau unterzeichnet: „Souveränität" der DDR erweitert |
| 23. 10. | Ablehnung des „Saarstatuts" durch zwei Drittel der Saarbevölkerung |
| 27. 10.–15. 11. | Viermächteaußenministerkonferenz in Genf |

**1956**

| | |
|---|---|
| 14.–25. 2. | XX. Parteitag der KPdSU in Moskau. Geheimrede des Ersten Sekretärs Chruščev gegen „Personenkult" Stalins |
| 17. 4. | Auflösung des „Kominform" |
| 19./20. 10. | Nach Massendemonstration in Warschau Rückkehr W. Gomulkas an die Spitze der „Vereinigten Arbeiterpartei" Polens („polnischer Oktober") |
| 23. 10.–4. 11. | Volksaufstand in Ungarn. Niederschlagung durch die Rote Armee |
| 29. 10. | Beginn des israelischen Angriffs gegen Ägypten auf der Sinai-Halbinsel. Militärisches Eingreifen Großbritanniens und Frankreichs |
| 6. 11. | Einstellung der Kampfhandlungen in Ägypten unter dem Druck der USA und der Sowjetunion |

**1957**

| | |
|---|---|
| 25. 3. | Gründung der „Europäischen Wirtschaftsgemeinschaft" (EWG) und der „Europäischen Atomgemeinschaft" (Euratom) in Rom („Römische Verträge", in Kraft 1. 1. 1958) |
| 2. 10. | Rede des polnischen Außenministers Rapacki vor der UN-Vollversammlung in New York: Vorschlag zur Schaffung „atomwaffenfreier Zonen" in Mitteleuropa („Disengagement") |

| | |
|---|---|
| 4. 10. | Start des ersten sowjetischen Weltraumsatelliten „Sputnik" |
| 14.–19. 11. | Konferenz der kommunistischen Parteien in Moskau über die Neuordnung der Beziehungen zwischen ihnen („brüderliche gegenseitige Hilfe") |

**1958**

| | |
|---|---|
| 28. 3. | N. S. Chruščev löst Bulganin als sowjetischen Ministerpräsident ab |
| 1. 6. | Rückkehr de Gaulles an die Spitze der französischen Regierung nach Rebellion der Militärs in Algerien |
| 14./15. 9. | Erstes Treffen de Gaulle-Adenauer in Colombey-les-deux-Églises |
| 4. 10. | Inkrafttreten der Verfassung der V. französischen Republik |
| 27. 11. | Chruščevs „Ultimatum": Verwandlung West-Berlins in eine entmilitarisierte „Freie Stadt" innerhalb von sechs Monaten |

**1959**

| | |
|---|---|
| 11. 5.–20. 6. und 13. 7.–5. 8. | Viermächteaußenministerkonferenz in Genf unter Beteiligung von Vertretern der Bundesrepublik und der DDR als „Beratern" |
| 26./27. 9. | Treffen Eisenhower–Chruščev in Camp David |

**1960**

| | |
|---|---|
| 4. 1. | Abschluss des Vertrages über die Bildung einer „Europäischen Freihandelszone" (EFTA) durch Großbritannien, Dänemark, Schweden, Norwegen, Österreich, Portugal und die Schweiz |
| 13. 2. | Erster französischer Atomversuch (in der Sahara) |
| 1. 5. | Abschuss eines amerikanischen U2-Aufklärungsflugzeuges über Swerdlowsk |
| 16./17. 5. | „Gipfelkonferenz" der Großen Vier in Paris, Scheitern vor offiziellem Zusammentritt |
| 29./30. 7. | Treffen Adenauer–de Gaulle in Rambouillet: Zielsetzung, eine „Europäische Politische Union" (EPU) zu schaffen |
| 10. 11.–1. 12. | 2. Kommunistisches „Konzil" in Moskau unter Teilnahme von Vertretern von 81 KPs („Unabhängigkeit" und „Gleichberechtigung" aller Parteien) |

**1961**

| | |
|---|---|
| 20. 1. | J. F. Kennedy neuer US-Präsident |
| 3./4. 6. | Treffen Kennedy–Chruščev in Wien |
| 25. 7. | Rede Kennedys, in der er die Verpflichtungen der USA hinsichtlich Berlins auf „Three Essentials" für West-Berlin beschränkt |
| 13. 8. | Absperrung der Ost-West-Demarkationslinie in Berlin durch die DDR mit Rückendeckung durch die Warschauer-Pakt-Staaten |

| | |
|---|---|
| 30. 10. | Zündung des bislang stärksten Atomsprengkörpers (50 Megatonnen) durch die Sowjetunion |
| 2. 11. | Offzielle Präsentation des französischen Plans für eine unauflösliche „Europäische Union" (Fouchetplan) |

**1962**

| | |
|---|---|
| 18. 3. | Vertrag von Evian: Beendigung des Algerien-Krieges |
| 22.–27. 10. | Kuba-Krise zwischen der USA und der Sowjetunion über Stationierung von Raketen |

**1963**

| | |
|---|---|
| 14. 1. | Veto de Gaulles gegen einen Beitritt Großbritanniens zur EWG |
| 22. 1. | Unterzeichnung des deutsch-französischen Freundschaftsvertrages durch de Gaulle und Adenauer in Paris |
| 20. 7. | Erstes Yaoundé-Abkommen zwischen der EWG und 17 afrikanischen Staaten |
| 5. 8. | Unterzeichnung des Nuklear-Teststopp-Abkommens zwischen den USA, Großbritannien und der Sowjetunion über die partielle Beendigung der Kernwaffenversuche |
| 14. 10. | Rücktritt Adenauers; neuer Bundeskanzler: L. Erhard |
| 22. 11. | Ermordung Präsident Kennedys in Dallas; Nachfolger: L. B. Johnson |

**1964**

| | |
|---|---|
| 12. 6. | Freundschafts- und Beistandspakt zwischen der DDR und der Sowjetunion |
| 14. 10. | Sturz Chruščevs; L. I. Brežnev neuer Erster Sekretär (ab 1966 „Generalsekretär") |

**1965**

| | |
|---|---|
| 12. 5. | Aufnahme diplomatischer Beziehungen zwischen Israel und der Bundesrepublik. Daraufhin Abbruch diplomatischer Beziehungen zahlreicher arabischer Staaten zur BRD. |

**1966**

| | |
|---|---|
| 17.–18. 1. | „Luxemburger Kompromiss" der EWG (Vetomöglichkeit gegenüber Mehrheitsentscheidungen) |
| 20. 6.–1. 7. | De Gaulle: Besuch in der Sowjetunion |
| 6. 7. | „Bukarester Erklärung" des Warschauer Paktes über Verhandlungsmöglichkeiten mit dem Westen |
| 14. 12. | Einsetzung der „Nuklearen Planungsgruppe" der NATO |

**1967**

| | |
|---|---|
| 31. 1. | Beschluss über die Aufnahme diplomatischer Beziehungen zwischen der Bundesrepublik und Rumänien |

| | |
|---|---|
| 26. 4. | „Karlsbader Erklärung" der kommunistischen Parteien aus 24 Ländern |
| 11. 5. | Zweites britisches Beitrittsgesuch zur EWG (Scheitern 19.12.) |
| 5.–10. 6. | Dritter Nahost-Krieg („Sechstagekrieg") |
| 1. 7. | Fusion der Organe von EGKS, EURATOM und EWG zur Europäischen Gemeinschaft (EG) |
| 14. 12. | Verabschiedung des „Harmel-Berichts" durch die NATO über Verhandlungen mit dem Warschauer Pakt |

**1968**

| | |
|---|---|
| 5. 1. | Alexander Dubček Erster Sekretär der Kommunistischen Partei der ČSSR |
| 1. 7. | Unterzeichnung des Atomwaffensperrvertrags durch die Nuklearmächte. |
| 1. 7. | Vollendung der Zollunion der EG und Einführung eines gemeinsamen Zolltarifs gegenüber Drittländern |
| 20./21. 8. | Besetzung der ČSSR durch Truppen aus der Sowjetunion, Polen, Ungarn, Bulgarien und der DDR |

**1969**

| | |
|---|---|
| 17. 3. | „Budapester Appell" des Warschauer Pakts an die NATO |
| 4. 7. | Wiederaufnahme des Dialoges über Gewaltverzicht zwischen der Bundesrepublik und der Sowjetunion |
| 29. 7. | Zweites Yaoundé-Abkommen zwischen der EWG und 17 afrikanischen Staaten |
| 21. 10. | Wahl Willy Brandts zum Bundeskanzler einer sozialliberalen Koalition |
| 28. 11. | Beitritt der Bundesrepublik zum Atomwaffensperrvertrag |
| 1./2. 12. | Haager Gipfel der EG-Regierungschefs |

**1970**

| | |
|---|---|
| 30. 1.–22. 5. | Verhandlungen Egon Bahrs in Moskau |
| 19.3. | Erster Besuch eines Bundeskanzlers in der DDR (Brandt in Erfurt) |
| 12. 8. | Unterzeichnung des deutsch-sowjetischen Vertrages („Moskauer Vertrag"), dabei Übergabe eines „Briefs zur deutschen Einheit" |
| 7. 12. | Unterzeichnung des Vertrages zwischen der Volksrepublik Polen und der BRD („Warschauer Vertrag") |

**1971**

| | |
|---|---|
| 8.–9. 2. | Die EG einigt sich auf einen Plan für eine Wirtschafts- und Währungsunion innerhalb von zehn Jahren |
| 3. 5. | Walter Ulbricht tritt als Erster Sekretär des ZK der SED zurück; Nachfolger: Erich Honecker |

| | |
|---|---|
| 3. 9. | Viermächte-Abkommen über Berlin (in Berlin) unterzeichnet |

**1972**

| | |
|---|---|
| 22. 1. | Beitrittsabkommen der EG mit Dänemark, Irland, Norwegen (Ratifikation scheitert) und Großbritannien. |
| 26. 5. | Unterzeichnung der SALT I-Verträge in Moskau |
| 3. 6. | Moskauer, Warschauer Vertrag und Viermächte-Abkommen treten in Kraft |
| 10.–14. 9. | Besuch Kissingers in Moskau: Zeitpläne für KSZE- und MBFR-Verhandlungen |
| 22. 11. | Beginn der KSZE-Verhandlungen in Helsinki |
| Dezember | Die DDR nimmt zu 21 Staaten diplomatische Beziehungen auf |
| 21. 12. | Unterzeichnung des deutsch-deutschen Grundlagenvertrages |

**1973**

| | |
|---|---|
| 1. 1. | Beitritt Dänemarks, Irlands und Großbritanniens zur EG |
| 31. 1. | Beginn der MBFR-Verhandlungen in Wien |
| 17. 10. | Die erdölproduzierenden Staaten (OPEC) einigen sich auf Produktionsverminderungen (bis 18. 11.) |

**1974**

| | |
|---|---|
| 25. 4. | Militärputsch in Portugal |
| 6. 5. | Rücktritt Brandts als Bundeskanzler. Nachfolger: H. Schmidt |
| 20. 7. | Türkische Intervention in Zypern gegen Anschluss an Griechenland. Nachfolgend Teilung in ein griechisches und türkisches Gebiet |

**1975**

| | |
|---|---|
| 28. 2. | Erstes Lomé-Abkommen zwischen der EG und 46 Staaten der Dritten Welt aus Afrika, Karibik, Pazifik (AKP-Staaten). |
| 30. 7.–1. 8. | KSZE-Abschlusskonferenz mit einem Treffen von 35 Staats- und Regierungs- bzw. Parteichefs in Helsinki |
| 20. 11. | Tod General Francos. 22. 11. Wiedereinführung der Monarchie durch Thronbesteigung von König Juan Carlos I. von Bourbon |

**1976**

| | |
|---|---|
| 20. 9. | EG-Ministerratsbeschluss: direkte Wahlen zum Europäischen Parlament |

**1977**

| | |
|---|---|
| 4. 10. | Erstes KSZE-Folgetreffen in Belgrad (bis 9. 3. 1978) |

**1978**

| | |
|---|---|
| 16. 10. | Wahl des polnischen Kardinals Karol Wojtyla zum Papst („Johannes Paul II.") |

## 1979

| | |
|---|---|
| 5.–6. 1. | Treffen der Staats- und Regierungschefs der USA, Großbritanniens, Frankreichs und der Bundesrepublik auf Guadeloupe: Nachrüstung gegenüber sowjetischen Raketen |
| 26./27. 3. | Neuer Beschluss der OPEC-Staaten über drastische Erhöhung der Ölpreise. |
| 4. 5. | Margaret Thatcher britische Premierministerin |
| 7.–10. 6. | Erste direkte Wahlen zum Europäischen Parlament |
| 18. 6. | Unterzeichnung von SALT II in Wien |
| 12. 12. | NATO-„Doppelbeschluss" über Verhandlungen und Nachrüstung für Mittelstreckenraketen |
| 24. 12. | Sowjetische Intervention in Afghanistan |

## 1980

| | |
|---|---|
| 17. 9. | Gründung der unabhängigen polnischen Gewerkschaft „Solidarność" |
| 13. 10. | Forderung Erich Honeckers in Gera: Anerkennung der DDR-Staatsbürgerschaft durch die Bundesrepublik und Umwandlung der Ständigen Vertretungen in Botschaften |
| 11. 11. | Beginn des Zweiten KSZE-Folgetreffens in Madrid (bis 9. 9. 1983) |

## 1981

| | |
|---|---|
| 1. 1. | Griechenland wird zehntes Mitglied der EG |
| 20. 1. | Roland Reagan neuer Präsident der USA |
| 11. 2. | Wojciech Jaruzelski wird Premierminister Polens |
| 10. 10. | In Bonn nehmen 250 000 Menschen an einer Demonstration gegen den NATO-„Doppelbeschluss" teil |
| 30. 11. | In Genf Beginn von Verhandlungen der Sowjetunion und der USA über Mittelstreckenraketen (INF-Verhandlungen) |
| 13. 12. | Ausrufung des Kriegsrechts in Polen |

## 1982

| | |
|---|---|
| 29. 6. | In Genf Anfang von Verhandlungen über strategische Rüstungen (START) der USA und der Sowjetunion |
| 16. 7. | „Waldspaziergang" in Genf des sowjetische und amerikanischen Unterhändlers in Genf, Kvizinskij und Nitze |
| 10. 11. | Tod Brežnevs; Jurij W. Andropov wird am 12. 11. neuer Generalsekretär der KPdSU |

## 1983

| | |
|---|---|
| 29. 6. | Beschluss der Bundesregierung über die Garantie eines Milliarden-Kredites an die DDR, unterzeichnet am 1. 7. |

**1984**
17. 1.            Beginn der Verhandlungen über konventionelle Streitkräfte (KVAE) in Stockholm

**1985**
10. 3.            Tod Konstantin U. Černenkos (Generalsekretär der KPdSU seit 13. 2. 1984); Nachfolger: Michail S. Gorbačev (am 11. 3.)
19.–21. 11.      Amerikanisch-sowjetisches Gipfeltreffen Reagan–Gorbačev in Genf

**1986**
1. 1.             Aufnahme Spaniens und Portugals in die EG als 11. und 12. Mitglied („Süderweiterung")
17./28. 2.        Unterzeichnung der „Einheitlichen Europäischen Akte" der EG
25. 2.            Gorbačev kündigt den sowjetischen Abzug aus Afghanistan an
26. 4.            Reaktorunfall in Tschernobyl (Ukraine, Sowjetunion)
19. 9.            Abschluss der KVAE in Stockholm
11.–12. 10.      Amerikanisch-sowjetisches Gipfeltreffen in Reykjavik
4. 11.            Beginn des dritten KSZE-Folgetreffens in Wien (bis 15. 1. 1989)

**1987**
22. 7.            Zustimmung der Sowjetunion zur doppelten „Null-Lösung"
7.–11. 9.        Besuch Honeckers in der Bundesrepublik
8. 12.            Unterzeichnung des INF-Vertrages durch Reagan und Gorbačev in Washington

**1988**
20. 5.            Rücktritt Kádárs in Ungarn

**1989**
2. 2.             Ende der MBFR-Verhandlungen in Wien ohne Ergebnis
2. 5.             Beginn des Abbaus der Grenzbefestigungen Ungarns zu Österreich
8. 6.             Volkskammer der DDR billigt die brutale Unterdrückung von Demonstrationen durch die chinesische Führung auf dem Platz des Himmlischen Friedens in Peking
12.–15. 6.       Besuch Gorbačevs in der Bundesrepublik
8. 7.             Gipfeltreffen des Warschauer Pakts in Bukarest: Aufgabe der „Brežnev-Doktrin"
10. 9.            Öffnung der ungarischen Grenze zu Österreich. Innerhalb von 48 Stunden überschreiten 10000 DDR-Flüchtlinge die Grenze.
6.–7. 10.        Feiern zum 40. Jahrestag der Gründung der DDR in Ost-Berlin mit den Staats- und Parteichefs des Ostblocks
18. 10.           Honecker als Staats- und Parteichef abgesetzt. Nachfolger: E. Krenz

| | |
|---|---|
| 4. 11. | Demonstration von einer Million Menschen in Berlin (Ost) für Reformen in der DDR |
| 9. 11. | Öffnung der Berliner Mauer |
| 10. 11. | Sturz Schiwkows in Bulgarien |
| 28. 11. | „Zehn-Punkte-Programm" Kohls zur langfristigen Vereinigung der beiden deutschen Staaten im Bundestag |
| 7. 12. | „Runder Tisch" in der DDR, beschickt aus allen Parteien und gesellschaftlichen Gruppen |
| 8.–9. 12. | Kohl stimmt auf der Tagung des Europäischen Rates in Straßburg der Einberufung einer Regierungskommission zur Europäischen Währungs- und Wirtschaftsunion zu |
| 15. 12. | Viertes Abkommen von Lomé zwischen der EG und 68 AKP-Staaten |
| 22. 12. | Umsturz in Rumänien. Ceauşescu wird festgenommen und am 25. 12. hingerichtet |

**1990**

| | |
|---|---|
| 28. 1. | Die Regierung der DDR und der „Runde Tisch" einigen sich auf vorgezogene Neuwahlen zur Volkskammer |
| 12.–14. 2. | Die Außenminister der Vier Mächte und der beiden deutschen Staaten vereinbaren Besprechungen über die „äußeren Aspekte der Herstellung der deutschen Einheit" |
| 18. 3. | Die Volkskammerwahlen in der DDR bringen eine Mehrheit für die von der CDU der DDR angeführte „Allianz für Deutschland"; Lothar de Maizière wird Ministerpräsident |
| 25. 3./8. 4. | Erste freie Wahlen in Ungarn |
| 30. 3. | Unabhängigkeitserklärung Estlands |
| 4. 5. | Unabhängigkeitserklärung Lettlands |
| 5. 5. | Beginn der „2+4"-Verhandlungen in Bonn |
| 18. 5. | Unterzeichnung des Vertrages über die Währungs-, Wirtschafts- und Sozialunion zwischen der Bundesrepublik Deutschland und der DDR; am 1. 7. in Kraft |
| 20. 5. | Erste freie Wahlen in Rumänien |
| 10./17. 6. | Erste freie Wahlen in Bulgarien |
| 15.–16. 7. | Anlässlich eines Besuchs von Kohl gibt Gorbačev seine Zustimmung zur NATO-Mitgliedschaft des vereinigten Deutschland |
| 12. 9. | Unterzeichnung des „Vertrages über die abschließende Regelung in bezug auf Deutschland" in Moskau |
| 3. 10. | Deutsche Einheit |
| Dezember | Kroatien und Slowenien unternehmen Schritte auf dem Weg zur Unabhängigkeit |

**1991**

| | |
|---|---|
| 12. 6. | Wahl Boris Jelzins zum Präsidenten der RSFSR |

| | |
|---|---|
| 25. 6. | Unabhängigkeitserklärungen Sloweniens und Kroatiens; daraufhin Angriff der jugoslawischen Bundesarmee auf Slowenien am 27. 6. |
| 31. 7. | Bush und Gorbačev unterzeichnen START I |
| 9. 12. | Beginn der Verhandlungen des Europäischen Rates in Maastricht über eine Europäische Union (Vertrag unterzeichnet 7. 2. 1992) |
| 25. 12. | Rücktritt Gorbačevs als Staatspräsident (damit Ende der Sowjetunion) |

280  Anhang

*Außenhandel ausgewählter europäischer und anderer Staaten in Mio. DM (1988 & 1989 in Mio. US-$)*[1]
Quelle: Statistisches Jahrbuch der Bundesrepublik Deutschland

| Land | | Fünfjahresdurchschnitt | | | | | | | | |
|---|---|---|---|---|---|---|---|---|---|---|
| | | 1951–1955 | 1956–1960 | 1961–1965 | 1966–1970 | 1971–1975 | 1976–1980 | 1981–1985 | 1986–1987 | 1988–1989 |
| BRD | Einfuhr | 18149,6 | 33868,0 | 55085,0 | 86322,0 | 151665,2 | 266895,6 | 406780,6 | 411692,5 | 260061,5 |
| | Ausfuhr | 19552,8 | 38591,4 | 59766,8 | 80628,0 | 183119,4 | 295992,0 | 443061,4 | 526870,0 | 332234,0 |
| Belgien/ | Einfuhr | 10781,0 | 14475,6 | 22876,6 | 34334,6 | 60935,8 | 103729,2 | 144674,0 | 148145,5 | 95611,5 |
| Luxemburg | Ausfuhr | 10463,6 | 13830,4 | 20082,6 | 34048,4 | 59735,8 | 95725,0 | 136868,2 | 149140,0 | 96527,0 |
| DDR | Einfuhr | k.A. | k.A. | k.A. | 13206,6 | 19625,6 | 27409,8 | 50127,0 | 48221,5 | 22424,5 |
| | Ausfuhr | k.A. | k.A. | k.A. | 13621,4 | 18817,0 | 24072,2 | 54104,2 | 50228,5 | 21960,0 |
| Frankreich | Einfuhr | 18867,4 | 24151,4 | 34721,6 | 58149,0 | 105514,8 | 185658,6 | 286562,4 | 280499,5 | 183806,5 |
| | Ausfuhr | 18124,6 | 22992,0 | 33425,2 | 52830,4 | 99152,4 | 164301,8 | 247463,2 | 257903,5 | 167351,5 |
| Großbritannien | Einfuhr | 40879,4 | 45943,2 | 54614,2 | 73440,0 | 109618,8 | 169801,4 | 269110,6 | 275061,0 | 193738,0 |
| | Ausfuhr | 31346,2 | 38931,6 | 46421,8 | 61747,0 | 89118,8 | 153425,8 | 253103,2 | 233734,0 | 148921,0 |
| Irland | Einfuhr | 2187,4 | 2310,6 | 3442,4 | 4859,8 | 7969,6 | 15131,4 | 25610,2 | 24798,5 | 16491,5 |
| | Ausfuhr | 1197,0 | 1485,8 | 2370,0 | 3194,0 | 5997,6 | 11706,8 | 23434,6 | 28048,5 | 19711,5 |
| Italien | Einfuhr | 10141,6 | 15252,4 | 26818,0 | 43584,6 | 78310,2 | 129477,8 | 219473,4 | 218245,0 | 144301,0 |
| | Ausfuhr | 6749,6 | 11622,2 | 21675,8 | 40642,8 | 67203,0 | 116734,2 | 194898,2 | 211053,5 | 134326,0 |
| Niederlande | Einfuhr | 11091,8 | 16735,8 | 24786,8 | 38992,4 | 68973,2 | 114862,4 | 165421,4 | 164057,5 | 102003,5 |
| | Ausfuhr | 9473,4 | 30415,6 | 20870,4 | 34377,8 | 67097,8 | 110765,8 | 174418,4 | 170905,5 | 105542,0 |
| Norwegen | Einfuhr | 4007,8 | 5528,4 | 7447,4 | 11312,0 | 18135,4 | 27357,0 | 38534,2 | 42343,5 | 23432,5 |
| | Ausfuhr | 2444,6 | 3384,4 | 4574,2 | 7724,6 | 13208,2 | 23726,2 | 48334,0 | 39083,5 | 24731,5 |
| Österreich | Einfuhr | 2848,0 | 4998,4 | 6950,2 | 10532,0 | 19143,8 | 35129,6 | 52289,4 | 58498,5 | 37726,5 |
| | Ausfuhr | 2357,8 | 4060,0 | 5478,4 | 8378,4 | 14765,2 | 25740,4 | 41726,4 | 48874,5 | 31753,5 |
| Polen | Einfuhr | k.A. | k.A. | k.A. | k.A. | 22023,6 | 33224,8 | 29324,2 | 21041,5 | 11162,5 |
| | Ausfuhr | k.A. | k.A. | k.A. | k.A. | 18648,6 | 28737,4 | 30283,0 | 23008,5 | 12530,0 |
| Schweden | Einfuhr | 7439,0 | 10345,0 | 14147,6 | 21300,4 | 32768,6 | 49868,2 | 71473,0 | 71813,0 | 47299,5 |
| | Ausfuhr | 6835,4 | 9186,2 | 13224,0 | 20431,4 | 34014,4 | 48153,8 | 74356,0 | 80154,0 | 50627,5 |
| Schweiz | Einfuhr | 5474,0 | 8072,5 | 13245,8 | 18944,2 | 30726,2 | 49169,2 | 76984,4 | 90200,5 | 57229,0 |
| | Ausfuhr | 4951,4 | 6839,4 | 9911,0 | 15985,6 | 26070,2 | 45211,4 | 68067,8 | 81615,5 | 51036,5 |
| Sowjetunion | Einfuhr | k.A. | k.A. | k.A. | k.A. | k.A. | 104549,4 | 206316,4 | 183199,0 | 110898,0 |
| | Ausfuhr | k.A. | k.A. | k.A. | k.A. | k.A. | 112212,0 | 228064,4 | 202955,0 | 109866,0 |
| Spanien | Einfuhr | 2299,4 | 3501,7[2] | 7923,2 | 15225,8 | 28764,8 | 46031,0 | 78417,8 | 82453,5 | 63944,5 |
| | Ausfuhr | 1910,4 | 1965,3[2] | 3286,4 | 6620,2 | 14649,0 | 28623,6 | 56641,0 | 60378,5 | 43388,5 |
| Türkei | Einfuhr | 2072,0 | 1728,4 | 2352,6 | 2986,4 | 7065,5 | 11599,2 | 25669,6 | 24703,5 | 15064,5 |
| | Ausfuhr | 1445,8 | 1320,4 | 1574,8 | 2061,4 | 3234,0 | 4604,2 | 16585,8 | 28802,0 | 11644,5 |
| USA | Einfuhr | 45076,0 | 61960,6 | 75699,6 | 131314,4 | 204525,0 | 405669,0 | 792173,8 | 801657,5 | 476638,5 |
| | Ausfuhr | 59822,0 | 79669,4 | 94536,2 | 137195,2 | 204424,6 | 318372,4 | 560615,8 | 463354,0 | 342075,5 |

[1] Erstellt von Guido Thiemeyer (Jahreszahlen unter: http://www.internationale-geschichte.historicum.net/daten_texte_quellen.htm), [2] 1956–1958

Anhang  281

**Bruttoinlandsprodukt ausgewählter europäischer und anderer Staaten in der jeweiligen Landeswährung[1]**

Quellen: Statistisches Jahrbuch der Bundesrepublik Deutschland, 1950ff; Brian Mitchell, International Historical Statistics, 1750–1988, Basingstoke 1992; EUROSTAT, Statistische Grundlagen der Gemeinschaft, Luxemburg 1963ff.
Die Angaben stimmen im Wesentlichen überein.

Die Staaten berechnen ihr Bruttoinlandsprodukt weitgehend nach den Empfehlungen der Vereinten Nationen (A System of National Accounts and Supporting Tables, New York 1968). Die sozialistischen Staaten berechnen das produzierte Nationaleinkommen nach: System of Material Product Balances (MPS), New York 1969. Aufgrund von Abweichungen in den Definitionen und Abgrenzungen, Unterschieden im statistischen Grundmaterial, Besonderheiten der Rechts- und Wirtschaftsordnungen etc. sind die Zahlen von Land zu Land nur mit Einschränkungen vergleichbar. Sämtliche Zahlen sind in Landeswährung angegeben.

| Land | Fünfjahresdurchschnitt | | | | | | | |
|---|---|---|---|---|---|---|---|---|
| | 1951–1955 | 1956–1960 | 1961–1965 | 1966–1970 | 1971–1975 | 1976–1980 | 1981–1985 | 1986–1989 |
| BRD (Mrd. DM) | 145,440 | 236,440 | 384,960 | 558,620 | 900,800 | 1295,680 | 1680,900 | 1990,580 |
| Belgien (Mrd. BFr) | 440,000 | 536,760 | 717,320 | 1074,880 | 1842,800 | 3069,200 | 4205,400 | 5240,680 |
| DDR (Mrd. M.) | 42,740 | 61,860[2] | 86,760 | 109,760 | 142,400 | 178,600 | 220,200 | 250,300 |
| Frankreich (Mrd. FF) | 14,774[3] | 269,430[4] | 394,380 | 636,760 | 1139,140 | 2476,430[5] | 3945,460 | 5229,132 |
| Großbritannien (Mrd. £) | 16,920 | 23,152 | 31,240 | 41,920 | 69,000 | 158,840 | 299,940 | 417,848 |
| Irland (Mill. Ir £) | 500,200 | 603,120 | 846,100 | 1309,000 | 2733,800 | 6629,400 | 13416,000 | 16740,250[6] |
| Italien (Mrd. Lit.) | 11,706 | 4227,806 | 29722,200 | 47391,600 | 86194,800 | 239944,200 | 634237,400 | 959740,280 |
| Luxemburg (Mrd. lfr) | 17,306 | 22,248 | 28,660 | 41,320 | 73,100 | 112,080 | 176,520 | 222,500[7] |
| Niederlande (Mrd. hfl) | 25,172 | 36,838 | 55,620 | 101,608[8] | 168,520 | 289,760 | 383,940 | 439,248 |
| Norwegen (Mrd. nkr) | 20,814 | 28,134 | 41,940 | 66,100 | 115,980 | 219,140 | 409,300 | 538,300 |
| Österreich (Mrd. S) | 81,440 | 134,560 | 206,000 | 309,160 | 539,400 | 855,120 | 1204,700 | 1471,340 |
| Polen (Mrd. Zl) | 223,000 | 318,800 | 465,000 | 657,440 | 1085,860 | 1831,820 | 5735,420 | 36264,104 |
| Schweden (Mrd. skr) | 40,030 | 57,560 | 87,880 | 154,130[9] | 227,500 | 414,660 | 711,320 | 1000,264 |
| Schweiz (Mrd. sfr) | 24,240 | 32,540 | 50,700 | 74,380 | 125,300 | 153,620 | 205,180 | 252,316 |
| Sowjetunion (Mrd. Rbl) | 683,000[10] | 125,800 | 172,200 | 245,580 | 334,560 | 423,560 | 541,560 | 606,612 |
| Spanien (Mrd. Ptas)[11] | 266,500[12] | 602,600 | 1070,600 | 2010,800 | 4205,760 | 11070,100 | 22353,200 | 35154,240 |
| Türkei (Mrd. TL) | 16,282 | 37,072 | 61,760 | 113,820 | 364,125 | 1855,320 | 14465,940 | 76042,068 |

[1] Erstellt mit Jahresdaten von Guido Thiemeyer (vollständige Angaben unter http://www.internationale-geschichte.historicum.net/daten_texte_quellen.html), Berechnung von Lorenz Richter, [2] Änderung der Berechnungsgrundlage 1960, [3] Bill. ffr, [4] Änderung der Berechnungsgrundlage 1958, deshalb hier nur 1958–1960, [5] Änderung der Berechnungsgrundlage 1978, deshalb hier nur 1978–1980, [6] Änderung der Berechnungsgrundlage 1989, deshalb hier nur 1986–1988, [7] Zahl für 1986, [8] Änderung der Berechnungsgrundlage 1968, deshalb hier nur 1968–1970, [9] Änderung der Berechnungsgrundlage 1968, deshalb hier nur 1968–1970, [10] Ab 1955 Angaben in neuen Rbl von 1961 (vgl. Brian Mitchell, International Historical Statistics 1750–1988, Basingstoke 1992), deshalb hier nur 1951–1954, [11] Bis 1954 Nettosozialprodukt, ab 1954 Bruttosozialprodukt, [12] Bis 1954 Nettosozialprodukt, deshalb hier nur 1951–1954

## KARTEN

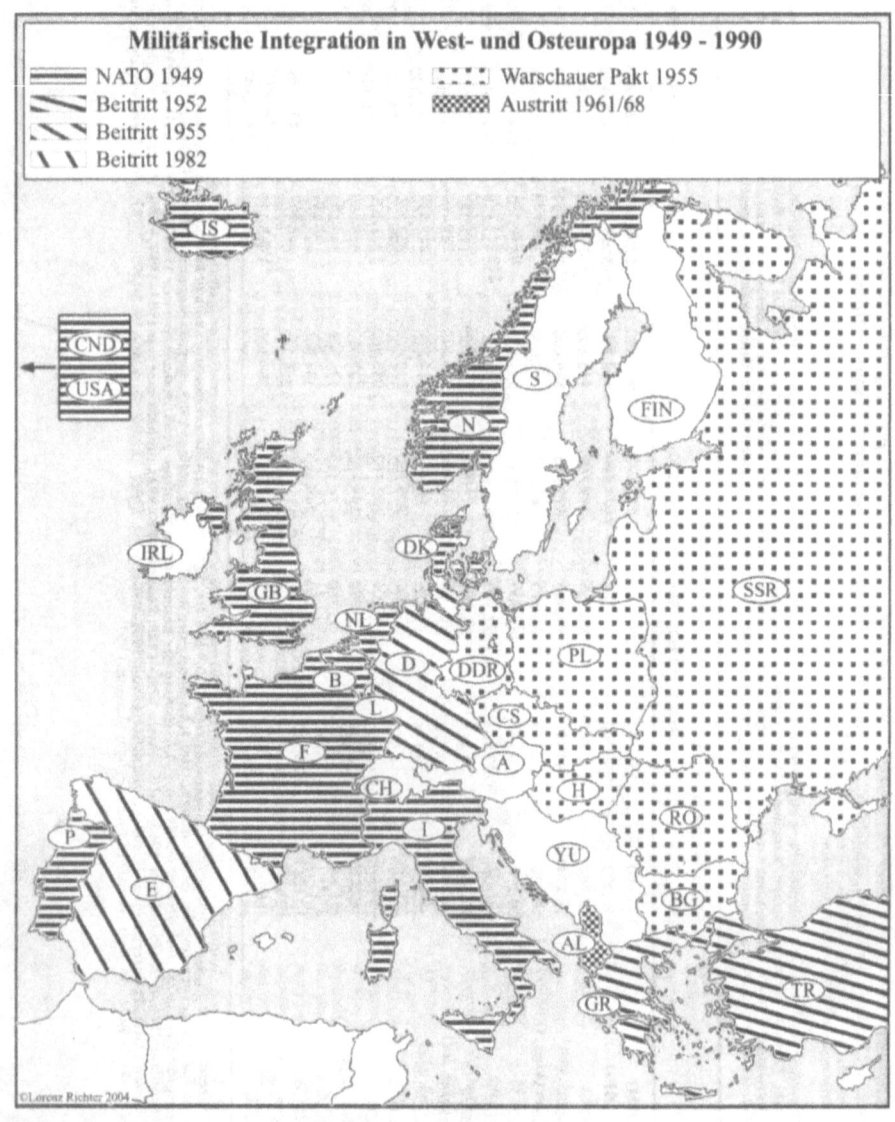

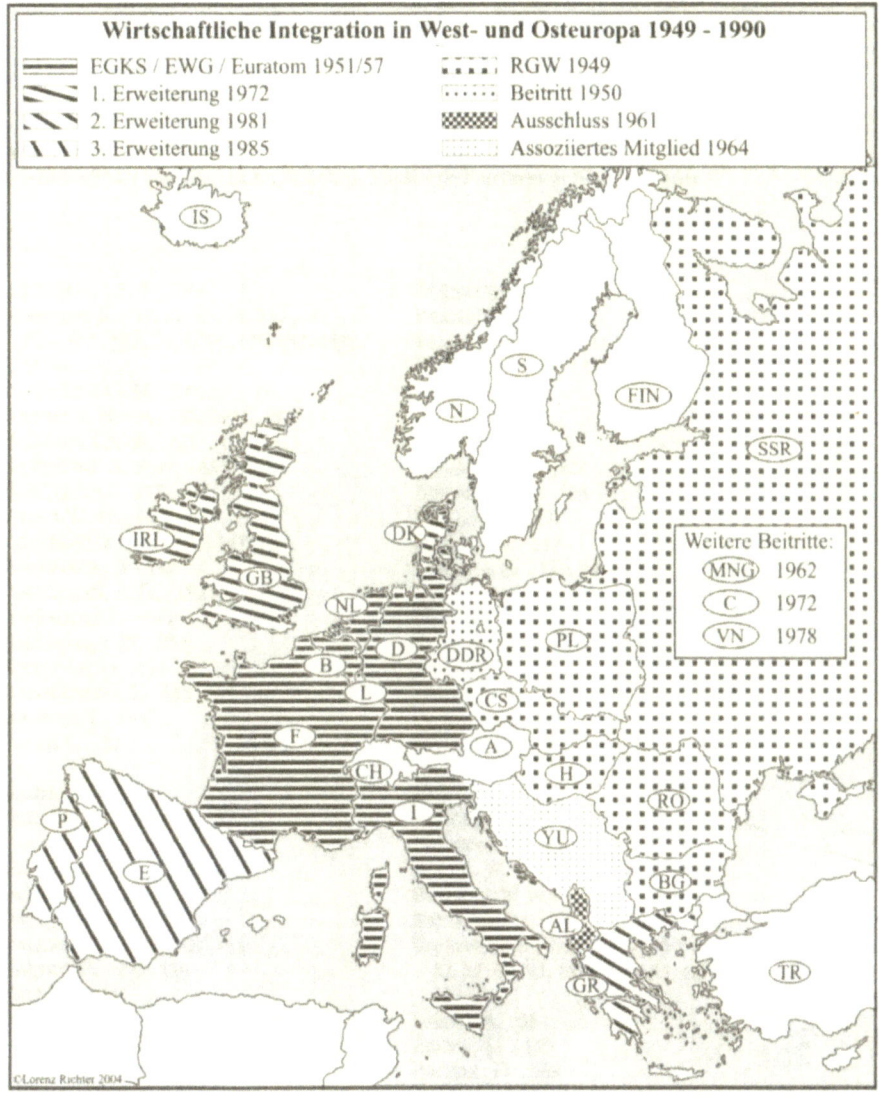

# REGISTER

## Personenregister

In Klammern verzeichnete Zahlen weisen auf Seiten hin, in denen die Person nur indirekt erwähnt wird; Historiker in Kapitälchen, handelnde Personen in Normalschrift.

ABELSHAUSER, W. 144
Adenauer, K. 19, 22, 25, 28, 33f., 36, 42f., 45f., 62f., 76, 174f., 179, 182–184, (186)
ADIBEKOV, G. M. 146
ADOMEIT, H. 96, 132, 164f., 194
AGERON, CH.-R. 171
ALBERTINI, R. VON 165f.
ALFÖLDY, G. 178
ALLIN, D. H. 192
ALPEROVITZ, G. 126f., 147
ANDERSON, B. 167
ANDERSON, R. D. 190
Andreotti, G. 106
Andropov, J. W. 95f.
ANSORGE, D. 131
ANSPRENGER, F. 168
ARENTH, J. 188
Attlee, C. 11

BACH, M. 157
BADE, K. J. 73f., 157
BAEV, J. 60
Bahr, E. 79, 82, 84, 93, 186f.
Baker, J. 137
BALD, D. 132, 192
BALLESTREM, K. GRAF 166
BARING, A. 177, 186
BAYLIS, J. 155
BECKER, J. 153
BECKER, P. 189
BENDER, P. 187
Beneš, E. [Benesch] 18, 57
BERENKOPF TUCKER, N. 185
BERGHAHN, V. R. 135
Berija, L. 26, 177
BERNATH, M. 186

BERNECKER, W. 168
BERNSTEIN, B. J. 147
BESCHLOSS, M. R. 183, 195
BESYMENSKI, L. 137
Bevin, E. 16
Beyen, W. 44
Bidault, G. 16
BIDELEUX, R. 165
BIERMANN, R. 195
BINGEN, D. 187
Birthler, M. 117
BISCHOF, G. 136, 144, 181
BITSCH, M.-TH. 152
BLASIUS, R. A. 185
BOER, P. DE 160
BOGLE, L. L. 134
BORCHARDT, K. 145
BORNSCHIER, V. 52
BOSSUAT, G. 145, 154, 178
BÖTTGER, P. 136
BOZO, F. 155, 180
BRACHER, K. D. 112, 123, 129
BRANDES, D. 149
Brandt, W. 79, 82, 84, 185–187, 189
BREDOW, W. VON 189
BREMEN, CH. 182
Brežnev, L. I. [Breschnew] 59, 64, 79, 82, 87, 90, 93, 161, 163, 185, 187, 190, 193f.
Briand, A. 38
BROER, M. 195
BRÖTEL, D. 169
BROWN, J. M. 170
BRUNN, G. 152
Brzezinski, Z. 88
BUCHHEIM, CH. 145
BUFFET, C. 146

BÜHRER, W. 174, 178
Bush, G. sr. 106–108, 196f.
Byrnes, J. F. 11, 14f., 146

CAIN, P. J. 169
CALDWELL, D. 190
CAMPS, M. 179
CARTER, A. 158
Carter, J. E. 87–89, 93, 190
Castro, F. 24, 37
CATUDAL, H. M. 181
Ceauşescu, E. (108)
Ceauşescu, N. 63, 108
ČERNAJFV, A. [CHERNAYEV] 137
CHAKRABARTY, D. 173
Chiang Kai-shek 20
Chomeni, Ajatollah R. al- [Khomeini] 89
Chruščev, N. 26, 30, 32, 34–37, 59–64, 78f., 89, 161, 163, 179, 181–183, 185
Churchill, W. S. 9–11, 15, 27, 34, 39f., 65, 136, 162, 182
CLAYTON, A. 171
CLEMENS, D. S. 137
COHEN, W. I. 185
Colombo, E. 52
CONRAD, C. 158
CORNIDES, W. 125
COSTIGLIOLA, F. 185
Coudenhove-Kalergi, R. Graf 38, 40
COUTOUVIDIS, J. 139
CREUZBERGER, S. 158, 164
CSÁKY, M. 160
Curzon, G. N. (10)
CZEMPIEL, E.-O. 195

DAHM, B. 168, 172
DALLOZ, J. 171
DAMUS, R. 165
DANYEL, J. 159
DARWIN, J. 169
DAŠIČEV, V. [Daschitschew] 195
DAUM, A. 188
DEHIO, L. 129
DEIGHTON, A. 142, 153, 180
DELBRÜCK, H. 4
Delors, J. 49, 51
DERRIDA, J. 167
DEUERLEIN, E. 118, 138
DI NOLFO, E. 144, 153, 155
DIETL, R. 173
Dimitroff, G. 56

DINER, D. 1
DOEL, H. W. v. 171
DOWE, D. 159, 194
DROZ, B. 171
Dubček, A. 64
DUCHHARDT, H. 149
DÜLFFER, J. 137, 149, 179, 196
Dulles, J. F. 26, 29, 34, 182
DUMOULIN, M. 153, 157
DUNBABIN, J. P. D. 130
DUROSELLE, J. B. 139

ECKART, A. 168
Eden, A. (Lord Avon) (9), 27, 33, 43, 182
Eden-Plan 28
EISENBERG, C. W. 145f.
Eisenhower, D. D. 26f., 29, 33, 35, 182
EISING, R. 151
Erhard, L. 43f., 46, 82, 184–186
ESCHEN, P. v. 172
Eschenburg, Th. 142
EVANGELISTA, M. 32, 192

FAINSOD, M. 162
Falin, V. 84
FASSMANN, H. 157
FEATHERSTONE, K. 158
FEIS, H. 124, 147
FEJTÖ, F. 138, 195
FELDBAEK, O. 160
FERGUSON, Y. 135
FIELDHOUSE, D. K. 169
FILITOW, A. 176
FINK, C. 159, 188
FISCH, J. 137
FISCHER, A. 138, 162
FISCHER, B. A. 195
FISCHER, F. 194
FISCHER, W. 156
FITZGERALD, F. 191, 195
FLEURY, A. 160
FLORA, P. 122
FOERSTER, R. G. 154, 175
FOITZIK, J. 166, 178
Ford, G. R. 87
FOSCHEPOTH, J. 141f.
FOUCAULT, M. 167
Franco, F. 39, 51, 70
FRANÇOIS, E. 160
FRANK, R. 134, 153f., 160
FREY, M. 171f.
FRIJHOFF, W. 160

FRÖHLICH, S. 193
FUCHS, S. 186 f.
FUKUYAMA, F. 112
FÜLÖP, M. 138
FURET, F. 163 f.

GABLIK, A. 155, 184
GADDIS, J. L. 127, 131, 133 f., 147, 163
Gagarin, J. 31
Gaitskell, H. 33
GALLICCHIO, M. 147
Gandhi, M. 67
GARDNER, L. C. 188
GARTHOFF, R. 132, 186, 188, 191
GARTON ASH, T. 112, 187, 193 f.
GASSERT, P. 159
GASTEYGER, C. 80, 118
GATI, C. 139
GATZ, E. 158
Gaulle, Ch. de 34, 36, 44–48, 65–67, 79, 141, 171, 180, 182, 185
GEARSON, J. P. S. 182
GEERTZ, C. 167
GEHLER, M. 154, 157, 181
Genscher, H.-D. 52, 95, 97, 100, 106, 186, 197
Georg II.von Griechenland 16
GERBET, P. 152, 178
GEUENICH, D. 131
Gheorghiu-Dej, G. 63
Gierek, E. 91
GIFFORD, P. 169
GILCHER-HOLTEY, I. 159
GILLINGHAM, J. R. 152, 174, 178
GIMBEL, J. 144
GIRAULT, R. 153 f.
Giscard d'Estaing, V. 49 f.
Goebbels, J. 99
Gomułka, W. 30, 60 f., 91, 187
GONG, G. 1p
Gorbačev, M. (Gorbatschow) 96–104, 106–108, 110, 117, 132, 137, 161, 165, 192, 194, 197
GORI, F. 149 f., 146
GORODETSKY, G. 163
GÖRTEMAKER, M. 158, 164, 188
GOSCHA, C. 188
GOSSEL, D. 142
Gottwald, K. 18, 57
GOUDA, F. 172
GRAML, H. 176
GREINER, B. 135, 142

GREINER, C. 148, 155
GRESCHAT, M. 177
GRIFFITH, R. T. 158, 180
GRIMAL, H. 170
GRINEVSKIJ, O. 183
Gromyko, A. A. 82
GROSSER, D. 196
Grotewohl, O. 20
Groza, P. 56
GUILLEN, P. 175
Gysi, G. 105

HAAS, E. B. 150
HABERL, O. N. 145
HACKE, CH. 191, 195, 197
HACKER, J. 138
HAFTENDORN, H. 155, 184–187, 191
HAHN, H. H. 178
Haile Selassie [Kaiser] 88
HALLE, L. 125
Hallstein, W. 45, 49
HALVERSON, T. E. 196
HANHIMÄKI, J. M. 140
HANRIEDER, W. F. 191
HARBUTT, F. J. 130, 187
Harmel, P. (79), (84), (93), (185)
HARPER, T. 170
HARRISON, H. M. 183
HAUSWEDELL, C. 191
Hável, V. 107
Heath, E. 48
HEINEMANN, W. 60, 139, 155, 178 f.
HENKE, K.-D. 143, 159, 164
HENNING, F.-W. 156
HERBERT, U. 157, 159
HERBST, L. 174
HERF, J. 191
HÉRITIER, A. 151
HERRING, G. C. 136
Herter, Ch. 35
HERTLE, H.-H. 195
HERZ, D. 152
HEUBERGER, V. 157
HEUSER, B. 139, 146
Heusinger, A. 33
Heuß, Th. 19
HILDEBRAND, K. 185
HILDERMEIER, M. 158, 166
HILLGRUBER, A. 114, 123, 125, 136, 138, 140 f., 163
HIMMLER, N. 197
Hitler, A. 5, 29, 163

HIXSON, W. L. 134
Ho Chi Minh 66
HOBSBAWM, E. J. 130, 164
HOGAN, M. J. 128, 134, 144 f., 147
HOLLOWAY, D. 147
HOLTERMANN, H. 189
HOLTSMARK, S. 140
HOLZER, J. 166
Honecker, E. 83, 90, 95, 99, 103–105, 187, 193
HOPKINS, A. G. 169
HOPPE, C. 155, 184
Horn, Gyula 103
HOROWITZ, D. 126
HOWE, ST. 170
Hoxha, E. 24
HRADIL, S. 156
HUBER, M. 195
HUDEMANN, R. 142, 154, 176
Husák, G. 107
HÜSER, D. 142

IMMERFALL, S. 156
IRIYE, A. 134
Ismay, H. L. (Lord) 41
ISNENGHI, M. 160
IVANISEVIC, A. 166

JACHTENFUCHS, M. 151
JÄCKEL, E. 118
JACOBSEN, H. A. 118
JÄGER, W. 196
Jaruzelski, W. 92, 102 f., 192 f.
Jelzin, B. 108, 117
Jenkins, R. 49
JOCHUM, M. 181
Johannes Paul II. [Papst] 91, 192
Johnson, L. B. 46, 79–81, 120, 185, 188
JONG, J. J. P. DE 171 f.
JONG, L. 171
Juan Carlos von Spanien 51
JUNKER, D. 135, 159, 187, 189

Kadar, J. 30, 62, 103
KAELBLE, H. 150, 154, 156, 158
Kaiser, J. 125
KAISER, J. C. 177
KAISER, K. 180
KAISER, W. 157, 180
Kania, S. (91)
KAPLAN, L. S. 155
KAPPELER, A. 2, 166

Karlsch, R. 147
Kekkonen, U. 23
KENDRICK, O. 184
Kennan, G. F. 15 f.
Kennedy, J. F. 35–37, 46, 80, 120, 183
KENNEDY, P. M. 164
KENT, J. 170
KERSTEN, K. 139
KERTESZ, S. 138
KESSEL, M. 142
Kiesinger, K. G. 46, 82, 185
Kim Il Sung 21
KIM, S.-R. 176
KIMBALL, W. F. 136
KINDLEBERGER, CH. 145
KIRT, R. 181
Kissinger, H. 80 f., 84, 86, 186 f.
KITTEL, M. 175
Klaus, V. 107
KLESSMANN, CH. 177
KNAPP, M. 144
KNIPPING, F. 152 f., 171, 173
KOCKA, J. 158
Kohl, H. 50, 95, 97, 99 f., 104–107, 119, 137, 193 f., 196 f.
KÖHLER, H. 174
KOHLER-KOCH, B. 151
KOLKO, G. 126 f., 130, 147
KOLKO, J. 126
KOPPE, K. 151
KORGER, D. 193
KORTE, K.-R. 194, 196
KOSLOWSKI, R. 135
Kossygin, A. 64, 79, 81, 188
KÖSTER, K. 193
KRAMER, M. 178, 188
Krause, G. 105
KRAUSS, M. 157
Krenz, E. 104 f.
KRIEGER, W. 136, 184
KROEGEL, D. 185
KRÜGER, D. 155
KÜNTZEL, M. 184
KUNZ, A. 149
KÜNZEL, CH. 166
KÜSTERS, H. J. 143, 178, 182, 188, 196
Kvizinskij, J. 90, 94, 191
KYLE, K. 179

LACOUTURE, J. 180
LAFEBER, W. 132
LAGROU, P. 159

LAPPENKÜPER, U. 182, 185
LAQUEUR, W. Z. 123
LARRES, K. 182
LAYRITZ, ST. 191
Le Duc Tho 80
LE GOYET, P. 171
LEE, S. 182
LEFFLER, M. P. 128, 131, 134
LEFTWICH CURRY, J. 192
LEHNE, S. 189
LEMKE, M. 183, 184
LEPSIUS, R. M. 3
LEVER, E. 171
LEVY, D. 159
LEWANDOWSKA, S. 137
LEWIS, P. G. 55, 58 f., 90, 165
LINK, W. 129, 186, 191
LIPGENS, W. 38, 118, 151–153, 174 f.
LIPPMAN, W. 4
Litvinov, M. 53
LOTH, W. 4, 118, 127–129, 131, 134, 139, 141, 146, 150, 152 f., 165, 174–177, 180, 183, 185, 187
LOUIS, W. R. 169, 179
LÖWENTHAL, R. 84, 125
LUARD, E. 173
LUCAS, H. D. 197
LUCAS, M. R. 189
LUCAS, W. S. 179
LUDLOW, P. 180
LUKAN, W. 166
Lumumba, P. 69
LUNDESTAD, G. 128, 134, 145 f., 163

MacArthur, D. 22
Macmillan, H. 30, 34, 36, 182
MACQUEEN, M. 172
MAGER, O. 176
MÄHLERT, U. 164
MAI, G. 142, 175
MAIER, CH. S. 128, 144 f., 196
MAIER, K. A. 155
Maiskij, I. 53
Maizière, L. de 105 f.
Malenkov, G. 26, 28, 177
Mao Zedong 13, 20 f., 24, 62, 81
MARCOWITZ, R. 185
MARESCA, J. J. 189
MARKERT, W. 138
MARKS, E. 139
Marshall, G. C. 16, 125
MARTIN, B. 137

Marx, K. 141, 161
MASTNY, V. 138, 140 f., 148, 155, 163, 176–178, 193
MAUER, V. 182
MAURER, A. 158
MAURER, M. 166
MAUSBACH, W. 142, 188
MAY, E. R. 175
MAZOWER, M. 124
Mazowiecki, T. 103
MCARDLE KELLEHER, C. 196
MCENANEY, L. 134
MCGINN, J. G. 188
MCMAHON, R. J. 172
MCNEILL W. H. 124
MEE JR., CH. L. 137
MELANDRI, P. 155
Merker, P. 60
Mikołajcyk, St. 44 f.
MILLER, R. G. 146
Milošević, S. 24
MILWARD, A. S. 144, 150–153, 174, 180
MINDEN, G. v. 125
MITCHELL, B. R. 122
MITRANY, D. 150
MITTER, A. 177
Mitterrand, F. 50, 106
Modrow, H. 105 f.
MOLLIN, G. TH. 169, 173
Molotov, V. 16, 147, 163
MOMMSEN, W. J. 168, 172
Monnet, J. 42, 174
MORAVCSIK, A. 150
Morgenthau jr., H. 142
MORSEY, R. 121, 142, 146, 175
MOSER, T. 173, 179
MUELLER, J. 132
MÜLLER, G. 131
MÜLLER, K.-J. 153
MÜNCH, I. v. 118
MÜNZ, R. 157
MUTZ, R. 190
MYANT, M. R. 139

Nagy, I. 30, 61 f., 103
NAIMARK, N. M. 141, 143, 147
NARINSKY, M. M. 145
Nasser, G. A. 24, 29 f., 68, 179
NATION, R. C. 139
Nehru, J. 24
NEWHOUSE, J. 188
NIEDERMAYER, O. 157

NIEDHART, G. 186
NIESS, F. 152, 174
NIETHAMMER, L. 145
Nitze, P. 94, 191
Nixon, R. M. 71f., 120, 186f.
Nkrumah, K. 68
NOACK, P. 176
NOEL, G. 179
NOHLEN, D. 122
NOLTE, E. 162
NORA, P. 160
NOVICK, P. 159
Novotny, A. 64
NUSCHELER, F. 122

OBERDORFER, D. 195
Ogarkow, N. 87
OLIVI, B. 152
OLSCHOWSKY, H. 178
OPPELLAND, T. 185
Osóbka-Morawski, E. 54
OSTERHAMMEL, J. 134, 167
OSTERMANN, CH. F. 177f.
OWEN, R. 179

Paasikivi, J. 23
PACZKOWSKI, A. 193
PADGETT, S. 158
Pahlevi, Schah Reza 14, 89
PANAYI, P. 157
PAPE, M. 181
PARRISH, S. D. 145
PATERSON, TH. G. 134
PATERSON, W. E. 158
PECHATNOV, V. O. 139
PFEIL, U. 187
PICHT, R. 180
Pieck, W. 20
PIKE, D. W. 146
PITTMAN, A. 193
PLEŠAKOV, C. [PLESHAKOV] 140f.
Pleven, R. 42
POGGIOLINI, I. 138
POIDEVIN, R. 153, 174
Pol Pot 88
Pompidou, G. 48
PONS, S. 149f., 146
Poszgay, I. 103
POTTHOFF, H. 119, 194
PROCACCI, G. 146
PRUESSEN, R. W. 172
PUNGONG, V. 172

RAACK, R. C. 163
Radford, A. W. [Admiral] 33
RAINER, J. 178
Rajk, L. 60
Rákosi, M. 30, 56
Rapacki, A. 33
RASSOW, P. 125
RATHKOLB, O. 181
Reagan, R. 92, 94f., 97f., 110, 191f., 195
REICHEL, P. 159
REINHARD, W. 168
RÉMOND, R. 180
Renner, K. 56
Reuter, E. 19
REYNOLDS, D. 69, 125, 127, 132
REYNOLDS, J. 139
RICE, C. 197
RICHTER, J. G. 181
RIOUX, J.-P. 175
RISSE[-KAPPEN], T. 191, 195
RITTER, G. A. 157
Rokossowski, K. 60
RÖNDIGS, U. 178
Roosevelt, F. D. 9f., 21, 127, 162, 172
ROSENBERG, E. 134
ROTH, H. 156
ROTHERMUND, D. 168
ROTHFELS, H. 123
ROUSSO, H. 139
RÜHL, L. 191
RUPIEPER, H.-J. 145
RUSCIO, A. 171
RYAN, D. 172

SAID, E. W. 167
SAINSBURY, K. 137
Salazar, A. [de Oliveira] 39, 51
SALEWSKI, M. 179
SAS, N. C. F. v. 160
SCHABERT, T. 197
Schäuble, W. 105
Scheel, W. 72f., 186, 189
SCHERTZ, A. W. 185
SCHIEDER, TH. 1, 123
SCHILDT, A. 159
Schiwkow, T. 108
SCHLAGA, R. 158
SCHLESINGER, A. 132
SCHLOTTER, P. 189
SCHMIDT, G. 148, 155, 178, 180
Schmidt, H. 50, 84, 89, 92–95, 99f., 186, 190, 193

SCHMITT, B. 184
SCHÖLLGEN, G. 129, 183, 188
SCHRAFSTETTER, S. 184
SCHRAMM, F. K. 118
Schröder, G. [Außenminister] 185
SCHRÖDER, H.-H. 194
SCHRÖDER, H.-J. 144
SCHULZ, G. 157
SCHULZE, H. 160
SCHUMACHER, F. 134, 145
Schumacher, K. 76
Schuman, R. 42, 174
SCHWABE, K. 153f., 174, 187
SCHWARTZ, T. A. 145
SCHWARZ, H.-P. 131, 142, 153, 174f., 182
SCHWARZ, J. 118
SCHWENGLER, W. 154, 175
SEIDELMANN, R. 189
SELVAGE, D. 184f., 187
SERRA, E. 153
Sethe, P. 175
Ševardnadse [Schevardnadse], E. A. 106
SHLAIM, A. 146
SHORT, A. 171
SHUMAKER, D. H. 195
SIEBS, B.-E. 193
SIEGLER, H. v. 118
Slansky, R. 50
SMITH, E. T. 144, 191
SMITH, G. 114
Smith, I. 69
SMYSER, W. R. 133
SORLIN, P. 156
SOUTOU, G.-H. 129, 180, 183, 186, 188
SOWADE, H. 174
Spaak, P. H. 44
Stalin, J. W. 9–13, 15, 17, 19, 21f., 24–27, 30, 39, 53–55, 59–61, 111, 131, 138–141, 143, 147, 161–165, 175–178
STAVRAKIS, P. J. 140
STEININGER, R. 130, 141, 175, 181–183
STELANDRE, J. 180
STENT, A. 186, 195
STEPHANSON, A. 125, 127, 134
STIBORA FULCHER, K. 182
STOEHR, I. 135
STOKES, G. 195
STOLER, M. 136
Stone, S. 135
STOURZH, G. 2, 181
Stöver, B. 130, 134, 177

STRACHEY, J. 170
Strauß, F. J. 79, 99
STROMSETH, J. E. 184
Sukarno, A. 68
SUMMY, R. 192
SUNDHAUSSEN, H. 158
SUPPAN, A. 166
SZNAIDER, N. 159

TALBOTT, S. 93, 190, 195
TAN TAI YONG 172
TARLING, N. 169
TETZLAFF, R. 168
Thatcher, M. 50, 70, 99, 106
THERBORN, G. 156
THIEMEYER, G. 150, 179
Thorez, M. 57
THOSS, B. 154
Tindemans, L. 52
TISMANEANU, U. 187
Tito (Josip Broz) 17, 23f., 60f., 149f., 146
Togliatti, P. 57
Touré, S. 67
TRACHTENBERG, M. 31, 133, 182, 184
TRAUSCH, G. 153
TRIEPEL, HEINRICH 129
TROCHE, A. 188
Truman, H. S. 11–13, 15f., 22, 127, 172
Tschou Enlai 187
TUSCHHOFF, CH. 155, 184, 191

Ulbricht, W. 36, 63, 82f., 143, 177, 181, 183
URWIN, D. W. 152
USCHAKOW, A. 118

VAÏSSE, M. 155, 158, 180, 184, 186, 188
Vance, C. 88
VEEN, H.-J. 157
VIGEZZI, B. 144
VOGTMEIER, A. 186
VOLKMANN, H.-E. 136, 154, 162, 175

Wałesa, L. 91, 103
WALKER, J. S. 147
WALL, I. M. 144
WALLERSTEIN, I. 170
WASCHKUHN, A. 181
WASMUTH, U. C. 191
WATT, D. C. 150
WEBER, H. 143, 164–166, 196

WEIDENFELD, W. 196
WEILEMANN, P. 179
WEINBERG, G. L. 136
WERBLAN, A. 193
WERTH, N. 164
WESSELING, H. L. 171
WESSELS, W. 150 f., 158
WESTAD, O. A. 134, 135, 190
WETTIG, G. 141, 146, 176, 177
WEYMAR, P. 174
WHITE, N. J. 170
WIGGERSHAUS, N. 148, 154 f., 175, 178 f.
WILKE, J. 115
WILLIAMS, K. 188
WILLIAMS, W. A. 126 f., 163
Wilson, H. 48
WINKS, R. W. 170
WIRZ, A. 168
WITTNER, L. S. 159, 191

WOHNOUT, H. 157
Wojtyla, K. siehe *Johannes Paul II.*
WOLFRUM, E. 142, 178
WOLLER, H. 144, 159, 164
WOODHOUSE, C. M. 140
WOYKE, W. 152, 188

YERGIN, D. 127
YOUNG, J. W. 144

ZALA, S. 119
ZARUSKY, J. 175 f.
ZAWODNY, K. 137
Ždanov, A [Schdanow] 17
ZELIKOW, P. 197
ZEMAN, Z. 147
ZIEMANN, B. 135
ZIMMER, M. 193
ZIMMERMANN, H. 185
ZUBOK, V. M. [SUBOK] 140 f., 177, 184

## SACH- UND GEOGRAFISCHES REGISTER

Abkommen, Verträge, Erklärungen
- 23. 1. 1899 Britisch-kuwaitisches Schutzabkommen 69
- Juli 1935 Government of India Act 169
- 29. 9. 1938 Münchner Abkommen 83
- 23. 8. 1939 Hitler-Stalin-Pakt 9, 54 f., 108, 162, (163)
- 1. 1. 1942 „Erklärung über die Vereinten Nationen" 9
- 26. 5. 1942 Bündnispakt Großbritannien-Sowjetunion 28
- 12. 12. 1943 Bündnispakt Sowjetunion–ČSR 57, 59
- 10. 12. 1944 Bündnispakt Sowjetunion-Frankreich 28
- 12. 9. 1944 Zonenabkommen für Deutschland London 9
- 9. 10.–18. 10. 1944 Churchill-Stalin-Abkommen 23
- 26. 4. 1945 Unterzeichnung der UNO-Charta in San Francisco 11
- 7./9. 5. 1945 Kapitulation des Deutschen Reiches gegenüber den vier Hauptsiegermächten (zweifach vollzogen) Reims/Berlin-Karlshorst 11
- 2. 8. 1945 Potsdamer Abkommen der Großen Drei 138, 142
- 10. 2. 1947 Pariser Friedensverträge 15, 23, 55, 58, 138, 140, (143)
- 4. 3. 1947 Französisch-britischer Bündnispakt von Dünkirchen 41
- 27. 3. 1948 Brüsseler Pakt (Western Union) 21, 41, 43 f., 154, 175
- 6. 4. 1948 Bündnispakt Sowjetunion-Finnland 23 f.
- 15. 1. 1949 Gründung des RGW (Rat für gegenseitige Wirtschaftshilfe) in Moskau 58
- 4. 4. 1949 Gründung der NATO in Washington 19, 41
- 1. 9. 1951 Bündnispakt USA-Australien-Neuseeland (ANZUS) 31
- 18. 4. 1951 EGKS-Vertrag (Europäische Gemeinschaft für Kohle und Stahl) 42
- 26. 5. 1952 (1.) Deutschlandvertrag 43, 176, 187
- 27. 5. 1952 EVG-Vertrag (Europäische Verteidigungsgemeinschaft) 26, 42 f., 176
- 26. 7. 1953 Waffenstillstandsabkommen im Koreakrieg 22

- 14. 5. 1954 Unterzeichnung des Warschauer Pakts 60
- 23. 10. 1954 Pariser Verträge, (2.) Deutschlandvertrag 33, 43, 179, 187
- 5. 11. 1954 Bündnispakt Jugoslawien–Griechenland–Türkei 24
- 24.2./30. 3. 1955 Bagdad-Pakt 31
- 15. 5. 1955 Österreichischer Staatsvertrag 28, 181
- 27. 3. 1957 Römische Verträge 44f., 71, 179f.
- März 1958 Westeuropäisches Nuklearabkommen 44
- 27. 11. 1958 Berlin-Ultimatum 34, 181
- 18. 3. 1962 Vertrag von Evian – Beendigung des Algerienkrieges 67
- 19. 12. 1962 Nassau-Abkommen 46
- 22. 1. 1963 Freundschaftsvertrag BR Deutschland-Frankreich (Elysée-Vertrag) 45f.
- 20. 7. 1963 Erstes Yaoundé-Abkommen 71, 173
- 5. 8. 1963 Atomteststopp-Vertrag 36, 78, 184
- 12. 6. 1964 Freundschafts- und Bündnispakt Sowjetunion-DDR 59
- 17./18. 1. 1966 Luxemburger Kompromiss 47, 52
- 25. 3. 1966 „Friedensnote" (Angebot von Gewaltverzichtserklärungen) der Regierung Erhard 82
- 6. 7. 1966 „Bukarester Erklärung" des Warschauer Paktes 80
- 24./25. 6. 1968 „Appell von Reykjavik" der NATO 80
- 1. 7. 1968 Atomwaffensperrvertrag (NPT – Non-Proliferation Treaty) 79, 184
- 17. 3. 1969 „Budapester Appell" des Warschauer Paktes 80, 82, 185, 188
- 29. 7. 1969 Zweites Yaoundé-Abkommen 71
- 12. 8. 1970 Moskauer Vertrag 82f., 186
- 7. 12. 1970 Warschauer Vertrag 83
- 3. 9. 1971 Viermächte-Abkommen in Berlin (Berlin-Abkommen) 83, 188
- 26. 5. 1972 SALT I/ABM-Vertrag von Moskau 81, 87, 94, 188, 190
- 21. 12. 1972 Deutsch-deutscher Grundlagenvertrag 83
- 27. 1. 1973 Waffenstillstandsabkommen USA–Nordvietnam in Paris 80
- 11. 12. 1973 Prager Vertrag 83
- 28. 2. 1975 Erstes Lomé-Abkommen 71, 173
- 1. 8. 1975 Schlussakte der KSZE in Helsinki 23, 85–88, 123, 126, 149, 188f., 192
- 3. 11. 1978 Freundschaftsvertrag Sowjetunion–Vietnam 88
- 18. 6. 1979 SALT II-Vertrag in Wien 87, 92, 190
- 21. 10. 1979 Zweites Lomé-Abkommen 71
- 8. 12. 1979 Drittes Lomé-Abkommen 71
- 12. 12. 1979 NATO-Doppelbeschluss 93–95, 190f.
- 31. 8. 1981 Stillhalteabkommen von Polen 91
- 1. 7. 1987 Einheitliche Europäische Akte tritt in Kraft 52
- 8. 12. 1987 INF-Vertrag in Washington 98
- 15. 12. 1989 Viertes Lomé-Abkommen 71
- 30. 8. 1990 Deutscher Einigungsvertrag 105
- 12. 9. 1990 „Vertrag über die abschließende Regelung in bezug auf Deutschland" („Zwei-plus-Vier-Vertrag") 107
- 13. 9. 1990 „Vertrag über gute Nachbarschaft, Partnerschaft und Zusammenarbeit" Deutschland–Sowjetunion 107
- 14. 11. 1990 Grenzvertrag Deutschland–Polen 106
- 21. 11. 1990 Charta von Paris (VKSE I-Vertrag) 86, 98, 129
- 31. 7. 1991 START I-Vertrag in Moskau 98, 108, 195f.
- 7. 2. 1992 Vertrag von Maastricht 51f., 157, 197
- 3. 1. 1993 START II-Vertrag in Moskau 98
- 22. 10. 1997 Vertrag von Amsterdam 51
- 26. 2. 2001 Vertrag von Nizza 51
siehe auch *Konferenzen, Sitzungen, Treffen / Ostverträge*
ABM (Anti Ballistic Missiles) 81

Abrüstung
siehe *Sowjetunion / USA – Militär*
„Achsenmächte" 9
Aden 48, 69
Afrika 65–71, 73, 88, 168–170, 190
Ägypten 24, 29, 68, 81, 179
AKP-Staaten (Staaten Afrikas, der Karibik und des Pazifiks) 71, 173
Albanien 24, 56, 59f., 63, 85
Algerien 50, 66f., 73, 171
Algerische Befreiungsfront (FLN) 29
„Amerikanisierung"
siehe „*Verwestlichung*"
Angola 70, 88, 172
Anti-Hitler-Koalition 5, 136
Äquatorial-Guinea 70
Argentinien 70
Asien 5, 14–17, 38, 89, 98, 101, 108, 137, 146, 168–170, 172
Assuanstaudamm 29
Äthiopien 88
Atlantic Nuclear Force (ANF) 46, 184
Atomkrieg, Gefahr von 4, 15, 25f., 32, 36f., 46, 63, 78, 81, 95, 101, 110f., 125, 131, 175, 191
„Atoms for Peace" 30
Atomwaffen 13, 78–80, 92, 97f., 129, 131f., 155, 184
– britische 20, 98
– chinesische 63, 79, 81
– französische 35, 44, 98, 180
– sowjetische 20f., 30f., 36, 79, 124, 147f.
– US-amerikanische 12, 20, 22, 31, 46, 69, 94, 126f., 146–148, 183
Äußere Mongolei 59
Australien 31, 121

Balkanstaaten 53, 155
Balkanunion 24, 139
Baltische Staaten 9, 55, 101, 108
Belarus
siehe *Weißrussland*
Belgien 7f., 18, 38, 41f., 52, 67, 69, 73f., 169, 179
Belgisch Kongo
siehe *Kongo*
Berlinfrage 11, 83, 181–184, 188
Bessarabien 55
Biafra 68
Blockbildung 25, 75, 137, 145
Blockfreie Staaten 24, 62, 72, 88

Borneo 170
Bretton-Woods-System 50
Brežnev-Doktrin 64, 92, 101
British Empire
siehe *Großbritannien – Kolonialherrschaft, Dekolonialisierung*
Brunei 170
Bulgarien 9f., 24, 55f., 58–61, 64, 108, 139
Bundesrepublik Deutschland 60, 82, 85
– und Afrika 71
– und Deutsche Demokratische Republik 63, 82f., 90, 95, 99f., 104–106, 193f., 196f.
– und Frankreich 50, 120, 174, 179, 185f.
– und Großbritannien 98
– und Polen 90, 92, 106
– und Osteuropa 82–84, 94f.
– und Sowjetunion 28, 82–84, 89f., 99, 106f., 126, 182, 185, 187
– und USA 37, 81, 98, 187, 190f.
– und Deutsche Frage 20, 33
– Europapolitik 40, 43–46, 48, 50, 52, 94, 153, 179
– Gesellschaft, Ideologie, Propaganda 76, 95, 144, 154
– Gründung 19f., 125, 174
– Innenpolitik 94f., 100, 106, 121, 175, 193, 196
– Migration 74f.
– Militär 22, 33f., 42–44, 47, 78f., 84, 94f., 98, 106f., 154, 175f., 184f., 190, 193
– Osteuropapolitik 79, 185–187, 193f.
– Parteien 94, 100, 105, 121, 191, 193f.
– Souveränität 25, 28, 43, 174
– Westintegration 26f., 152, 174
– Wirtschaft 41f., 44, 50, 83, 89f., 99, 105f., 120, 144, 154, 174, 186, 195f.
– Zweiter Weltkrieg und Folgen 84, 159f.
siehe auch *Deutsche Frage / Vereinigung, Deutsche 1989/90*
Bundeswehr
siehe *Bundesrepublik Deutschland – Militär*
Burma 65, 68, 169

Ceylon (Sri Lanka) 67
Charta der Menschenrechte 40
Checkpoint Charlie 36

## Sach- und geografisches Register 295

China, Volksrepublik 13, 30, 70
- Äußeres 11, 13f., 21f., 24, 63, 65f., 80, 88, 172
- Inneres 20f., 62, 102
- Militär 63, 78, 102
China, Republik
 siehe *Taiwan*
CIA (Central Intelligence Agency)
 siehe *USA - Geheimdienste / Spionage*
Cocom-Liste 89
COMECON
 siehe *Rat für gegenseitige Wirtschaftshilfe*
Commonwealth-Staaten 42, 46, 48, 67, 69-71, 73, 121, 167, 171
Communauté française 67, 70
„Containment" 16, 26, 126, 132
ČSSR
 siehe *Tschechoslowakei*
Curzon-Linie 10

Dänemark 8, 41, 45f., 48-50, 53, 140, 160
Danzig 91
Dekolonialisierung
 siehe *Kolonialherrschaft, Dekolonialisierung*
„Detente" 31
Deutsche Demokratische Republik 20, 59, 83, 115f., 176-177, 184, 193, 195
- und Bundesrepublik Deutschland 82, 90, 99, 103-105, 194, 196
- und China 102f.
- und Osteuropa 161
- und Polen 92
- und Sowjetunion 27, 99, 181, 183, 187, 193
- und Tschechoslowakei 64
- Anerkennung 63, 83, 99f.
- Flucht / Ausreise 36, 73, 103-105, 183
- Geheimdienste, Spionage 117, 165
- Gesellschaft, Ideologie, Propaganda 61, 90, 99, 164-166
- Gründung 19f., 57, 125, 174
- Innenpolitik 60, 83, 90, 102-105, 183, 196
- Militär 23, 60, 78, 104
- SED (Sozialistische Einheitspartei Deutschlands) 57, 100, (114), 177
- Souveränität 25, 63
- Wirtschaft 59, 63, 90, 99, 102, 105, 177, 183, 193

siehe auch *Deutsche Frage / Vereinigung, Deutsche 1989/90*
Deutsche Frage 6, 9-14, 17-21, 25, 27-29, 33-36, 78, 80, 82-85, 90, 100, 107, 118f., 123-126, 129, 133, 138, 140-143, 146-148, 154, 175-177, 181f., 184, 188f.
Deutscher Zollverein 150
Deutsches Reich 5, 7f., 11, 53, 65, 72, 116, 137, 140, 157
Deutschland (1945-1949) 8, 17, 19, 53, 55, 57f., 72f., 140, 144
„Disengagement" 34, 181
Displaced Persons (DPs) 73
Dresden 105
Dritte Welt 4, 24, 47, 71f., 74, 87f., 94, 106, 122, 124, 129, 131, 133, 163, 167f., 190
„Dritter Weg" Europas 39, 130

East of Suez-Politik 48, 69
Economic Co-Operation Administration (ECA) 40
ECU (Währungseinheit)
 siehe *Europäische Währungsunion*
Eden-Plan 27f., 43
EG/EU 47-52, 71, 74, 89, 91, 107, 109, 112, 117
EGKS
 siehe *Europäische Gemeinschaft für Kohle und Stahl*
Eindämmungspolitik
 siehe „*Containment*"
„Eiserner Vorhang" 15
Entspannung
 siehe „*Detente*"
EP
 siehe *Europäisches Parlament*
EPZ
 siehe *Europäische Politische Zusammenarbeit*
Erinnerungskultur (Zweiter Weltkrieg) 8, 137, 147, 160.
Erklärung über das befreite Europa (Jalta) 10, 54, 137
„Erstschlagsfähigkeit" 87, 93
„Essentials" 36, 137, 183
Estland
 siehe *Baltische Staaten*
„Eurafrika" 71
Euro (Währungseinheit)
 siehe *Europäische Währungsunion*

Euro-Kommunismus 39
Europa der Sechs
  siehe *Europäische Wirtschaftsgemeinschaft*
Europabewegung 38–40, 44, 118, 151 f., 176
– Paneuropabewegung 38
Europäische Atomgemeinschaft (Euratom) 44, 47, 151, 179
Europäische Entwicklungsfonds 44, 71, 179
Europäische Freihandelszone
  siehe *European Free Trade Association*
Europäische Gemeinschaft für Kohle und Stahl (EGKS) 42, 44, 47, 49, 150 f., 178, 179
Europäische Integration, (West-) 22, 38 f., 44, 52, 70, 75, 108, 110, 112, 149, 174, 197
– Militärische Integration 154
– Wirtschaftsintegration 41 f., 76, 178 f.
– Forschung zu – 149–160, 178 f.
Europäische Kommission 45, 47, 49, 89
Europäische Parlamentarier-Union 40
Europäische Politische Gemeinschaft 151
Europäische Politische Zusammenarbeit (EPZ) 48, 52
Europäische Verteidigungsgemeinschaft (EVG) 27, 42 f., 155, 174–176
Europäische Währungsunion 48, 50 f.
Europäische Wirtschaftsgemeinschaft (EWG) 44–48, 51, 71, 151, (154), 178, 180
Europäische Zentralbank
  siehe *Europäische Währungsunion*
Europäische Zollunion 40, 41
Europäischer Rat 49, 52
„Europäisches Haus" 100, 110
Europäisches Parlament (EP) 49, 157 f.
Europäische Politische Gemeinschaft (EPG) 176
Europarat 40, 151, 174
Europa-Union 149
European Advisory Commission (EAC) 9
European Free Trade Association (EFTA) 45–47, 180
European Recovery Program 17 f., 18, 145
Exil Zweiter Weltkrieg

– Georg II. von Griechenland in London 16
– Georgij Dimitroff in Moskau 56
– Palmiro Togliatti in Moskau 57
– Polnische Regierung in London 10, 54, 137, 149
– Tschechische Regierung in London 57, 59, 149

Finnland 9, 23, 48 f., 53, 55, 58, 77, 140
„Finnlandisierung" 23
„Flexible Response" 46, 78, 184
Force de frappe
  siehe *Frankreich – Militär*
Fouchet-Pläne 45, 180
Frankfurter Dokumente 18
Frankreich
– und Bundesrepublik Deutschland 45, 50, 106, 120, 174 f., 179 f., 182, 185 f.
– und Deutschland / Deutsche Frage (1945–1949) 13 f., 141 f.
– und Deutsche Frage (1949–1989) 18, 34, 41, 182, 197
– und Großbritannien 47, 180
– Gründung IV., V. Republik 44, 66 f., 180
– und Naher, Mittlerer Osten 29 f.
– und Sowjetunion 79, 180, 182
– und USA 37, 47, 79, 180
– Europapolitik 27, 43–48, 50, 52, 79, 153, 176, 179 f.
– Innenpolitik 144, 176, 180
– Kolonialherrschaft, Dekolonialisierung 14, 22, 27, 65–71, 167, 169–171, 179 f.
– Migration 73–75
– Militär 35, 42, 44, 46 f., 78 f., 175, 180
– Parteien 16, 39, 57, 144
– Wirtschaft 40–42, 52, 142, 144, 170, 174, 179
– nach dem Ersten Weltkrieg 38
– Zweiter Weltkrieg und Folgen 5, 7 f., 16, 142, 169

G6/G8-Treffen 50 f.
GARIOA
  siehe *Government Aid and Relief in Occupied Areas*
„Gastarbeiter" 74
Gemeinsame Agrarpolitik (GAP) 47 f., 51 f.

Gemeinschaft Unabhängiger Staaten (GUS) 108f.
General Agreement of Tariffs and Trade (GATT) 47, 72, 76
Generalplan Ost 72
Geraer Forderungen 90
Ghana
  siehe *Goldküste*
"Glasnost" 100, 117, 161
Globalisierung 3, 75, 112, 124, 131, 154, 168
Goldküste / Ghana 68
Gosplan-Behörde 59
Government Aid and Relief in Occupied Areas (GARIOA) 40, 144
Griechenland 10, 16, 24, 34, 41, 51, 55, 74, 139f., 143
Großbritannien
– und Bundesrepublik Deutschland 106, 176, 186
– und Deutschland / Deutsche Frage (1945–1949) 10, 12, 119, 142
– und Deutsche Frage (1949–1989) 18, 27, 182, 197
– und Griechenland 16, 143
– und Jugoslawien 24
– und Naher, Mittlerer Osten 50, 142
– und Sowjetunion 9f., 13, 24, 27
– und Türkei 143
– und USA 27, 30, 37, 50, 180
– Europapolitik 43–46, 48, 50f., 69, 153, 179
– Gesellschaft, Ideologie, Propaganda 39
– Kolonialherrschaft, Dekolonialisierung 14, 29f., 48, 65, 67–70, (143), 167–171, 179f.
– Migration 73, 75
– Militär 20, 46, 33f., 78f., 94, 176
– Wirtschaft 40–42, 48, 50, 52, 69, 75, 142, 169f., 179
– Zweiter Weltkrieg und Folgen 5, 8, 10, 14, 67, 142, 169f.
Guinea 67

Hallstein-Doktrin 29, 63, 82
Harmel-Report 79f., 84, 93, 185
Hiroshima / Nagasaki 12, 126f., 132, 146f.
"Holocaust" / Genozid durch NS-Deutschland 8, 72f., 159
Hongkong 70

Ideologie, östliche (kommunistisch, marxistische) 8, 12, 15, 26, 39, 53, 62, 76, 88, 125, 129f., 133, 145f., 161–164
Ideologie, westliche (kapitalistische) 8, 12, 15, 25, 39, 53, 76, 101, 126f., 133, 149, 161
Indien 24, 65, 67, 73, 168, 171f.
Indischer Ozean 89
Indochina 27, 65f., 170f.
Indonesien 20, 68, 168, 171f.
Intercontinental Ballistic Missiles (ICBM) 81f.
Intermediate Nuclear Forces (INF) 97f.
Internationaler Währungsfonds 72
Internationales Rotes Kreuz 54
Iran, 14, 50, 89, 190
Irland 7, 39, 46, 48, 50, 52, 155
Islamische Republik
  siehe *Iran*
Island 41
Israel 29, 50, 68, 73, 81, 121, 179
Italien 14, 34, 41, 53, 116, 121
– Äußeres 52, 106
– Inneres 16, 39, 57, 73f., 76f., 144, 153, 157
– Militär 43f., 94
– Wirtschaft 41f., 50, 52, 144
– Zweiter Weltkrieg und Folgen 5, 8f., 16, 138, 160

Jalta
  siehe *Konferenzen, Sitzungen, Treffen*
Japan 5, 8, 13f., 50, 65, 68, 146f., 169
Jemen
  siehe *Aden*
Jordanien 68
Jugoslawien 3, 7, 10, 23f., 29f., 55f., 58–60, 62, 73–75, 139f.

Kambodscha 66, 80, 88
Kamerun 67
Kanada 41, 50, 75, 85, 121, 154, 188
Kanarische Inseln 70
Kapitalismus
  siehe *Ideologie, westliche*
Katyn, Massengräber von 54, 136
Kaukasus/Kaukasusrepubliken 101, 107f.
Kenia 73
Kirche, Katholische 62, 91, 158, 192
Kolonialherrschaft, Dekolonialisierung 14, 20, 22, 24, 30, 48, 65–70, 72f., 129, 167–173

- Forschung zu – 123, 167–174
Kominform (Kommunistisches Informationsbüro) 17, 24, 58, 60, 125, 146
Komintern (Kommunistische Internationale) 17, 146, 164
Kommunismus
siehe *Ideologie, östliche*
Konferenzen, Sitzungen, Treffen
- 19. 10.–30. 10. 1943 Außenministerkonferenz in Moskau 9, 28
- 28. 11.–1. 12. 1943 Konferenz der Großen Drei in Teheran 9, 27, 137
- 30. 1.–8. 2. 1944 Konferenz von Brazzaville 65 f.
- 22. 8.–28. 9. 1944 Konferenz von Dumbarton Oaks 10
- 9. 10.–18. 10. 1944 Treffen Churchill-Stalin in Moskau 10
- 4. 2.–11. 2. 1945 Konferenz der Großen Drei in Jalta 10–12, 21, 27, 54, 120, 129, 137
- 25. 4.–26. 6. 1945 Gründungskonferenz der UNO in San Francisco 11
- 17. 7.–2. 8. 1945 Konferenz der Großen Drei in Potsdam 11 f., 14, 17, 27, 33, 58, 119 f., 124, 129, 137 f., 141, 147
- 10. 9.–2. 10. 1945 Außenministerkonferenz der Fünf Mächte in London 14, 141 f.
- 16. 12.–26. 12. 1945 Außenministerkonferenz der Vier Mächte in Moskau 14 f.
- 25. 4.–15. 5./15. 6.–12. 7. 1946 Außenministerkonferenz der Vier Mächte in Paris 15
- 29. 7.–15. 10. 1946 Pariser Friedenskonferenz 15
- 14. 9.–21. 9. 1946 Tagung der Europäischen Bewegungen in Hertenstein (Schweiz) 39
- 4. 11.–12. 12. 1946 Außenministerkonferenz der Vier Mächte in New York 15
- 10. 3.–24. 4. 1947 Außenministerkonferenz der Vier Mächte in Moskau 17
- 27. 6.–2. 7. 1947 Außenministerkonferenz der Vier Mächte in Paris 16
- 12. 7.–22. 9. 1947 Konferenz für wirtschaftliche Zusammenarbeit in Paris 17
- 22. 9.–27. 9. 1947 Konferenz der kommunistischen Parteien Osteuropas, Frankreichs und Italiens in Slaska Porba 17, 58
- 25. 11.–12. 12. 1947 Außenministerkonferenz der Vier Mächte in London 17
- 23. 2.–2. 6. 1948 Sechs-Mächte-Konferenz des Westens in London 18
- 7. 5.–10. 5. 1948 Internationaler Kongress der Europabewegung in Den Haag 40, 151
- 23. 5.–20. 6. 1949 Außenministerkonferenz der Vier Mächte in New York 19
- 2. 11. 1950 Außenministerkonferenz der drei Westmächte in New York 25
- 5. 3.–21. 6. 1951 Tagung der stellvertretenden Außenminister der Vier Mächte in Paris 25
- 25. 1.–18. 2. 1954 Außenministerkonferenz der Vier Mächte in Berlin 27, 188
- 26. 4.–27. 6. 1954 Indochinakonferenz in Genf 27, 66
- 28. 9.–3. 10. 1954 Neunmächtekonferenz des Westens in London 28, 43
- 19. 10.–23. 10. 1954 Konferenz der drei Westmächte und der Bundesrepublik in Paris 43
- 29. 11.–2. 12. 1954 Tagung des Ostblocks in Moskau 28
- 18. 4.–24. 4. 1955 Konferenz der Blockfreien Staaten in Bandung 72
- 11. 5.–13. 5. 1955 Konferenz in Messina 44, 179
- 11. 5.–15. 5. 1955 Gründungskonferenz des Warschauer Pakts 28
- 18. 6.–23. 6. 1955 Gipfeltreffen in Genf 28
- 7. 10.–6. 11. 1955 Außenministerkonferenz in Genf 28
- 14. 2.–25. 2. 1956 XX. Parteitag der KPdSU 30, 61
- 11. 5.–20. 6./13. 7.–5. 8. 1959 Außenministerkonferenz in Genf 35, 182
- 26./27. 9. 1959 Staatsbesuch Chruščevs in den USA 35, 182
- 16./17. 5. 1960 Gipfeltreffen in Paris 35

- 15./16. 5. 1961 Treffen Chruščev-Kennedy in Wien  35f., 183
- 1964 ff. 18-Mächte Abrüstungskonferenz der UNO in Genf  78f.
- 20. 6.–1. 7. 1966 Staatsbesuch de Gaulles in der Sowjetunion  79
- 24. 4.–26. 4. 1967 Konferenz kommunistischer Parteien in Karlsbad  80
- 23./25. 6. 1967 Gipfeltreffen USA–Sowjetunion in Glassboro  81, 188
- 1./2. 12. 1969 Haager Gipfel der EG-Regierungschefs  48
- 1972–1975 Erste KSZE (Konferenz für Sicherheit und Zusammenarbeit in Europa) in Helsinki  84–86, 129
- 21. 2. 1972 Staatsbesuch Nixons in der Volksrepublik China  81
- 22. 5.–26. 5. 1972 SALT I (Strategic Arms Limitation Talks) in Moskau  81f., 87
- 1972–1979 SALT II (Strategic Arms Limitation Talks)  87
- 1973–1989 MBFR-Verhandlungen (Mutual Balanced Force Reduction)  84f., 98, 129, 190
- 15. 11.–17. 11. 1975 Erster Weltwirtschaftsgipfel auf Schloss Rambouillet  50
- 1977–1978 Zweite KSZE (Konferenz für Sicherheit und Zusammenarbeit in Europa) in Belgrad  86
- 5./6. 1. 1979 Gipfeltreffen auf Guadeloupe  93
- 2. 6–10. 6. 1979 Papstbesuch in Polen  91
- 1980–1983 Dritte KSZE (Konferenz für Sicherheit und Zusammenarbeit in Europa) in Madrid  86
- 1982–1991 START (Strategic Arms Reduction Talks) in Genf  97, 191
- 1984–1986 KVAE (Konferenz über Vertrauensbildende Maßnahmen und Abrüstung in Europa)  98
- 19. 11.–21. 11. 1985 Gipfeltreffen USA-Sowjetunion in Genf  97
- 1986–1989 Vierte KSZE (Konferenz für Sicherheit und Zusammenarbeit in Europa) in Wien  86
- 11./12. 10. 1986 Gipfeltreffen USA-Sowjetunion in Reykjavik  97
- 7. 9.–11. 9. 1987 Staatsbesuch Honekkers in der Bundesrepublik  99
- 8. 7. 1989 Treffen des Warschauer Pakts in Bukarest  101
- 1./2. 12. 1989 Gipfeltreffen USA-Sowjetunion vor Malta  106
- 7. 12. 1989 „Runder Tisch" in der Deutschen Demokratischen Republik  105
- 19./20. 12. 1989 Besuch Helmut Kohls in der Deutschen Demokratischen Republik  105
- 5. 5.–12. 9. 1990 Zwei-plus-Vier-Verhandlungen in Bonn  107, 196
siehe auch *Abkommen, Verträge, Erklärungen*
Kongo  69, 169
Kontrollrat, Alliierter  9, 11, 14, 142
Korea  13, 21
Kriege, Konflikte, Krisen
- 1914–1918 Erster Weltkrieg  1, 7, 10, 38, 65f., 123, 128–130, 162f., 168
- 1939–1945 Zweiter Weltkrieg  1, 5, 7, 12f., 28, 38, 65, 72, 113, 118, 123, 128–131, 136f., 139, 148, 157, 159, 162, 169
- 1944–1949 Griechischer Bürgerkrieg  16, 24, 140
- 1. 8.–2. 10. 1944 Warschauer Aufstand  54, 137
- 1945 Zweiter Weltkrieg: Ostasienkrieg (1945)  12–14
- 1946–1956 Indochinakrieg  22, 27, 66, 171, 176
- 1947–1949 Kaschmirkonflikt, erster  67
- Februar 1948 Prager Umsturz  18, 24
- 1948/49 Berlinkrise, erste  4, 19f., 146
- 1948–1957 Malaysische Unabhängigkeitsbestrebungen  68
- 1948–1949 Israelisch-arabischer Krieg  68
- 25. 2. 1948 Putsch in der Tschechoslowakei  57
- 1950–1953 Koreakrieg  4, 21f., 32, 42, 59, 174
- 17. 6. 1953 Volksaufstand in der DDR  4, 26f., 61, 92, 176–178
- 1954–1962 Algerienkrieg  44, 66f., 171, 180
- 1956 Posener Aufstand  4, 56, 61, 92, 178

- September–November 1956 Ungarischer Volksaufstand 4, 30, 61 f., 92, 178
- September/Oktober 1956 Suezkrise 29 f., 44, 68, 170, 179
- 1958–1962 Berlinkrise, zweite 5, 34–37, 47, 63, 78, 126, 181–184
- 1960–1962 Kongokrise 69
- 1962 Kubakrise 5, 37, 47, 78, 184
- 1964–1975 Vietnamkrieg 4, 47, 75, 80 f., 126, 188
- 21. 4. 1967 Staatsstreich in Griechenland 51
- 5. 6.–10. 6. 1967 Sechstagekrieg 81
- 20./21. 8. 1968 Einmarsch des Warschauer Paktes in die ČSSR 4, 60, 63 f., 80, 188
- Dezember 1970 Danziger Arbeiterproteste in Polen 91
- Oktober 1973 Jom-Kippur-Krieg 49
- 1973/74 Ölpreiskrise, erste 49 f., 71, 102
- 25. 4. 1974 Militärputsch in Portugal 51
- 1979 Grenzkrieg China-Vietnam 88
- 1979/80 Ölpreiskrise, zweite 102
- 1979–1981 Geiselnahme in der US-Botschaft in Teheran 190
- 1979–1989 Afghanistankrieg der Sowjetunion 88 f., 100
- 1981 Polnische Krise 91 f., 94, 192 f.
- 1981/1982 Gescheiterte Militärputsche in Spanien 51
- 13. 12. 1981 Ausrufung des Kriegsrechts in Polen 74, 91 f., 99, 102, 192 f.
- April–Juni 1982 Falkland-/Malvinaskrieg 70
- 1988 Streiks in Polen 92
- 4. 6. 1989 Massaker in Peking 102 f.
- Oktober/November 1989 „Montagsdemonstrationen" in der Deutschen Demokratischen Republik 104, (196)
- November 1989 „Samtene Revolution" in der Tschechoslowakei 107
- 22. 12. 1989 Umsturz in Rumänien 101, 108
- 18./19. 8. 1991 Putsch in der Sowjetunion 108

- 1992–1995 Bürgerkrieg im ehemaligen Jugoslawien 75, 112
  siehe auch *Nahostkonflikt*

KSZE / KSZE-Prozess 86, 90, 98 f., 107, 118, 187–189
  siehe auch *Konferenzen, Sitzungen, Treffen / Abkommen, Verträge, Erklärungen*
Kuba 24, 29, 35, 37, 59, 88
Kubafrage
  siehe *Kriege, Konflikte, Krisen – 1962 Kubakrise*
Kuwait 69

Landung der Alliierten
  siehe *Normandie / Sizilien*
„Langes Telegramm" 15 f.
Laos 35, 66, 80
Lateinamerika 168
Leipzig 104
Lettland
  siehe *Baltische Staaten*
Libanon 66
Libyen 14, 73
Litauen
  siehe *Baltische Staaten*
Lothringen 38
Lubliner Komitee 10, 54
Luftbrücke, Berliner
  siehe *Kriege, Konflikte, Krisen – Berlinkrise, erste*
Luxemburg 8, 18, 38, 41, 42

„Magnet-Theorie" 76
Malaysia 20, 48, 68 f., 73, 170
Marokko 66
Marshall-Plan 16–18, 23, 40 f., 47, 58, 68, 75, 125, 128, 144–146, 172
„Massive Retaliation" 46, 184
Mauerbau
  siehe *Kriege, Konflikte, Krisen – Berlinkrise, zweite*
MBFR (Mutual Balanced Force Reduction)
  siehe *Konferenzen, Sitzungen, Treffen*
Menschenrechte / Grundfreiheiten 16, 40, 62, 64, 74, 77, 85 f., 88, 92, 100 f., 111, 126, 168, 189 f.
Migration 72–75, 77, 157
MIRV (Multiple Independently-targetable Re-entry Vehicles) 81, 87

Mittelmeer, Mittelmeerfrage, Meerengenfrage (Bosporus/Dardanellen) 16, 86, 143
Mittlerer Osten
siehe *Naher Osten (Middle East)*
Moldawien 108
Mondlandung 32
Montan-Union
siehe *Europäische Gemeinschaft für Kohle und Stahl / Abkommen, Verträge, Erklärungen*
Morgenthau-Plan 142
Mozambique 70, 172
Multilateral Force (MLF) 46, 78f., 184
Mutual Assured Destruction (MAD) 37, 81 f.

Nagasaki
siehe *Hiroshima / Nagasaki*
Naher Osten (Middle East) 14, 21, 29, 67, 89
Nahostkonflikt 30, 50
National Security Council 175
Nationale Volksarmee
siehe *Deutsche Demokratische Republik – Militär*
NATO (North Atlantic Treaty Organisation) 2, 19, 21 f., 28, 31, 33 f., 41, 43, 45–47, 51, 60, 75, 78–81, 84 f., 93, 95, 98, 107, 109, 111, 117, 155 f., 176, 184 f., 188
„Neuer Kurs"
siehe *Sowjetunion – „Neuer Kurs" für Osteuropa*
Neuseeland 31
Neutronenbombe 93, 190
Niederlande 8, 14, 18, 34, 41 f., 68 f., 71, 73 f., 94, 116, 121, 160, 169, 171 f.
Niederländisch-Indonesische Union 68
Nigeria 68
Nordischer Rat 48 f.
Nord-Süd-Konflikt 3, 88
Normandie 8, 13
Norwegen 8, 41, 45, 48–50, 53, 76, 140
Nukleare Planungsgruppe 46 f., 185
Nuklearwaffen
siehe *Atomwaffen*
Nulllösung / doppelte Nulllösung 97 f.

Oder-Neiße-Grenze 12, 17, 25, 64, 82, 106

OEEC (Organization of European Economic Development) 2, 18, 23, 40 f., 47, 59, 145, 179
Olympische Spiele 89, 95
OPEC (Organisation of Petroleum Exporting Countries) 49, 102
Operationen, Einsatzpläne
– „Offtackle" 21
– „Halfmoon" 21
– „Solarium" 27
Organisation of Petroleum Exporting Countries
siehe *OPEC*
Organization of European Economic Development
siehe *OEEC*
Ostblock 27, 33, 47, 53, 63 f., 74, 76, 85 f., 88–90, 96, 101, 138, 146, 158, 166, 176, 178
– Gesellschaft, Ideologie, Propaganda 61, 63 f., 75, 77, 110
– Reformen / Auflösung 6, 26, 60–62, 96, 101 f., 107–112, 114, 124, 130 f., 165, 177, 193–197
– Wirtschaft 91, 102, 110 f.
– Forschung zu – 161–166
Österreich 25, 28, 30, 45, 53, 55 f., 60, 75, 160, 181
Ostverträge 82–85, 186 f.
siehe auch *Abkommen, Verträge, Erklärungen*
OSZE (Organisation für Sicherheit und Zusammenarbeit in Europa) 87, 181, 189
„Overkill" 37

Pakistan 67
Palästina 67 f., 171
„Perestroika" 100
Persischer Golf 69
Philippinen 65
Pleven-Plan 42
Polen 2, 53, 59, 83, 91 f., 106 f., 114, 139, 178, 196
– Äußeres 62, 64, 79, 104, 137, 187
– Inneres 30, 54 f., 61 f., 91 f., 102 f., 166, 192 f.
– Militär 33, 60, 92, 192
– Wirtschaft 90 f., 102, 166, 187, 192
– Zweiter Weltkrieg und Folgen 7, 72 f., 91, 136 f., 149
Politik des leeren Stuhls 47

Polnische Frage 10, 12, 54f., 136
Polnisches Komitee der Nationalen
 Befreiung
 siehe *Lubliner Komitee*
Portugal 7, 25, 39, 41, 45, 51, 70, 73f., 76f., 116, 172
Potsdam
 siehe *Konferenzen, Sitzungen, Treffen*
Prager Frühling
 siehe *Kriege, Konflikte, Krisen – 20./21. 8. 1968 Einmarsch des Warschauer Paktes in die ČSSR*
Protest, Protestbewegungen
 siehe *Widerstand, Protest*
Rapacki-Plan 33f., 62, 181
Rat der Außenminister 12, 14, 19, 138, 143
„Reich des Bösen" 94
Rat für gegenseitige Wirtschaftshilfe (RGW / COMECOM) 58f., 63, 109, 118, 165
Reden, Ansprachen, Vorträge
 – 9. 2. 1946 Stalin im Bolschoi-Theater, Moskau 15
 – 5. 3. 1946 Churchill in Fulton/ Missouri 15
 – 19. 9. 1946 Churchill in Zürich 39
 – 5. 6. 1947 US-Außenminister Marshall an der Harvard University 16
 – Februar 1956 Chruščev beim XX. Parteitag der KPdSU 30, 61, 161
 – 28. 10. 1977 Helmut Schmidt im „International Institute for Strategic Studies" London 92f., 193
 – 6. 10. 1979 Brežnev in Ost-Berlin 93
 – 7. 12. 1988 Gorbačev vor der UNO in New York 98
Reparationen 10f., 15, 19, 53, 58f., 137
Rhodesien 69
„Roll Back" 26, 30, 94, 125, 177
Rote Armee
 siehe *Sowjetunion – Zweiter Weltkrieg und Folgen*
Ruhr- und Besatzungsstatut 42
Ruhrgebiet 13–15, 17, 19, 38, 141
Rumänien 9f., 53, 56, 58–61, 63, 108, 139, 187
„Runder Tisch" 101, 103, 105
Russland 108f.
Rüstungskontrolle
 siehe *Sowjetunion / USA – Militärpolitik*

Saarland 38, 43
Saigon 80
SALT (Strategic Arms Limitation Talks)
 siehe *Konferenzen, Sitzungen, Treffen / Abkommen, Verträge, Erklärungen*
SBZ (Sowjetische Besatzungszone)
 siehe *Deutschland (1945–1949) / Deutsche Demokratische Republik – Gründung*
Schuman-Plan 42, 75, 174
Schweden 7, 39, 45, 48, 53, 74, 121
Schweinebuchtinvasion 37
Schweiz 7, 25, 39, 45, 74
Sibirien 95
Sicherheitsrat
 siehe *UNO*
Singapur 48, 68f., 170
Sizilien 8
Skandinavien 33, 48f., 115, 140
Solidarność 86, 91f., 102f., 192
Somalia 88
South East Asian Treaty Organisation (SEATO) 31
Sowjetische Besatzungszone (SBZ)
 siehe *Deutschland (1945–1949) / Deutsche Demokratische Republik – Gründung*
„Sowjetisierung" / „Stalinisierung" 55, 126, 138f., 141, 149, 158, 164, 178
Sowjetunion
 – und Afghanistan 88f.
 – und Angola 70, 88, 172
 – und Bundesrepublik Deutschland 60, 64, 79, 82–84, 90, 99, 104, 106f., 182, 185
 – und China, Volksrepublik 63f., 88, 183
 – und Deutsche Demokratische Republik 26, 63, 83, 99, 104, 106, 187
 – und Deutschland / Deutsche Frage (1945–1949) 9, 13, 19f., 23, 57, 119, 138, 140f., 143, 146
 – und Deutsche Frage (1949–1989) 25, 28f., 34–36, 175f., 181–184
 – und Dritte Welt 87f., 106, 163, 190
 – und Frankreich 79, 176
 – und Griechenland 140
 – und Jugoslawien 24, 60, 139
 – und Korea 21f.
 – und Mozambique 70, 172
 – und Naher Osten 14f.

- und Ostasien 15
- und Österreich 28
- und Osteuropa 15, 17, 26, 53–61, 92, 100, 106, 126, 138–140, 145, 161, 163 f., 176
- und Polen 54 f., 61, 92, 136 f., 145, 149, 178, 192 f.
- und Skandinavien 23, 140
- und Tschechoslowakei 64, 145, 149
- und Türkei 16
- und Ungarn 30, 62, 178
- und USA 1, 4, 9, 32, 37, 81 f., 87, 89, 95–97, 101, 106, 110, 124–126, 129–133, 140, 145, 147, 178 f., 183, 188–191
- und Vietnam 80, 88
- und Westeuropa 1, 9, 10, 86, 89, 99, 101, 145, 154, 175, 188
- Auflösungsprozess 3, 6, 108 f., 111 f., 131, 164 f., 197
- Expansionspolitik 13, 15, 22, 41, 79, 89, 125 f., 132, 134, 145, 148, 163, 165
- Geheimdienste, Spionage 58, 95, 165
- Gesellschaft, Ideologie, Propaganda 17 f., 21, 26, 31, 35, 39, 53, 56, 60 f., 65, 94–96, 99, 110, 124, 126, 129, 131 f., 140 f., 161, 163–166, 176
- Innenpolitik 26, 58, 60, 64, 96, 100, 102, 106–108, 165, 177 f., 183, 185, 194 f.
- Militär 12, 20, 31–33, 35–37, 58–60, 62, 78 f., 81 f., 85, 87 f., 92–102, 104, 106–109, 129, 132, 138, 147 f., 162, 165, 178, 190–192, 194–196
- „Neuer Kurs" für Osteuropa 26, 60 f., (165), 177 f., (194)
- Wirtschaft 26, 58 f., 61, 89 f., 96, 102, 132, 145, 164 f., 188, 194 f.
- Zweiter Weltkrieg und Folgen 5, 7–10, 12, 14, 53–55, 57 f., 71, 136–138, 140 f., 159, 162, 164

Spanien 7, 25, 39, 51, 70, 74, 76 f., 116, 154 f.
Spionage
 siehe *Deutsche Demokratische Republik / Sowjetunion / USA – Geheimdienste, Spionage*
Sputnik 31, 181
Sri Lanka
 siehe *Ceylon*
Stalingrad 9
Stalin-Noten 25, 175 f.

Sterling-Zone 46
Strategic Defense Initiative (SDI) 94–97, 191 f., 195
Südafrika
 siehe *Südafrikanische Union*
Südafrikanische Union 69, 121
Sudan 68
Sudetenland 83
Suezkanal
 siehe *Kriege, Konflikte, Krisen – Suezkrise*
Surinam 171 f.
Syrien 50, 66, 81

Taiwan (Republik China) 21, 63, 88
Tanzania 168
Tindemans-Bericht 52
Titoismus 24, 60
Triest / Triestfrage 23, 139, 155
Truman-Doktrin 16 f., 143
Tschechoslowakei / ČSR / ČSSR 2 f., 18, 53, 55, 57, 59–61, 64, 72 f., 83, 102, 104, 107, 139, 146, 149, 164, 166, 178
Tschernobyl 100, 102
Tunesien 66, 73
Türkei 16, 24, 34, 37, 41, 51, 53, 74, 143

UdSSR
 siehe *Sowjetunion*
Ukraine 55, 73, 108
Ungarn 2, 10, 30, 53, 56, 58–60, 62, 64, 73, 102–104, 107, 114, 138 f., 166, 178
Union Européenne des Féderalistes (UEF) 39
Union Française 66, 70
Union Française
 siehe *Frankreich – Gründung IV., V. Republik*
United Europe Movement 40
UNO (Vereinte Nationen) 7, 10 f., 14, 20–22, 25, 33, 40, 55, 67–69, 75, 82 f., 86, 88, 98, 117, 122, 173, 179, 182, 193
USA
- und Afrika 69
- und Bundesrepublik Deutschland 84, 106, 174, 184–187
- und Deutschland / Deutsche Frage (1945–1949) 9 f., 12 f., 119, 142 f., 145 f.
- und Deutsche Frage (1949–1989) 34–36, 182, 183, 187, 197

- und China 81, 88, 186
- und Dritte Welt 106
- und Griechenland 16
- und Großbritannien 46, 75 f.
- und Indochina 22
- und Italien 57, 144
- und Jugoslawien 24
- und Korea 22
- und Naher, Mittlerer Osten 14, 29, 81
- und Niederlande 68, 172
- und Osteuropa 16, 26 f., 92, 94, 146, 163, 177
- und Sowjetunion 1, 4, 9, 12 f., 15 f., 21, 24, 26, 31, 37, 54, 81 f., 84, 87–89, 94–97, 106, 110, 124–127, 129 f. 132 f., 136, 143, 146 f., 162, 178 f., 183, 186–191, 195
- und Taiwan 88
- und Türkei 16
- und Ungarn 30
- und Vietnam 80 f., 188
- und Westeuropa 1, 10, 16, 19, 21 f., 30–34, 39–41, 46 f., 65, 75 f., 78, 81, 84, 93, 128, 131 f., 144 f., 154, 188
- Geheimdienste, Spionage 35, 37, 69
- Gesellschaft, Ideologie, Propaganda 18, 31, 76, 94 f., 99, 110, 124, 126 f., 131 f., 145, 177
- Innenpolitik 87, 130, 133, 177
- Kolonialherrschaft, Dekolonialisierung 168 f., 172, 179
- Militär 12, 20–22, 30–34, 36 f., 46, 69, 75 f., 78 f., 81 f., 84 f., 87, 89, 92–97, 99, 126–132, 146 f., 175, 177, 183 f., 186, 188, 190–192, 195 f.
- Wirtschaft 12, 40, 47, 50, 58, 75, 81, 91 f., 96, 126–128, 132, 136, 144 f., 148, 169
- Zweiter Weltkrieg und Folgen 5, 8 f., 13, 75, 127, 136, 143, 146 f., 159

Vereinigte Staaten von Amerika
  siehe USA
Vereinigte Staaten von Europa 39 f.
Vereinigung, Deutsche 1989/90 6, 52, 103–108, 110, 112, 116, 119, 125, 129, 179, 195–197
  siehe auch Deutsche Frage
Vereinte Nationen
  siehe UNO
Verträge
  siehe Abkommen, Verträge, Erklärungen
„Verwestlichung" 75–77
Vietnam 20, 27, 66, 80 f., 88, 169, 171, 188
Völkerbund 65, 66

Währungsreform, westdeutsche 18, 146
„Währungsschlange" 50
Währungsunion, deutsche 105, 196
„Waldspaziergang von Genf" 94, 191
Warschauer Pakt 23, 28, 30, 60, 62–64, 80, 82, 84 f., 92, 98, 107, 109, 111, 165, 185, 188
Weißrussland 55, 73, 108
Weltbank 72
Weltmarkt / Weltwirtschaft 50, 72, 75, 102, 133, 163–165, 169
Werner-Bericht 50
Western Union
  siehe Abkommen, Verträge, Erklärungen – Brüssler Pakt
Westeuropäische Union (WEU)
  siehe Abkommen, Verträge, Erklärungen – Brüssler Pakt
Westmächte 11, 14, 42
- und Deutschland / Deutsche Frage 9, 13, 17–19, 25, 28, 34, 36, 43, 83, 138, 175, 182 f.
- und Sowjetunion 9, 12 f., 34, 36, 183
- Zweiter Weltkrieg und Folgen 9, 15, 20, 137
Widerstand / Protest 78, 81, 158 f.
- Bürgerbewegungen, östliche 10, 22, 26, 57, 61 f., 86, 91 f., 101–108, 111, 177, 192 f., 196
- Friedens- / Protestbewegungen, westliche 57, 78, 81, 86, 93 f., 97, 101, 158 f., 191 f.
Wiedervereinigung, deutsche
  siehe Vereinigung, Deutsche 1989/90

Zaire
  siehe Kongo
„Zehn-Punkte-Plan" Helmut Kohls 104
Zimbabwe
  siehe Rhodesien
„Zweitschlagsfähigkeit" 37, 129
Zypern 155

# OLDENBOURG GRUNDRISS DER GESCHICHTE

Herausgegeben von Jochen Bleicken, Lothar Gall, Karl-Joachim Hölkeskamp und Hermann Jakobs

Band 1: *Wolfgang Schuller*
Griechische Geschichte
5., überarb. Aufl. 2002. 267 S., 4 Karten
ISBN 3-486-49085-0

Band 1A: *Hans-Joachim Gehrke*
Geschichte des Hellenismus
3., überarb. u. erw. Aufl. 2003. 324 S.
ISBN 3-486-53053-4

Band 2: *Jochen Bleicken*
Geschichte der Römischen Republik
6. Aufl. 2004. XV., 342 S.
ISBN 3-486-49666-2

Band 3: *Werner Dahlheim*
Geschichte der Römischen Kaiserzeit
3., überarb. und erw. Aufl. 2003. 452 S., 3 Karten
ISBN 3-486-49673-5

Band 4: *Jochen Martin*
Spätantike und Völkerwanderung
4. Aufl. 2001. 336 S.
ISBN 3-486-49684-0

Band 5: *Reinhard Schneider*
Das Frankenreich
4., überarb. u. erw. Aufl. 2001. 222 S., 2 Karten
ISBN 3-486-49694-8

Band 6: *Johannes Fried*
Die Formierung Europas 840–1046
2. Aufl. 1993. 302 S.
ISBN 3-486-49702-2

Band 7: *Hermann Jakobs*
Kirchenreform und Hochmittelalter 1046–1215
4. Aufl. 1999. 380 S.
ISBN 3-486-49714-6

Band 8: *Ulf Dirlmeier/Gerhard Fouquet/Bernd Fuhrmann*
Europa im Spätmittelalter 1215–1378
2003. 390 S.
ISBN 3-486-49721-9

Band 9: *Erich Meuthen*
Das 15. Jahrhundert
3., erg. und erw. Aufl. 1996. 327 S.
ISBN 3-486-49733-2

Band 10: *Heinrich Lutz*
Reformation und Gegenreformation
5. Aufl. durchges. und erg.
v. Alfred Kohler 2002. 283 S.
ISBN 3-486-49585-2

Band 11: *Heinz Duchhardt*
Das Zeitalter des Absolutismus
3., überarb. Aufl. 1998. 302 S.
ISBN 3-486-49743-X

Band 12: *Elisabeth Fehrenbach*
Vom Ancien Régime zum Wiener Kongreß
3., überarb. und erw. Aufl. 2001. 323 S., 1 Karte
ISBN 3-486-49754-5

Band 13: *Dieter Langewiesche*
Europa zwischen Restauration und Revolution 1815–1849
4. Aufl. 2004. XIV, 260 S., 3 Karten
ISBN 3-486-49764-2

Band 14: *Lothar Gall*
Europa auf dem Weg in die Moderne 1850–1890
4. Aufl. 2004. 332 S., 4 Karten
ISBN 3-486-49774-X

Band 15: *Gregor Schöllgen*
Das Zeitalter des Imperialismus
4. Aufl. 2000. 277 S.
ISBN 3-486-49784-7

Band 16: *Eberhard Kolb*
Die Weimarer Republik
6., überarb. u. erw. Aufl. 2002. 355 S.,
1 Karte
ISBN 3-486-49796-0

Band 17: *Klaus Hildebrand*
Das Dritte Reich
6., neubearb. Aufl. 2003. 474 S., 1 Karte
ISBN 3-486-49096-6

Band 18: *Jost Dülffer*
Europa im Ost-West-Konflikt
1945–1991
2004. XII, 304 S., 2 Karten
ISBN 3-486-49105-9

Band 19: *Rudolf Morsey*
Die Bundesrepublik Deutschland
Entstehung und Entwicklung bis 1969
4., überarb. u. erw. Aufl. 2000. 343 S.
ISBN 3-486-52354-6

Band 19a: *Andreas Rödder*
Die Bundesrepublik Deutschland
1969–1990
2003. XV, 330 S., 2 Karten
ISBN 3-486-56697-0

Band 20: *Hermann Weber*
Die DDR 1945–1990
3., überarb. u. erw. Aufl. 2000. 355 S.
ISBN 3-486-52363-5

Band 21: *Horst Möller*
Europa zwischen den Weltkriegen
1998. 278 S.
ISBN 3-486-52321-X

Band 22: *Peter Schreiner*
Byzanz
2., überarb. u. erw. Aufl. 1994. 260 S.,
2 Karten
ISBN 3-486-53072-0

Band 23: *Hanns J. Prem*
Geschichte Altamerikas
1989. 289 S., 4 Karten
ISBN 3-486-53021-6

Band 24: *Tilman Nagel*
Die islamische Welt bis 1500
1998. 312 S.
ISBN 3-486-53011-9

Band 25: *Hans J. Nissen*
Geschichte Alt-Vorderasiens
1999. 276 S., 4 Karten
ISBN 3-486-56373-4

Band 26: *Helwig Schmidt-Glintzer*
Geschichte Chinas bis zur mongolischen
Eroberung 250 v. Chr.–1279 n. Chr.
1999. 235 S., 7 Karten
ISBN 3-486-56402-1

Band 27: *Leonhard Harding*
Geschichte Afrikas im 19. und
20. Jahrhundert
1999. 272 S., 4 Karten
ISBN 3-486-56273-8

Band 28: *Willi Paul Adams*
Die USA vor 1900
2000. 294 S.
ISBN 3-486-53081-X

Band 29: *Willi Paul Adams*
Die USA im 20. Jahrhundert
2000. 296 S.
ISBN 3-486-53439-0

Band 30: *Klaus Kreiser*
Der Osmanische Staat 1300–1922
2001. 252 S.
ISBN 3-486-53711-3

Band 31: *Manfred Hildermeier*
Die Sowjetunion 1917–1991
2001. 238 S., 2 Karten
ISBN 3-486-56179-0

Band 32: *Peter Wende*
Großbritannien 1500–2000
2001. 234 S., 1 Karte
ISBN 3-486-56180-4

Band 33: *Christoph Schmidt*
Russische Geschichte 1547–1917
2003. 261 S., 1 Karte
ISBN 3-486-56704-7

www.ingramcontent.com/pod-product-compliance
Lightning Source LLC
Chambersburg PA
CBHW030812230426
43667CB00008B/1173